21世纪高等学校工程管理系列教材

交通工程计量与计价

顾伟红 郝 伟 编

机械工业出版社

本书结合国家铁路局、交通运输部的现行铁路、公路计价规范编写，主要内容包括铁路工程计价概述、铁路预算定额解释及应用、铁路工程概预算文件编制、铁路工程工程量清单计价、公路工程概预算的编制、公路工程工程量清单报价，并在相应章节介绍了行业造价软件操作及铁路、公路造价案例。本书在相关章节采用二维码集成了 20 个重要知识点的讲解视频，以便读者学习。

本书可作为高等学校工程管理、工程造价、土木工程等专业本科生学习铁路、公路造价的教学用书，也可作为铁路工程、公路工程计价方面从业人员的参考书。

图书在版编目（CIP）数据

交通工程计量与计价/顾伟红，郝伟编 . —北京：机械工业出版社，2021.7
（2024.2 重印）
21 世纪高等学校工程管理系列教材
ISBN 978-7-111-67947-9

Ⅰ.①交… Ⅱ.①顾… ②郝… Ⅲ.①交通工程–工程造价–高等学校–教材 Ⅳ.①U491

中国版本图书馆 CIP 数据核字（2021）第 061566 号

机械工业出版社（北京市百万庄大街 22 号　邮政编码 100037）
策划编辑：马军平　责任编辑：马军平
责任校对：王　欣　封面设计：张　静
责任印制：李　昂
北京中科印刷有限公司印刷
2024 年 2 月第 1 版第 4 次印刷
184mm×260mm · 22 印张 · 543 千字
标准书号：ISBN 978-7-111-67947-9
定价：59.80 元

电话服务　　　　　　网络服务
客服电话：010-88361066　机　工　官　网：www.cmpbook.com
　　　　　010-88379833　机　工　官　博：weibo.com/cmp1952
　　　　　010-68326294　金　书　网：www.golden-book.com
封底无防伪标均为盗版　机工教育服务网：www.cmpedu.com

前　言

我国铁路、公路建设规模不断扩大，建设标准不断提高，高速铁路、高速公路发展迅速，与之相应，这些项目的投资也日益增加，建设管理难度也不断加大。铁路、公路行业计价规范也在不断更新，以适应现场技术经济管理的需要。概预算编制和投标报价工作是基本建设项目投资控制管理的重要环节，也是未来从事工程管理、工程造价、土木工程等专业的技术人才必须掌握的一项知识和技能。

2017年，国家铁路局颁布〔2017〕30号文《铁路基本建设工程设计概（预）算编制办法》，31号文《铁路基本建设工程设计概（预）算费用定额》，国铁科法〔2017〕33号文发布《铁路工程预算定额》十三个专业分册和《铁路工程基本定额》。2020年，国家铁路局颁布〔2020〕8号文《铁路工程工程量清单规范》，自2020年6月1日起实施。2018年，交通运输部颁布《公路工程建设项目概算预算编制办法》（JTG 3830—2018）、《公路工程概算定额》（JTG/T 3831—2018）、《公路工程预算定额》（JTG/T 3832—2018）、《公路工程机械台班费用定额》（JTG/T 3833—2018）。本书结合这些行业现行规范进行编写，主要介绍铁路工程预算定额应用方法，预算文件、清单报价文件编制方法；公路预算定额应用方法，公路工程预算文件、清单报价文件编制方法，并结合行业造价软件应用进行实例介绍。

本书由兰州交通大学土木工程学院工程管理系教师顾伟红和郝伟合作编写。具体由顾伟红编写第1~4章、第6章，并负责全书统稿；顾伟红、郝伟合编第5章。限于编者水平，不足之处，欢迎广大读者批评指正。联系邮箱：lzgwh@163.com。

编　者

目　录

1.1 铁路基本建设

铁路基本建设是铁路部门通过规划、设计、建造、购置和安装等活动形成用于铁路运输及其相关活动的固定资产，包括铁路、桥梁、隧道、站场、通信、信号、电力装备等产品的综合性经济活动。

1.1.1 铁路基本建设特点

1. 投资大，工期长

铁路工程建设是一项庞大的系统工作，涉及面广，因素多，不仅生产周期较长，而且投资巨大。如世界上海拔最高、在冻土上路程最长的青藏铁路全长 1956km，格拉段于 2001 年 6 月 29 日开工，于 2006 年 7 月 1 日全线通车，全长 1142km，投资逾 330 亿元人民币，共完成路基土石方 7853 万 m^3，桥梁 675 座、近 16 万延长米；涵洞 2050 座、37662 横延米；隧道 7 座、9074 延长米。又如京沪高速铁路，全长 1318km，纵贯北京、天津、河北、山东、安徽、江苏、上海，总投资 2200 多亿元。

铁路建设从投资决策、开展设计、工程招投标到竣工运营经历时间较长，必须加强各阶段工程投资管理工作，科学、准确地编制概算与预算，合理确定和有效控制工程造价，这对节约工程建设投资具有十分重要的意义。

2. 工程线形分布，施工流动性大

铁路工程建设规模一般都比较大，从建设里程上来讲从几十公里到上百公里甚至上千公里的都有，涉及的施工区域可能不止一个省、市，尤其是铁路干线的建设，一般都要跨越几个省市，施工范围较广，工程数量分布也往往不均匀。特大桥梁、长大隧道及高填深挖路段的路基土石方工程等，成为控制工期的关键工程。工程线形分布及建设产品的固定性，决定了施工的流动性及工作的艰苦性，这种特点在铁路概预算中也有反映。

3. 工程种类多，施工协作性高

铁路工程建设产品类型多种多样，标准化难度大，必须个别设计。由于技术条件、自然条件及工期要求不同，施工过程也有较大区别。按专业划分，铁路建设的工程类别包括路基、轨道、隧道、桥涵、站场设备、通信、信号、机务、电力、电气化、给水排水、车辆、房屋建筑等十余种。因此，铁路项目管理的难度较大，每项工程都需要建设、设计、施工、监理等单位密切配合，材料、动力、运输等各部门的通力合作，以及地方各级政府部门和施工沿线各相关单位的大力支持。工程的建设需要多家单位合作，分点、分段建设完成。必须协调好各方面关系，加强内、外部联系沟通，按一定程序办事，否则必然对工程的顺利实施带来很大的影响。

铁路工程的这一特点，要求一项完整的总概（预）算，必然由许多不同工程类别的单项概（预）算单元所组成，使得编制概预算工作较为复杂。编制人员要做到不遗漏，完整准确。

4. 工程风险因素多

铁路工程本身的特点要求施工建设是采用露天野外的作业方式，加上施工的时间、路线一般都较长，无论是其面临的气候、地质水文条件，还是社会经济环境，乃至人文环境都会有差异。其中任何一项因素的变化都会影响工程建设的顺利进展，因而决策风险、设计风险、施工风险、技术风险、质量风险、投资风险、自然灾害风险及不可抗力风险等，几乎贯穿工程建设的全过程。由于涉及的工程风险因素多，承包单位在工程投标报价中必须考虑上述风险因素造成的工程费用增长，在项目实施阶段一方面积极采取措施降低风险可能带来的损失，另一方面注意收集相关证据，积极做好工程索赔工作。

1.1.2 铁路建设项目分类及构成

1. 铁路建设项目分类

为了便于对铁路工程建设进行管理，按照建设项目的性质、阶段、规模、组成等进行必要的分类。

（1）按建设工程的性质分类

1）新建，指从无到有"平地起家"开始建设的独立工程。有的建设项目的原有规模很小，经建设后，其新增加的固定资产价值是原有固定资产价值三倍以上的，也作为新建。

2）扩建，指为扩大原有运输设备生产能力而进行新建的工程。如既有线增建复线工程就属于扩建。

3）改建，指对原有的设施进行技术改造和更新（包括相应配套的辅助性生产、生活设施建设）。铁路既有线电气化改造、提高运能标准的建设为改建。

4）恢复，指因自然灾害、战争等原因，使原有铁路固定资产全部或部分报废，又投资建设的项目。在恢复建设过程中，不论是按原有规模恢复，还是在恢复的同时进行扩建，其建设性质都是恢复建设。

（2）按建设工程的投资规模分类　按建设工程的投资规模可分为大、中、小型项目，划分的标准各行业部门有不同的规定。铁路综合工程单项工程合同额在5000万元（含）以上的称为大型工程，在3000万元（含）～5000万元称为中型工程，在3000万元以下为小型工程。

（3）按建设工程的阶段分类　建设工程项目在建设全过程中，分为筹建、施工、投产（部分投产和全部投产）、收尾和竣工等阶段。

1）筹建项目，指永久性工程尚未正式开工，只进行勘察设计、征地拆迁、场地平整等前期准备工作的建设项目。

2）施工项目，指正在进行建筑或安装施工活动的铁路项目。

3）投产项目，指按设计文件规定建成主体工程和相应配套的辅助设施，形成生产能力或工程效益，经初验合格投入生产或交付使用的项目。投产项目分为全部建成投产或交付使用项目（简称全投项目）和部分建成投产或交付使用项目（简称单投项目）。

① 全投项目指按批准的设计文件所规定的主体工程和相应的配套工程已全部建成，形成设计规定的全部生产能力（不考虑分期达到的输送能力），根据国家有关规定，按国家或部颁验收标准经初验合格，投产或交付使用的建设项目。

② 单投项目指设计文件规定的可独立发挥生产能力（或工程效益）的单项工程已建成，经初验合格投产或交付使用的建设项目。

4）竣工项目，指整个建设项目按设计文件规定的主体工程和辅助、附属工程全部建成，并已正式验收合格移交生产或使用部门的项目。建设项目的全部竣工是建设项目建设过程全部结束的标志。

2. 铁路建设项目的构成

按一个总体设计的建设工程并组织施工，完工后具有完整的系统，可以独立形成生产能力或使用价值的工程，称为一个建设项目。

铁路基本建设项目，从大的方面而言，有铁路新线修建项目、既有线增建复线项目或电气化改造项目、线路或个体工程改扩建项目等，它们又包含许多子项目，如新建铁路基本建设工程项目有路基、桥涵、轨道、隧道及明洞、站场建筑设备、机务设备、车辆设备、给排水、通信、信号、电力、房屋建筑，一般将前五项工程统称站前工程，其余工程统称站后工程。

建设项目按构成可划分为单项工程、单位工程、分部工程及分项工程。

（1）单项工程　具有独立的设计文件，可独立组织施工，竣工后可以独立发挥生产能力或工程效益的工程，称为一个单项工程。如修建一条新线，将其划分为若干个区段，每个区段可作为单项工程完成。

（2）单位工程　具有独立设计、施工，但完工后不能独立发挥生产能力或效益的工程。铁路工程如站前工程、站后工程及一段铁路的任何一段路基、一座桥梁、一条隧道等均可作为一项单位工程。

（3）分部工程　分部工程是单位工程的组成部分，它是按建筑安装工程的结构、部位或工序对单位工程的进一步划分。如一座桥梁由上部建筑和下部建筑组成，而桥梁墩台又由基础工程和主体工程等分部工程组成。

（4）分项工程　分项工程是分部工程的组成部分，一般按不同的施工方法、材料或工种划分。如主体工程由模板、钢筋、混凝土等工程组成。分项工程是整个铁路工程成本、进度控制的基本单位。

1.1.3　铁路基本建设程序

建设程序是指建设项目从规划立项到竣工验收的整个建设过程中各项工作的先后次序，这个次序是由工程建设的客观规律决定的，违反建设程序，会造成经济损失，带来不良后果。铁路基本建设程序大体包括立项决策、设计、工程实施和竣工验收四个阶段。

1. 立项决策阶段

（1）编制项目建议书　根据国民经济发展的长远规划和路网建设规划，进行项目的预可行性研究，编制项目建议书。预可行性研究报告是项目立项的依据，根据国家批准的路网中长期规划，收集相关资料，进行社会、经济和运量调查，现场踏勘，系统研究项目在路网及综合交通运输体系中的作用和对社会经济发展的作用，初步提出建设方案、规模和主要技术标准，对主要工程、外部环境、土地利用、协作条件、项目投资、资金筹措、经济效益等初步研究后编制，论证项目建设的必要性和可能性。项目建议书应对拟建项目的目的、要求、主要技术标准、原材料、资金来源筹措，以及经济效益、社会效益等提出文字说明。项目建议书是进行各项前期准备工作和进行可行性研究的依据。项目建议书按国家规定必须经过报批。

（2）编制可行性研究报告　根据批准的项目建议书，在初测基础上进行可行性研究，编制可行性研究报告。可行性研究报告是项目决策的依据，根据国家批准的铁路长期规划或项目建议书开展初测，进行社会、经济和运量调查，综合考虑运输能力和运输质量，从技术、经济、环保、节能、土地利用等方面进行全面深入的论证，对建设方案、建设规模、主要技术标准等进行比较分析，提出推荐意见，进行基础性设计，提出主要工程数量、主要设备和材料概数、拆迁概数、用地概数和补偿方案、施工组织方案、建设工期和投资估算，进行经济评价后编制，论证建设项目的可行性。可行性研究的工程数量和投资估算要有较高的准确度，环境保护、水土保持和使用土地设计工作应达到规定的深度。可行性研究是基本建设前期工作的重要组成部分，是建设项目立项、决策的主要依据。

铁路建设项目可行性研究，应根据批准的项目建议书，从技术、经济上进行全面深入的论证，采用初测资料编制。其内容和深度主要包括：解决线路方案、接轨点方案、建设规模、铁路主要技术标准和主要技术设备的设计原则（改建铁路应解决改建方案、分期提高通过能力方案、增建二线和第二线线位的方案，以及重大施工过渡方案；铁路枢纽应有主要站段方案和规模、枢纽内线路方案及其铁路主要技术标准、重大施工过渡方案；铁路特大桥应有桥址方案、初步拟定桥式方案）；进一步落实各设计年度的客货运量，提出主要工程数量、主要设备概数、主要材料概数、征地及拆迁概数、建设工期、投资估算、资金筹措方案、外资使用方案、建设及经营管理体制的建议；深入进行财务评价和国民经济评价；阐明对环境与水土保持的影响和防治的初步方案，以及节约能源的措施。可行性研究的工程数量和投资估算要有较高精度。可行性研究审批后，即作为计划任务书。

按现行规定，大中型和限额以上项目可行性研究报告经批准后，项目可根据实际需要成立项目管理机构，即建设单位。

2. 编制设计文件阶段

铁路基本建设项目一般采用两阶段设计，即初步设计和施工图设计。对于技术简单、方案明确的小型建设项目，也可采用一阶段设计，即一阶段施工图设计。对于技术上复杂、基础资料缺乏和不足的建设项目，或建设项目中的复杂特大桥、隧道，必要时采用三阶段设计，即初步设计、技术设计和施工图设计。勘查、设计承包单位按照招投标法的规定应经过招投标确定。

（1）初步设计　初步设计应根据批复的可行性研究报告、测设合同及勘测资料进行编制。初步设计的目的是确定设计方案，必须进行多设计方案比选，才能确定最合理的设计方案。选定设计方案时，一般先进行纸上定线，大致确定路线布置方案。然后到现场核对，对路线的走向、控制点、里程和方案的合理性进行实地复查，征求沿线地方政府和建设单位的意见，基本确定路线布置方案。对投资大、地形特殊的路线、复杂特大桥、隧道等大型工程项目，一般应选择两个以上的方案进行同深度、同精度的测设工作，并通过多方面论证比较，提出最合理的设计方案。设计方案确定后，拟定修建原则，计算工程数量和主要材料数量，提出初步施工方案，编制初步设计概算，提供文字说明和有关的图表资料。初步设计文件经审查批复，列入国家基本建设年度计划后，即作为订购主要材料、机具、设备等及联系征用土地、拆迁等事宜，进行施工准备，编制施工图设计文件和控制建设项目投资等的依据。

建设项目初步设计要确定线路走向、主要技术条件、运输能力、工程数量、征地数量、施工组织方案和总概算；要明确修建期限、设计年度与分期加强方案；要对项目的经济效益核算落实。铁路建设项目初步设计文件审查批准后，即可组织工程招标投标、编制开工报告等工作。

（2）技术设计 按三阶段设计的项目，应进行技术设计。技术设计应根据初步设计的批复意见、勘测设计合同要求，进一步勘测调查，分析比较，解决初步设计中尚未解决的问题，落实技术方案，计算工程数量，提出修正的施工方案，编制修正设计概算，批准后即作为施工图设计的依据。

（3）施工图设计 两阶段（或三阶段）施工图设计应根据初步设计（或技术设计）的批复意见、勘测设计合同，到现场进行详细勘察测量，确定路中线及各种结构物的具体位置和设计尺寸，确定各项工程数量，提出文字说明和有关图表资料，做出施工组织计划，并编制施工图预算，向建设单位提供完整的施工图设计文件。

铁路工程施工图设计文件一般包括：线路、路基、轨道、桥涵、隧道、站场、机务设备、车辆设备、给水排水、通信、电力、房屋建筑等各专业施工图及说明，施工图预算。

3. 工程实施阶段

（1）招标与投标阶段 铁路基本建设项目实行招标承包制。按照国家招投标法的规定，凡是符合招标范围标准的铁路建设项目都必须招投标，包括勘察、设计、施工、监理及重要物资、设备采购。招标由建设单位根据国家颁布的招标投标法和铁道部有关规定组织进行，从投标的单位中择优选定承包方。

建设工程招标投标必须遵循一定的程序，并要坚持公平、有偿、讲求信用的原则，以技术水平、管理水平、社会信誉和合理报价等情况开展竞争，不受地区、部门的限制。建设工程招标的方式主要有以下两种：

1）公开招标。由招标单位通过专业报刊、广播、电视等公开发表招标广告，符合资质等级要求的单位均可报名参加投标，为目前主要的招标方式。

2）邀请招标。由招标单位向有承包能力的若干企业发出招标通知，被邀请的投标单位一般不少于三家。

按照招标程序，经过评标委员会评标，最后定标推荐中标承包单位。建设单位应与中标单位签订承发包合同，明确双方责任和义务。承发包合同按付款方式不同，可分为总价合同、单价合同及成本加酬金合同。

（2）施工准备 铁路工程施工涉及面广，为了保证施工的顺利进行，建设单位、勘测设计单位、施工单位和建设银行等都应在施工准备阶段充分做好各自的准备工作。

1）建设单位应根据计划要求的建设进度组建专门的管理机构，办理登记及征地、拆迁等工作，做好施工沿线各有关单位和部门的协调工作，抓紧配套工程项目的落实，提供技术资料、建筑材料、机具设备的供应。

2）勘测设计单位应按照技术资料供应协议，按时提供各种图样资料，做好施工图的会审及移交工作。

3）施工单位应首先熟悉图样并进行现场核对，编制实施性施工组织设计和施工预算，同时组织先遣人员、部分机具、材料进场，进行施工测量、修筑便道及生产、生活用临时设施，组织材料及技术物资的采购、加工、运输、供应、储备，提出开工报告。

4）工程监理单位应组织监理机构或建立监理组织体系，熟悉施工设计文件和合同文件；组织工程监理人员和设备进入施工现场；根据工程监理制度规定的程序和合同条款，对施工单位的各项施工准备工作进行审批、验收、检查，合格后，使其按合同规定要求如期开工。

5）建设银行应会同建设、设计、施工单位做好图样的会审，严格按计划要求进行财政拨款或贷款，做好建设资金的供应工作。

（3）工程施工　施工准备工作完成后，施工单位必须按工程承包合同规定的日期开始施工。在建设项目的整个施工过程中，应严格执行有关的施工技术规程，按照设计要求，确保工程质量和进度，安全文明施工，并及时做好工程的中间结算。坚持施工过程组织原则，加强施工管理，大力推广应用新技术、新工艺，尽量缩短工期，降低工程造价，做好施工记录，建立技术档案。

4. 工程竣工验收阶段

工程竣工验收包括对工程的实体质量、工程资料、数量、工期、生产能力、建设规模和使用条件的审查。铁路工程的竣工验收分为五个阶段：静态验收、动态验收、初步验收、安全评估和正式验收。静态验收是对建设项目的工程是否按设计完成且质量合格、设备是否安装调试完毕且质量合格进行检查确认的过程。动态验收是静态验收合格后，通过联调联试、动态检测对列车运行状态下工程质量全面检查和确认，并通过运行试验对整体系统在正常和非正常运行条件下的行车组织、客运服务及应急救援等进行检验的过程，是为验证系统整体功能是否达到设计要求。初步验收是在动态验收合格后，对工程建设情况及静态验收、动态验收情况进行确认的过程。安全评估是在初步验收合格后，且初步验收发现的影响运营安全的问题得到解决后，对安全管理、设备设施、规章制度、人员素质等是否具备开通安全运营条件进行检查评价的过程。正式验收是在开通初期运营一年以上由国家主管部门或委托铁路主管部门组织对建设项目整体情况进行检查和评价的过程。

竣工验收阶段，建设单位必须及时编制竣工决算，核定新增固定资产的价值，考核分析投资效果。

1.1.4　铁路基本建设施工组织

1. 高速铁路施工组织与计价的关系

施工组织设计作为项目管理的规划性文件，提出项目工程施工进度控制、质量控制、成本控制、安全控制、现场管理、各项生产要素管理的目标及技术组织措施，它既解决施工技术问题、指导施工全过程，又要考虑项目建设的经济效益，每一项施工组织设计的不同安排，都会对工程造价产生不同影响。高速铁路施工组织需要协调的因素多，与工程造价的关系更加紧密。以高速铁路施工组织设计为例，其对工程项目成本影响较大的主要表现在以下方面：

（1）施工组织平面布置　施工组织平面布置研究解决施工场地上所有设施在平面位置

上的合理布置问题，它是施工组织设计的组成部分，也称施工总体布置。铁路工程是条带状布置的工程结构，施工组织平面的布置也要体现其特点，它将决定预算中直接费用的高低。合理的施工组织平面布置，可以降低运输费用，保证运输便捷；可以减少临时占地，降低临时占地的租地及青苗补偿等费用。如制梁厂的设置，不仅影响运距，还影响箱梁的运架工期，故在确保经济、可行的前提下，制梁厂应尽量靠近线路设置，以缩短箱梁的运输距离和减少相应的临时租地费用；存梁区则应设置在距桥梁或路基最近的位置，为取运梁提供方便。

（2）施工进度计划　施工进度计划是施工组织设计的中心内容，是在承包合同规定的条款下，在规定的施工方案基础上对各分部分项工程的开始和结束时间做出具体的日程安排。工期的长短将直接影响工程建设成本的高低（工期延长将增加人工费、材料费和机械使用费；工期太短则会加大资源投入，如设备、模板等一次性投入增加，工人加班费用增加等）。因此，在编制施工方案时，要结合施工流水段的划分，合理安排施工顺序，利用网络技术来确定各项目、各工序的合理进度，以便均衡地利用现有人力、机械设备，合理地配置有限的项目资源，达到既有较高效率，又节省工程费用的目的。

（3）施工方案　施工方案是施工组织设计的重要内容主体，能决定工程质量的好坏、工程进度的快慢及工程成本的高低。如在施工方案措施中采用新技术、新工艺、修旧利废及综合利用，会产生相当可观的材料及费用节约。编制施工组织方案时，应对多个可行的施工方案的成本进行计算并比较，得到最佳施工方案。由于同一工程项目会因投入的资源组合不同，施工成本中的工、料、机费用及相应的施工措施费用会产生不同的施工成本，故既满足合同要求，施工成本又最少的方案，就是要寻找的最佳施工方案。

影响工程造价确定的其他因素还有施工准备工作（包括施工技术、施工现场准备，组织机构的建立，施工物资、生产设备的准备）、材料运输方案、技术经济管理措施（保证质量的措施、保证安全的技术措施、消防保卫技术措施、环境保护技术措施、材料节约技术措施、季节性施工、技术管理措施等）、年度投资计划等。

2. 高速铁路施工组织的特点

（1）高速铁路结构特点　我国把高速铁路界定为新建铁路旅客列车设计最高行车速度达到250km/h及以上的铁路。由于高铁列车运行依靠轮轨接触，随着行车速度的提高，对基础设施和移动的车辆都提出了新的要求，主要表现为两个方面，一方面是当速度超过250km/h，空气动力特性发生显著变化，对车辆结构和铁路基础设施提出新的要求；另一方面由于高速运行的列车需具备持久稳定、高平顺性及安全舒适的运行条件，因此对轨下基础提出新的要求。高速铁路的技术核心是高速度。为确保动车组长期稳定地高速运行，高铁对铁道工程的结构设计理念有了全新改变，而且对工程结构各个部位的力学性能、耐久性能、几何尺寸都提出了严格的技术标准。主要体现在：

1）更高的强度要求。高铁广泛应用刚性的地基处理方式，如在松软土地基采用CFG桩加固，桥梁基础采用钻孔灌注桩；各工程部位混凝土的使用等级全面提升，如钻孔桩采用C30～C40，墩台身、承台采用C30～C45，箱梁采用C50，底座混凝土采用C40，轨道板采用C60等。

2）更耐久的性能。高铁主体工程结构设计使用寿命通常按100年设计，广泛采用高性能混凝土，各种原材料性能指标、配合比设计必须满足特殊地区的试验要求及耐腐蚀要求，确保混凝土结构具有更耐久的性能。

3）更稳定的结构。高铁对工后沉降的控制要求更严，特别是无砟轨道铁路，工后沉降成为决定线路运行质量与稳定的首要因素。为确保结构工后沉降满足规范要求，除在结构设计上采取措施外，在施工组织、工艺材料、质量控制等方面要求更加严格，各种结构的沉降观测必须满足《客运专线铁路无砟轨道铺设条件评估技术指南》的要求，并经第三方评估合格。

4）更严格的刚度。为保证列车运行安全和旅客乘坐舒适，高铁对结构刚度的考虑更加细致、严密，有着更严格的规定与要求。如桥梁以竖、横向及抗扭刚度更大的大型简支箱梁为主，路基中增加了变形模量（EV2）的检测要求，无砟轨道采用低弹模 CA 砂浆垫层，不同结构物间设置过渡段，无砟与有砟轨道甚至不同无砟轨道结构间也均设有过渡措施等。

5）更高的精度。高速铁路轨道工程属于"毫米"级高精度工程，正线无砟轨道铺设精度控制指标与普通铁路相比，标准更高，要求更严。因此在整个施工过程中，从连续梁线形控制及合龙、箱梁制造及架设，到 CP3 测设与评估，底座及凸台混凝土的施工、轨道板的预制与铺设，再到轨道精调、道岔铺设及精调（包括工电联调），轨道几何状态的静态检测与动态检测等，严格的精度控制贯穿始终。

（2）高速铁路的施工组织特点　高速铁路项目站前工程包括路基、桥梁、隧道、轨道、站场等多个专业种类，施工组织要依据工期要求对各专业工程总体施工顺序做出统一安排，施工顺序突出铺架和联调联试两条线来控制总体工期，同时应确定制约总工期的控制工程、重点工程，合理划分施工区段，选择施工方案，配置机械设备，科学制定施工进度计划。高速铁路标准高、技术新、施工工艺复杂等特点，使其施工组织设计相对于普通铁路来说复杂性大大增加。

1）路基工程。路基应作为土工结构物施工，填料应作为工程材料控制，考虑混凝土结构耐久性及结构工后沉降等高质量标准，各项工程应进行施工工艺设计，并进行工艺试验。由于对路基沉降控制的高要求，地基处理措施要求大大高于普通铁路，路基结构、填料要求、压实标准均高于普通铁路，施工工艺要求也不同。为满足沉降控制和工期要求，一般需采取堆载预压措施；增加了无砟轨道铺设前对沉降标准进行评估的要求；施工组织设计中则需考虑增加设置级配碎石拌和站、改良土拌和站等大型临时设施。

2）桥梁工程。首先，高速铁路桥梁的比例远远高于普通铁路；其次，高速铁路桥梁结构上的不同，高速铁路桥梁大面积采用大体积箱梁结构。一般采用工地设置制梁场，工厂化预制的方式，需要大型搬运梁机、提梁机、运梁车及架桥机等新型机械。同时，为适应不同的施工环境和条件，出现了移动模架造桥、节段拼装造桥、桥位现浇等不同的施工方案。桥梁架设和现浇施工均为高处作业，应进行危险源判别，采取系统的有针对性的施工安全措施。

3）隧道工程。受空气动力影响，高铁隧道断面远远大于普通铁路，从而在施工开挖方法、资源配置、施工进度等方面与普通铁路有较大的不同。

4）轨道工程。为满足高速铁路运行对轨道高平顺性的要求，同时出于全寿命周期内经济性的考虑，高速铁路在条件适宜区段，大面积采用了无砟轨道结构形式，按设计要求一次铺设跨区间无缝线路，施工组织方案相对于有砟轨道而言有根本性的不同。

5）通信、信号、电气化等站后工程。高速列车运行的高安全性和高可靠性要求，对站后工程提出了新的要求。各子系统的施工、调试更加复杂，同时增加了全系统的联合调试和试运行要求。

6）总体施工方案。以控制项目施工组织设计的铺架工程为例，普通铁路为边铺边架方案，高速铁路为先架后铺方案，导致站前工程的施工方案安排、制约因素发生了根本性的变化。施工装备，特别是专用设备投入大。桥梁制运架和轨道施工设备是施工组织的关键资源。大临设施的布局及规模直接影响工期和投入，且优化难度大。各专业及各项工序间联系紧密，应采用系统工程理论和数学模型，运用网络技术，进行工期、资源、成本最优化分析。

7）接口工程。工程的复杂性导致出现了许多新的接口工程，电缆槽、过轨、综合接地、接触网基础、轨旁设备的施工与相关站前工程的接口处理，路基、桥梁、隧道与无砟轨道施工的接口处理，架梁通道与路基预压的关系，站房土建工程与设备安装工程的接口处理等，均需要在施工组织设计中予以妥善考虑并安排。

8）高速铁路总体施工顺序。施工准备→路、桥、隧等线下施工→架梁→沉降评估、CPⅢ测设→无砟道床施工→四电、铺轨、精调施工→站后施工调试→静态验收→动态验收→联调联试→试运行→初验、安全评估。施工组织安排应力求做到突出重点、兼顾一般，平行流水，均衡施工。施工组织设计工期安排突出铺架工程和联调联试及运行试验两条主线。铺架工程是统筹安排各站前工程的控制线，站前工程中重点要保证路基、桥涵、隧道的工期不能碰铺架线；联调联试及运行试验线是统筹安排站后配套工程及各子系统调试的控制线，站后工程中重点要保证四电、房建、站场设施在工期中不能碰联调联试线。

9）单项工程工期安排。路基、桥涵、隧道等结构的沉降变形，混凝土尤其是连续梁的收缩徐变，无缝线路锁定轨温，联调联试等必须有充分的时间或技术保障。路基须有不少于6个月的观测和调整期，桥涵沉降观测期不少于6个月，岩石地基等良好地质地段，沉降观测期不少于2个月，隧道主体完工后，变形观测期一般不少于3个月。隧道工程至少应在铺设无砟道床或铺轨前1个月完成。

无砟轨道应在路基、桥涵和隧道等基础设施完工并满足沉降评估和设计要求后方能作业。

主要站后工程需在铺轨完成后2~6个月内结束，各专业工程应按总工期要求统筹安排本专业施工时间。其中四电工程所属的沟、管、槽和接触网支柱基础，声屏障基础，预埋管线等随路基和桥梁主体结构施工；接触网导线架设和信号轨旁设备安装随铺轨进度顺序安排施工；信号工程在道岔就位后进行，一次施工完毕，包括信号楼、机电房屋等；其他站场设备、机电安装等，应配合有关工程进行，避免返工。

1.2　工程计价原理

工程计价是建设各个阶段工程造价（或价格）的计算或确定，即工程造价目标值的确定。具体是指工程造价人员在项目实施的各个阶段，根据各个阶段的不同要求，遵循计价原则和程序，采用科学的计价方法，对投资项目最可能实现的合理价格做出科学的计算，从而确定投资项目的工程造价，编制工程造价的经济文件。在工程建设的不同阶段其具体表现形式也不同，如业主进行的工程计价有投资估算、设计概算、施工图预算、招标工程标底、竣工决算等，承包方进行的工程计价有工程投标报价、工程合同价等。

各阶段工程计价的基本原理是相通的，均要按照工程分解结构进行组合计价，铁路工程计价还需考虑铁路建筑产品的特点，按照铁路基本建设的各个程序多阶段计价。

1.2.1 工程造价的概念及工程计价的基本原理

1. 工程造价的概念

工程造价就是工程的建造价格，从投资者角度是指建设一项工程预期开支或实际开支的全部固定资产投资费用。投资者选定一个投资项目，为了获得预期的效益，就要经过项目决策、勘察设计、设备材料采购、施工营造，直至竣工验收等一系列投资活动，在这一系列投资活动中所支付的全部费用就构成了工程造价。从这个意义上说，工程造价就是工程投资费用，是工程项目固定资产投资。

工程造价的第二种含义是从市场交易的角度出发，为建成一项工程，预计或实际在建设各阶段交易活动中所形成的建设工程总价格之和。建设各阶段交易活动包括土地市场、设备市场、技术劳务市场及工程承发包市场。该含义反映以建设工程这种特定的商品形式作为交易对象，通过招投标或其他交易方式，在多次预估基础上，最终由市场形成其价格。

铁路工程造价以初步设计阶段投资概算为例是指从投资者（业主）角度，筹建一条新建或改扩建铁路建设项目（单项工程）从开始至竣工投产运营所发生的全部建设费用，包括建筑工程、安装工程、设备购置费、其他费以及动态投资和机车车辆购置费、铺底流动资金。

2. 工程计价的特点

（1）单件性 建设工程都是固定在一定地点的，其结构、造型必须适应工程所在地的气候、地质、水文等自然客观条件，在建设这些不同实物形态的工程时，必须采取不同的工艺、设备和建筑材料，因而所消耗物化劳动和活劳动也必定是不同的，再加上不同地区的社会经济发展水平不同致使构成价格和费用的各种价值要素的差异，最终导致工程造价各不相同。任意两个建设项目，其工程造价不可能是完全相同的，因此，建设工程不能像工业产品那样，按品种、规格、质量批量生产和定价，只能是单件性计价。也就是说，只能根据各个建设工程项目的具体设计资料和当地的实际情况单独计算其工程造价。

（2）多次性 建设工程一般规模大，建设期长，技术复杂，受建筑物所在地的自然条件的影响大，消耗的人力、物力和资金巨大，为了满足建设各阶段的不同需要，相应地也要在不同阶段多次性计价，以保证工程造价确定与控制的科学性。多次性计价是一个由粗到细、逐步深化、细化直至确定实际造价的过程。项目计价过程如图 1-1 所示。

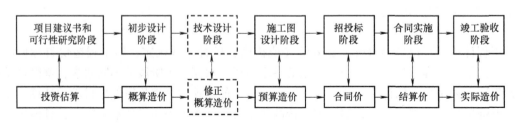

图 1-1 项目多次计价过程

（3）组合性　工程价款的计算是分部组合而成的。这一特征和建设项目的组合性有关。一个建设项目是一个工程项目的综合体。这个综合体可以分解成多个有内在联系的独立和非独立工程。从计价和工程管理的角度来看，分部分项工程还可以分解。因此，建设项目的组合性决定了计价的过程是一个逐步组合的过程，这在计算概算造价和预算造价时尤为明显，所以也反映到合同价和结算价中。其计算过程和计算顺序是：分部分项工程造价—单位工程造价—单项工程造价—建设项目总造价。

（4）方法的多样性　由于工程造价具有多次计价的特点，每次计价中有不同的计价依据和精度要求，这就造成了计价方法有多样性特征。工程造价计价方法分为定额计价法和工程量清单计价法两种，其中定额计价法包括"单价法"和"实物法"，工程量清单计价法又称为"综合单价法"。

1）单价法。首先按相应定额工程量计算规则计算工程中各个分部分项工程的工程量；然后套取相应预算定额的各个分部分项工程量的定额基价，直接得出各个分部分项工程的直接费，汇总得出工程的总直接费；再用工程的总直接费乘以相应的费率得出工程的总间接费、利润和税金；最后汇总得出工程的造价。

2）实物法。在算出各个分部分项工程的工程量后，套用相应的分部分项工程的定额消耗量将各个分部分项工程量分解为相应的人工、材料、机械（简称工料机）的消耗量；然后分别乘以相应的人工、材料、机械的市场单价，相加得出相应分部分项工程的工料机合价（分部分项工程的直接费）；再将各个分部分项工程的直接费汇总得出工程的总直接费；后面取费与单价法相同。

（5）计价依据的复杂性　由于影响造价的因素多，其计价依据相对复杂，种类繁多。主要可分为以下七类：

1）计算设备数量和工程量依据，包括项目建议书、可行性研究报告、设计文件等。

2）计算人工、材料、机械等实物消耗量依据，包括投资估算指标、概算定额、预算定额等。

3）计算工程要素的价格依据，包括人工单价、材料价格、材料运杂费、机械台班费等。

4）计算设备单价依据，包括设备原价、设备运杂费等。

5）计算施工措施费、特殊施工增加费、间接费和工程建设其他费用依据，主要是相关的费用定额、指标和政府的有关文件规定。

6）政府规定的税金税率和规费费率。

7）物价指数和工程造价指数。

3. 工程计价的基本原理

工程计价是将一个完整的建设项目层层分解，划分为可以按定额等技术经济参数测算价格的基本单元子项（分部、分项工程）。基本子项应该是既能用较为简单的施工过程生产出来，又可用适当的计量单位计算、测定的工程基本构造要素，也可称为假定的建筑安装产品。一般来说，分解结构层次越多，基本子项越细，就能越准确地计算基本子项的费用；反之，分解层次越少，基本子项费用计算越粗略。一个建设项目可以分解为一个或几个单项工程。单项工程是指一个建设项目中具有独立的设计文件，竣工后可以独立发挥生产能力或效益的工程。单项工程是具有独立意义的，能够发挥功能要求的完整的建筑安装产品。单项工程作为建设项目的组成部分，仍是一个比较复杂的综合实体，还需要进一步分解。一个单项工程可以分解为一个或几个单位工程。单位工程是指具有独立的设计图纸，可以独立组织施工，但竣工后一般不能独立发挥生产能力或效益的工程。单位工程按照工程部位、设备种类、使用材料的不同，分解为若干分部工程，分部工程每一部分都包括不同的结构和装修内容，但是从建筑工程计价的角度来看，还需要把分部工程按照不同的施工方法、不同的材料及不同的规格，分解为内容相对简单、可以计算出相应实物数量的分项工程，即工程计价的基本子项。对这些基本工程构造要素分别测算其数量和单位价格，就可以计算出每个分部分项工程的造价，再按照工程分解的逆顺序逐层组合、汇总，计算出整个建设项目的工程造价，即

$$工程造价 = \sum(实物工程量 \times 价格)$$

可见，影响工程造价的因素主要有两个，即基本子项的单位价格和基本子项的实物工程数量。这"量"和"价"的测算是工程计价的核心，在确定了"量"和"价"的基础上，再经过一定的费用取定过程，就得到了建设工程的工程造价。计价实务中，在确定了项目的设计文件要求和施工组织计划的基础上，"量"的大小主要取决于工程定额消耗量水平，"价"的高低主要取决于市场价格水平。

1.2.2 工程造价的计价方法

在不同经济发展时期，存在一定的工程建设管理体制和一定的建筑产品交换方式，工程建筑产品的定价主体和价格形成机制也不同，我国建筑产品价格形成了定额计价和工程量清单计价两种模式方法。

1. 传统定额计价模式

定额计价模式是我国长期以来采用的计价模式，即按照概预算定额规定的分部分项子目，逐项计算工程量，套用概预算定额单价（或单位估价表）确定直接工程费，然后按规定的取费确定措施费、间接费、利润和税金，并考虑不可预见费等因素，经汇总后即为工程概预算或标底。过去我国的投资费用管理和工程价格管理模式并没有严格区分，在设计、招投标阶段都实行过定额计价模式。

2. 工程量清单计价模式

随着我国建设领域以市场自主定价为导向的工程造价改革，在招投标阶段应用的主要计价方法是工程量清单计价。它是根据工程量清单计价规范要求及施工图纸计算各个清单项工程量，形成工程量清单，再根据招标文件中的工程量清单和有关要求、施工现场实际及拟订的施工方案或施工组织设计，依据定额资料、工程造价信息和经验数据计算得到工程造价。

工程量清单计价可以将各种经济、技术、质量、进度等因素充分细化考虑到单价的确定上，因而可以做到科学、准确和反映实际情况，这就从根本上防止了依据定额定价的局限、单一。

工程量清单计价的优点体现在以下几个方面：

1）用工程量清单计价符合我国当前工程造价体制改革中"逐步建立以市场形成价格为主的价格机制"的大原则。这一原则的本身就说明必须把价格的决定权逐步交给施工企业，交给建筑市场，并最终通过市场来配置资源，决定工程价格。它真正实现了通过市场机制决定工程造价。

2）采用工程量清单计价有利于将工程的"质"与"量"紧密结合起来。质量、造价、工期三者之间存在着一定的必然联系，报价必须充分考虑工期和质量因素，这是客观规律的反映和要求。采用工程量清单计价有利于投标单位通过报价的调整来反映质量、工期、成本三者之间的科学关系。

3）有利于业主在极限竞争状态下获得最合理的工程造价。采用工程量清单计价方法增加了综合实力强、社会信誉好的企业的中标机会，更能体现招标投标宗旨，也为建设单位的工程成本控制提供了准确、可靠的依据。

4）采用工程量清单计价有利于实现风险的合理分担。采用工程量清单计价方式后，投标单位只对自己所报的成本、单价等负责，对工程量的变更或计算错误等不负责任；相应的，这一部分风险应由业主承担。这种格局符合风险合理分担与责权利关系对等的一般原则。

5）采用工程量清单招标有利于节省时间，减少不必要的重复劳动。

6）采用工程量清单招标有利于标底的管理与控制。在传统的招标投标方法中，标底一直是个关键因素。标底的正确与否、保密程度如何一直是人们关注的焦点。而采用工程量清单计价方法，工程量是公开的，是招标文件内容的一部分，标底只起到一定的控制作用（即控制报价不能突破工程概算的约束），而与评标过程无关，并且在适当的时候甚至可以不编制标底。这就从根本上消除了标底准确性和标底泄露所带来的负面影响。

7）有利于中标企业精心组织施工，控制成本。中标后，中标企业可以根据中标价及投标文件中的承诺，通过对单位工程成本、利润进行分析，统筹考虑，精心选择施工方案；并根据企业定额或劳动定额合理确定人工、材料、施工机械要素的投入与配置，优化组合，合理控制现场费用和施工技术措施费用等。

8）有利于控制工程索赔，搞好合同管理。在传统的招标方式中，施工单位"低报价、高索赔"的策略屡见不鲜。设计变更、现场签证、技术措施费用及价格、取费调整是索赔的主要内容。工程量清单招标方式中，由于清单项目的综合单价不因施工数量变化、施工难易不同、施工技术措施差异、价格及取费变化而调整，这就消除了施工单位不合理索赔的可能。

1.2.3 铁路工程造价体系

铁路建设各阶段都有相应的造价工作，形成各阶段由粗到细、由不太准确到较准确，到最终反映工程实际投资的具有特定用途的造价文件体系。主要包括决策阶段的投资估算、设计阶段的概预算。

1. 投资估算

投资估算是在项目建议书和可行性研究阶段，由建设单位或其委托的咨询机构对建设项目总投资额进行的估测计算。铁路大中型建设项目实行两阶段决策，即根据国民经济发展的长远规划和路网建设规划，进行项目的预可行性研究，编制项目建议书；根据批准的项目建议书，在初测基础上进行可行性研究，编制可行性研究报告。

可行性研究阶段编制投资估算和预可行性研究阶段编制投资预估算，其编制依据为国家铁路局 2018 年发布的 102 号文《铁路基本建设工程投资估算预估算编制办法》《铁路基本建设工程投资估算预估算费用定额》。

铁路投资估算反映项目从筹建、施工直至建成投产的全部建设费用，由静态投资、动态投资、机车车辆（动车组）购置费和铺底流动资金组成。其主要作用有：

1）是决定拟建项目是否继续进行研究的依据。

2）是审批项目建议书的依据。

3）是批准设计任务书、控制设计概算和整个工程造价最高限额的重要依据。

4）是编制投资计划，进行资金筹措及申请贷款的主要依据。

5）是编制中长期规划，保持合理比例和投资结构的重要依据。

编制投资估算时，应当根据可行性研究报告的内容、国家铁路局颁布的估算编制办法，以估算时的价格进行投资估算，并合理地预测估算编制后直至工程竣工期间的工程价格、利率、汇率等动态因素的变化，打足建设资金，不留投资缺口。投资估算精度建议书阶段一般应控制在实际投资造价的 ±30% 以内，可行性研究阶段应控制在实际投资造价的 ±10% 以内。

2. 设计概算

设计概算包括总概算或修正总概算，是初步设计或技术设计文件的重要组成部分，根据设计要求和相应的设计图纸，按照概算定额或预算定额，各项取费标准，建设地区的自然、技术经济条件和设备预算价格等资料，预先计算和确定建设项目从筹建到竣工验收、交付使用的全部建设费用，即项目的总成本。

设计概算是编制预算、进行施工预测和批准投资的基础。设计概算应控制在批准的建设项目可行性研究报告投资估算允许浮动幅度范围内。一经批准，它所确定的工程概算造价便成为控制投资的最高限额，一般不允许突破。初步设计概算静态投资与批复可行性研究报告静态投资的差额一般不得大于批复可行性研究报告静态投资的10%。因特殊情况而超出者，须报原可行性研究报告批准单位批准。已批准的初步设计进行设计施工总承包招标的工程，其标底或造价控制值应在批准的总概算范围内。具体而言，设计概算的主要作用有：

1）是确定和控制建设项目、各单项工程及各单位工程投资额的依据。

2）是编制投资计划的依据。

3）是进行拨款和贷款的依据。

4）是实行投资包干和招标承包的依据。

5）是考核设计方案的经济合理性和控制施工图预算的依据。

6）是基本建设进行核算和"三算"（设计概算、施工图预算、竣工决算）对比的基础。

3. 施工图预算

施工图预算是指在施工图设计阶段，当工程设计基本完成后，在工程开工前，根据施工图纸、施工组织设计、预算定额、费用标准及地区人工、材料、机械台班的预算价格和技术经济条件等资料，对项目的施工成本进行的计算。施工图预算是施工图设计文件的重要组成部分。

编制施工图预算时要求有准确的工程数据，如详细的外业调查资料、施工图、设备报价等，要求精度较高。施工图预算是批准投资、审核项目、进行投标报价和进行成本控制的基础，其主要作用有：

1）是考核施工图设计经济合理性的依据，是落实或调整年度基本建设计划的依据。

2）在委托承包时，是签订工程承包合同的依据，以及办理财务拨款、工程贷款和工程结算的依据。

3）是实行招标、投标的重要依据。

4）是加强承包商企业实行经济核算的依据。

施工图预算与设计概算都属于设计预算的范畴，二者在费用的组成、编制表格、编制方法等方面基本相同，只是二者的编制定额依据、设计阶段和作用不同，施工图预算是对设计概算的深化和细化。施工图预算应当按已批准的初步设计和概算进行，一般不允许突破。

4. 投标报价

投标报价是由投标单位根据招标文件及有关资料测算完成招标工程所需各项费用的经济文件。投标报价是投标工作的关键和核心，中标单位的报价将直接成为工程承包合同价的主要依据，并对整个施工过程起着严格的制约作用，且承包单位和业主均不能随意更改报价。

投标报价是投标单位根据对工程和招标文件的理解编制，以《铁路工程工程量清单指南》为依据，它应反映企业技术管理水平和市场竞争状况，编制更复杂、灵活。

5. 竣工决算

竣工决算，对业主而言，是指在竣工验收阶段，当建设项目完工后，由业主编制的建设项目从筹建到建成投产或使用的全部实际成本；对承包商而言，是根据施工过程中现场实际情况的记录、设计变更、现场工程更改、预算定额、材料预算价格和各项费用标准等资料，在概算范围内和施工图预算的基础上对项目的实际成本开支进行的核算，用于承包商向业主办理结算工程价款的依据。

竣工决算统计、分析项目的实际开支，是以后成本测算积累经验和数据，是工程竣工验收、交付使用的重要依据，也是进行建设财务总结、银行对其实行监督的必要手段。特别是对承包商，是作为其企业内部成本分析、反映经营效果、总结经验、提高经营管理水平的手段。

1.3　铁路工程计价依据

铁路计价工作是政策性较强的专业活动，造价人员需熟悉行业的计价文件，定额、取费依据和相关文件。编制概预算文件的主要依据有：

1. 现行编制办法

国家铁路局〔2017〕30 号文发布的《铁路基本建设工程设计概（预）算编制办法》、31 号文《铁路基本建设工程设计概（预）算费用定额》，该标准自 2017 年 7 月 1 日起施行。

编制办法由总则、编制方法、费用内容及计算方法、其他编制说明、附录和附表组成。编制办法费用内容包括人工费，材料费，施工机具使用费，工程用水、电单价，价外运杂费，填料费，施工措施费，特殊施工增加费，大型临时设施和过渡工程费，间接费，设备购置费，税金，其他费，基本预备费，价差预备费，建设期投资贷款利息，机车车辆（动车组）购置费，铺底流动资金。其他编制说明包括设计概（预）算价差调整有关说明、利用外资概（预）算编制有关说明、编制概（预）算小数点后位数取定、概（预）算表格。

费用定额和编制办法配套使用，反映各项费用取费标准、费率标准及计算方法。

招投标阶段编制投标报价文件要依据 2020 国家铁路局发布的 8 号文《铁路工程工程量清单规范》。

2. 现行概预算定额

国铁科法〔2017〕33号文发布《铁路工程预算定额》十三个专业分册和《铁路工程基本定额》。十三个专业分册名称依次为：路基工程、桥涵工程、隧道工程、轨道工程、通信工程、信号工程、信息工程、电力工程、电力牵引供电工程、房屋工程、给排水工程、机务车辆机械工程及站场工程。

另外，〔2017〕324号文发布了《铁路工程补充预算定额（第一册）》，包含路基静态爆破、高强度金属防护网、地基处理桩，桥梁钢管拱外包钢筋混凝土、新型梁端伸缩缝，隧道盾构施工，Ⅲ型板式无砟轨道、弹性支撑块式无砟轨道，灾害监测工程等新施工工艺定额消耗。

2018版《铁路概算定额》十三个专业分册同上。

3. 现行材料、机具单价

材料基期价格依据国铁科法〔2017〕32号文《铁路工程材料基期价格》，为2014年度价格。编制期主要材料的价格采用当地调查价，由铁路工程造价信息网按季度发布。

施工机具台班单价依据国铁科法〔2017〕32号文《铁路工程施工机具台班费用定额》分析确定。按照铁路施工机具台班费用定额的单价组成，施工机械由折旧费、检修费、维护费、安装拆卸费，以及人工费、燃油动力费和其他费组成每台班的费用单价。

设备基期价格按《铁路工程建设设备预算价格》执行。

4. 其他资料

1）工程设计图及工程数量表。

2）施工组织设计。

3）施工的外业调查资料。

4）国家、铁路总公司公布的其他有关取费文件等。如铁路工程造价信息网（http：//www.tlgczj.com）发布的主材信息价等。

5）与有关单位的协议、会议纪要和铁总的审查鉴定意见等。

1.3.1　编制办法及费用定额

国家铁路局批准，自2017年7月1日起，发布实施TZJ 1001—2017《铁路基本建设工程设计概（预）算编制办法》（国铁科法〔2017〕30号，以下简称"30号编制办法"）及TZJ 3001—2017《铁路基本建设工程设计概（预）算费用定额》（国铁科法〔2017〕31号，以下简称"31号费用定额"）。2017年7月1日之后批复的项目概预算都执行30号、31号文费用标准。30号编制办法总则规定编制办法适用于铁路基本建设大中型项目设计概（预）算的编制和管理，不适用于铁路更新改造工程、大中修工程及小型项目（＜5000万元），铁路基本建设工程实际发生的各项费用应由市场决定。30号编制办法未涵盖的特殊施工条件下的建设工程，可另行制定补充办法及相关费用定额，如海洋地区、大风高发地区、高温地区施工有关工程的费用定额等。

30号编制办法与31号费用定额是在《铁路基本建设工程设计概（预）算编制办法》（铁建设〔2006〕113号，以下简称"113号编制办法"）、《铁路基本建设利用国外贷款项目设计概算编制办法》（铁建设〔2000〕117号）、《关于调整铁路基本建设工程设计概算综合工费标准的通知》（铁建设〔2010〕196号）等的基础上，全面总结了近年来我国铁路特别是高速铁路建设实践经验，通过大量的调查研究与测定分析，并广泛征求意见，经审查修订而成。30 号编制办法与 31 号费用定额较 113 号编制办法发生了较大的变化，具有以下特点：

1. 进一步实现铁路工程造价标准的动态管理

新版编制办法与费用定额分册编制、配套使用，是"办法规则相对稳定，工程定额动态管理"的进一步体现。30 号编制办法主要规定铁路工程设计概预算的编制原则、编制方法、编制程序、概预算费用组成、费用定义、费用内容及费用的计算公式等，其内容在今后一定时期内将保持稳定状态，除非国家有关部门对概预算的费用组成等出台新规定；31 号费用定额主要规定各项费用的计费标准，其内容及定额水平将随着铁路建设市场的发展进行动态调整。

2. 积极响应和贯彻执行国家现行财税规定

1）积极响应国家"营改增"政策的实施。根据财政部、国家税务总局《关于全面推开营业税改征增值税试点的通知》（财税〔2016〕36 号）的相关规定，在 30 号编制办法中，将税金由营业税改为增值税；在 31 号费用定额中，按照"价税分离"的原则，规定了在增值税税制下的建筑安装工程费与设备购置费的计算方法（税率10%）。

2）贯彻执行财政部最新出台的关于基本建设项目建设成本管理的规定。根据财政部印发的《基本建设项目建设成本管理规定》（财建〔2016〕504 号），在 30 号编制办法中，将建设单位管理费名称改为项目建设管理费，其费用内容与"财建〔2016〕504 号"的规定一致；在 31 号费用定额中，按照"财建〔2016〕504 号"的规定标准制定了项目建设管理费费率（累进法计算）。

3. 在市场决定资源配置的前提下实行"放管结合"

根据党中央关于发挥"市场在资源配置中起决定性作用"的要求，以及国家发改委发布的《关于进一步放开建设项目专业服务价格的通知》（发改价格〔2015〕299 号）等相关政策精神，充分体现市场决定资源配置的有关要求，对工程费用的实际发生金额做出了"应由市场决定"的要求，尤其对十一章其他费用大多做出了"工程实际发生的费用应按国家有关规定实行市场调节价"的要求，对政府有关部门委托专业服务中介机构所发生的费用做出了"不应纳入铁路工程设计概（预）算"的要求。在放开工程价格的同时，为了维护铁路建设市场秩序、提高铁路建设投资效益、保障铁路建设安全质量，并兼顾设计概预算编制需要，制定了用于设计概预算编制与管理的各项费用定额。

4. 切实体现以人为本的可持续发展理念

31 号《费用定额》中的综合工费单价较原标准有大幅度增长，平均涨幅 62%，并由此引起间接费上涨 26%（主要由于规费上涨引起）。综合工费单价的增长符合当前铁路建设市场的实际情况，体现了以人为本的可持续发展理念，反映了铁路建设工程（尤其是高速铁路工程）的技术含量，保障了铁路建设工人的权益，为铁路工程安全、高质量的建设打下基础。

5. 有效解决邻近营业线施工现场反映强烈的问题

铁路是我国国民经济和社会发展的重要基础设施，国家高度重视铁路安全工作。2012年，铁道部发布了《铁路营业线施工安全管理办法》（铁运〔2012〕280 号），将邻近营业线施工纳入营业线施工安全管理范畴；2013 年，国务院发布了《铁路安全管理条例》（国务院令第 639 号），明确铁路线路两侧应当设立铁路线路安全保护区，并规定了保护区范围。

随着新规章制度的实施，营业线铁路施工和邻近营业线铁路施工的安全要求越来越严格，施工难度越来越大，铁路施工现场不断反映相关费用不足的问题。

1）在 30 号编制办法特殊施工增加费中，增加"营业线封锁（天窗）施工增加费"项目，取代原专业定额中封锁线路作业调整系数的调增费用；在 31 号费用定额中列出了各工程类别的营业线封锁（天窗）施工增加费费率，在一定程度上解决了天窗点施工时由于施工降效等原因造成的费用不足问题。

2）在 30 号编制办法特殊施工增加费中，调增了"行车干扰施工增加费"的受干扰范围，以适应铁路运营单位对营业线施工安全管理的要求；在 31 号费用定额中调增了行车干扰施工定额增加幅度，以适应铁路列车运行速度大幅提高的现状，在一定程度上解决了利用行车间隔施工的费用不足问题。

3）在 30 号编制办法其他费中，调整了"营业线施工配合费"的计费范围，将邻近营业线施工纳入计费范围中，以符合国家有关部门对铁路安全提出的要求；在 31 号费用定额中调增了营业线施工配合费的费率，以适应施工现场实际配合工作的需要，在一定程度上解决了营业线施工配合费用不足问题。

6. 增加利用外资工程概（预）算编制有关规定，适应投融资多元化

2006 年，113 号编制办法发布实施后，一直缺少与之相配套的利用国外贷款项目设计概算编制办法。30 号编制办法中增加了利用外资工程概（预）算编制的有关规定，解决了利用外资项目的概预算的费用计列问题；31 号费用定额中增加了与利用外资项目概预算相关的费用定额，解决了利用外资项目的概预算的编制问题，逐步适应投融资体制的多元化。

7. 与时俱进，调整综合概预算章节表，适应铁路建造技术的发展

1）根据铁路工程建设的需要，增加了第 8 节"框架桥"、第 18 节"灾害监测"、第 21 节"旅客站房"；增加了在城际铁路建设中常出现的工程子目，如地下结构、盾构机开挖等。

2）根据铁路工程技术标准的发展，调整了信号、信息、电力、车辆等子目的设置，淘汰了技术落后的子目。

3）根据各方反馈的意见，对原综合概预算章节表中的部分子目进行了完善，如将临时占地费纳入第一章，A、B 组土单列，中、小梁式桥合并，优化桥梁、隧道等章节表层次等。

1.3.2 材料基价及机具台班费用定额

国家铁路局 2017 年 32 号文发布了《铁路工程材料基期价格》《铁路工程机具台班费用定额》，作为编制铁路概预算确定基期材料、机具单价的依据。

1. 材料基价定额

《铁路工程材料基期价格》是在《铁路工程建设材料基期价格（2005 年度）》基础上修订的，材料价格基期为 2014 年度水平，不含可抵扣进项税额。

基期价格分为十一章，包括总则、通用材料，梁、支座及轨道材料，燃油料、化工及爆破材料，管道配件及消防材料，仪表及机具，电照材料，电力材料，电力牵引供电材料，通信信息材料，信号材料。

通用材料为各专业通用的材料，其他分类体现铁路专业特点。确定材料数目共计 8965 项，针对新一轮预算定额，增加相关材料。

根据材料基期价格构成将材料分为 A、B、C 三类，并明确了主要材料范围有 29 类。主要材料的范围，增加了粉煤灰、矿粉、风沙路基防护用稻草（芦苇）、钢制防护栅栏网片、隧道防水板、火工品、桥梁防水卷材及涂料、桥梁高强螺栓及带帽材料类别。

（1）A 类材料　A 类材料基期价格由材料原价、采购及保管费组成，基期价格 = 材料原价 ×（1 + 采购及保管率），见表 1-1。材料原价指材料的出厂价格或指定交货地点价格。采购及保管费指材料在采购、供应和保管过程中所发生的各项费用（如按规定由托运单位负担的包装、捆扎、支垫等料具耗损费，从钢厂到焊轨基地的钢轨座架使用费，转向架租用费和托运签条），包括采购费、仓储费、工地保管费、运输损耗费、仓储损耗费，以及办理托运所发生的费用。采购及保管费率标准按 TZJ 3001—2017《铁路基本建设工程设计概（预）算费用定额》执行。

表 1-1　A 类材料

序　号	材料名称	电算代号	备　注
5	砂	1260022 ~ 1260024	A 类
6	石	1230001 ~ 1240121，1300010，1300011	A 类
7	石灰、黏土	1200014 ~ 1200015，1210004，1210016	A 类
9	砖、瓦	1300001 ~ 1300002，1300060 ~ 1300070，1300085 ~ 1300088，1310002 ~ 1310005	A 类
10	花草苗木	1170050 ~ 1170075	A 类
11	风沙路基防护用稻草（芦苇）	1150002	A 类
14	钢轨	2700010 ~ 2700401	A 类
15	道岔	2720218 ~ 2726206	A 类
16	轨枕	2741012 ~ 2741120，2741200 ~ 2741704	A 类
18	钢梁、钢管拱、斜拉索	2624010 ~ 2624152	A 类
19	钢筋混凝土梁	2601110 ~ 2601219	A 类
20	铁路桥梁支座	2610010 ~ 2612116，2613110 ~ 2613181	A 类
27	接触网支柱	5200303 ~ 5200703，5300202 ~ 5322203	A 类

（2）B 类材料　B 类材料基期价格由综合出厂价、采购及保管费组成，基期价格 = 综合出厂价 ×（1 + 采购及保管率），见表 1-2。综合出厂价指在指定交货地点的价格，指定交货地点指能办理货运业务的铁路营业站、水运码头等。

表 1-2　B 类材料

序　号	材料名称	电算代号	备　注
1	水泥	1010002 ~ 1010015	B 类
2	木材	1110001 ~ 1110018	B 类
3	钢材	1900014 ~ 1910109，1920001 ~ 1962001，1980012，1980050，1980053，2000001 ~ 2000027，2200100 ~ 2201071，2220016 ~ 2240019，2810023 ~ 2810115	B 类
4	钢筋混凝土管、铸铁管、塑料管	1400001 ~ 1403004，2300010 ~ 2300512，2330010 ~ 2330055，3372010 ~ 3372041，3372150 ~ 3372399	B 类

（续）

序 号	材料名称	电算代号	备 注
8	粉煤灰、矿粉	1260129～1260132、1210020	B类
12	土工材料	3410010～3412012	B类
13	钢制防护栅栏网片	2547322	B类
17	钢轨扣件（混凝土枕）	2750020～2750021，2750024，2750026，2750029，2750030，2760015～2761012，2762012～2762015，2762018～2763011，2765012，2766020，2766022，2766026～2766029，2766101～2766113	B类
21	桥梁防水卷材、涂料	1710050、1710054、1710056、1710061、1710101～1710106	B类
22	桥梁高强螺栓	2750027、2750028	B类
23	钢筋混凝土预制桩	1405001～1405103	B类
24	隧道防水板	3341021～3341044	B类
26	电杆、铁塔、机柱	1410001～1413006，7812010～7812112，8111036～8111038	B类
28	接触网及电力线材	2120015，5800201～5800332，5811022～5866401	B类
29	光电缆线	4710010～4715112，4720010～4732517，4732610～4732692，4732801～4732840，4733010～4734403，7010010～7310116，7311010～7311012，7311110～7312311，8010010～8017010，8018101～8018120	B类

（3）C类材料　C类材料基期价格由材料原价、价内运杂费、采购及保管费组成，基期价格＝（材料原价＋价内运杂费）×（1＋采购及保管费率），见表1-3。价内运杂费指材料自来源地（生产厂或指定交货地点）运至工地所发生的计入材料费的有关费用，包括运输费、装卸费及其他有关运输费用（区分价外运杂费）。

表1-3　C类材料

序 号	材料名称	电算代号	备 注
25	火工品	3220012～3220013，3220110～3220214	C类
30	汽油、柴油	2910010、2910014	C类

注：上述表1-1～表1-3中未包含的材料均属C类。

2. 机具台班费用定额

2017年《铁路工程机具台班费用定额》与新一轮预算定额相配套，包含其中涉及的全部施工机械及仪器仪表。定额基础数据采用2014年的价格，不含可抵扣进项税额。定额基价为2014年度价格水平。

机具台班费用定额内容包含施工机械与施工仪器仪表两大类，含施工机械台班定额823项，施工仪器仪表台班定额132项，共955项。机具定额按工作性质划分为十类：土石方机械、动力机械、起重机械、运输机械、混凝土及砂浆机械、基础及泵类机械、焊接机械、铺架机械、加工及其他机械、施工仪器仪表。

定额按预算价格将施工机具分为小、中、大、特大四种类型，仅供确定有关参数与调整费用时使用。其中：10万元及以内为小型；10万元～100万元（含）为中型；100万元～

500 万元（含）为大型；500 万元以上为特大型。

较原 129 号文《铁路工程机械台班费用定额》主要调整变化有：

（1）调整各项费用组成的定义和内涵 按照《建设工程施工机械台班费用编制规则》、《建设工程施工仪器仪表台班费用编制规则》（建标〔2015〕34 号）对机械台班各项费用的定义和内涵做了新的界定和描述，将原标准中施工机械的"大修理费""经常修理费"分别修改为"检修费""维护费"。将原标准中施工仪器仪表的"维修费"修改为"维护费"。

施工机械的台班单价由折旧费、检修费、维护费、安装拆卸费、人工费、燃料动力费、其他费七项费用组成。施工仪器仪表的台班单价由折旧费、维护费、校验费、动力费四项费用组成。

根据国家有关设备管理条例，检修以恢复机械基本性能为目标，一般分为项目修理（也称状态监测修理）、总成修理、整机修理。维护以恢复机械主要性能、维持机械正常使用为目标，一般分为日常维护（外部清洁、补充润滑）、一级维护（以外部及滤清器清洁、添加润滑油、紧固为主要内容）、二级维护（以外部及滤清器清洁、更换润滑油、紧固、调整间隙为主要内容）、三级维护（以拆洗清洁、更换润滑油、紧固、检查及调整全部技术标准为主要内容）。

（2）调整价格水平 定额台班单价体现 2014 年度水平，不含可抵扣进项税额。其中人工费标准、燃料动力费单价按如下采用：人工 70 元/工日，汽油 6.08 元/kg，柴油 5.23 元/kg，水 0.35 元/t，电 0.47 元/度，煤 377.28 元/t。

（3）修订施工机械与仪器仪表预算价格 机械购置费原值采集渠道包括施工单位采购价（2010 年）、全统机械定额原值（2013 年）、公路机械定额原值（2013 年）、机械产品价格信息（2014 年），并根据国家统计局公布的年度 PPI 指数调整到 2014 年价格水平。仪器仪表预算价格是从施工单位和设计单位重新收集确定。施工机械与仪器仪表预算价格均不含可抵扣进项税额。

（4）修订耐用总台班 为适应现阶段铁路工程施工中一天两三个台班、节假日多数不休息的实际情况，按照财务有关规定，采用台班工作法计算折旧，从而不受折旧年限、年工作台班的限制，符合机械使用效率提高的需要，保障施工机械的经济效益。由于机械性能的提高，本次修订适当增加部分机械的耐用总台班，并相应调整其检修系数、维护系数等。

（5）修订人工工日

1）去除工日系数。

2）根据现场实际情况，以及为了与预算定额中的辅助人工相协调，调整了部分机械的人工工日，主要包括：挖掘机、汽车、箱涵顶进设备、架桥机等机械减 1 人；门式起重机减 1 人，20t 以下汽车式及履带式起重机减 1 人；单枕法长轨条铺轨机组人工由 10 人下调为 6 人，其余辅助人工在专业定额中统计；混凝土搅拌站由 2~7 人下调为 2~4 人，其余辅助人工在专业定额中统计；钢筋调直机、弯曲机、切割机不配置专职人员，取消机上人员数量，操作工人在专业定额中统计。

（6）取消班制 将以前区分一、二、三班制的机车、船舶等机械台班定额合并，不再区分班制。使用时按 8 小时一个台班计算机械消耗量。

（7）增加安拆费标识 为了将安装拆卸费中的"不计"与"需补充计列"两种方式进行区分，在需补充计列安装拆卸费的机械台班定额中增加"按定额另计"字样。

1.3.3 定额及分类

定额，顾名思义就是规定的标准额度或限额，即在合理的生产组织，合理的使用资源，合理的生产技术条件下，经过国家或主管部门科学地测定、分析、计算后合理确定的生产某单位合格产品或完成一定量的工作，所消耗的人力、机械、材料、资金等数量的标准。

工程建设定额指在一定生产技术组织条件下，完成规定计量单位的合格产品，所需消耗的人工、材料、机械和资金的数量标准。以预算定额路基分册挖石方工程为例，定额表由表头，工作内容，定额编号，计量单位，基价，工、料、机消耗量、重量等构成，见表1-4 铁路预算定额表。

表1-4　铁路预算定额表
二、浅孔爆破石方

工作内容：施工准备、打（钻）眼、爆破、清理（包括解小），边坡及底面修整。

| 电算代号 | 定额编号 | | 单位 | LY-66 | LY-67 | LY-68 |
	项　目			软石（弃或破碎）	次坚石（弃或破碎）	坚石（弃或破碎）
	单位				100m³	
	基价			734.50	1020.40	1294.54
其中	人工费		元	261.95	363.53	463.65
	材料费			247.31	344.18	432.08
	机具使用费			225.24	312.69	398.81
	重量		t	0.026	0.037	0.047
1	人工		工日	3.969	5.508	7.025
3220013	硝铵炸药		kg	12.900	17.900	22.830
3220113	延期电雷管　8号　金属壳　脚线2m		个	26.640	36.327	46.100
7313013	聚氯乙烯绝缘屏蔽电线　BVVP　2芯　1mm²		m	33.300	45.409	61.300
8999002	其他材料费		元	25.500	32.300	39.100
9100611	气腿式凿岩机		台班	1.530	2.123	2.697
901102	内燃空气压缩机　≤9m³/min		台班	0.510	0.708	0.899

1. 定额特点

（1）科学性　科学性一方面指定额必须与生产力发展水平相适应，反映铁路工程建设生产消耗的客观规律；另一方面表现为定额是基于大量工程实践，科学测定出的消耗水平，其编制测定需花费大量人力、物力，搜集大量资料数据。

（2）系统性　定额是与铁路技术规范、标准相配套反映铁路工程工艺流程每个环节资源和费用消耗的经济规范。每一分项都是具体分部工程的组成，都有工程量计算规则和施工方法与标准，最终组成这个建设项目。

（3）统一性　铁路定额依据行业规范、标准，在统一尺度上制定，有统一的编制原则、程序和要求，有统一的用途，即服务于项目各阶段经济文件编制。

（4）权威性　定额作为技术经济规范在科学基础上测定，供各阶段编制造价文件参考，设计概算编制办法对不同阶段设计文件使用定额的深度有具体规定，应遵照执行。

（5）稳定性和时效性 铁路定额是一定时期铁路工程建设技术发展和管理水平的反映，因而在一段时间内是稳定的。一般 5~10 年会结合生产力发展水平的需要进行修订，以适应生产力的发展，故具有时效性特点。

2. 定额的作用

1）定额是计价的依据。定额是计算工程造价的各项费用标准、基础单价依据。如预算定额基价是确定分项工程定额直接工程费的依据，材料预算价格是确定各种材料基期价格的依据，机具台班费用定额是分析各类机具台班基期、编制期价格的依据。

2）定额具有节约社会劳动和提高生产效率的作用。作为行业技术经济规范，定额促使企业加强管理，控制劳、材、机消耗；企业测定的定额更是反映了企业的生产管理水平。

3）定额是国家对工程建设进行宏观调控和管理的手段。国家利用定额对工程造价进行宏观调控管理、配置资源、分配劳动。

4）定额有利于公平市场竞争。我国市场经济下计价改革的发展，要求企业充分竞争，由市场确定铁路基建产品价格。

5）定额是对市场行为的规范。企业在投标报价时要参照行业定额水平，体现自身管理优势，合理确定投标价格。

6）定额有利于完善市场的信息系统。越来越多的企业测定自己的资源消耗定额，促进铁路施工企业的技术管理水平提升。铁路建设交易市场日趋成熟、规范。

7）定额有利于推广先进的施工技术和工艺。

8）行业定额反映社会平均合理水平，企业定额体现平均先进水平，促使企业掌握成熟的先进的施工技术，节约资源。

3. 定额的分类

（1）按生产要素分类

1）劳动定额，包括时间定额和产量定额两种。时间定额是在一定生产技术组织条件下，劳动者完成质量合格的单位产品所需的时间，时间以工日计，1 工日 = 8 小时。产量定额是单位时间内完成合格产品的数量。时间定额和产量定额互为倒数。

2）材料消耗定额，包括基本材料消耗定额、辅助材料消耗定额两种。辅助材料是指一次性材料、周转性材料。

3）机具台班定额，包括台班定额和产量定额两种。台班定额是在一定生产技术组织条件下，完成合格的单位产品所必需消耗的机械台班数量标准，以台班计，1 台班 = 8h。产量定额是在一定生产技术组织条件下，每个机械台班时间内，完成合格产品的数量标准。台班定额和产量定额互为倒数。

（2）按编制程序和用途分类

1）施工定额，是施工企业依据设计图、施工图图纸、设计规范、管理、装备、技术水平编制的，可用于内部经济核算的劳、材、机消耗标准。施工定额作为企业定额，贯彻平均先进性原则，其项目、子目更细，可作为编制作业进度计划、签发工程任务单，结算计件工资和超额奖励及材料节约奖金的依据。它是编制预算定额的基础。

2）预算定额，是施工定额的综合扩大，按分项工程和结构构件编制的；反映了社会平均消耗水平，是确定工程造价的基础，也是编制概算定额和概算指标的基础。

3）概算定额，是确定一定计量单位的扩大分部工程工、料、机数量消耗标准的定额，其综合性较强，是编制设计概算的依据，可用于设计方案的技术经济分析与比较。

概算指标比概算定额更综合，主要用于初步设计阶段，特别是工程设计形象尚不具体时编制概算使用。

4) 估算指标，是通过对已交付使用的在不同地形条件下、不同设计标准、不同牵引种类的建设项目的主要工程量及概算和决算资料进行分析研究，并在概算指标基础上扩大计量单位，增加费用内容而制定的各有关专业工程量和建设费用的消耗指标，如桥梁每延米造价、各种主要材料消耗量。估算指标主要用于编制项目建议书、设计任务书和进行可行性方案研究及投资估算，又分为建设项目综合指标、分项工程项目综合指标、专业工程单位指标三类。

习　　题

一、多选题

1. 以下定额按其编制由细到粗排列（　　　）。（需按顺序答）

A. 概算定额　　　　　　B. 施工定额　　　　　　C. 估算指标　　　　　　D. 预算定额

2. 下列属于铁路基本建设的特点的是（　　　）

A. 投资大，工期长　　　　　　　　　　B. 工程种类多，施工协作性高

C. 工程线形分布，施工流动性大　　　　D. 风险因素多

3. 定额的特点（　　　）。

A. 公开性　　　　　　　B. 科学性　　　　　　C. 相对稳定性　　　　D. 法令性

4. 建设项目构成（　　　）。

A. 单项工程　　　　　　B. 单位工程　　　　　C. 分部工程　　　　　D. 分项工程

5. 工程计价的主要特点有（　　　）。

A. 单件性　　　　　　　B. 多次性　　　　　　C. 组合性　　　　　　D. 依据复杂性

6. 设计阶段编制的造价文件有（　　　）。

A. 投资估算　　　　　　B. 竣工决算　　　　　C. 施工图预算　　　　D. 设计概算

二、简答题

1. 简述铁路工程建设项目的分类。

2. 铁路基本建设程序分为哪四个阶段？各阶段的主要工作内容是什么？

3. 影响工程造价的主要因素是什么？

4. 工程量清单计价的优点有哪些？

5. 简述定额的分类。

2.1 预算定额总说明及应用

正确查用定额是准确编制计价文件的基本能力，为正确使用定额，应深入理解定额的各项说明。

2.1.1 铁路预算定额总说明

现行《铁路工程预算定额》由国家铁路局〔2017〕33 号文发布，2017 年 7 月 1 日起实施。使用预算定额编制造价文件首先要熟悉预算定额总说明的规定：

1）《铁路工程预算定额》适用于铁路基本建设工程设计概（预）算编制。

2）定额以现行的铁路工程设计规范、施工规范、施工质量验收标准等国家标准和行业标准为依据，按正常施工条件、合理的施工组织编制，共 13 册。

3）预算定额是完成规定计量单位分项工程所需的人工、材料、施工机具台班的消耗量标准。

4）人工。

① 人工消耗量包括基本用工、辅助用工、工地小搬运用工。其中：基本用工是指完成定额单位工程所需的主要用工量；辅助用工是指在施工过程中配合完成定额单位工程所需的用工量；工地小搬运用工是指完成定额单位工程所需的工地范围内材料及设备运输用工量。工地小搬运范围按工厂化施工编制的子目为临时场站内，其余定额子目为 50m 以内，另有说明者除外。

② 单位人工工日第三册（隧道工程）按 7 小时编制，其余册按 8 小时编制。

5）材料。

① 材料的消耗量包括净用量和损耗量。损耗量包括工地运输及施工操作损耗，损耗率执行《铁路工程基本定额》。房屋工程执行该定额第十册（房屋工程）。

② 周转性材料（如模板、支撑、脚手杆、脚手板、挡土板等）的消耗量依据"基本定额"规定的摊销次数计算。房屋工程执行该定额第十册（房屋工程）。

③ 带括号的材料数量代表完成定额单位工程该类材料的消耗量。此类定额子目未计列"材料费"及"重量"，使用时应根据设计采用的材料另行计列。

④ 当设计采用的主要材料与对应定额子目不符时，可在消耗量不变的前提下抽换。

⑤ 混凝土。带括号的混凝土、水泥砂浆数量代表完成定额单位工程的消耗量。其中：电算代号为"HT-0"的混凝土，其定额子目中未计列"材料费""重量"及组成混凝土的

用料，使用时应根据"基本定额"另行计列；其他电算代号的混凝土、水泥砂浆，其定额子目中已计列"材料费""重量"及组成混凝土、水泥砂浆的用料，当设计采用的混凝土、水泥砂浆与定额子目不同时，应根据"基本定额"做调整。房屋工程混凝土及砂浆配合比执行 TZJ 2010—2017《铁路工程预算定额（第十册 房屋工程)》。采用"基本定额"混凝土拌制、运输、配合比子目时，应根据该子目对应的设计实体体积，乘以消耗量体积与实体体积的换算系数。当采用商品混凝土时，混凝土按当地含运费的市场价格计算，不再另计混凝土拌制与运输的费用。

⑥ 对用量少、低值易耗的零星材料，其费用列入"其他材料费"。

6）施工机械和仪器仪表。对零星使用和费用很少的施工机械和仪器仪表，其费用列入"其他机具使用费"。

7）设备。安装工程定额子目不含设备费。

8）人工、材料、机具台班单价。

① 人工单价执行 TZJ 3001—2017《铁路基本建设工程设计概（预）算费用定额》。

② 材料单价执行 TZJ 3003—2017《铁路工程材料基期价格》。

③ 机械及仪器仪表台班单价执行 TZJ 3004—2017《铁路工程施工机具台班费用定额》。

9）其他说明。

① 定额中工作内容指完成定额子目的各项工序，部分子目仅列出主要施工工序，未列出的次要工序也包含在工作内容内。

② 定额中的"重量"为各项材料的重量之和，不包括列入其他材料费的材料、水和施工机械消耗燃料的重量。

③ 尺寸表述方式。未标注尺寸的单位均为 mm。用以内（以下）者，均包括上限值；用以外（以上）者，均不包括下限值。用 ~ 或至表示尺寸，均包括上限值。

2.1.2 铁路预算定额项目表

预算定额各章由章节说明和定额表组成，定额项目表由表头，工作内容，定额编号，单位，基价，工、料、机消耗数量，电算代号，重量等组成。以下列举路基、桥涵、隧道等专业分册定额表，见表 2-1 ~ 表 2-3。

表 2-1 路基预算定额表

二、路基填筑压实

工作内容：施工准备，人工配合机械清理下承层、摊平、精平、静压、振动压实。

电算代号	定 额 编 号		单位	LY-162	LY-163
	项 目	单位		设计速度 120km/h	
				普通土填筑	石方填筑
	单位			压实方 100m³	
	基价		元	393.86	451.53
其中		人工费	元	42.24	91.74
		材料费		18.34	18.34
		机具使用费		333.28	341.45

（续）

电算代号	定 额 编 号	单位	LY-162	LY-163
	项　目		设计速度 120km/h	
			普通土填筑	石方填筑
	量	t	—	—
1	人工	工日	0.640	1.390
8999002	其他材料费	元	18.343	18.343
9100104	履带式推土机　≤105kW	台班	0.153	—
9100105	履带式推土机　≤135kW	台班	0.121	—
9100317	自行式振动压路机　≤15t	台班	0.234	—
9100319	自行式振动压路机　≤25t	台班	0.178	—
9100401	平地机　≤120kW	台班	0.036	—

　　LY-162 子目表示设计速度≤120km/h 的铁路路基每填筑压实 100³ 普通土消耗人工 0.64 工日，≤105kW 履带式推土机 0.153 台班，≤15t 自行式振动压路机 0.234 台班，≤120kW 平地机 0.036 台班。2014 年基期水平工料机基价 393.86 元，人工费 42.24 元，材料费 18.34 元，机具使用费 333.28 元。

表 2-2　桥涵预算定额表
二、挖孔桩
（一）桩孔开挖

工作内容：开挖，吊运，孔口外 10m 以内运输，支撑防护，修整桩孔，通风管路铺、拆，通风。

电算代号	定 额 编 号	单位	QY-230	QY-231	QY-232	QY-233
	项　目		孔深/m			
			≤10	>10	≤10	>10
			普通土		硬土	
	单位		10m³			
	基价		667.01	894.03	907.48	1213.73
其中	人工费	元	358.61	490.91	490.49	670.46
	材料费		11.34	17.74	11.54	17.94
	机具使用费		297.06	385.38	405.45	525.33
	重量	t	—	—	—	—
3	人工	工日	5.123	7.013	7.007	9.578
8999002	其他材料费	元	11.339	17.740	11.535	17.935
9102613	单筒慢速卷扬机　≤30kN	台班	2.850	3.580	3.890	4.880
9108634	鼓风机　≤8m³/min	台班	—	1.430	—	1.950

表 2-3 隧道预算定额表

第一节 喷射混凝土

一、喷射普通混凝土

工作内容：喷射混凝土集中拌制，机具就位、湿喷及养护。

电算代号	定额编号			SY – 84
	项目		单位	喷射普通混凝土
	单位			$10m^3$
	基价			4958.27
其中	人工费		元	1043.29
	材料费			2988.94
	机具使用费			926.04
	重量		t	28.386
7	人工		工日	12.723
HT-210	C25（1）喷射普通混凝土，碎石16		m^3	(12.240)
1010003	普通水泥 42.5级		kg	5422.320
1240011	碎石 16以内		m^3	8.935
1260022	中租砂		m^3	6.487
3005008	萘系减水剂		kg	54.835

2.1.3 铁路预算定额使用方法

正确运用定额，一要反复学习、熟悉定额，二要熟悉工程构造及施工工序。定额使用方法归结为：

1）详细阅读和理解定额的总说明和各工程项目的分项说明，熟悉有关条款规定。

2）核对设计文件中的工程项目、工作内容是否与所采用定额内容一致，不应遗漏，也要防止重复。

3）注意定额中工程量单位与设计文件中工程数量单位是否一致，否则应换算设计工程量单位。

例 2-1 某高速铁路桥梁工程，实体墩，高 19m，设计采用船舶施工，C40 碳化环境泵送高性能混凝土。试分析此定额中混凝土的有关材料数量。

解：查《铁路工程预算定额（第二册 桥涵工程）》第一章第九节墩台水上浇筑混凝土子目 QY – 341（表 2-4），《铁路工程基本定额》C40 碳化环境泵送高性能混凝土配合比，按 $1m^3$ C40 碳化环境泵送高性能混凝土配合比用料定额表（表 2-5），分析 QY – 341 子目定额表中 $10.2m^3$ 混凝土所需各种材料量。

普通水泥42.5级（高性能混凝土）：$330 \times 10.2kg = 3366kg$

碎石40以内（高性能混凝土）：$0.72 \times 10.2m^3 = 7.344m^3$

表 2-4　墩台混凝土浇筑

工作内容：钢模安拆，混凝土浇筑、振捣及养护，施工接缝处理，脚手架搭拆。

电算代号	定额编号		单位	QY－339	QY－340	QY－341
	项　目			陆上混凝土		水上混凝土
				非泵送	泵送	
	单位			10m³		
	基价			1164.87	1089.86	1261.85
其中	人工费		元	387.10	357.00	377.30
	材料费			454.14	454.14	454.14
	机具使用费			323.63	278.72	430.41
	重量		t	0.092	0.092	0.092
3	人工	工日		5.530	5.100	5.390
HT－0	混凝土（砂浆）	m³		(10.200)	(10.200)	(10.200)
1110003	锯材	m³		0.026	0.026	0.026
2220016	焊接钢管	kg		5.400	5.400	5.400
2810028	定型钢模板	kg		69.552	69.552	69.552
3623510	铁线钉	kg		1.000	1.000	1.000
8999002	其他材料费	无		31.068	31.068	31.068
8999006	水	t		2.594	2.594	2.590
9102105	汽车起重机　≤20t	台班		0.355	0.210	—
9102214	履带式起重机　≤25t	台班		—	—	0.132
9103802	内燃拖轮　≤230kW－150t	台班		—	—	0.060
9103825	运输驳船　≤300t	台班		—	—	0.120
9104061	混凝土插入式振动器	台班		0.400	0.260	0.260
9104208	混凝土泵　≤80m³/h	台班		—	—	0.084
9104213	混凝土输送泵车　≤60m³/h	台班		—	0.091	—
9105818	工程驳船　≤400t	台班		—	—	0.120
9106003	交流弧焊机　≤42kV·A	台班		0.154	0.154	0.154

表 2-5　碳化环境泵送高性能混凝土配合比用料定额表

混凝土强度等级	粗集料	最大粒径/mm	水泥强度等级	胶凝材料/kg	其　中			外加剂/kg	碎（卵）石/m³	水/m³	天然湿度中砂/m³	定额编号
					水泥/kg	粉煤灰/kg	矿渣粉/kg					
C35	碎石	25	42.5	471	306	94	71	4.71	0.73	0.19	0.53	HT－7181
		31.5		466	303	93	70	4.65	0.74	0.19	0.53	HT－7182
		40		459	298	92	69	4.58	0.74	0.19	0.54	HT－7183
	卵石	25	42.5	463	301	93	69	4.63	0.74	0.19	0.54	HT－7184
		31.5		459	298	92	69	4.58	0.74	0.19	0.54	HT－7185
		40		451	293	90	68	4.50	0.74	0.19	0.54	HT－7186

（续）

| 混凝土强度等级 | 粗集料 | 最大粒径/mm | 水泥强度等级 | 胶凝材料/kg | 其　中 | | | 外加剂/kg | 碎（卵）石/m³ | 水/m³ | 天然湿度中砂/m³ | 定额编号 |
					水泥/kg	粉煤灰/kg	矿渣粉/kg					
C40	碎石	25	42.5	521	339	104	78	5.22	0.71	0.19	0.52	HT–7187
		31.5		516	336	103	77	5.16	0.71	0.19	0.52	HT–7188
		40		508	330	102	76	5.08	0.72	0.19	0.52	HT–7189

中粗砂（高性能混凝土）：$0.52 \times 10.2 \text{m}^3 = 5.304 \text{m}^3$

矿渣粉（高性能混凝土）：$76 \times 10.2 \text{kg} = 775.2 \text{kg}$

粉煤灰（高性能混凝土）：$102 \times 10.2 \text{kg} = 1040.4 \text{kg}$

聚羧酸系减水剂：$5.08 \times 10.2 \text{kg} = 51.82 \text{kg}$

拌制混凝土用水：$0.19 \times 10.2 \text{m}^3 = 1.938 \text{m}^3$

2.2　路基工程预算定额说明及应用

2.2.1　路基预算定额综合说明

1）本定额适用于铁路路基工程、改移道路、平交道、改沟（河）及其他土石方工程。

2）本定额含有"HT–0"表示混凝土的定额子目均未含混凝土拌制和混凝土材料，其中现浇混凝土未含场外运输，未含的内容应采用《铁路工程基本定额》相关子目另行计列。本定额场外运输指临时场站至工点间的运输。

3）构件预制定额，采用蒸汽养护的锅炉按燃煤锅炉编制，预制场所在地有明文规定不允许采用燃煤锅炉的，可抽换为燃油锅炉。

4）本定额中的混凝土构件预制、钢筋制作等定额子目按工厂化施工编制，未含场外运输，使用时应按相关子目另计。

5）本定额未包含的基坑开挖和拆除工程应采用 TZJ 2002—2017《铁路工程预算定额（第二册　桥涵工程）》、TZJ 2013—2017《铁路工程预算定额（第十三册　站场工程)》相关定额子目。

2.2.2　路基预算定额分章说明

路基预算定额分为 8 章，分别是场地清理，挖方，填方，防护工程，支挡结构，地基处理，排水沟、管，相关工程。

1. 场地清理

（1）内容组成　包括原地面清表和挖除树根 2 节，主要用于主体工程施工前场地清理工程。其中：增加了原地面清表内容，调整了挖除树根子目划分。

（2）使用说明

1）原地面清表是指对原地面以下 30cm 及以内的农作物、根系和表土的清除。

2）挖除树根定额适用于离地面 1.3m 高处树干直径≥10cm 的树木，其余均属原地面清表。

3）清表和挖除的废弃物运至处理地点的运输费用应按相关定额子目另计，套用松土运输定额。

（3）工程量计算规则

1）清表按设计处理地表面积计算。深度超过30cm时，全部按挖方计算。

2）挖除树根数量按需挖除的棵数计算。

2. 挖方

（1）内容组成　包括挖土方、挖石方、挖除淤泥3节。其中：增加了弃土石场整理定额；调整了深孔和浅孔爆破石方子目划分、挖除淤泥子目划分、控制爆破适用范围；精简挖掘机自挖自卸土方、装载机挖（装）运土石方、推土机推运土石方定额；取消了铲运机铲运土方、洞室松动爆破、石方装载机装车、6t自卸汽车运土石方、轻轨斗（平）车运土石方定额。

（2）使用说明

1）土石方开挖工程，除工作内容说明以外，另包括路堑修坡检底、取土坑整修等所需的人工、材料、机械消耗量。

2）土石方工程定额单位，挖方及运输为天然密实方，填方为压（夯）实方。当以填方压实体积为工程量，采用以天然密实方为计量单位的定额时，所采用的定额应乘以表2-6中的系数。

表2-6　岩土天然密实方与压实方换算系数表

速度等级		土　方			石　方
		松　土	普　通　土	硬　土	
设计速度>160km/h	区间	1.258	1.156	1.115	0.941
	站场	1.230	1.130	1.090	0.920
120km/h<设计速度≤160km/h	区间	1.225	1.133	1.092	0.921
	站场	1.198	1.108	1.068	0.900
设计速度≤120km/h	区间	1.125	1.064	1.023	0.859
	站场	1.100	1.040	1.000	0.840

注：1. 表中系数已考虑路堤施工要求两侧加宽的土石方。

　　2. 无砟轨道路基换算系数按设计速度>160km/h执行。

3）土石方运输已考虑道路系数（便道及交通干扰等因素），土石方工程中汽车增运定额仅适用于运距10km及以内运输，超过10km部分乘以0.85的系数。

4）深孔、浅孔爆破开挖石方，当作为弃方或需破碎后再填筑时，采用LY-60、61、62、66、67、68子目，需破碎的，按填料破碎子目另计；当用于直接移挖作填时，采用LY-63、64、65、69、70、71子目。

对于深孔爆破与浅孔爆破的界面划分，《爆破安全规程》规定，浅孔爆破是指炮孔直径≤50mm、深度≤5m的爆破作业；深孔爆破是指炮孔直径>50mm、深度>5m的爆破作业。

石方深孔爆破和浅孔爆破按爆破后材料的再次利用情况，按弃或破碎、用于直接填筑划分定额子目。

在使用中，对爆破后粒径要求不高，能够满足路基基床以下、路基本体施工要求的情况，套用"用于直接填筑"石方爆破定额；对于根据规范要求最大粒径≤150mm的填料，需经集中破碎后方能满足填筑要求的，按"弃或破碎"石方爆破定额与"填料破碎"定额配套使用。

5）光面（预裂）爆破，是指为保证路堑边坡平整，沿边坡面自上而下进行的爆破。如果路堑边坡厚度过厚，应配合浅孔爆破或者深孔爆破使用。定额单位按设计边坡面积计算，应与其他石方开挖定额叠加使用（光面爆破只适用于非控制爆破）。

6）控制爆破定额适用于增建二线铁路需控制爆破的石方开挖工程。若爆破点周围200m以内有房屋等建筑物时，可用C类控制爆破定额子目。

① 按施工条件不同分为A、B、C三类，分类见表2-7。

表2-7　控制爆破分类表

A 类	B 类	C 类
线间距≤5m，开挖高度≥8m，开挖厚度≤4m，既有边坡坡度>1:0.5，岩石硬度为次坚石及以上	线间距≤10m，开挖厚度≤10m，既有边坡坡度≤1:0.5	不满足A、B类条件，但距既有线路堑边坡顶50m之内无天然屏障的石方爆破

注：表中开挖高度为路肩至路堑边坡最高点的高度；开挖厚度为爆破体平均开挖厚度。

② 定额中已考虑了要点封锁线路引起的工效降低因素，使用时不再计列行车干扰施工增加费。

③ 爆破覆盖层分为4层、2层、1层三种，覆盖材料为钢筋网、橡胶炮被、土袋。4层为钢筋网、土袋各1层，橡胶炮被2层；2层为橡胶炮被、土袋各1层；1层为橡胶炮被。一般情况下，A类采用4层覆盖，B类采用2层覆盖，C类采用1层覆盖。

临近既有线石方控制爆破定额，已包含既有线封锁施工和行车干扰的影响，使用时不再考虑既有线施工调整系数。除此以外的定额若用于既有线施工，封锁线路或行车干扰调整系数按《铁路基本建设工程设计相关（预）算编制办法》《铁路基本建设工程设计相关（预）算费用定额》执行。

7）冻土开挖可按软石开挖定额执行。

8）弃土场、弃石场整理定额适用于施工组织设计中设有弃土场、弃石场的工程。

9）《铁路工程基本定额》中取消了岩土分类表。岩土施工分类按路基专业相关标准规范执行。

（3）工程量计算规则

1）开挖与运输数量以天然密实体积计算，光面（预裂）爆破数量按照设计边坡面积计算。

2）路堑开挖按照设计开挖线计算土石方数量。

3）弃土场、弃石场整理按弃土方、弃石方的天然密实体积计算。

4）淤塘抽排水数量按抽排静水体积计算。

3. 填方

（1）内容组成　包括填料制备和填筑压实2节。其中：增加了填料物理改良拌和（场拌法）、水泥改良土制备（场拌法）、石灰改良土制备（场拌法）、水泥稳定碎石制备、填料运输、零填挖路段翻松整平压实、路堤刷坡收边等定额；调整了粒料破碎子目划分，路基填筑压实按速度等级和填料类型划分子目，过渡段压实按过渡段位置和填料类型划分子目；取消了填石路堤定额。

（2）使用说明

1）填料制备为集中场拌，填料制备与填筑压实定额应配套使用。

2）填料运输定额仅适用于填料从大临场站至工地的运输。

3）水泥改良土、石灰改良土定额消耗量含水泥、石灰，未含土方数量。

4）级配碎石、水泥稳定碎石定额含全部材料。

5）级配碎石制备定额是按碎石编制的，若设计采用级配砂砾石，可抽换。

6）零填挖路段翻松、整平、压实定额，适用于不做基底处理地段的原地面整理。

7）过渡段压实定额，包边材料填筑工程量已计入过渡段工程量中。

8）路基填筑压实定额已包含一般情况下的洒水或晾晒内容，路基洒水定额适用于特殊缺水地区，洒水量由设计确定。

9）改良土和填料破碎应与土石方挖运定额配套使用，换算系数按表 2-6 执行。

10）路堤刷坡收边定额应与路基填筑定额配套使用。

11）路基压实定额，其他材料费和其他机械使用费中包含有一般情况下的洒水、翻晒、路基划线石灰等材料和机械费。

洒水定额仅针对特殊干旱或需单独洒水地区，根据设计确定的洒水量，套用洒水定额，并且不再扣减原压实定额中给出的洒水费用。

（3）工程量计算规则

1）填料制备、填料运输及填筑压实工程数量按设计填筑断面以压实体积计算。

2）路堤填筑按照设计填筑线计算土石方数量，护道土石方、需要预留的沉降数量计入填方数量。

3）路基基底清表、碾压后，与原地面之间的回填土石方数量计入填方数量。

4）路基洒水量按设计数量以"t"计算。

5）零填挖路段翻松、整平、压实数量按设计面积计算。

6）路堤刷坡收边数量按设计边坡面积计算。

4. 防护工程

（1）内容组成　包括沟槽开挖、砌体及圬工、绿化工程、其他防护 4 节。其中：

增加了小型构件预制和运输、骨架护坡砌筑、现浇混凝土骨架护坡、植草护坡混凝土空心块砌筑、边坡砌筑垂直提升、路基护肩、滴灌绿化定额；调整了干砌片石、浆砌片石和浆砌混凝土块定额子目划分（按高度划分）；取消了 M10 浆砌片石脚墙定额。

（2）使用说明

1）坡高以坡底为起算点。

2）小型构件预制应与砌筑定额子目配套使用。混凝土预制构件，定额中考虑 1% 的成品损耗。注意：无砂混凝土砌块、钢纤维混凝土沟槽、RPC 混凝土盖板预制定额子目中已含混凝土材料，其他构件预制定额未含混凝土材料。

3）绿化工程定额计量规格：胸径是指从地面起至树干 1.3m 高处的直径，冠径是指枝展幅度的水平直径，苗高是指从地面起至梢顶的高度。灌木以冠径/苗高表示。

4）栽植定额以原土回填为主，如需换土，按"换种植土"定额另计。

5）喷混植生定额中绿化基材，当设计配方与定额不符时可进行抽换调整。

6）定额中一般地区、干旱地区、寒冷地区的划分执行《铁路工程绿色通道建设指南》中的相关规定。一般地区是指年平均降水量≥400mm、最冷月月平均气温≥-5℃的湿润、温暖地区；干旱半干旱地区是指年平均降水量<400mm的地区；寒冷地区是指最冷月月平均气温<-5℃的地区。

7）乔木、花卉、草皮等绿化工程的养管时间，是指绿化工程建成至验收交付使用的建设期阶段。运营阶段的养管由建设单位承担。

8）定额中钢筋的消耗量已经考虑搭接数量和损耗率。对于不需搭接的10mm以下钢筋，考虑1.5%的损耗率；对于10mm及以上的钢筋，考虑1.5%的搭接数量和1.5%的损耗率。

9）成型钢筋自加工场至安装点的运输，直接套用运输定额计算。

（3）工程量计算规则

1）沟槽开挖数量按设计开挖体积计算。

2）盲沟、管沟开挖抽排水工程量按地下常水位以下的湿土开挖体积计算。

3）小型构件预制数量按设计外形尺寸以体积计算，其中混凝土空心块按实体体积计算。

4）钢筋重量按钢筋设计长度乘理论单位重量计算。不得将搭接、焊接料、绑扎料、垫块等材料计入工程数量。

5）砌筑数量按设计外形尺寸以体积计算。

6）植物防护按设计数量计算，定额单位100株只与灌木的数量有关，与每一坑有几株无关。

7）锚杆数量按设计长度计算。

8）喷射混凝土体积按设计喷射厚度乘以面积计算。

5. 支挡结构

（1）内容组成　包括挡土墙、锚固结构2节。其中：增加了不锈钢竖条式挡土墙栏杆、护壁钢筋及声测管制安、锚杆框架梁、钢筋运输定额；调整了桩板式挡土墙和抗滑桩子目划分；取消了加筋土挡土墙钢筋混凝土拉筋、钢轨制作及吊装定额。

（2）使用说明

1）挡土墙定额也适用于护墙。

2）土钉定额中不含挂网和喷射混凝土，需要时应按相关定额另计。

（3）工程量计算规则

1）圬工体积按设计尺寸以实体体积计算，不扣除圬工中钢筋、钢绞线、预埋件和预留压浆孔道所占体积。

2）锚杆挡土墙中锚杆制作安装（简称制安）及锚索制安按照所需主材（钢筋或钢绞线）重量计算，附件重量不得计入。其计算长度是指嵌入岩石设计长度，按规定应留的外露部分及加工过程中的损耗，均已计入定额。

3）支挡结构脚手架工程量按支挡面积计算。

4）抗滑桩桩孔开挖，均按总孔深套用相应定额子目。桩身混凝土工程量按桩顶至桩底的长度乘以设计桩断面积计算，不包括护壁混凝土的数量。护壁混凝土按相应定额另计。

5）桩孔抽水数量按地下常水位以下的湿土开挖体积计算。

6. 地基处理

（1）内容组成 包括地基加固桩、其他处理、地下洞穴处理3节。其中：增加了布袋桩、挖除桩间土、堆载及真空预压定额。调整了旋喷桩定额单位、强夯每增减遍数。

（2）使用说明

1）各类地基加固桩成桩定额，未含桩帽、筏板和桩间土挖运，发生时按相关定额另计。

2）复合地基加固桩定额桩身掺入料或掺入比与设计不符时，可按设计要求调整。

3）CFG桩所用材料在理论上不是混凝土，但施工现场基本按混凝土集中拌制和运输操作。因此，定额中按混凝土集中拌制CFG桩材料考虑，桩身混凝土自搅拌站至浇筑点的运输费用应采用混凝土运输定额另计。

4）管桩定额是按静力压桩施工组织编制。

5）使用冲击碾压和强夯定额时，可根据设计采用的处理方案，按每增减定额调整。

6）本定额中的各种地基加固桩未包含桩顶空钻部分，实际发生时应单独计算空钻部分工程数量，消耗量做以下调整：人工和机械台班消耗量乘0.5的系数，扣除桩体材料和集中搅拌机械、灌注机械数量。

7）软土地基垫层定额中片（碎）石垫层定额也适用于机械施工抛石挤淤工程。当设计采用砂卵石等混合填料时，可抽换。

8）填筑砂石定额适用于构筑物基底、后背填筑。抛填片石适用于人工抛石挤淤工程。

9）堆载预压定额中，不含起压重作用的堆载料费用，应根据堆载料来源和价格另计。如果堆载或真空预压范围内按设计要求设置了砂井、塑料排水板等，应按相关定额子目另计。

10）钻孔压浆定额中浆液是按水泥砂浆编制，当设计采用其他类型浆液时，可抽换。

（3）工程量计算规则

1）各种地基加固桩的工程量均按设计图示桩顶至桩底的长度计算。

2）各种地基加固桩如需试桩，按设计文件计入工程数量。

3）挖除桩间土工程量按不扣除桩身体积计算。

4）冲击碾压、强夯、堆载及真空预压工程量按设计处理面积计算。

2.2.3 路基工程预算定额应用

1）进行铁路路基土石方工程预算编制时，可依据工程现场情况选择运输机械。各种运输机械的经济运距见表2-8。

2）预算定额挖装和运输子目分开编制，应采用合理的机械组合。

① 自卸汽车运输土方。一般地段，采用≤2m³挖掘机挖装，≤8t自卸汽车运输；土方集中及数量巨大的地段，且场地较开阔时，采用≤2.5m³挖掘机挖装，≤20t自卸汽车运输。

② 自卸汽车运输石方。一般地段，采用≤3m³挖掘机挖装，≤8t自卸汽车运输；石方集中及数量巨大的地段，且场地较开阔时，采用≤3m³挖掘机挖装，≤20t自卸汽车运输。

③ 推土机推运土石方。采用≤135kW推土机。

表2-8 各种运输机械的经济运距

运 输 方 法	经济运距/m	适 用 范 围
人力挑抬运	20~50	零星、少量的土方和爆破后的石方
双轮车运输	50~200	场地狭小、数量较少的土方和爆破后的石方
机动翻斗车	≤1000	场地狭小、数量较少的土方工程
推土机推运	20~80	一般土方和爆破后的石方
铲运机铲运	拖式：100~700 纵向移挖作填时，1000 自行式：700~1500	一般石方
自卸汽车运输	≥1000	一般土方和爆破后的石方
装载机	配合装车≤20	松方、普通土和爆破后的石方

例2-2 某段设计速度160km/h的Ⅰ级铁路区间路基工程，挖方5000m³，全部利用，挖掘机配合自卸汽车运输2km；填方10000 m³，除利用方外的缺口需借土，挖掘机配合自卸汽车运输5km。试分析该工程项目套用的定额。

解：挖方5000m³，天然密实断面方；填方10000m³，压实断面方。

调配时移挖作填，挖方作为填料压实后数量5000m³/1.133 =4413m³

需外借土方：（10000 – 4413）m³ =5587m³（压实断面方）

当借土的挖、运、填属于以压实体积为工程量，套用天然密实方为计量单位的挖土定额、运土定额时，应乘以换算系数。

套用定额列表见表2-9，定额表见表2-10~表2-12。

表2-9 套用定额列表

编　号	名　称	单　位	数　量
（1）利用方挖			
LY-13	≤2m³挖掘机挖装普通土	100m³	50
LY-26	≤8t自卸汽车运输1km	100m³	50
LY-27	≤8t自卸汽车增运1km	100m³	50
（2）利用方填			
LY-164	设计速度160km/h普通土填筑	压100 m³	44.13
（3）借土填方			
1.133×LY-13	≤2m³挖掘机挖装普通土	100m³	55.87
1.133×LY-26	≤8t自卸汽车运输1km	100m³	55.87
1.133×4×LY-27	≤8t自卸汽车增运1km	100m³	55.87
LY-164	设计速度160km/h普通土填筑	压100 m³	55.87

表 2-10　挖掘机挖土

电算代号	定额编号		单位	LY－12	LY－13	LY－14
	项　目			≤2.0m³ 挖掘机		
				松土	普通土	硬土
	单位			100m³		
	基价		元	109.65	125.43	138.18
其中	材料费		元	10.23	11.81	13.40
	人工费			—	—	—
	机具使用费			99.42	113.62	124.78
	重量		t	—	—	—
1	人工		工日	0.155	0.179	0.203
9100006	履带式液压单斗挖掘机≤2.0m³		台班	0.098	0.112	0.123

表 2-11　自卸汽车运土

六、自卸汽车运土

工作内容：施工准备、等待装车、运、空回等。

电算代号	定额编号		单位	LY－26	LY－27	LY－28	LY－29
	项　目			≤8t 自卸汽车		≤10t 自卸汽车	
				运距≤1km	增运1km	运距≤1km	增运1km
	单位			100m³			
	基价		元	399.10	109.66	386.20	101.63
其中	人工费		元	—	—	—	—
	材料费			—	—	—	—
	机具使用费			399.10	109.66	386.20	101.63
	重量		t	—	—	—	—
9103103	自卸汽车≤8t		台班	0.979	0.269	—	—
9103104	自卸汽车≤10t		台班	—	—	0.817	0.215

表 2-12　路基填筑

电算代号	定额编号		单位	LY－164	LY－165	LY－166	LY－167
	项　目			120km/h＜设计速度≤160km/h			
				普通土填筑	石方填筑	AB 组填料填筑	改良土填筑
	单位			压实方100m³			
	基价		元	416.11	503.23	366.04	373.29
其中	人工费		元	42.24	110.09	34.32	31.09
	材料费			18.34	18.34	18.34	18.34
	机具使用费			355.53	374.80	313.38	323.86
	重量		t	—	—	—	—
1	人工		工日	0.640	1.668	0.520	0.471

(续)

电算代号	定额编号 项 目	单位	LY-164	LY-165	LY-166	LY-167
			120km/h<设计速度≤160km/h			
			普通土填筑	石方填筑	AB组填料填筑	改良土填筑
8999002	其他材料费	元	18.343	18.343	18.343	18.343
9100104	履带式推土机≤105kW	台班	0.153	—	0.153	0.153
9100105	履带式推土机≤135kW	台班	—	0.144	—	—
9100317	自行式振动压路机≤15t	台班	0.261	—	—	—
9100319	自行式振动压路机≤25t	台班	—	0.189	0.135	0.135
9100401	平地机≤120kW	台班	0.036	—	0.023	0.018
9100505	轮胎式装载机≤3m³	台班	—	—	0.009	0.026
9103202	洒水车≤9600L	台班	—	—	0.018	0.018
9199999	其他机具使用费	元	18.000	18.000	18.000	18.000

2.3 桥涵工程预算定额说明及应用

2.3.1 桥涵预算定额综合说明

1. 主要修订内容

1）水上混凝土定额按拌制和浇筑分开编制，混凝土拌制未含混凝土材料，混凝土材料按《铁路工程基本定额》配合比用料表执行。

2）取消了挖孔桩桩身及护壁钢筋、单双柱式墩、帽梁、既有线顶进桥涵工程横抬梁法、铁路便线轨道等定额子目。"混凝土拌制、运输、蒸汽养护"内容纳入《铁路工程基本定额》。

3）增加了基坑回填碎石、非爆破开挖石质基坑、冲击钻孔、凿除桩头、大型钢围堰、公铁两用架桥机架设T梁、束长160m连续梁预应力钢绞线制安张拉、既有线D型施工便梁、机械拆除砌体坞工、小型预制构件运输、成型钢筋运输等定额子目。

4）预制箱梁钢筋和支架法现浇箱梁混凝土不再按单双线分别编制定额子目。

钢筋子目已含搭接量。

2. 共性说明

1）本定额适用于内陆铁路桥梁、涵洞工程。

2）水上定额适用于设计采用船舶施工的工程及水上栈桥未与陆地连接的工程。水上如采用栈桥、栈桥加平台或筑堤等（栈桥应与陆地连接），则混凝土工程采用陆上混凝土搅拌站拌制、运输、浇筑定额，其他水上辅助工程根据施工组织情况调整船舶数量；筑堤或栈桥等按本定额第一章或第五章相关子目另计。河滩、水中筑岛施工采用陆上定额。

3）辅助结构已按摊销计入定额，除另有说明外，不扣除回收料的残值。

4）现浇异形梁模板可按建设项目一次摊销，并扣除模板回收残值。

5）除另有说明外，定额中已含脚手架、支架、扒杆等的搭拆及摊销。

6）公铁两用桥公路桥面除斜拉桥公路桥面结合板及湿接缝外，其他可采用公路工程定额相关子目。

7）钢筋定额子目未包含成型钢筋由集中加工场至安装地点的运输，钢筋笼运输按本定额第一章第四节相关子目另计，其他成型钢筋运输按本定额第五章第六节相关子目另计。钢筋定额子目中已计入钢筋损耗量，其中套筒连接子目已含连接套筒，非套筒连接子目已含搭接量。

8）预应力筋定额中已含孔道压浆数量，不含两端封锚后涂刷防水层内容，防水层涂刷按本定额第五章第一节相关子目另计。

9）预应力筋定额中已计入4%的损耗量（不含工作长度），若预应力筋设计数量未含工作长度，则损耗率改为9%。

10）预应力钢绞线束长是指钢绞线在结构物内的长度，即两端锚具间的长度。

11）本定额中混凝土构件预制未含预制场至安装地点的运输，预制构件运输按本定额第二章第十节相关子目另计。

12）现浇框架式桥身采用现浇框架涵定额。

13）工程量计算规则。

① 基坑开挖数量以天然密实体积计算，填筑数量以压实体积计算。

② 各类砌体的体积，按砌体设计尺寸以实体体积计算。

③ 混凝土的体积，按混凝土设计尺寸以实体体积计算，不扣除混凝土中钢筋（钢丝、钢绞线）、预埋件和预留压浆孔道所占的体积。

④ 非预应力钢筋的重量按钢筋设计长度（应含架立钢筋、定位钢筋）乘理论单位重量计算。不得将焊接料、绑扎料、接头套筒、垫块等材料计入工程数量。

⑤ 预应力钢筋（钢丝、钢绞线）的重量按设计下料长度乘理论单位重量计算。不得将锚具、管道、锚板及连接钢板、封锚、捆扎、焊接材料等计入工程数量。

⑥ 各种桩基如需试桩，其数量由设计确定，纳入工程数量。

2.3.2　桥涵预算定额分章说明

桥涵工程预算定额分五章，分别是下部工程、上部工程、涵洞工程、既有线顶进桥涵工程和其他工程。以下介绍主要构造及相关定额。

1. 下部工程

基础的形式有扩大基础、桩与管柱基础及沉井基础。扩大基础是桥涵墩台常用的基础形式。它属于直接基础，是将基础底板设在直接承载地基上，来自上部结构的荷载通过基础底板直接传递给承载地基。当地基浅层地质较差，持力土层埋藏较深，需要采用深基础才能满足结构物对地基强度、变形和稳定性要求时，可用桩基础。桥梁工程常用沉井作为墩台的深基础。沉井形式各异，但在构造上主要由井壁、刃脚、隔墙、井孔、凹槽、封底、填心和盖板等组成。

（1）挖基及抽水

1）无水挖基指开挖地下水位以上部分，有水挖基指开挖地下水位以下部分。开挖淤泥、流砂不论有水、无水均采用同一定额。

2）开挖基坑定额不含坑壁支护，需要时应根据设计确定的支护方式采用相应定额。定额仅编制了挡土板和钢筋混凝土围圈子目，当设计采用钢板桩支护时，可采用打拔钢板桩定额。

3）当设计采用锚杆、喷射混凝土、土钉等支护方式时，可采用 TZJ 2001—2017《铁路工程预算定额（第一册 路基工程）》相关子目。

4）基坑开挖定额中弃方运距为 10m，如需远运，按 TZJ 2001—2017《铁路工程预算定额（第一册 路基工程）》相关子目另计。使用基坑开挖定额，一般情况应采用机械开挖子目，当工点零星，工作面狭窄，不适合采用机械开挖时，可采用人工开挖子目。

5）井点降水定额适用于地下水位较高的地区，井点管安拆子目中已包括井点管、总管及附件的摊销。

6）采用井点降水后的基坑开挖按无水计。井点设备由管路系统和抽水设备组成。管路系统包括滤管、井点管、弯联管及总管。

7）采用无砂混凝土管井降水时，水泵的抽水费用另计。每座无砂混凝土管井需配置 1 台水泵，水泵的选型应根据工点的设计涌水量确定。与无砂混凝土管井配套的水泵台班数量，按施工组织设计确定的日历天数计算，24 小时为一天，每天每台水泵计 3 个台班。

8）工程量计算规则。

① 基坑开挖的工程量按基坑设计容积计算。

② 挡土板支护的工程量按所支护的基坑开挖数量计算。

③ 基坑回填数量 = 基坑开挖数量 − 基础（承台）圬工数量。

④ 基坑深度一般按坑的原地面中心高程、路堑地段按路基成形断面路肩设计高程至坑底高程计算。

⑤ 井点降水使用费的计算，以 50 根井点管为一套，不足 50 根的按一套计。使用天数按施工组织设计确定的日历天数计算，24 小时为一天。

⑥ 与无砂混凝土管井配套的水泵台班数量，按施工组织设计确定的日历天数计算，24 小时为一天，每天每台水泵计 3 个台班。

⑦ 基坑抽水工程量为地下水位以下的湿处开挖数量。已含开挖、基础浇（砌）筑及至混凝土终凝期间抽水。

⑧ 抽静水定额仅适用于排除水塘、水坑等的积水。工程量按设计抽水量计算。

（2）围堰及筑岛

1）围堰类型。

① 土围堰。适用于水深 2m 以内，流速小于 0.3m/s，冲刷作用很小，且河床为渗水性较小的土。土围堰宜用黏性土填筑，因用土量大，占用面积大，不适用于就近无黏性土及通航的河段上。定额中考虑就地取土，因此土的数量不计价，若购土填筑应另列购土费。定额中已包括 20m 以内的运输，当运距超过 20m 时，按增运 10m 定额。如需远运，按路基定额相应子目另计。

② 草袋围堰、塑料编织袋围堰。适用于水深 3m 以内，水的流速不大于 1.5m/s，河床为渗水性较小的土。围堰应用黏土填心，填心可采用筑岛填心定额。袋内装土及填心用土均按就地取土，定额中土的数量不计价。若购土填筑，应另列购土费。

因塑料编织袋易于采购及运输，装土体积大，工效较草袋高，在编制概算时，原则上采用塑料编织袋定额。定额中已包括 20m 以内的运输，当运距超过 20m 时，按增运 10m 定额。如需远运，按路基定额相应子目另计。

③ 钢板桩围堰。适用于深水基坑，河床为砂类土、黏性土、碎石土及风化岩等地层。沉井襟边以上钢板桩围堰适用于为了减少沉井高度，在沉井顶拼装的防水围堰。钢板桩是带有锁口的一种型钢，其截面有直板形、槽形及 Z 形等，有各种大小尺寸及联锁形式，常见的有拉尔森式、拉克万纳式等。钢围笼是以万能杆件为主，辅以部分新制杆件组合成钢围堰，适用于管柱、管桩下沉及钢板桩围堰的导向、管柱内钻孔的工作平台。

④ 双壁钢围堰。适用于深水特大桥低桩承台基础施工，凡围堰底节刃脚需在覆盖层中下沉，则执行此定额。其内容包括钢围堰拼装、拼装船拼拆、下沉设备制安拆、浮运定位下水、围堰在水中下沉、在覆盖层中下沉、基底清理、壁内填充混凝土、封底混凝土、围堰拆除及抽水等子目。定额中双壁钢围堰作为半成品按摊销量计入拼装定额内。双壁钢围堰在水中下沉定额中，按摊销量计入了定位船至双壁钢围堰上、下兜缆，兜缆数量不再另计。

⑤ 吊箱围堰。适用于深水特大桥高桩承台基础施工，凡底节没有刃脚，不需在覆盖层中下沉的围堰，不管是单壁或双壁，均执行此定额。其内容包括吊箱围堰拼装、拼装船拼拆、下沉设备制安拆、浮运定位下水、封底混凝土、围堰拆除等子目。定额中吊箱围堰作为半成品按摊销量计入拼装定额内，单壁围堰与双壁围堰制造费差别较大，定额内为单壁围堰参考价，双壁围堰可参考双壁钢围堰单价。

2）说明。

① 土坝、塑料编织袋围堰及筑岛填心定额按就地取土编制。

② 打钢板桩定额是按打拔和每使用一个季度分别编制，使用费按施工组织设计确定的时间计算。当施工组织设计确定不再拔除钢板桩时，按一次摊销计算。钢板桩定额中不含钢板桩围堰内支撑的制安拆，发生时另行计算。内支撑材料用量参照钢板桩围堰外围所包围的断面积每 $10m^2$ 单层面积所需内支撑钢料 870kg，其中工字钢 464kg、钢管 246kg、钢板 160kg。

③ 双壁钢围堰在水中下沉定额中，按摊销量计入了定位船（或定位桩）至双壁钢围堰上、下兜缆，兜缆数量不得另计。

④ 定额中的定位船适用于一前一后，施工组织设计每增减一艘定位船，有关定额中工程驳船（≤400t）的台班应增减。

⑤ 双壁钢围堰下沉定额中未含井壁填充混凝土，需要时按填充混凝土定额另计。

⑥ 吊箱围堰定额适用于单壁吊箱围堰，拼装定额中已含吊箱围堰摊销量。

⑦ 大型钢围堰是指围堰外缘所包围的断面积≥$1100m^2$。

⑧ 大型钢围堰底节拼装定额不包括拼装场地的处理，需要时另计。

⑨ 大型钢围堰覆盖层下沉、基底清理、壁内填充及封底混凝土采用双壁钢围堰下沉覆盖层定额。

⑩ 双壁钢围堰和大型钢围堰拼装定额子目，未含钢围堰摊销量，其摊销量和回收量应由设计方案确定。

（3）钻孔桩及挖孔桩 工程量计算规则如下：

1）钻孔桩钻孔深度，陆上以地面高程、水上以河床面高程、筑岛施工以筑岛平面高程、路堑地段以路基设计成形断面路肩高程至桩尖设计高程计算。当采用管柱作为钻孔护筒时，钻孔深度应扣除管柱入土深度。

2）钻孔桩桩身混凝土工程量按设计桩长（桩顶至桩底的长度）加1m乘以设计桩径断面积计算，不得将扩孔因素计入工程量。

3）水中钻孔工作平台的工程量，一般钻孔工作平台按承台面尺寸每边加2.5m计算面积，其他钻孔施工平台的面积按施工组织设计确定的尺寸计算；钢围堰钻孔平台按围堰外缘尺寸每边加1m计算面积。

4）钢护筒和钢导向护筒的工程量按设计重量计算，包括加劲肋及连接部件的重量，不包括固定架的重量。

5）钻孔用泥浆和钻渣外运定额子目应配套使用，其工程量均按钻孔体积计算，计算公式为：$V = 0.25\pi D^2 H$，式中 D 为设计桩径（m），H 为钻孔深度（m）。

2. 上部工程

（1）预应力混凝土简支梁

1）梁体混凝土定额未含蒸汽养护，蒸汽养护按《铁路工程基本定额》相关子目另计。

2）钢筋制安定额未含梁体预埋钢件，预埋钢件以设计数量按本定额第二章第二节相关子目另计，需防腐处理时，可将定额中普通钢件抽换为防腐钢件。

3）600t和900t搬梁机分为轮胎式和轮轨式两种，适用于制梁场内搬梁、装车。2×450t轮轨式提梁机适用于制梁场旁边架梁和提梁至桥上装车。定额中未含走行轨及地基处理内容，走行轨及地基处理应根据现场情况按设计数量另计，列入大临工程。

4）预应力混凝土梁现浇分支架法现浇和移动模架法现浇两种。支架法现浇定额中未含梁下支架及地基处理内容，应根据施工组织设计采用的施工方法和数量另计；移动模架法现浇箱梁钢筋采用支架法现浇箱梁钢筋定额子目。

5）预应力混凝土简支梁后张法纵向预应力筋制安定额适用于橡胶棒制孔，当设计采用波纹管制孔时，波纹管的费用按设计数量另计。

6）架设和运输箱梁定额仅适用于坡度小于2%地段，当用于坡度大于2%，小于或等于3%地段时，架设箱梁定额子目人工和机械台班数量乘以2.0系数，箱梁每运输1km定额子目人工和机械台班数量乘以1.7系数。

7）预应力混凝土梁架设定额中未含梁和支座数量及支座的安装，梁按预制或价购另计，支座按成品价格另计；支座安装按本定额第二章第九节相关子目另计。

8）门式起重机架梁定额适用于单独铺架且墩台附近场地平坦，场地最小宽度能满足运梁车与起重机同时运行的工程。

9）桥头线路加固定额仅适用于没有做路桥过渡段设计的架桥机架设成品梁的桥梁。

10）梁面打磨及修补定额适用于铺设Ⅱ型板式无砟轨道的梁面。

11）工程量计算规则。

①T形梁架设机械和箱梁搬、运、架机械安拆调试数量按施工组织设计确定的次数计算。

②预制场内移T形梁数量，不论其移动次数均按设计预制T形梁片数计算；预制场内搬梁机搬运箱梁数量，不论其搬运次数均按设计预制箱梁孔数计算，包括由制梁台座至存梁台座，再由存梁台座至装梁台座的搬运。

③预制场内轮轨式移梁台车移箱梁数量，按设计移梁孔次数计算。从制梁台座起算，每一孔梁从一个台座移至另一个台座，每移动一次为"1孔次"，包括由制梁台座至存梁台座，再由存梁台座至装梁台座的搬运。

④ 箱梁架设应区分隧道口首末孔（首孔为架桥机出隧道口架设与桥台连接的简支箱梁，末孔为架桥机架设隧道进口端与桥台连接的简支箱梁）和其他孔，按设计架设孔数计算。其中：隧道首末孔，不论桥梁座数，两座隧道之间各计 1 孔首孔和 1 孔末孔；变跨数量按设计不同梁跨变化次数计算。

⑤ 移动支架安拆数量按设计支架重量乘以安拆次数计算，移动模架安拆数量按设计模架（不含模板）的重量乘以安拆次数计算。

⑥ 移动支架（模架）纵向移位数量按施工组织设计确定的该移动支架（模架）施工的首孔中心点至末孔中心点的距离计算。

⑦ 梁面打磨及修补数量按设计图示防撞墙以内的梁面面积计算。

（2）预应力混凝土连续箱梁

1）梁体钢筋制安定额未含梁体预埋钢件内容，预埋钢件以设计数量按本定额第二章第二节相关子目另计，需防腐处理时，按本定额第二章第八节相关子目另计。

2）预应力筋制安定额中已含波纹管制安。

3）连续箱梁混凝土浇筑定额中未含墩旁托架、边跨膺架、合龙段吊梁及临时支座等项目，需要时根据施工组织设计数量另计。

4）预应力连续箱梁拼接顶推定额中已含顶推用千斤顶、托架、制动梁、导向梁、顶推锚栓、千斤顶顶座、墩顶临时支座、导梁上拉杆、锚梁、滑板等的摊销量。但未含顶推用的导梁制安拆，顶推用的导梁需按导梁定额另计。

5）悬浇箱梁定额适用墩高 30m 以内。

6）悬浇箱梁挂篮安拆定额中已含挂篮摊销量。

7）挂篮安拆定额单位"t·次"，"t"指挂篮质量，"次"指安拆次数，一个悬浇段算一次。

（3）钢板梁及钢桁梁

1）钢梁架设定额中未含钢梁和支座的数量及支座安装。钢梁和支座的费用按成品价格另计。

2）钢桁梁拖拉架设法的连接及加固定额中未含枕木垛，需要时根据施工组织设计数量按相关子目另计。

3）悬臂拼装是钢桁梁主要架设方法，在能平衡自重且伸臂能满足结构受力的情况下，适用于大跨度的各类高桥。分全悬臂拼装、半悬臂拼装、中间合龙悬臂拼装和对称悬臂拼装。钢桁梁悬臂架设定额中未含施工临时加固杆件。

4）钢梁架设定额中的高强度螺栓带帽是按平均单质量 0.5kg/套编制，当设计采用的单质量与此不符时，可调整。

5）钢梁的工程量按设计杆件和节点板的质量计算，不包括附属钢结构、检修设备走行轨道和支座、高强度螺栓的质量。

（4）钢-混凝土结合梁

1）路基上拼装配合拖拉法适用情况为：①不可封闭的跨线、跨路施工，且全桥全部为钢-混凝土结合梁；②所架梁跨距台后路基较近。

2）墩顶吊拼分为直接吊拼和墩顶吊拼配合拖拉法两种工艺。其中直接吊拼适用于可封闭的跨线、跨路施工；墩顶吊拼配合拖拉法适用于不可封闭的跨线、跨路施工。

3）工程量计算规则。

① 钢梁的工程量按设计杆件和节点板的质量计算，不包括附属钢结构、检修设备走行

轨道和支座、高强度螺栓的质量。

② 钢－混凝土结合梁拖拉法施工工程量按质量与长度的乘积计算。

（5）钢拱梁

1）钢管拱和钢箱拱架设定额适用于悬臂扣挂的施工工艺（先拱后梁）。

2）钢管拱和钢箱拱架设定额中未含钢管拱、钢箱拱的数量，钢管拱和钢箱拱的费用按成品价格另计。

3）钢管（箱）拱架设定额中未含缆索吊装设备，需要时可根据施工组织设计按缆索吊定额另计。

4）钢管（箱）拱系杆安装定额适用于高强度钢丝束，设计采用的材质与定额不同时可抽换。

5）钢桁拱架设定额中未含钢桁拱梁和支座的数量及支座安装。钢桁拱梁和支座的费用按成品价格另计，支座安装按第二章第九节支座相关子目另计。

6）钢拱扣索塔架定额中未含扣索的制作、安装、拆除（简称制安拆）。扣索制安拆的费用根据施工组织设计数量按相关定额另计。

7）工程量计算规则。

① 钢管（箱）拱的工程量按设计重量计算，不包括支座和钢管拱内混凝土的重量。

② 系杆的工程量按设计重量计算，不包括锚具、保护层（套）的重量。

③ 钢桁拱的工程量按设计杆件和节点板的重量计算，不包括附属钢结构、检修设备走行轨道和支座、高强度螺栓的重量。

④ 钢拱扣索塔架根据施工组织设计按设计重量计算。

（6）钢斜拉桥

1）钢桁梁悬臂架设定额中未含钢梁和支座的数量及支座安装。钢梁和支座的费用按成品价格另计，支座安装按本定额第二章第九节支座相关子目另计。

2）斜拉索挂索定额中未含索的数量。斜拉索的费用按成品价格另计。

3）工程量计算规则。

① 斜拉索的工程量按设计斜拉索重量计算，不包括锚具、锚板、锚箱、防腐料、缠包带的重量。

② 斜拉索张拉的工程量按设计数量计算，每根索为一根次。

③ 斜拉索调索的工程量按设计要求计算，每根调整一次算一次。

④ 斜拉索钢梁的工程量按设计杆件和节点板的重量计算，包括锚箱重量，不包括附属钢结构、检修设备走行轨道和支座、高强度螺栓的重量。

（7）钢梁油漆　钢梁油漆适用于工地油漆的最后一道面漆，不含工厂油漆。

（8）支座　支座安装定额中未含支座本身，支座的费用按成品价格另计。

1）板式橡胶支座。用一块橡胶板做成的适用于中、小跨度桥梁的一种简单橡胶支座。无加劲层的纯橡胶支座只适用于小跨径桥梁。常用的板式橡胶支座采用薄钢板或钢丝网作为加劲层以提高支座的竖向承载能力，加劲板式橡胶支座目前已广泛用于中小跨度的公路及铁路桥梁。板式橡胶支座有矩形和圆形。支座的橡胶材料以氯丁橡胶为主，也可采用天然橡胶。

2）盆式橡胶支座。将素橡胶板置于圆形钢盆内来加强橡胶，橡胶在受压后变形由于受到钢盆的约束，处于三向受压状态，具有很大的承载能力，且构造简单、体积小，重量轻，转动灵活。

3）摇轴支座。由上摆、底板和两者之间的辊子组成。将圆辊多余部分削去成扇形，就是摇轴。支承反力越大，支座高度越大。

（9）桥面　桥面构造包括步板、盖板（混凝土、钢筋和安装分列子目）、栏杆（分钢栏杆和钢筋混凝土栏杆，钢筋混凝土栏杆，混凝土、钢筋和安装分列子目）。钢梁防护网、电缆槽道、风水管路制安、挡砟（防撞）墙及竖墙（预制和现浇）。

1）小型预制构件预制、安装包括遮板、步板、盖板及挡砟块等构件。

2）铁路桥面钢筋混凝土栏杆安装定额中已含套筒，但未含预埋件，预埋件应按相关子目另计。

3）公路桥面结合板预制、安装及湿接缝混凝土定额，仅适用于公铁两用桥的公路桥面板与钢梁结合的工程。结合板的钢筋、预应力筋或钢绞线可采用预制梁相关定额。公路桥面其他设施（如步行板、人行道板、栏杆、伸缩缝、路缘石、排水管路等）可按公路工程定额相关子目另计。

4）工程量计算规则。

① 钢筋混凝土栏杆的工程量按设计长度以"双侧米"计算。

② 梁端伸缩缝应区分材质和有砟轨道、无砟轨道，按设计伸缩缝长度计算。

（10）桥上设施

1）玻璃钢电缆槽定额中未含支架，需要时按支架制安定额另计。

2）箱梁引下式排水管道包含箱梁本身的排水管道和经汇水管顺桥墩引下的管道。

3）桥梁综合接地连（焊）接定额，墩、梁连接子目包含预埋连接钢件，其余子目仅包含焊接等内容。因接地所需新增的钢筋仍分别采用相应的基础、墩台、梁体钢筋定额。墩、梁连接指梁上接地端子与墩顶接地端子之间的钢结构导电件的制安。

4）工程量计算规则。

① 防震落梁设施按设计钢件重量计算。

② 箱梁排水管道应区分有砟轨道、无砟轨道和排水方式，按设计梁长计算。

③ 梁内、墩身和基础中由于接地而额外增加的钢筋数量应计入相应部位的钢筋工程数量。设计采用的不锈钢接地端子及尾部压入的 30cm 钢筋作为整体考虑，其费用按设计数量乘以成品价格另计。

④ 桩基础、明挖基础、梁墩之间综合接地的工程量按设计接地端子"处"计算，1 个接地端子为 1 处。

3. 涵洞工程

涵洞工程包括涵洞基础、涵身及出入口、圆涵、盖板箱涵、矩形涵、框架涵、拱涵、倒虹吸管，渡槽。

1）基础和涵身及出入口定额，适用于各类涵洞。

2）钢筋混凝土倒虹吸管管身定额中已含钢筋混凝土圆管的制安和钢筋混凝土套梁的制作。

3）涵洞基础包括浆砌片石、片石混凝土、混凝土。

4）涵身及出入口包括端翼墙，边、中墙，帽石。

5）圆涵包括管节预制安装、现浇管座。

6）盖板箱涵包括盖板预制安砌。

矩形涵分现浇和场内预制。

7）拱涵包括混凝土拱圈和料石拱圈。

8）倒虹吸管。敷设在地面或地下用于输送渠道水流穿过河渠、溪谷、洼地、道路的下凹式（U形）压力管道。常用钢筋混凝土及预应力钢筋混凝土材料制成，也有用混凝土、钢管制作的，主要根据承压水头、管径和材料供应情况选用。倒虹吸管由进口段、管身段、出口段三部分组成。

9）渡槽，也叫过水桥，两端与渠道相接，是输送渠道水流跨越河渠、溪谷、洼地和道路的架空水槽。渡槽普遍用于灌溉输水，也用于排洪、排沙等，大型渡槽还可以通航。渡槽主要用砌石、混凝土及钢筋混凝土等材料建成。

2.3.3　桥涵工程预算定额应用举例

例2-3　某客专铁路桥梁陆上承台混凝土工程基坑开挖采用机械施工，基坑设计开挖体积为2740m^3，基坑开挖深度5.5m，其中地下水位以上部位1440m^3，地下水为弱水流，挡土板支护并抽水，承台设计为C35碳化环境泵送高性能混凝土1500m^3，混凝土运输2km。最后基坑原土回填。试确定完成承台混凝土工程所需定额及相对应的工程量。

解：（1）工作任务分解　主要分为基坑开挖、基坑支护、基坑抽水、承台混凝土拌制运输及浇筑、基坑回填等工作。

（2）套用定额并计算工程量

1）基坑开挖深度5.5m，分无水和有水开挖，分别套用定额QY-1、QY-2（表2-13）；定额单位为10m^3。基坑设计开挖体积为2740m^3，其中地下水位以上部分1440m^3。

基坑无水开挖工程量：1440m^3÷10＝144m^3

基坑有水开挖工程量（2740－1440）m^3÷10＝130m^3

2）基坑支护套用定额QY-25、QY-26（表2-14）；定额单位为10m^3土，挡土板支护的工程量按所支护的基坑开挖数量。

无水处挡土板支护工程量：1440m^3÷10＝144m^3

有水处挡土板支护工程量：1300m^3÷10＝130m^3

3）基坑抽水。地下水为弱水流，套用定额QY-33（表2-15）；定额单位为10m^3湿土，因基坑抽水工程量为地下水位以下的湿处开挖数量，因此基坑抽水工程量为130m^3。

表2-13　挖基坑定额

第一节　挖基及抽水

一、挖基坑

（一）机械挖土方、淤泥、流砂

工作内容：挖、运至基坑外10m，包括近基底0.3m以内的土方人工挖运，坑壁及坑底修整。

电算代号	定额编号		单位	QY-1	QY-2	QY-3	QY-4	QY-5	QY-6
	项　目			基坑深≤6m		基坑深＞6m		机械挖淤泥	机械挖流砂
				无水	有水	无水	有水		
	单位			10m^3					
其中	基价	元		41.64	45.98	70.92	86.92	55.71	63.84
	人工费			10.50	10.50	11.20	11.20	4.97	5.88
	材料费			0.09	0.10	0.19	0.19	0.19	0.19
	机具使用费			31.05	35.38	59.53	75.53	50.55	57.77

（续）

电算代号	定额编号		单位	QY-1	QY-2	QY-3	QY-4	QY-5	QY-6
	项目			基坑深≤6m		基坑深>6m		机械挖淤泥	机械挖流砂
				无水	有水	无水	有水		
	质量		t	—	—	—	—	—	—
3	人工		工日	0.150	0.150	0.160	0.160	0.071	0.084
8999002	其他材料费		元	0.094	0.102	0.187	0.187	0.187	0.187
9100003	履带式液压单斗挖掘机≤1.0m³		台班	0.043	0.049	0.081	0.103	0.070	0.080
9102613	单筒慢速卷扬机≤30kN		台班	—	—	0.010	0.011	—	—

表 2-14　基坑支护定额

1. 挡土板

工作内容：脚手架搭拆、人工夯打挡土桩、挡土板制安拆。

电算代号	定额编号		单位	QY-25	QY-26
	项目			挡土板	
				无水	有水
	单位			10m³ 土	
	基价			147.63	170.030
其中	人工费	元		40.60	63.00
	材料费			107.03	107.03
	机具使用费			—	—
	质量		t	0.047	0.047
3	人工		工日	0.580	0.900
1110001	原木		m³	0.002	0.002
1110003	锯材		m³	0.077	0.077
3623510	铁线钉		kg	0.200	0.200
8999002	其他材料费		元	1.530	1.530

表 2-15　基坑抽水定额

四、基坑抽水

工作内容：挖抽水坑、抽水、撑水沟开挖。

电算代号	定额编号		单位	QY-33	QY-34	QY-35	QY-36
	项目			弱水流≤15m³/h	中水流≤40m³/h	强水流>40m³/h	抽静水
	单位			10m³ 湿土			10³
	基价			141.55	180.51	198.40	9.84
其中	人工费	元		22.40	22.40	22.40	4.20
	材料费			—	—	—	—
	机具使用费			119.15	158.11	176.00	5.64
	质量		t	—	—	—	—

（续）

电算代号	定额编号		单位	QY－33	QY－34	QY－35	QY－36
	项　目			弱水流≤15m³/h	中水流≤40m³/h	强水流＞40m³/h	抽静水
3	人工		工日	0.320	0.320	0.320	0.060
9105305	单级离心清水泵 ≤25m³/h－32m		台班	1.480	—	—	0.070
9105308	单级离心清水泵 ≤60m³/h－50m		台班	1.480	—	—	—
9105310	单级离心清水泵 ≤170m³/h－26m		台班	—	—	1.480	—

4）承台混凝土拌制、运输、浇筑。设计为 C35 碳化环境泵送高性能混凝土，套用定额 QY－332（表 2-16），定额单位为 10m³（设计实体数量）。混凝土体积按混凝土设计尺寸以实体体积计算为：1500m³÷10＝150m³，拌制、运输按基本定额子目分析（表 2-17）。HT－0 混凝土的材料消耗未列于定额中，要按基本定额 C35 碳化环境泵送高性能混凝土的配合比分析（表 2-18）。

表 2-16　承台混凝土浇筑

工作内容：1. 陆上承台混凝土：钢模安拆，混凝土浇筑、振捣及养护，混凝土凿毛。
　　　　　2. 水中承台混凝土：钢模安拆，混凝土拌制、浇筑、振捣及养护，混凝土凿毛。

电算代号	定额编号		QY－331	QY－332	QY－333
	项　目	单位	陆上承台混凝土		水中承台混凝土
			非泵送	泵送	
	单位			10m³	
	基价		467.36	497.16	721.04
其中	人工费	元	230.30	200.20	229.60
	材料费		179.61	179.61	179.63
	机具使用费		57.45	117.35	311.81
	质量	t	0.036	0.036	0.036
3	人工	工日	3.290	2.860	3.280
HT－0	混凝土（砂浆）	m³	(10.200)	(10.200)	(10.200)
2810024	组合钢支撑	kg	3.096	3.096	3.100
2810025	组合钢配件	kg	1.642	1.642	1.642
2810027	大钢模板	kg	8.057	8.057	8.057
2811011	铁拉杆	kg	22.750	22.750	22.752
8999002	其他材料费	元	11.246	11.246	11.246
8999006	水	t	2.550	2.550	2.550

表 2-17　混凝土拌制、运输

第二节　混凝土拌制

工作内容：配料、拌制、出料、清洗。

电算代号	定额编号		单位	YY-38	YY-39	YY-40
	项　目		单位	搅拌站生产能力/(m³/h)		
				≤60	≤100	≤120
	单位			10m³		
	质量		t	—	—	—
2	人工		工日	0.260	0.180	0.150
HT-0	混凝土（砂浆）		m³	(10.000)	(10.000)	(10.000)
8999006	水		l	0.250	0.150	0.130
9100503	轮胎式装载机≤2m³		台班	0.088	0.056	0.050
9104016	混凝土搅拌站≤60m³/h		台班	0.088	—	—
9104019	混凝土搅拌站≤100m³/h		台班	—	0.056	—
9104020	混凝土搅拌站≤120m³/h		台班	—	—	0.050

第三节　混凝土运输

工作内容：1. 装卸：等待装料、调头、卸料、清洗。

　　　　　2. 每运 1km：运输、空回。

电算代号	定额编号		单位	YY-44	YY-45	YY-46
	项　目		单位	混凝土搅拌运输车（容量）		
				≤6m³		
				装卸	每运1km（隧道外）	每运1km（隧道内）
	单位			10m³		
	质量		t	—	—	—
2	人工		工日	0.149	—	—
8999006	水		t	0.300	—	—
9103302	混凝土搅拌输送车≤6m³		台班	0.149	0.025	0.042

表 2-18　碳化环境泵送高性能混凝土的配合比

混凝土强度等级	粗集料	最大粒径/mm	水泥强度等级	胶凝材料/kg	其　中			外加剂/kg	碎（卵）石/m³	水/m³	天然湿度中砂/m³	定额编号
					水泥/kg	粉煤灰/kg	矿液粉/kg					
C30	碎石	16	42.5	389	253	78	58	3.11	0.76	0.20	0.56	HT-5009
		25		369	240	74	55	2.95	0.78	0.19	0.56	HT-5010
		31.5		352	229	70	53	2.82	0.79	0.18	0.57	HT-5011
	卵石	40	42.5	335	218	67	50	2.69	0.80	0.17	0.58	HT-5012
		16		394	256	79	59	3.15	0.74	0.19	0.56	HT-5013
		25		372	242	74	56	2.98	0.75	0.18	0.56	HT-5014
		31.5		355	231	71	53	2.84	0.76	0.18	0.57	HT-5015
		40		339	220	68	51	2.71	0.77	0.17	0.58	HT-5016

（续）

混凝土强度等级	粗集料	最大粒径/mm	水泥强度等级	胶凝材料/kg	其 中			外加剂/kg	碎（卵）石/m³	水/m³	天然湿度中砂/m³	定额编号
					水泥/kg	粉煤灰/kg	矿液粉/kg					
C35	碎石	16	42.5	403	262	81	60	4.03	0.76	0.18	0.56	HT-5017
		25		400	260	80	60	4.01	0.76	0.18	0.56	HT-5018
		31.5		389	253	78	58	3.89	0.77	0.18	0.56	HT-5019
		40		374	243	75	56	3.73	0.78	0.17	0.57	HT-5020

基本定额混凝土拌制运输定额单位"10m³"是指构成实体的设计数量，不含损耗及扩孔等因素，与其他章节中定额单位为"10m³"的混凝土子目配套使用时，应根据具体子目所对应的设计实体体积，乘以消耗量体积与设计实体体积的换算系数。如承台混凝土浇筑完成10m³，需消耗10.2m³（圆括号以内的数字）的混凝土，因此换算系数为1.02。计算混凝土拌制、运输量、材料消耗量均要乘以该换算系数。

混凝土拌制、运输及计算材料消耗量的工程数量为：150m³×1.02=153m³。

5）基坑回填。回填原土，套用定额QY-37（表2-19），定额单位为10m³。

因基坑回填数量=基坑开挖数量-基础（承台）坏工数量

基坑回填工程量：（2740-1500）m³÷10=124m³

表2-19 基坑回填

五、基坑回填

工作内容：1. 基坑回填原土：机械挖土、填土。人工平整、夯实。
2. 基坑回填浆砌片石：挂线、找平、选石、修石、洗石，砂浆拌制、铺浆、砌筑、填缝，搭拆脚手板。
3. 基坑回填碎石：装运碎石、平整、夯实。
4. 基坑回填混凝土：浇筑、捣固、养护。

电算代号	定额编号		单位	QY-37	QY-38	QY-39	QY-40	QY-41
	项 目			基坑回填				
				原土	浆砌片石		碎石	混凝土
					M5	M10		
	单位			10m³				
	基价			100.58	1074.84	1117.09	538.03	88.88
其中		人工费	元	49.00	427.70	427.70	179.20	87.50
		材料费		1.03	636.68	678.93	358.83	1.38
		机具使用费		50.55	10.46	10.46	—	—
	质量		t	—	27.448	27.442	16.815	—
3	人工		工日	0.700	6.110	6.110	2.560	1.250
HT-0	混凝土（砂浆）		m³	—	—	—	—	(10.200)
HT-907	M5 水泥砂浆，42.5		m³	—	(3.300)	—	—	—
HT-915	M10 水泥砂浆，42.5		m³	—	—	(3.300)	—	—
1230006	片石		m³	—	11.700	11.700	—	—

例 2-4 某铁路桥梁钻孔桩工程，10 根桩，采用陆上施工。设计桩径 1.5m，设计桩长 430m，钢护筒 10 个（2m），埋深 1.5m。不同桩径钢护筒参考质量见表 2-20。计算该桩身混凝土工程量及钢护筒设计质量。

表 2-20 不同桩径钢护筒参考质量

桩径/m		0.6	0.8	1.0	1.2	1.25	1.5	2.0	2.5	3.0
钢护筒质量/（kg/m）	陆上	83.28	103.99	187.37	218.45	226.22	309.42	457.4	701.74	831.22
	水上	—	—	—	—	—	353.82	572.27	842.72	998.08

解：（1）《铁路桥涵工程定额》中规定 钻孔桩桩身混凝土工程量按设计桩长（桩顶至桩底的长度）加 1m 乘以设计桩径断面积计算，不得将扩孔因素计入工程量

$$桩身混凝土工程量 = \left[(430 + 1 \times 10) \times \pi \times 1.5^2/4\right]m^3 = 777.54m^3$$

（2）计算钢护筒设计重量 可参考表 2-20 所列数据进行计算

$$钢护筒设计质量 = (309.42 \times 2 \times 10/1000)t = 6.188t$$

2.4 隧道工程预算定额说明及应用

2.4.1 隧道预算定额修订说明

1）《铁路工程预算定额》将专业定额、工料机基期价格、编制办法作为一个整体统筹考虑、全面修订、一次发布，系统性强。其中隧道工程大幅度提高了工费标准，与现场实际人工价格逐渐趋近。同步修订材料基期价格和机械台班费用定额，与人工费标准保持同一时期价格水平。

2）定额整合纳入独立成册的《高速铁路路基、桥梁、隧道、轨道工程补充定额》和《铁路大型机械化隧道施工补充预算定额》，能够满足各种技术标准铁路工程编制概预算的需要，修订后的定额子目设置更加合理。《铁路工程预算定额（第三册 隧道工程）》中定额子目较原预算定额减少 148 条，降幅为 27%，进一步体现了简明适用的原则。

3）主要变化情况。

① 根据技术标准，调整了小型钻爆法施工正洞断面划分档距，正洞开挖、出渣、开挖台架、支护台架、仰拱栈桥、衬砌台车、组合钢模、防水板台架、通风、管线路，按隧道断面有效面积 $\leq 40m^2$、$\leq 60m^2$、$\leq 85m^2$、$> 85m^2$ 综合编制。机械化施工预算定额适用于断面有效面积 $\geq 76m^2$ 隧道。

② 调整和新增了铁路隧道施工运输组织模式，有效断面 $\leq 40m^2$、$\leq 60m^2$ 的按轨道运输组织模式、汽车运输组织模式分别编制，有效断面 $\leq 85m^2$、$> 85m^2$ 的，仅按汽车运输组织模式编制。

③ 隧道长度计算模型全部按照工区模式编制。明确了工区长度计算规则；新增了通过平行导坑、竖井运输子目；调整修改了通过有轨斜井、无轨斜井运输子目。

④ 纳入整合了钻爆法机械化施工的相关内容。

⑤ 衬砌子目不区分围岩等级和断面大小。混凝土浇筑以不同工程部位按拱墙、仰拱、填充、铺底、沟槽编制。模筑混凝土和混凝土运输子目不再包含超挖回填因素。

⑥ 取消了明洞暗挖、衬砌子目，明洞暗挖按正洞开挖考虑，明洞衬砌与洞门衬砌合并考虑。

⑦ 精简了出渣、混凝土运输子目，运输子目均按不区分围岩级别编制。

⑧ 喷射混凝土洞内运输由材料运输模式改为混凝土搅拌输送车运输模式。

⑨ 新增了开挖台架、仰拱栈桥、衬砌台模、防水板台架、支护台架等子目。

⑩ 新增了竖井开挖、衬砌、通风管线路、运输等子目。

⑪ 防排水部分，取消了玻璃盲沟子目，新增了钢边止水带、钢板止水带、施工缝处理、刷涂界面剂和隧道衬砌底部中心水沟相关子目。

⑫ 取消了复合式防水板定额子目，分离式防水板分为防水板和土工布两条子目编制，纳入了防水板松铺系数。

⑬ 新增了加强超前地质预报探测子目。

⑭ 隧道洞门土石方明挖及洞口防护工程，采用《铁路工程预算定额 第一册 路基工程》等相关定额子目，本定额不再编入。

4）定额断面范围。表 2-21 为定额断面范围、有效净空断面、开挖断面对应关系。

表 2-21 定额断面范围、有效净空断面、开挖断面对应关系

序号	定额断面范围/m²	速度目标值/(km/h)	单　双　线	有效净空断面/m²	开挖断面/m²
1	净空断面≤40	140，单线普货	单线	31	43.97
					47.25
					50.64
					53.52
2	净空断面≤60	160，单线普货有砟	单线（不带双箱）	42	56.45
					60.54
					63.57
					68.53
3		200，客货共线单线	单线	52	67.92
					74.13
					76.14
					81.17
4	净空断面≤85	200，客货共线双线	双线	81	104.61
					116.92
					123.55
					128.70
5	净空断面≤100	250，客运专线双线	双线（扳式）	92	120.24
					133.51
					140.58
					146.05

5）施工组织模型。新定额依据编制原则和定额断面档距划分范围，确定了 6 套施工组织模型如下：

① 隧道净空断面≤40m² （轨道运输组织模式）。

② 隧道净空断面≤40m² （汽车运输组织模式）。

③ 隧道净空断面≤60m² （轨道运输组织模式）。

④ 隧道净空断面≤60m² （汽车运输组织模式）。

⑤ 隧道净空断面≤85m² （汽车运输组织模式）。

⑥ 隧道净空断面 >85m² （汽车运输组织模式）。

表 2-22 为施工组织模型对应工法。

表 2-22　施工组织模型对应工法

序号	定额断面范围/m²	运输组织模式	围岩级别	工　法
1	净空断面≤40	有轨 + 无轨	单线Ⅱ级底板	全断面法
			单线Ⅲ级有仰拱	全断面法
			单线Ⅳ级有仰拱	台阶法
			单线Ⅴ级有仰拱	台阶法
2	净空断面≤60	有轨	单线Ⅱ级底板	全断面法
			单线Ⅲ级有仰拱	全断面法
			单线Ⅳ级有仰拱	台阶法
			单线Ⅴ级有仰拱	台阶法
3		无轨	单线Ⅱ级无仰拱（无砟）	全断面法
			单线Ⅲ有仰拱（无砟）	全断面法
			单线Ⅳ有仰拱（无砟）	台阶法
			单线Ⅴ有仰拱（无砟）	台阶法
4	净空断面≤85	无轨	双线Ⅱ级无仰拱（无砟）	全断面法
			双线Ⅲ有仰拱（无砟）	全断面法
			双线Ⅳ有仰拱（无砟）	台阶法
			双线Ⅴ有仰拱（无砟）	台阶法
5	净空断面≤100	无轨	双线Ⅱ级无仰拱（无砟）	全断面法
			双线Ⅲ有仰拱（无砟）	全断面法
			双线Ⅳ有仰拱（无砟）	台阶法
			双线Ⅴ有仰拱（无砟）	台阶法

6）定额基础参数。

① 工日及机械台班时间。隧道内用工以 7 小时为一工日时间，隧道外用工以 8 小时为一工日时间。辅助机械和主要连续作业机械以有效工作时间 6.5 小时为一台班工作时间。

② 围岩相关参数。土壤松弛系数：松土 1.25，普通土 1.35，硬土 1.45。岩石松散系数：软石 1.5，次坚石、坚石 1.6。土壤天然密实体积密度：松土 1550kg/m³，普通土 1750kg/m³，硬土 1900kg/m³。岩石天然密实体积密度：软石 2250kg/m³，次坚石、坚石 2600kg/m³。

③ 各类运输速度。有轨运输行车速度：在洞内施工地段、视线不良的弯道、通过道岔和平交道等处，其行驶速度不得大于 10km/h，其他地段在采取有效的安全措施后，行驶速

度不得大于 20km/h。正洞或平道无轨运输行车速度：施工作业地段的行车速度不得大于 15km/h，成洞地段不得大于 25km/h。无轨运输斜井行车速度：进洞重车不得大于 8km/h，轻车不得大于 15km/h，出洞爬坡不得大于 20km/h。

④ 喷射混凝土回弹率。喷素混凝土综合取定为 20%，喷纤维混凝土综合取定为 15%。

⑤ 防水板松铺系数及搭接系数。根据测定及综合计算，防水板松铺系数综合取定为 8%，搭接系数综合取定为 8%。

2.4.2 隧道预算定额综合说明

1）定额适用于采用钻爆法施工的新建和改（扩）建铁路隧道工程。

2）定额按正常施工条件下，合理工期均衡组织施工编制，未考虑高压富水、高地温、高地应力（岩爆、软岩大变形）、岩溶、瓦斯等特殊地质条件的影响因素，也未考虑隧道全断面预注浆、帷幕注浆、涌水抽排、多层支护等相关措施方法对后续工序产生的影响。

3）定额所指断面有效面积，是指隧道洞身衬砌后的内轨顶面以上净空横断面面积。

4）当路基、桥涵等专业定额用于洞内工程时，人工应乘以 1.257 的系数。

5）定额根据铁路隧道工程施工组织特点，按独立施工工区模式编制各项与隧道长度相关子目，如开挖、出渣、混凝土运输、材料运输、通风、管线路等。使用中应首先依据隧道工程施工组织设计安排，确定独立工区设置个数与范围。定额工区长度范围按基础长度（运距）及每增长度（运距）叠加选用，不足部分，按进整计算。

① 工区长度。是指按照施工组织设计安排独立工区分界点距洞口或辅助坑道口的最大独头长度，分为正洞进出口工区、通过辅助坑道施工正洞工区。

A. 正洞进出口工区。未单独进行施工组织设计的铁路隧道工程，隧道长 ≤1000m 的可按一个独立工区编制，隧道长 >1000m 的可按进口、出口两个独立工区各负担隧道长的 1/2 进行编制。当正洞工区由正洞进出口和通过平行导坑交替施工时，其工区长度应按两者最远的掘进面至洞口距离计算

B. 通过辅助坑道施工正洞工区。当通过斜井、竖井、横洞施工正洞时，均应视为一个独立工区，按其自身长度加正洞最大独头距离计算独立工区长度；当施工组织设计要求必须通过斜井、竖井、横洞同时向两个方向施工正洞时，可视为两个独立工区，工区长度应根据不同施工方向分别计算。当通过平行导坑施工正洞时，其工区长度按正洞工区长度加 1 个横通道长度计算。图 2-1 为通过正洞、斜井、辅助坑道施工时工区长度示意。

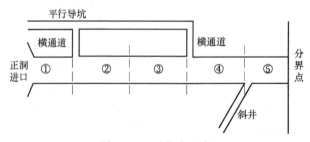

图 2-1　工区长度示意

图 2-1 中正洞开挖①、③区段；平行导坑负责开挖②、④ 区段；斜井负责开挖⑤区段。正洞工区长度为区域①、②、③、④长度之和。平行导坑工区长度为正洞工区长度与 1

个横通道长度之和。

斜井工区长度为斜井长度与区段⑤长度之和。

② 运距。指本定额出渣、混凝土、材料运输通过的洞内各工区不同运输条件的段落长度，分为正洞内运距、正洞通过辅助坑道运距、洞外运距。

A. 定额对正洞运输、正洞通过辅助坑道转、增运及洞外增运部分均分别编制定额子目，运距按不同运输条件分别套用定额，叠加计算。

B. 运输定额中有轨运输均已含洞口至卸渣栈桥、转运场、充电机房、维修间轨道长度及摊销。

C. 有轨运输已含洞外运距 200m，无轨运输已含洞外运距 500m。当洞外运输超过此运距时，超过部分，有轨运输应采用本定额有轨洞外增运子目；无轨运输应视具体情况采用本定额无轨倒运及（或）增运子目。

③ 通风长度、管线路通风及敷设长度计算与工区长度相同。通风、管线路长度均为自洞口（辅助坑道口）至工区分界点最大独头施工段落长度。其中定额中已含洞口外通风机架设位置至洞口（辅助坑道口）通风管长度；空压机房至洞口（辅助坑道口）高压风管长度。

④ 辅助坑道自身施工长度及运距，均指辅助坑道本体施工长度。其中斜井、竖井为设计确定斜井口、竖井口至井底全长，含井底车场、联络通道长度；平行导坑为设计确定平行导坑全长，含全部横通道长度。

2.4.3　隧道预算定额分章说明

隧道预算定额共 10 章，分别为：洞身开挖、出渣；支护；衬砌；通风及管线路；运输；洞门及明洞；辅助坑道；超前地质预报及监控量测；改（扩）建工程；机械化施工。各章说明介绍如下：

1. 洞身开挖、出渣

1）本章包括洞身开挖、出渣运输、正洞通过辅助坑道出渣运输、洞外运渣、开挖台架和仰拱栈桥 5 节，主要用于正洞洞身钻爆法开挖及出渣工程。

2）洞身开挖及出渣定额按隧道正洞洞身净空断面有效面积分别编制。洞身断面有效面积 >85m² 开挖定额仅适用正线铁路单洞双线隧道工程，不适用于特殊断面及有局部渐变截面隧道工程。

3）洞身开挖定额，含采用开挖台架气腿式凿岩机钻爆法开挖工序相关工作内容，开挖工法 Ⅱ、Ⅲ 级围岩按全断面法，Ⅳ、Ⅴ 级围岩按两台阶法考虑，使用中不分工程部位（拱部、边墙、仰拱、底板、沟槽、洞室）均使用本定额。工区长度按 ≤500m 及 >500m 后每增 500m 编制，叠加使用。

4）洞身开挖定额，按石方、光面爆破编制。定额消耗中已包含规范允许的超挖及预留变形因素。

5）正洞洞身开挖和通过斜井、竖井出渣定额，已含施工用水抽排，排水量按 ≤10m³/h 编制。当洞内涌水量超过 10m³/h 时，根据所采取治水措施及排水设计另行分析计算排水费用。

6）洞身出渣运输定额包括有轨、无轨正洞内运输和通过辅助坑道运输子目。按不区分围岩级别综合编制，定额消耗中已综合考虑允许超挖、预留变形和岩石松散系数等因素。使用时根据施工组织设计安排合理选用有轨、无轨运输模式，与开挖定额相关子目配套使用。

7）洞身出渣运输定额，按正洞出渣运输定额基本运距≤500m，运距每增500m编制，叠加使用。通过辅助坑道出渣定额，指洞身出渣通过辅助坑道运输到洞外，叠加使用。其中通过有轨斜井、竖井运输按基本运距≤100m，运距每增100m编制，含井底及竖井口倒装全部工作内容。

8）洞身出渣运输定额有轨运输子目，均按洞内坡度≤1.3%编制，当洞内坡度＞1.3%时，电瓶车及充电机台班消耗量应乘以1.5的系数。

9）明洞开挖及洞门土石方挖运，采用TZJ 2001—2017《铁路工程预算定额（第一册 路基工程）》相关子目。

10）开挖台架和仰拱栈桥定额，按隧道延长米综合编制。

11）工程量计算规则。

① 正洞洞身的开挖、出渣的工程数量，均按图示不含规范允许超挖、预留变形量的设计开挖断面数量计算，包含沟槽及各种附属洞室的开挖数量。

② 开挖台架、仰拱栈桥的工程数量按隧道延长米计算。

2. 支护

1）本章包括喷射混凝土，锚杆，钢筋网、格栅钢架、型钢钢架，超前支护，拆除临时支护，综合接地焊接，支护台架7节，主要用于正洞洞身、辅助坑道及洞门附属工程的永久性支护及临时支护工程。

2）喷射混凝土子目含湿喷料拌制、初喷、复喷、检查、机具清洗等工作内容。按不区分断面有效面积、正洞及辅助坑道、拱墙及仰拱部位等因素综合编制，定额消耗中已综合考虑了混凝土回弹因素。定额消耗中未考虑设计允许超挖回填和预留变形量回填因素。喷射合成纤维混凝土定额，合成纤维掺入量按0.9kg/m³考虑，当设计采用合成纤维掺入量与本定额不符或采用其他纤维时，可以抽换。

3）喷射混凝土子目中已含混凝土拌制，但未含喷射混凝土运输，喷射混凝土运输应采用第五章相关子目另计。

4）锚杆、钢筋网、钢架子目含材料制作与安装工作内容。其洞内运输应按材料运输定额另计。

5）超前支护包括管棚、小导管，注浆等子目。其中小导管、管棚定额按钻孔、顶管综合编制。注浆定额可用于其他洞内围岩加固处理工程。其洞内运输应按材料运输定额另计。

6）拆除临时支护定额，指根据设计需要，对必须拆除的临时支护体的凿除和拆除，其中拆除混凝土定额包含拆除钢筋网、锚杆和连接钢筋工作内容。拆除后的运输按材料运输定额另计。

7）综合接地焊接定额，按不同围岩设计采用接地方式综合编制，定额中仅包含完成焊接、测试等工作内容所需人工、机械消耗量，未包含接地主体材料和接地端子。其洞内运输应按材料运输定额另计。

8）支护台架定额，按隧道延长米综合编制。

9）工程量计算规则。

① 喷射混凝土工程数量，按喷射面积乘以厚度计算。喷射面积按设计外轮廓线计算。

工程数量中应计入设计允许超挖、预留变形量按规定应由喷射混凝土回填的数量和设计封闭掌子面喷射混凝土工程数量。

② 锚杆工程数量，均以 100m 作为计算单位。砂浆锚杆按每根长 3m、直径 22mm 考虑，中空锚杆、自钻式锚杆按每根长 3m、直径 25mm×厚度 5mm 考虑，当设计锚杆规格与本定额不一致时，锚杆钢筋（锚管）、中空（自钻式）锚杆体及附件可以抽换。

③ 格栅钢架、型钢钢架工程数量，均按设计钢架及除螺栓、螺母以外的连接钢材重量计算。应根据设计情况在工程数量中一并考虑钢架间连接钢筋增加因素，单独显示。

④ 超前小导管及管棚工程数量，均以 100m 作为计算单位。超前小导管按直径 32mm 考虑，管棚按直径 108mm 考虑，当设计规格与本定额不一致时，可以抽换。

⑤ 拆除临时支护定额中喷射混凝土工程数量，均按设计喷射混凝土体积计算，不扣除钢筋网、锚体杆等体积。

⑥ 临时支护中的钢结构当与喷射混凝土组合使用时，按一次摊销，扣除 20% 残值计算；独立使用时按二次摊销，扣除 20% 残值计算；整修费用不再另计。

⑦ 综合接地焊接工程数量，按设计引下接地的数量以"处"计算，由于接地而额外增加的钢构件数量计入洞内钢筋、锚杆等相应工程数量。接地端子的费用按其设计数量乘以成品价格另计。

⑧ 支护台架工程数量按隧道正洞延长米计算。

3. 衬砌

1）本章包括衬砌模板、台架，模筑混凝土，钢筋，钢筋混凝土盖板，防水与排水，中心水沟，拱顶压浆 7 节，主要用于正洞洞身和辅助工程的衬砌、钢筋、防排水、压浆工程。

2）衬砌模板含钢台模、组合模板两种模板类型，按隧道正洞洞身断面有效面积分别编制。沟槽模板按双侧水沟模式编制，防水板台架按隧道正洞洞身断面有效面积编制。

3）衬砌工程包括混凝土拌制、浇筑。混凝土浇筑以正洞洞身不同工程部位按拱墙、仰拱、铺底、填充、沟槽分别编制。定额消耗中未考虑设计允许超挖回填和预留变形量回填因素。当设计采用的混凝土强度等级与定额不符或采用特殊混凝土时，可抽换。

4）防水与排水包括防水板、土工布、透水管、止水带、施工缝处理、刷涂界面剂等子目。其中防水板定额中综合考虑了防水板的搭接、实铺长度与初期支护基面弧长铺设松弛度关系及操作损耗，使用中不得另计其他数量增加因素。当设计采用的防水板、土工布、透水管、止水带材料规格与定额不符时，可抽换。

5）中心水沟包括中心水沟开挖、钢筋混凝土预制管铺设、深埋中心水沟检查井子目。中心水沟开挖子目已考虑超挖因素。中心水沟检查井子目按座为单位综合编制。

6）沟槽盖板、深埋中心水沟检查井定额已含混凝土拌制内容。

7）本章混凝土工程未含混凝土运输，应与第五章中混凝土运输定额配套使用。

8）工程量计算规则。

① 正洞洞身衬砌混凝土拌制、浇筑及运输的工程数量，均按设计图示衬砌断面外轮廓线面积乘以厚度计算。工程数量中应计入设计允许超挖、预留变形量按规定应由模筑混凝土回填的数量和沟槽及各种附属洞室衬砌数量。

② 正洞洞身衬砌工程所使用定型钢台模、组合钢模板、防水板台架的工程数量按隧道延长米分别计算。组合钢模板延米工程数量，应按整座隧道下锚段等变截面段长度计算。当

变截面段断面有效面积＞100m²或车站股道设置在洞内时，按变截面段与正常段模板接触面积之比系数调整定额。专用洞室及余长电缆腔模板应采用组合钢模板定额，按每500m设置一处、每处1.5延长米计算。

③ 防水板工程数量，按设计敷设面积计算。

④ 止水带、盲沟、透水软管工程数量，均按设计长度计算。

⑤ 拱顶压浆工程数量，设计时可按每延长米0.25m³综合考虑。

⑥ 衬砌沟槽模板定额，按双侧沟槽编制，如设计采用单侧沟槽，定额消耗量应乘以0.7的系数。

4. 通风及管线路

1）本章定额包括通风，高压风水管、照明、电力线路2节，主要用于隧道正洞在施工期间的正洞内通风、高压风水管、照明、电力线路安装、铺设、调试维护等工程内容。按洞身断面有效面积分别编制。

2）通风及管线路定额，按工区长度（管线独头敷设距离）≤500m、每增500m编制，叠加使用。

3）当通过斜井、竖井、横洞施工正洞时，其通风、管线路按独立工区长度（含通过辅助坑道长度）计算，当施工组织设计确定同时向两个方向施工正洞时，通风、管线路按各自独立工区（含通过辅助坑道长度）分别计算。

4）工程量计算规则。通风及管线路按工区长度计算。

5. 运输

1）本章定额包括混凝土运输和材料运输2节，与支护、衬砌等章节配套使用。

2）混凝土运输定额，包括洞外混凝土增运、正洞混凝土运输、通过辅助坑道运输。按有轨、无轨运输模式分别编制，使用时根据施工组织设计确定的方案选用。定额中未考虑超挖及预留变形量回填因素。

3）混凝土运输定额，正洞运输按基本运距≤500m、运距每增500m编制，叠加使用。当通过辅助坑道运输时，应组合使用。其中有轨斜井、竖井按基本运距≤100m、运距每增100m编制，叠加使用。洞外运输超过起始运距时，采用洞外混凝土增运子目。

4）混凝土运输子目用于第二章中喷射混凝土的运输时，普通混凝土乘以1.20的系数，纤维混凝土乘以1.15的系数，用于第十章中喷射混凝土的运输时，乘以1.16的系数。

5）材料运输定额，包括正洞运输及通过辅助坑道材料运输子目，适用于支护、衬砌章节中除模板和混凝土以外的锚杆、小导管、管棚（含管棚注浆）、钢筋网、钢架、洞身钢筋、钢筋混凝土盖板、防水板、止水带、盲沟、透水管等构成工程实体材料的洞内运输。

6）材料运输定额按有轨、无轨运输模式分别编制，按基本运距≤500m、运距每增500m编制，其中竖井按基本运距≤100m、运距每增100m编制，叠加使用。

7）工程量计算规则。

① 混凝土运输工程数量与喷射混凝土、正洞洞身衬砌混凝土拌制、浇筑工程数量一致。

② 材料运输以"t"为计算单位，材料重量的计算范围为锚杆、小导管、管棚（含管棚注浆）、钢筋网、钢架、洞身钢筋、钢筋混凝土盖板、防水板、止水带、盲沟、透水管等构成工程实体定额材料重量，采用概（预）算统计重量作为工程数量。

6. 洞门及明洞

1）本章包括洞门及明洞混凝土、洞门及明洞砌筑、洞门附属、明洞附属4节，主要用于各类型隧道洞门、明洞附属工程。

2）洞门及明洞工程混凝土子目已含模板制安拆工作内容，已含距洞门或明洞500m内混凝土装卸、运输，超过此运距时，按洞外增运子目另计。按采用高性能混凝土编制，当设计采用其他类型混凝土时，可以抽换。

3）洞门、明洞土石方及加固工程，采用 TZJ 2001—2017《铁路工程预算定额 （第一册　路基工程)》相关子目。

4）工程量计算规则。洞门及明洞的混凝土、砌筑及附属工程，均按设计工程数量计算。

7. 辅助坑道

1）本章包括辅助坑道开挖、出渣运输、衬砌、通风、管线路、混凝土运输、材料运输、辅助坑道模板台架8节，按平行导坑、有轨斜井、无轨斜井、竖井分别编制。

2）平行导坑定额，适用于与正洞平行超前施工的贯通或非贯通辅助坑道工程。按平行导坑单口独头掘进长度基本运距≤500m、运距每增500m编制。平行导坑定额也适用于横洞、横通道、迂回导坑工程。

3）有轨斜井定额，适用于斜井长≤800m，综合坡度≤70%（斜角≤35°），采用斗车提升运输的主、副斜井工程，按有轨斜井单口独头掘进长度基本运距≤100m、运距每增100m编制。

4）无轨斜井定额，适用于斜井长≤2500m，综合坡度≤12%（斜角≤8°），采用汽车运输的斜井、斜坡道工程；按无轨斜井单口独头掘进长度基本运距≤500m、运距每增500m编制。

5）竖井定额，适用于竖井长≤800m，井径5～8m，根据施工组织需要设置，采用自上向下钻爆法施工的辅助工程。按竖井垂直提升运输长度基本运距≤100m、运距每增100m编制。

6）平行导坑、斜井、竖井的开挖、出渣运输、通风、管线路等定额，适用于辅助坑道自身施工，不适用于通过平行导坑、斜井、竖井施工的正洞洞身工程。

7）斜井、竖井的衬砌、通风管线路定额不适用于永久性通风或其他用途工程。

8）工程量计算规则。

① 辅助坑道本体的工程数量，均为平行导坑、斜井、竖井自身的开挖、衬砌、支护工程数量，包含斜井井身、井底车场、渣仓、横通道、水仓与配电室等的数量。

② 辅助坑道均不考虑超挖及预留变形、回填因素。开挖、出渣工程数量按图示不含超挖、预留变形量的设计开挖断面数量计算，包含横通道、井底挑顶及渣仓等各种施工必需的附属洞室的开挖数量。支护、衬砌工程数量均按图示设计数量计算。

③ 辅助坑道使用的施工台架、组合钢模板的工程数量按辅助坑道延长米计算。

8. 超前地质预报及监控量测

1）本章包括超前地质预报、监控量测2节。超前地质预报定额仅编制风钻、钻机超前水平钻探、地震波物探定额，主要用于Ⅰ级风险隧道中极高风险段落的加强地质预报工程。监控量测定额主要用于隧道施工监控量测必测项目的量测，定额中已含洞内外观察等内容。

2）风钻加深炮孔按手持气腿式凿岩机施工，孔径与爆破孔相同，孔深 5m 编制，孔数、孔位应根据开挖断面大小和地质复杂程度由设计确定。所钻探测孔为单独设计地质预报专用不装炸药探测孔。

3）钻机超前水平钻探定额分为冲击钻与取芯钻两类，使用中不得因钻机、钻杆类型及取芯方法不一致调整定额消耗。定额已含技术作业及相关工作。

4）地震波物探法按每次探测隧道前进方向 100m 编制，使用中不得因每次探测距离不同调整定额消耗。定额已含技术作业及报告编制工作内容。

5）工程量计算规则。

① 超前地质预报措施中风钻加深炮孔及钻机超前钻探工程数量，均按设计单孔全长计算，不区分隧道正洞、辅助坑道断面大小及围岩等级。

② 超前地质预报措施中地震波反射法探测工程数量，按隧道延长米计算，不区分隧道正洞、辅助坑道断面大小及围岩等级。

③ 监控量测工程数量，地表下沉与底板沉降、拱顶下沉子目按设计测点个数计算，净空变化按设计基线条数计算。

9. 改（扩）建

1）本章包括围岩开挖、圬工凿除、洞身衬砌、出渣、支护、防水与排水、其他 7 节，主要用于铁路既有线隧道的改建及扩建工程，按封锁线路（天窗点）施工编制。断线改造按新建工程处理。

2）围岩开挖、圬工凿除、洞身衬砌定额，不分围岩级别及工程部位均使用本定额。

3）围岩出渣、凿除圬工清运、进料等采用出渣定额。

4）工程量计算规则。

① 围岩开挖、圬工凿除定额，按图示设计开挖断面数量计算，包含沟槽及各种附属洞室的开挖数量。

② 洞身衬砌定额，按图示设计衬砌断面数量计算，包含沟槽及各种附属洞室的衬砌数量。

10. 机械化施工

1）本章包括凿岩台车机械化开挖、辅助坑道机械化出渣、衬砌机械化施工、支护机械化施工 4 节。凿岩台车机械化开挖、衬砌机械化施工、支护机械化施工主要用于使用大型机械化钻爆法开挖、衬砌、支护的断面有效面积 $\geq 76m^2$ 的新建铁路隧道工程；辅助坑道机械化出渣主要用于正洞自斜井底皮带机出渣和平行导坑履带式挖装机配合自卸汽车出渣。

2）凿岩台车机械化施工洞身开挖定额，按凿岩台车施工、装药台车装药爆破考虑。不区分开挖工程部位，含正洞及仰拱工作面钻爆全部工序，定额中已考虑凿岩台车施工外插角扩挖因素。

3）凿岩台车开挖 V 级围岩子目，适用于隧道正常施工过程中遇有局部软弱破碎石质围岩情况下，不改变凿岩台车作业方式，采用微台阶法配合常规支护措施的施工模式。需根据具体地质条件及施工组织设计情况酌情选用。当 V 级围岩为土质或设计采用帷幕注浆等支护模式致使凿岩台车无法组织正常施工时，应另行补充单价分析。

4）辅助坑道机械化出渣定额，包括正洞自斜井底皮带机出渣、平导挖装机装运定额，适用于配合钻爆法开挖的洞内无轨运输模式。皮带机无轨斜井运输使用范围为斜井底至斜井洞口。无轨斜井坡度为 10°~15°；平导出渣按履带式液压挖装机装渣，自卸汽车运渣编制，与本定额平导开挖子目配套使用，使用范围为平导开挖面至平导洞口，含洞外无轨运输 500m。

5）衬砌机械化施工定额，包括衬砌台车、模架、栈桥定额，均按隧道延长米编制，定额中已含正常材料摊销及回收。使用中不得另计设备及材料残值。沟槽模架按单侧编制，当设计采用双侧沟槽时定额应乘以系数 2，双侧沟槽加设中心水沟时乘以系数 3。

6）湿喷机械手喷射混凝土定额已考虑混凝土回弹数量，已含混凝土拌制，但未含混凝土运输，应采用第五章相关子目另计。如设计喷射混凝土强度等级与定额不符时，可进行抽换。

7）凿岩台车锚杆作业定额，与凿岩台车机械化施工配合使用，按凿岩台车钻锚杆眼，人工安装锚杆、灌注砂浆编制，锚杆规格直径 22mm，长 3m 编制，使用时可进行抽换。

8）工程量计算规则。

① 正洞洞身的开挖、出渣的工程数量，均按图示不含规范允许超挖、预留变形量的设计开挖断面数量计算，包含沟槽及各种附属洞室的开挖数量。定额中已考虑凿岩台车施工外插角扩挖因素。

② 喷射混凝土工程数量，按喷射面积乘以厚度计算。喷射面积按设计外轮廓线计算。工程数量中应计入设计允许超挖、预留变形量按规定应由喷射混凝土回填的数量和设计封闭掌子面喷射混凝土工程数量。

2.4.4　隧道工程定额应用举例

例2-5　某铁路双线隧道，隧道长 6500m，设计速度为 160km/h，Ⅳ级围岩。按施工组织安排将隧道分为三段，两端进出口两个工作面掘进施工各 2500m，中间部分通过斜井进行掘进施工 1500m。斜井长 700m，斜井位于本施工段的中间位置，自卸汽车运输，洞外出渣平均运距 2300m。试确定隧道洞身开挖及出渣运输的人工、材料、机械台班等预算定额。

解：根据铁路隧道不同速度主要技术标准对比表（表2-23），查知该隧道标准断面有效面积约为 76m²，因此可套用隧道断面有效面积≤85m² 定额（表2-24）。

表 2-23　铁路隧道不同速度主要技术标准对比表

序　号	项 目 名 称	技 术 指 标			
		160km/h	200km/h	250km/h	350km/h
1	断面有效面积 /m²	单线 42 双线 76	单线 50 双线 80	单线 60 双线 90	单线 70 双线 100

1. 洞身开挖

(1) 正洞施工　分进出口两个工区，工区长度均为 2500m。

查 SY-35，叠加 4×（SY-39 消耗量），定额单位：10m³。

每个工区单位劳、材、机消耗如下：

人工：（1.479+4×0.045）工日 = 1.659 工日

乳胶炸药：6.368kg

瞬发电雷管8号金属壳脚线2m：0.081 个

非电毫秒雷管导爆管长6m：7.622 发

导爆索爆速 6000~7000m/s：2.896m；爆破用母线 3.238m

合金工具钢空心：1.129kg

合金钻头 ϕ43mm：0.357 个

其他材料费：12.376 元

水：1t

气腿式凿岩机：0.534 台班

液压锻钎机 d≤90mm：0.021 台班

钻头磨床：0.021 台班

电动螺杆空气压缩机 ≤20m³/min：（0.154 + 4×0.009）台班 = 0.19 台班

载重汽车 ≤4t：0.004 台班

单级离心清水泵 ≤12.5m³/h – 32m：0.04 台班

高频电磁炉 ≤10kW：0.021 台班

表 2-24 正洞开挖工区长度≤500m

五、隧道断面有效面积≤85m²

工作内容：台架移动就位，测量、钻眼、爆破、找顶、防尘，施工用水抽排。

电算代号	定 额 编 号		SY – 33	SY – 34	SY – 35	SY – 36
	项 目	单位	工区长度≤500m			
			全断面法		两台阶法	
			Ⅱ级围岩	Ⅲ级围岩	Ⅳ级围岩	Ⅴ级围岩
	单位		10m³			
	基价		441.34	397.16	351.38	399.95
其中	人工费	元	109.96	107.67	121.28	198.28
	材料费		220.21	179.38	132.86	123.00
	机具使用费		111.17	110.11	97.24	78.67
	质量	t	0.016	0.013	0.007	0.004
7	人工	工日	1.341	1.313	1.479	2.418
3220012	乳胶炸药	kg	12.318	9.486	6.368	3.442
3220112	瞬发电雷管 8号 金属壳 脚线2m	个	0.064	0.068	0.081	0.194
3220117	非电毫秒雷管 导爆管长6m	发	5.624	6.130	7.622	8.304
3220211	导爆索 爆速6000~7000m/s	m	3.006	2.682	2.896	4.152
3220214	爆破用母线	m	2.549	2.737	3.238	7.770
2031054	合金工具钢空心	kg	3.236	2.688	1.129	1.048
4020015	合金钻头 ϕ43mm	个	1.837	1.210	0.357	0.305
8999002	其他材料费	元	11.748	11.844	12.376	15.054
8999006	水	t	1.000	1.000	1.000	1.000
9100611	气腿式凿岩机	台班	0.612	0.548	0.534	0.490
9100620	液压锻钎机 d≤90mm	台班	0.011	0.015	0.021	0.025

（续）

电算代号	定 额 编 号		单位	SY-33	SY-34	SY-35	SY-36
	项 目			工区长度≤500m			
				全断面法		两台阶法	
				II级围岩	III级围岩	IV级围岩	V级围岩
9100622	钻头磨床		台班	0.011	0.015	0.021	0.025
9101215	电动螺杆空气压缩机 ≤20m³/min		台班	0.187	0.183	0.154	0.112
9103002	载重汽车 ≤4t		台班	0.003	0.004	0.004	0.010
9105302	单级离心清水泵 ≤12.5m³/h-32m		台班	0.023	0.026	0.040	0.055
9108333	高频电磁炉 ≤10kW		台班	0.011	0.015	0.021	0.025

（2）通过斜井从左右两端施工正洞 为两个工区，工区长度均为1450m。

查SY-35，叠加2×（SY-39消耗量）（表2-25），定额单位：10m³，略。

表2-25 正洞开挖工区长度每增500m

电算代号	定 额 编 号		单位	SY-37	SY-38	SY-39	SY-40
	项 目			工区长度每增500m			
				全断面法		两台阶法	
				II级围岩	III级围岩	IV级围岩	V级围岩
	单位			10m³			
	基价			10.17	8.85	8.52	9.21
其中	人工费	元		3.20	2.95	3.69	4.92
	材料费			—	—	—	—
	机具使用费			6.97	5.90	4.83	4.29
	质量	t		—	—	—	—
7	人工	工日		0.039	0.036	0.045	0.060
9101215	电动螺杆空气压缩机 ≤20m³/min	台班		0.013	0.011	0.009	0.008

2. 出渣

（1）洞内运渣

1）通过进出口开挖正洞的部分。进出口两个工区，运距均为2500m。

查SY-57，叠加4×（SY-58消耗量）（表2-26），定额单位：10m³。

每个工区单位劳、材、机消耗如下：

人工：（0.369＋4×0.022）工日＝0.457工日

其他材料费：0.340元

履带式液压单斗挖掘机≤1.0m³：0.01台班

轮胎式装载机≤3m³：0.025台班

自卸汽车≤20t：（0.088＋4×0.016）台班＝0.152台班

表 2-26 正洞出渣

工作内容：装渣，弃渣运卸，道路养护。

电算代号	定 额 编 号 项 目	单位	SY-57	SY-58	SY-59	SY-60
			隧道断面有效面积			
			≤85m²		>85m²	
			运距≤500m	每增500m	运距≤500m	每增500m
	单位		10m³			
	基价		120.66	13.09	104.12	9.37
其中	人工费	元	30.26	1.80	22.55	0.90
	材料费		0.34	—	0.34	—
	机具使用费		90.06	11.29	81.23	8.47
	质量	t	—	—	—	—
7	人工	工日	0.369	0.022	0.275	0.011
8991002	其他材料费	元	0.340		0.340	
9100003	履带式液压单斗挖掘机 ≤1.0m³	台班	0.010	—	0.010	
9100505	轮胎式装载机 ≤3m³	台班	0.025	—	0.022	
9103107	自卸汽车 ≤20t	台班	0.088	0.016	0.079	0.012

2）通过斜井开挖正洞部分。

① 正洞内运输。查 SY-57，叠加 SY-58 消耗量，定额单位：10m³。

每个工区单位劳、材、机消耗如下：

人工：（0.369 + 0.022）工日 = 0.391 工日

其他材料费：0.340 元

履带式液压单斗挖掘机≤1.0m³：0.01 台班

轮胎式装载机≤3m³：0.025 台班

自卸汽车≤20t：（0.088 + 0.016）台班 = 0.104 台班

② 斜井运输。查 2×（SY-65 消耗量）（表 2-27），定额单位：10m³。

每个工区单位劳、材、机消耗如下：

人工：2×0.001 工日 = 0.002 工日

自卸汽车≤15t：2×0.04 台班 = 0.08 台班

单级离心清水泵≤12.5m³/h - 32m：2×0.029 台班 = 0.058 台班

表 2-27 斜井运输

工作内容：道路养护，弃渣运输、卸渣、空回，施工用水反坡抽排。

电算代号	定 额 编 号 项 目	单位	SY-65	SY-66
			运距每增500m	
			单车道	双车道
	单位		10m³	
	基价		28.83	23.61
其中	人工费	元	0.08	0.08
	材料费		—	—
	机具使用费		28.75	23.53

（续）

电算代号	定额编号		单位	SY-65	SY-66
	项　目			运距每增500m	
				单车道	双车道
	质量		t	—	—
7	人工		工日	0.001	0.001
9103106	自卸汽车　≤15t		台班	0.040	0.032
9105302	单级离心清水泵　≤12.5m³/h-32m		台班	0.029	0.029

（2）洞外运渣　定额无轨运输中已含洞外运距500m，实际洞外运距1800m，按SY-73，叠加3×（SY-74消耗量）分析人、材、机消耗，每个斜井工区单位消耗如下（表2-28）：

人工：0.031 工日

轮胎式装载机≤3m³：0.028 台班

自卸汽车≤15t：（0.039+3×0.013）台班 = 0.078 台班

表2-28　洞外增运

一、出渣洞外汽车倒运、增运

工作内容：装渣、运输、卸渣、空回、便道养护。

电算代号	定额编号		单位	SY-73	SY-74
	项　目			洞外运距	
				≤500m	每增500m
	单位			10m³	
	基价			51.09	8.49
其中	人工费		元	2.54	—
	材料费			—	—
	机具使用费			48.55	8.49
	质量		t	—	—
7	人工		工日	0.031	—
9100505	轮胎式装载机　≤3m³		台班	0.028	—
9103106	自卸汽车　≤15t		台班	0.039	0.013

习　题

一、多选题

1. 桥梁陆上承台混凝土工程主要施工工序有（　　）。

A. 基坑开挖、基坑支护　　B. 基坑抽水　　C. 混凝土拌制运输及浇筑　　D. 基坑回填

2. 新隧道预算定额小型钻爆法施工正洞断面划分档距为（　　）

A. 隧道断面有效面积≤40m²

B. 隧道断面有效面积≤60m²

C. 隧道断面有效面积≤85m²

D. 隧道断面有效面积＞85m²

二、计算题

某客运专线路基工程，挖方35000m³，全部利用，平均运距3km；填方5万m³，除利用方外不足部分需借土，取土场至填方段平均运距14km。填方地段长650m，平均填宽为25m。挖方、借方均为普通土，

采用≤1m³挖掘机、≤12t自卸汽车及压路机进行施工。试套用完成该路基土方工程所需定额，相关定额见表2-29～表2-32，分析分项工程套用定额及工程数量。

表2-29 挖掘机挖土

电算代号	定额编号		LY-9	LY-10	LY-11
	项　目	单位	≤1.0m³ 挖掘机		
			松土	普通土	硬土
	单位		100m³		
	基价	元	158.12	181.08	207.43
其中	人工费		24.55	28.12	32.21
	材料费		—	—	—
	机具使用费		133.57	152.96	175.22
	重量	t	—	—	—
1	人工	工日	0.372	0.426	0.488
9100003	履带式液压单斗挖掘机 ≤1.0m³	台班	0.186	0.213	0.244

表2-30 自卸汽车运土

电算代号	定额编号		LY-30	LY-31	LY-32	LY-33
	项　目	单位	≤12t自卸汽车		≤15t自卸汽车	
			运距≤1km	增运1km	运距≤1km	增运1km
	单位		100m³			
	基价	元	315.21	98.47	294.28	91.72
其中	人工费		—	—	—	—
	材料费		—	—	—	—
	机具使用费		315.21	98.47	294.28	91.72
	重量	t	—	—	—	—
9103105	自卸汽车 ≤12t	台班	0.573	0.179	—	—
9103106	自卸汽车 ≤15t	台班	—	—	0.462	0.144

表2-31 零填挖路段翻松、整平、压实

工作内容：施工准备，推土机推、运、整平，旋耕机翻松，平地机精平，压路机压实。

电算代号	定额编号		LY-161
	项　目	单位	零填挖路段翻松、整平、压实
	单位		100m²
	基价	元	.23
其中	人工费		4.95
	材料费		—
	机具使用费		164.28

（续）

电算代号	定额编号			LY-161
	项 目	单位		零填挖路段翻松、整平、压实
	重量	t		—
1	人工	工日		0.075
9100105	履带式推土机 ≤135kW	台班		0.075
9100319	自行式振动压路机 ≤25t	台班		0.042
9100401	平地机 ≤120kW	台班		0.038
9100425	旋耕机 ≤75kW	台班		0.047

表2-32 路基填筑

电算代号	定 额 编 号		LY-168	LY-169	LY-170	LY-171
	项 目	单位	设计速度 >160km/h			
			普通土填筑	AB组填料填筑	改良土填筑	级配碎石填筑
	单位		压实方100m³			
	基价	元	448.94	414.65	426.45	497.80
其中	人工费	元	42.24	41.18	37.62	34.32
	材料费		18.57	18.57	18.57	113.38
	机具使用费		388.13	354.90	370.26	350.10
	重量	t	—	—	—	—
1	人工	工日	0.640	0.624	0.570	0.520
8999002	其他材料费	元	18.573	18.573	18.573	113.384
9100104	履带式推土机 ≤105kW	台班	0.170	0.170	0.170	0.170
9100319	自行式振动压路机 ≤25t	台班	0.190	0.160	0.160	0.160
9100401	平地机 ≤120kW	台班	0.040	0.020	0.020	0.026
9100505	轮胎式装载机 ≤3m³	台班	—	0.010	0.029	0.010
9103202	洒水车 ≤9600L	台班	—	0.020	0.020	—
9199999	其他机具使用费	元	18.000	18.000	18.000	18.000

铁路工程概预算文件编制 第3章

铁路工程概算预算文件的编制阶段应与设计阶段一致。两阶段设计，初步设计阶段编制设计总概算，施工图设计阶段编制总预算。一阶段设计，编制总预算。以下按照国铁科发〔2017〕30号文《铁路基本建设工程设计概（预）算编制办法》、国铁科发〔2017〕31号文《铁路基本建设工程设计概（预）算费用定额》介绍铁路工程概预算的编制方法、费用构成、各类费用计算方法。

3.1 铁路工程概预算编制层次及范围

3.1.1 设计概（预）算的编制层次

建设项目设计概（预）算按单项概（预）算、综合概（预）算、总概（预）算三个层次编制。

单项概（预）算是确定建设项目中的某一个单项（单位）工程的概（预）算价值。综合概（预）算是将建设项目中各类工程单项概（预）算按综合概（预）算章节表的内容和顺序进行汇总的文件。总概（预）算是以综合概（预）算为依据，按综合概（预）算章节表所划分的章号顺序与名称、费用类别进行分章汇总。总概（预）算汇总是当一个建设项目编有两个以上的总概（预）算时，将各个总概（预）算分章汇总，从而求得整个建设项目的概（预）算总额。

3.1.2 概（预）算编制范围及单元

1. 总概（预）算的编制范围

总概（预）算是用以反映整个建设项目投资规模和投资构成的文件。一般应按整个建设项目的范围进行编制。但遇有以下情况，应根据要求分别编制总概（预）算，并汇编该建设项目的总概（预）算汇总表。

1）两端引入工程，与项目有关的联络线、疏解线等可根据需要单独编制总概（预）算。

2）铁路枢纽、编组站、物流中心、动车段、动车运用所、综合物业开发相关内容应单独编制总概（预）算。

3）采用工程所在地地区统一定额的旅客站房及站房综合楼应单独编制总概（预）算。

4）跨越省（自治区、直辖市）或铁路局（公司）者，除应按各自所辖范围编制总概（预）算外，尚需以铁路枢纽为界，分别编制总概（预）算。

5）分期建设的项目，应按分期建设的工程范围，分别编制总概（预）算。

6）一个建设项目，如由几个设计单位共同设计，则各设计单位按其承担的设计范围编制总概（预）算，该建设项目的汇总总概算应由总体设计单位负责汇编。

如有其他特殊情况，可结合项目需要划分总概（预）算的编制范围。施工图总预算编制单元原则上应与初步设计总概算编制单元一致。

2. 综合概（预）算的编制范围

综合概（预）算是具体反映一个总概（预）算范围内的工程投资总额及其构成的文件，其编制范围应与相应的总概（预）算一致。

3. 单项概（预）算的编制内容及单元

单项概（预）算是编制综合概（预）算、总概（预）算的基础，是详细反映各工程类别和重大、特殊工点概（预）算费用的主要文件。编制内容包括人工费、材料费、施工机具使用费、价外运杂费、价差、填料费、施工措施费、特殊施工增加费、间接费和税金。设备单项概（预）算的编制内容包括设备费、设备运杂费和税金。

编制单元应按总概（预）算的编制范围划分，结合综合概算章节表的要求，分工程类别编制。其中技术复杂的特大、大、中桥（指最大基础水深在10m以上的桥梁，或有100m以上大跨度梁的桥梁，或有正交异性板钢梁等特殊结构的桥梁）及高桥（最大墩高50m及以上），4000m以上或有辅助坑道的单、双线隧道，多线隧道及Ⅰ级风险隧道，机车库、县级及以上旅客站房（含站房综合楼）等大型房屋，投资较大、工程复杂的新技术工点等，应按工点分别编制单项概（预）算。

3.1.3 设计概（预）算编制深度及要求

设计概（预）算的编制深度应与设计阶段及设计文件组成内容的深度一致。

1. 单项概（预）算编制深度

根据不同设计阶段，各类工程的单项概（预）算应达到其相应的编制深度，见表3-1。

表3-1 单项概（预）算编制深度表

序号	工程类别	设计阶段	
		初步设计	施工图设计
1	路基土石方	根据工程数量，采用预算定额编制	根据设计土石方调配数量，采用预算定额编制
2	路基附属工程	根据工程数量，采用预算定额编制	根据工程数量，采用预算定额编制
3	桥涵	根据工程数量，采用预算定额编制	根据工程数量，采用预算定额编制
4	隧道及明洞	根据工程数量，采用预算定额编制	根据工程数量，采用预算定额编制
5	轨道	根据工程数量，采用预算定额编制	根据工程数量，采用预算定额编制
6	房屋	根据工程数量，采用概算定额或预算定额编制	根据工程数量，采用预算定额编制

（续）

序号	工程类别	设计阶段	
		初步设计	施工图设计
7	通信、信号、信息、灾害监测、电力、电力牵引供电	根据设计标准和数量，采用概算定额或预算定额编制	根据设计标准和数量，采用预算定额编制
8	给排水、机务、车辆、动车、工务、站场、其他建筑及设备等	根据设计规模、结构类型、设备能力及工程数量，采用概算定额或预算定额编制	根据设计规模、结构类型、设备能力及工程数量，采用预算定额编制
9	其他工程	按详细工程项目及施工组织设计确定的规模与数量，采用概算定额或预算定额编制	按详细工程项目及施工组织设计确定的规模与数量，采用预算定额编制

2. 定额的采用

1）基本规定。根据不同设计阶段各工程类别的编制深度要求，原则上采用铁路工程定额体系编制。

2）旅客站房及站房综合楼的房屋工程等可采用工程所在地的地区统一定额编制，其工、料、机价格及单项概（预）算中的各项费用定额应配套采用。

3）对于现行定额未涵盖或不适用而建设项目急需的工程，应根据该工程施工工艺要求等编制补充单价分析。

3.2 铁路工程概预算费用构成

根据国铁科发〔2017〕30号文《铁路基本建设工程设计概（预）算编制办法》，我国铁路基本建设工程的概（预）算费用，按不同工程和费用类别划分为四个部分，第一部分静态投资，第二部分动态投资，第三部分机车车辆购置费，第四部分铺底流动资金。

3.2.1 按综合概（预）算章节表划分

铁路基本建设工程的概（预）算费用，按不同工程和费用类别划分为四部分，十六章36节，编制概（预）算应采用统一的章节表，其各章节的细目及内容见附录。

各部分和各章费用名称如下：

第一部分 静态投资

第一章 拆迁及征地费用

第二章 路基

第三章 桥涵

第四章　隧道及明洞

第五章　轨道

第六章　通信、信号及信息及灾害监测

第七章　电力及电力牵引供电

第八章　房屋

第九章　其他运营生产设备及建筑物

第十章　大型临时设施和过渡工程

第十一章　其他费用

第十二章　基本预备费

第二部分　动态投资

第十三章　价差预备费

第十四章　建设期投资贷款利息

第三部分　机车车辆（动车组）购置费

第十五章　机车车辆（动车组）购置费

第四部分　铺底流动资金

第十六章　铺底流动资金

3.2.2　按静态投资费用种类划分

按投资性质划分，静态投资分属下列五种费用：

（1）建筑工程费（费用代号：Ⅰ）　指路基、桥涵、隧道及明洞、轨道、通信、信号、信息、灾害监测、电力、电力牵引供电、房屋、给排水、机务、车辆、动车、站场、工务、其他建筑工程等和属于建筑工程范围内的管线敷设、设备基础、工作台等，以及拆迁工程、大型临时设施和过渡工程中应属于建筑工程费内容的费用。

（2）安装工程费（费用代号：Ⅱ）　指各种需要安装的机电设备的装配、装置工程，与设备相连的工作台、梯子等的装设工程，附属于被安装设备的管线敷设，以及被安装设备的绝缘、刷油、保温和调试等所需的费用。

（3）设备购置费（费用代号：Ⅲ）　指一切需要安装与不需要安装的生产、动力、弱电、起重、运输等设备（包括备品备件）的购置费，以及构成固定资产的工器具（包括备品备件）、专用工具（包括备品备件）等购置费。

（4）其他费（费用代号：Ⅳ）　指土地征（租）用及拆迁补偿费、项目建设管理费、建设单位印花税及其他税费、建设项目前期费、施工监理费、勘察设计费、设计文件审查费、其他咨询服务费、营业线施工配合费、安全生产费、研究试验费、联调联试等有关费用、利用外资有关费用、生产准备费、其他等。

（5）基本预备费　指为建设阶段各种不可预见因素的发生而预留的可能增加的费用。

3.2.3　费用项目组成

概（预）算费用项目组成如图 3-1 所示。

71

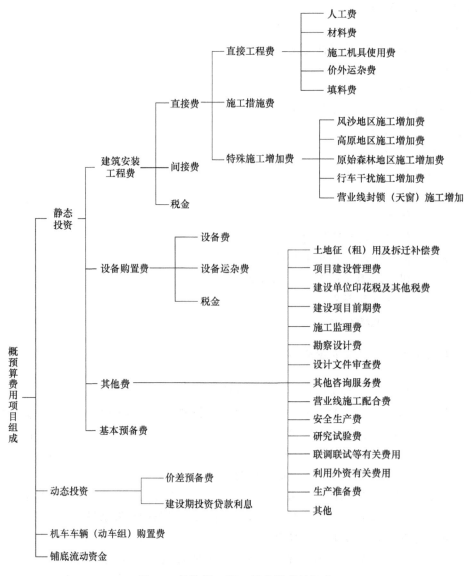

图 3-1 铁路概（预）算费用项目组成

3.3 预算文件组成及示例

铁路工程造价文件由概预算编制说明和附表组成。

3.3.1 初步设计阶段总概算文件

总概算文件说明书按以下格式编制。

（1）概述

1）编制范围（建设名称、起讫地点、里程、线路全长及相关工程）。

2）可行性研究审批意见及执行情况。

3）工程概况。

4）概算分段。

（2）编制依据

1）一般规定。说明编制依据的规章、办法、协议、纪要及公文等，以及可行性研究审批的投资估算。

2）定额。各类工程采用的定额。

3）工资。采用的工资及各项津贴标准。

4）料价。采用的材料预算价格的标准及依据。

5）水、电单价。采用的水、电单价及其依据。

6）运输及装卸费单价。采用的各种运输单价、装卸费单价及其依据。

（3）各项工程静态概算及费用的编制

1）施工准备。采用资料的来源及分析指标的情况。

2）正式工程。分别说明各类工程的编制单位、深度、补充定额的采用和运杂费的分析。

3）施工措施费、特殊施工增加费。采用的费率及其依据，不含大型临时设施和过渡工程费。

4）间接费。采用费率及其依据。

5）税金。采用费率及其依据。

6）大型临时设施和过渡工程费。计算分析资料及其依据。

7）价差。编制年度，资料来源和采用费率及其依据。

（4）动态概算费用、机车车辆购置费和铺底流动资金的编制

1）价差预备费。采用费率及其依据。

2）建设期投资贷款利息。采用费率及其依据。

3）机车车辆购置费。费用计算依据。

4）铺底流动资金。采用费率及其依据。

（5）概算指标的分析　各类工程费用所占比重及主要技术指标做简要的分析，对一些突出偏低、偏高费用的指标应说明原因。

（6）概算总额及技术经济指标分析

1）概算总额及每正线公里指标

2）与批准的可行性研究投资估算的对照分析。

（7）附件　附件主要由以下部分组成：

1）总概算汇总表（编有几个总概算表时附）。

2）总概算表。

3）综合概算汇总表。

4）综合概算表。

5）单项预算表。

6）主要材料（设备）平均运杂费单价表（供审查用，不附在文件内）。

7）补充单价分析表。

8）可行性研究总估算与初步设计总概算对照表。

9）可行性研究综合估算与初步设计综合概算对照表。

10）有关协议、纪要及公文。

3.3.2　施工图设计阶段投资检算文件

（1）说明书　包括初步设计审批意见及执行情况和设计说明（编制依据、原则、范围及单元，按批准的总概算编制，并说明施工图与初步设计工程的对比情况和投资检算结果与批准的总概算对比分析情况）。

（2）附件

1）施工图与初步设计主要工程数量对照表。

2）投资检算汇总表。

3）综合投资检算汇总表。

4）综合投资检算表。

5）单项投资检算表。

6）投资检算与初步设计总概算对照表。

7）综合投资检算与初步设计综合概算对照表。

3.3.3　施工图预算示例

东部某Ⅰ级双线铁路，设计速度160km/h，某标段施工图预算示例。

1. 编制说明

（1）编制范围　新建某某铁路站前工程施工某标段，长度37.332km。包含两座车站，路基长8.822km，桥梁长5.322km（12座），隧道23.296km（11条），双块式无砟轨道长40.087km。

（2）编制依据

1）一般规定。

① 国铁科法〔2017〕30号文发布的《铁路基本建设工程设计概（预）算编制办法》（以下简称"30号文"）。

② 国铁科法〔2017〕31号文发布的《铁路基本建设工程设计概（预）算费用定额》（以下简称"31号文"）。

③ 国铁科法〔2017〕32号文发布的《铁路工程材料基期价格》《铁路工程施工机具台班费用价格》（以下简称"32号文"）。

④ 本阶段勘测资料。

⑤ 本阶段设计提供的工程数量。

⑥ 其他有关协议、纪要和公文。

2）定额。

① 均采用国铁科法〔2017〕33号"关于公布《铁路工程基本定额》（TZJ 2000—2017）等14项铁路工程造价标准"中的预算定额。

② 以上不足部分按参照其他相关定额、图样或有关资料分析补充。

3）人工单价。根据31号文，基期综合工费标准。

4）料价。采用国铁科法〔2017〕32号文发布的《铁路工程材料基期价格》作为基期设计价。

5）施工机具台班单价

采用国铁科法〔2017〕32 号文发布的《铁路工程施工机具台班费用价格》作为计算依据，其中燃料价格按国铁科法〔2017〕32 号文发布的《铁路工程材料基期价格》的规定计列。

6）水、电单价。基期工程用水单价按 0.35 元/t 计算；基期工程用电单价：按 0.47 元/度计算。

7）运输及装卸费单价。按现行铁路货物运价规则、当地汽车运价规程及 30 号文有关规定计算。当地汽车综合运价率按 0.583 元/(t·km) 计算。

2. 各项工程静态投资预算及费用编制

（1）改移道路 按详细工程项目，采用预算定额编制。

（2）正式工程

1）编制单元。除技术复杂桥梁，4km 以上单、双线隧道，多线隧道及投资较大、工程复杂的新技术工点等，分别按工点编制单项预算。其他工程在总预算编制范围内按工程类别分别编制单项预算。

2）编制深度。均采用国铁科法〔2017〕33 号"关于公布《铁路工程基本定额》（TZJ 2000—2017）等 14 项铁路工程造价标准"中的预算定额。

3）价差。基期为 2014 年度价格水平（不含可抵扣进项税额）；编制期为 2017 年 2 季度价格水平。

① 人工价差：无人工价差。

② 材料费价差。29 类主材按定额统计的消耗量乘以编制期价格与基期价格之差计算。编制期价格按公布的调查价"铁路工程建设主要材料价格信息 2017 年 2 季度"计列，见表 3-2。砖、砂、石、石灰、道砟等当地建筑材料，按定额统计的消耗量乘以编制期价格与基期价格之差计算。编制期价格按当地调查价计列，见表 3-3。

表 3-2 主材价差 （单位：元）

序号	材料名称	单位	基 期 价	编制期价	差 价
1	圆钢 HPB300	kg	2.79	3.188	0.398
2	螺纹钢 HRB400	kg	2.64	3.097	0.457
3	32.5 级水泥	t	290	263.5	−26.5
4	42.5 级水泥	t	330	312.5	−17.5
5	原木	m³	1152.53	1256	103.47
6	锯材	m³	1132.42	1380	247.58

表 3-3 当地建筑材料价差 （单位：元/kg）

序 号	材料名称	单 位	基 期 价	编 制 期 价	差 价
1	中粗砂	m³	24.25	107.86	83.61
2	碎石	m³	36.86	62.75	27.83
3	片石	m³	24.31	60.75	36.44
4	Ⅰ级道砟	m³	54.33	95	40.67
5	生石灰	t	150	315	165
6	标准砖	千块	305.59	390	84.41

③ 施工机具使用费价差。按定额统计的施工机具台班消耗量，乘以编制期施工机械台班单价（按编制期的折旧费、综合工费单价、油燃料价格、水电单价计算）与基期施工机具台班单价的差额计算。编制期汽油单价为 6.779 元/kg，编制期柴油单价为 5.892 元/kg。

④ 工程用水、电差价。沿线地表水较丰富，暂不考虑水价差；施工用电考虑利用地方电源与自发电相结合。工程用水基期及编制期单价均为 0.35 元/t，工程用电基期及编制期单价分别为 0.47 元/t、0.856 元/t。

4）施工措施费。根据 31 号文规定，本项费用以各类工程定额基期人工费与基期施工机具使用费之和为基数乘以施工措施费费率计算。

5）特殊施工增加费。

① 行车干扰施工增加费。行车干扰施工增加费是按照距邻线行车线中心平距离 12.5m 以内受行车干扰项目的建安工程施工时，造成局部停工或工效降低所需增加的费用，根据 31 号文计算。

② 营业线封锁（天窗）施工增加费。根据实施性施工过渡方案分析确定。

6）间接费。间接费包括企业管理费、规费和利润，根据 31 号文的规定，以基期人工费和基期施工机具使用费之和为基数乘以间接费费率计算。

7）税金。按税前费用（不含增值税可抵扣进项税额）的 9% 计列。

8）备购置费。

① 设备原价格。采用现行《铁路工程建设设备预算价格》，按不含增值税可抵扣进项税额的设备原价，作为基期设备原价。编制期设备原价根据调查资料确定。编制期与基期设备原价的差额按价差处理，直接列入设备购置费中。缺项部分按现行出厂价格进行补充。

② 设备运杂费。以不含增值税可抵扣进项税额的设备原价为计算基数，按 6.5% 计列。

③ 税金。按不含增值税可抵扣进项税额的设备原价和设备运杂费之和的 9% 计列。

（3）大型临时设施和过渡工程费　大型临时设施根据施工组织设计拟定的项目和内容，采用预算定额或分析指标编制。过渡工程按专业提供资料分析计列。

（4）安全生产费　根据 31 号文的规定，安全生产费按建筑安装工程费的 2.0% 计列。

（5）其他费用　本项费用按不同工程类别的计算范围，以编制期人工费与编制期施工机具使用费之和为基数，乘以铁总建设〔2017〕146 号文《中国铁路总公司关于规范铁路营业线施工配合技术服务计取工作的指导意见》所规定的费率计列。

3. 标段预算总额

施工图招标预算总额 184646.1 万元，其中甲供料费用总额 7110.10 万元。预算附表见表 3-4 ~ 表 3-6，其中表 3-4 为总预算，表 3-5 为综合预算，表 3-6 为单项预算。

表 3-4 总预算

建设名称	××至××铁路 2 标站前施工图预算					编号		JY_ZGS_004
编制范围	JYZQSG-2 标段					概算总额		184646.1 万元
工程总量	37.331 正线公里					技术经济指标		4946.19 万元/正线公里
章别	费用类别	概算价值/万元					技术经济指标/万元	费用比例（%）
		I 建筑工程费	II 安装工程费	III 设备购置费	IV 其他费	合计		
	第一部分：静态投资					184646.1	4946.19	100
一	拆迁及征地费用	311.83			2846.87	3158.7	84.61	1.71
二	路基	14660.87				14660.87	1662.04	7.95
三	桥涵	47872.22	16.12	235.19		48123.53	9233.22	26.06
四	隧道及明洞	101664.71				101664.71	4363.48	55.06
五	轨道	6097.73				6097.73	163.34	3.3
六	通信、信号、信息及灾害监测	423.7				423.7	11.35	0.23
七	电力及电力牵引供电							
八	房屋							
九	其他运营生产设备及建筑物	5470.15	0.13	59.34		5529.62	148.12	2.99
十	大型临时设施和过渡工程	1282.76				1282.76	34.36	0.69
十一	其他费用				3704.48	3704.48	99.23	2.01
	以上各章合计	177783.96	16.25	294.53	6551.35	184646.1	4946.19	100
十二	基本预备费							
	以上总计					184646.1	4946.19	100
	第二部分：动态投资							
十三	价差预备费							
十四	建设期投资贷款利息							
	第三部分：机车车辆（动车组）购置费							
十五	机车车辆（动车组）购置费							
	第四部分：铺底流动资金							
十六	铺底流动资金							
	概（预）算总额					184646.1	4946.19	100

表3-5 综合预算

建设名称		××至××铁路2标站前施工图预算		工程总量	37.331 正线公里	编号	JY_ZHGS_004
编制范围		JYZQSG-2标段		概算总额	1846460952元	技术经济指标	49461866.87元/正线公里
章别	节号	工程及费用名称	单位	数量	概算价值/元	指标/元	
		第一部分：静态投资	正线公里	37.331	1846460952	49461866.87	
一		拆迁及征地费用	正线公里	37.331	31587012	846133.56	
	1	拆迁及征地费用	正线公里	37.331	31587012	846133.56	
		Ⅰ.建筑工程费	正线公里	37.331	3118272	83530.36	
		一、改移道路	km	1.253	2731423	2179906.62	
		（一）等级公路	km	1.253	2646184	2111878.69	
		1.路基	km	1.253	2173143	1734351.96	
		（1）土方	m³	52948.8	617905	11.67	
		①机械施工	施工方	52948.8	574047	10.84	
		②增运土方（运距>1km的部分）	m³	21094	43858	2.08	
		（2）石方	m³	13347.9	190428	14.27	
		①机械施工	施工方	13347.9	190428	14.27	
		（3）路基附属工程	元		1364810		
		②浆砌石	圬工方	1897.8	605051	318.82	
		③混凝土	圬工方	933.7	617864	661.74	
		⑤绿色防护（绿化）	元		51581		
		⑦其他	元		90314		
		2.路面	m²	3995	473041	118.41	
		（1）垫层	m²	3995	103543	25.92	
		（2）基层	m²	3995	85532	21.41	
		（3）面层	m²	3995	283966	71.08	
		②水泥混凝土路面	m²	3995	283966	71.08	
		（二）泥结碎石路	m²	2531	85239	33.68	
		四、改河（沟渠）	km	0.257	386849	1505249.03	
		Ⅳ.其他费	元		28468740		
		一、土地征（租）用及拆迁补偿费	正线公里	37.331	28468740	762603.2	
		（三）临时用地费	亩	948.958	28468740	30000	
		1.取弃土场用地补偿费	亩	238.478	7154340	30000	
		2.弃砟场用地补偿费	亩	595.48	17864400	30000	
		3.大临用地补偿费	亩	115	3450000	30000	

（续）

章别	节号	工程及费用名称	单位	数量	概算价值/元	指标/元
二		路基	路基公里	8.821	146608699	16620417.07
	2	区间路基土石方	区间路基公里	4.804	26914377	5602493.13
		Ⅰ.建筑工程费	断面方	723370.47	26914377	37.21
		一、土方	m³	400143	4462606	11.15
		（一）挖土方（弃方）	m³	118467	1068747	9.02
		1.开挖土方（运距≤1km）	m³	118467	706369	5.96
		（2）机械施工	m³	118467	706369	5.96
		2.增运土方（运距＞1km的部分）	m³	115078	362378	3.15
		（二）挖土方（利用方）	m³	58264	507665	8.71
		1.开挖土方（运距≤1km）	m³	58264	395805	6.79
		（2）机械施工	m³	58264	395805	6.79
		2.增运土方（运距＞1km的部分）	m³	58264	111860	1.92
		（三）利用土填方	m³	58264	395406	6.79
		1.开挖土方（运距≤1km）	m³	58264	395406	6.79
		（2）机械施工	m³	58264	395406	6.79
		（五）借隧道弃渣填方	m³	165148	2490788	15.08
		1.挖填土方（运距≤1km）	m³	165148	2216357	13.42
		（2）机械施工	m³	165148	2216357	13.42
		2.增运土方（运距＞1km的部分）	m³	122856	274431	2.23
		二、AB组填料	m³	181411	3807571	20.99
		（一）挖石方（利用方）	m³	31154	653868	20.99
		1.爆破石方	m³	31154	327144	10.5
		2.挖运石方（运距≤1km）	m³	31154	243555	7.82
		（2）机械施工	m³	31154	243555	7.82
		3.增运石方（运距＞1km的部分）	m³	31154	83169	2.67
		（二）利用方	m³	31154	410865	13.19
		1.挖填（运距≤1km）	m³	31154	410865	13.19
		（四）借隧道弃渣填方	m³	119103	2742838	23.03
		1.挖填石方（运距≤1km）	m³	119103	2532835	21.27
		（1）人力施工	m³	6942	177112	25.51
		（2）机械施工	m³	112161	2355723	21
		2.增运石方（运距＞1km的部分）	m³	82403	210003	2.55

（续）

章别	节号	工程及费用名称	单位	数量	概算价值/元	指标/元
		三、石方	m³	35686	586036	16.42
		（一）挖石方（弃方）	m³	8508	217751	25.59
		1. 爆破石方	m³	8508	94944	11.16
		2. 挖运（运距≤1km）	m³	8508	78637	9.24
		（2）机械施工	m³	8508	78637	9.24
		3. 增运石方（运距＞1km 的部分）	m³	8508	44170	5.19
		（二）挖石方（利用方）	m³	11879	243704	20.52
		1. 爆破石方	m³	11879	141571	11.92
		2. 挖运石方（运距≤1km）	m³	11879	92805	7.81
		（2）机械施工	m³	11879	92805	7.81
		3. 增运石方（运距＞1km 的部分）	m³	7259	9328	1.29
		（三）利用石填方	m³	11879	74606	6.28
		1. 挖填石方（运距≤1km）	m³	11879	74606	6.28
		（2）机械施工	m³	11879	74606	6.28
		（五）借隧道弃渣填方	m³	3420	49975	14.61
		1. 挖填石方（运距≤1km）	m³	3420	46015	13.45
		（2）机械施工	m³	3420	46015	13.45
		2. 增运石方（运距＞1km 的部分）	m³	1150	3960	3.44
		六、级配碎石（砂砾石）	m³	106130.47	18058164	170.15
		（一）基床表层	m³	42011.47	6076362	144.64
		（二）过渡段	m³	64119	11981802	186.87
		1. 路桥过渡段	m³	14944	2705584	181.05
		2. 路涵过渡段	m³	43544	8100039	186.02
		3. 路堑与路堤过渡段	m³	664	106928	161.04
		4. 路隧过渡段	m³	4967	1069251	215.27

表3-6　单项预算

建设名称	××至××铁路站前施工图预算		编号	JY_ZGS_004-002	
工程名称	区间路基土石方		工程总量	4.804 区间路基公里	
工程地点			概算价值	26914377 元	
所属章节	二章2节		概算指标	5602493.13 元/（区间路基）公里	
单价编号	工作项目或费用名称	单位	数量	费用/元	
				单价	合价
	区间路基土石方	区间路基公里	4.804	5602493.13	26914377
	Ⅰ. 建筑工程费	断面方	723370.47	37.21	26914377

（续）

单价编号	工作项目或费用名称	单位	数量	费用/元	
				单价	合价
	一、土方	m³	400143	11.15	4462606
	（一）挖土方（弃方）	m³	118467	9.02	1068747
	1. 开挖土方（运距≤1km）	m³	118467	5.96	706369
	（2）机械施工	m³	118467	5.96	706369
LY-16	≤2.5m³ 挖掘机装车 普通土	100m³	443.26	115.51	51201
LY-34	≤20t 自卸汽车运土 运距≤1km	100m³	443.26	282.85	125376
LY-16	≤2.5m³ 挖掘机装车 普通土	100m³	28.44	115.51	3285
LY-34	≤20t 自卸汽车运土 运距≤1km	100m³	28.44	282.85	8044
LY-16	≤2.5m³ 挖掘机装车 普通土	100m³	388.63	115.51	44890
LY-34	≤20t 自卸汽车运土 运距≤1km	100m³	388.63	282.85	109924
LY-16	≤2.5m³ 挖掘机装车 普通土	100m³	24.43	115.51	2822
LY-34	≤20t 自卸汽车运土 运距≤1km	100m³	24.43	282.85	6910
LY-17	≤2.5m³ 挖掘机装车 硬土	100m³	0.93	127.16	118
LY-34	≤20t 自卸汽车运土 运距≤1km	100m³	0.93	282.85	263
LY-17	≤2.5m³ 挖掘机装车 硬土	100m³	27.51	127.16	3499
LY-34	≤20t 自卸汽车运土 运距≤1km	100m³	27.51	282.85	7781
LY-17	≤2.5m³ 挖掘机装车 硬土	100m³	33.89	127.16	4309
LY-34	≤20t 自卸汽车运土 运距≤1km	100m³	33.89	282.85	9586
LY-17	≤2.5m³ 挖掘机装车 硬土	100m³	237.58	127.16	30211
LY-34	≤20t 自卸汽车运土 运距≤1km	100m³	237.58	282.85	67200
	人工费	元			10867
	施工机具使用费	元			464552
	一、定额直接工程费	元			475419
	施工机具使用费价差	元			41410
	三、价差合计	元			41410
	直接工程费	元			516829
	五、施工措施费	%	475419	5.7	27099
	直接费	元			543928
	七、间接费	%	475419	21.9	104117
	八、税金	%	648045	9	58324
	九、单项预算价值	元			706369

3.4　单项预算费用分析

建筑安装工程费由直接费、间接费、税金组成，直接费由直接工程费、施工措施费、特殊施工增加费组成。直接工程费是指施工过程中耗费的构成工程实体的各项费用，包括人工费、材料费、施工机具使用费、价外运杂费和填料费。

3.4.1 直接工程费

1. 人工费

人工费指直接从事建筑安装工程施工的生产工人开支的各项费用。具体计算公式如下

$$人工费 = \sum 定额人工消耗量 \times 综合工费单价 \tag{3-1}$$

（1）综合工费的组成内容　综合工费包括基本工资、津贴和补贴、生产工人辅助工资、职工福利费、生产工人劳动保护费。

1）基本工资，指按工资区类别和岗位技能标准确定的工资。

2）津贴和补贴，指按规定标准发放的流动施工津贴、隧道津贴、副食品价格补贴、煤燃气补贴、住房补贴、交通费补贴，以及特殊地区津贴和补贴。

3）生产工人辅助工资，指生产工人年有效施工天数以外非作业天数的工资，包括开会和执行必要的社会义务时间的工资，职工学习、培训期间的工资，调动工作、探亲、休假期间的工资，因气候影响的停工工资，女工哺乳期间的工资，由行政直接支付的病（6个月以内）、产、婚、丧假期间的工资。

4）职工福利费，指按规定标准计提的职工福利基金和医药费基金。

5）生产工人劳动保护费，指按国家有关部门规定标准发放的劳动保护用品的购置费、修理费、服装补贴、防暑降温费、在有碍身体健康环境中施工的保健费用等。

（2）综合工费标准　基期综合工费单价见表3-7。

表 3-7　基期综合工费单价表

综合工费类别	工程类别	综合工费标准/（元/工日）
Ⅰ类工	路基（不含路基基床表层及过渡段的级配碎石、砂砾石）、涵洞、一般生产房屋和附属、给排水、站场（不含旅客地道、天桥、雨篷）等的建筑工程，取弃土（石）场处理，大临工程	66
Ⅱ类工	路基基床表层及过渡段的级配碎石、砂砾石	68
Ⅲ类工	桥梁（不含箱梁的预制、运输、架设、现浇、桥面系）、通信、信号、信息、灾害监测、电力、电力牵引供电、机务、车辆、动车、工务、其他建筑及设备等的建筑工程	70
Ⅳ类工	设备安装工程（不含通信、信号、信息、灾害监测、电力、电力牵引供电的设备安装工程）	71
Ⅴ类工	箱梁（预制、运输、架设、现浇）、钢梁、钢管拱架设、桥面系、粒料道床，站房（含站房综合楼），旅客地道、天桥、雨篷	73
Ⅵ类工	轨道（不含粒料道床）、通信、信号、信息、灾害监测、电力、电力牵引供电的设备安装工程	77
Ⅶ类工	隧道	82

注：1. 表中的基期综合工费单价，不包含特殊地区津贴、补贴。特殊地区津贴、补贴按国家有关部门和省（自治区、直辖市）规定计算，按人工费价差计列。海拔3000m及以上高原地区工资补贴以综合工费单价40%的基本工资为基数，按表3-8列出的补贴比例计算。计列高原地区工资补贴后，不再计列该地区生活费补贴和艰苦边远地区津贴。

2. 掘进机、盾构机施工的隧道综合工费单价应结合相应定额及工程实际情况另行分析确定。

3. 过渡工程执行同类正式工程综合工费单价。

4. 表列工程类别之外的其他工程，如单独的拆除工程、零星用工等，执行Ⅰ类工单价。

表 3-8　高原地区工资补贴比例

海拔高度/m	工资补贴比例（%）
3000（含）～3500（含）	70
3500（不含）～4000（含）	100
4000（不含）～4500（含）	140
4500 以上	165

2021 年国铁科法［2021］15#文《国家铁路局关于调增铁路工程造价标准编制期综合工费单价的通知》调增铁路工程编制期综合工费单价（见表 3-9），2021 年5 月 1 日施行。

表 3-9　编制期综合工费单价增幅

综合工费类别	工 程 类 别	增幅
Ⅰ类工	路基（不含路基基床表层及过渡段的级配碎石、砂砾石），涵洞，一般生产房屋和附属，给排水，站场（不含旅客地道、天桥、雨篷）等的建筑工程，取弃土（石）场处理，大临工程	15.2%
Ⅱ类工	路基基床表层及过渡段的级配碎石、砂砾石	16.2%
Ⅲ类工	桥梁（不含箱梁的预制、运输、架设、现浇、桥面系），通信、信号、信息、灾害监测、电力、电力牵引供电、机务、车辆、动车、工务、其他建筑及设备等的建筑工程	15.7%
Ⅳ类工	设备安装工程（不含通信、信号、信息、灾害监测、电力、电力牵引供电的设备安装工程）	15.5%
Ⅴ类工	箱梁（预制、运输、架设、现浇）、钢梁、钢管拱架设、桥面系、粒料道床，站房（含站房综合楼），旅客地道、天桥、雨篷	15.1%
Ⅵ类工	轨道（不含粒料道床），通信、信号、信息、灾害监测、电力、电力牵引供电的设备安装工程	15.6%
Ⅶ类工	隧道	35.4%

2. 材料费

材料费指按施工过程中耗费的构成工程实体的原材料、辅助材料、构配件、零件和半成品、成品的费用，以及不构成工程实体的一次性材料消耗费用和周转材料摊销费用等。

$$材料费 = \sum 定额材料消耗量 \times 材料预算价格 \tag{3-2}$$

（1）材料预算价格的组成　材料预算价格由材料原价、运杂费、采购及保管费组成

$$材料预算价格 =（材料原价 + 价内运杂费）\times（1 + 采购及保管费率）\tag{3-3}$$

1）材料原价，指材料的出厂价或指定交货地点的价格，对同一种材料，因产地、供应渠道不同而出现几种原价时，其综合原价可按其供应量的比例加权平均确定。

2）价内运杂费，指材料自来源地（生产厂或指定交货地点）运至工地所发生的计入材料费的有关费用，包括运输费、装卸费及其他有关运输费用。

3）采购及保管费，指材料在采购、供应和保管过程中发生的各种费用，包括采购费、仓储费、工地保管费、运输损耗费、仓储损耗费，以及办理托运所发生的费用（如由托运单位负担的包装、捆扎、支垫等的料具耗损费，从钢厂到焊轨基地的钢轨座架使用费，转向架租用费和托运签条）等。采购及保管费率见表 3-10。

表 3-10　采购及保管费率

序号	材料名称	费率（％）
1	水泥	3.78
2	碎石（包括道砟及中、小卵石）	3.45
3	砂	4.47
4	砖、瓦、石灰	4.98
5	钢轨、道岔、轨枕、钢梁、钢管拱、斜拉索、钢筋混凝土梁、铁路桥梁支座、电杆、铁塔、钢筋混凝土预制桩、接触网支柱及硬横梁、机柱	1.10
6	其他材料	2.65

注：价外运杂费的采购及保管费率同本表。

（2）材料预算价格的确定

1）水泥、木材、钢材、砖、瓦、石、石灰、粉煤灰、风沙路基防护用稻草（芦苇）、黏土、花草苗木、土木材料、钢轨、道岔、轨枕、钢轨扣件（混凝土枕用）、钢梁、钢管拱、斜拉索、桥梁高强螺栓、钢筋混凝土梁、铁路桥梁支座、桥梁防水卷材、桥梁防水涂料、钢筋混凝土预制桩、隧道防水板、火工品、电杆、铁塔、机柱、接触网支柱、接触网及电力线材、光电缆线、给水排水管材等材料、钢制防护栅栏网片等主要材料（电算代号见表 3-11）的基期价格采用现行的《铁路工程材料基期价格》，编制期价格采用不含可抵扣进项税额的价格，由设计单位调查分析确定。若调查价格中未含采购及保管费，要计算其按不含可抵扣进项税额的调查价格计取的采购及保管费；若调查价格为指定交货地点（非工地）的价格，还需在单项概（预）算中单独计算由指定交货地点运至工地所发生的价外运杂费。

2）施工机械用油燃料的预算价格为包含该材料全部运杂费和采购及保管费的价格。基期价格按《铁路工程材料基期价格》执行，编制期价格采用不含可抵扣进项税额的价格，由设计单位调查分析确定。编制期价格与基期价格的差额按价差列，计入施工机具使用费价差中。

3）除上述材料以外的其他材料（辅助材料）的预算价格为包含该材料全部运杂费和采购及保管费的价格。基期价格采用《铁路工程材料基期价格》，其编制期与基期的价差按有关部门颁布的辅助材料价差系数计算。

表 3-11　采用调查价格的材料品类及电算代号

序号	材料名称	电算代号
1	水泥	1010002～1010015
2	木材	1110001～111008
3	钢材	1900014～1910109，1920001～1962001，1980012，1980050，1980053，2000001～200027，2200100～2201071，2220016～2240019，2810023～2810115
4	钢筋混凝土管、铸铁管、塑料管	1400001～1403004，2300010～2300512，2330010～2330055，3372010～3372041，3372150～3372399
5	砂	1260022～1260024
6	石	1230001～1240121，1300010，1300011
7	石灰、黏土	1200014～1200015，1210004，1210016

（续）

序号	材料名称	电算代号
8	粉煤灰、矿粉	1260129～1260132，1210020
9	砖、瓦	1300001 ～ 1300002，1300060 ～ 1300070，1300085 ～ 1300088，1310002～1310005
10	花草苗木	1170050～1170075
11	风沙路基防护用稻草（芦苇）	1150002
12	土工材料	3410010～3412012
13	钢制防护栅栏网片	2547322
14	钢轨	2700010～2700401
15	道岔	2720218～2726206
16	轨枕	2741012～2741120，2741200～2741704
17	钢轨扣件（混凝土枕）	2750020 ～ 2750021，2750024，2750026，2750029，2750030，2760015～2761012，2762012～2762015，2762018～2763011，2765012，2766020，2766022，2766026～2766029，2766101～2766113
18	钢梁、钢管拱、斜拉索	2624010～2624152
19	钢筋混凝土梁	2601110～2601219
20	铁路桥梁支座	2610010～2612116，2613110～2613181
21	桥梁防水卷材、涂料	1710050、1710054、1710056、1710061，1710101～1710106
22	桥梁高强螺栓	2750027、2750028
23	钢筋混凝土预制桩	1405001～1405103
24	隧道防水板	3341021～3341044
25	火工品	3220012～3220013，3220110～3220214
26	电杆、铁塔、机柱	1410001～1413006，7812010～7812112，8111036～8111038
27	接触网支柱	5200303～5200703，5300202～5322203
28	接触网及电力线材	2120015，5800201～5800332，5811022～5866401
29	光电缆线	4710010～4715112，4720010～4732517，4732610～4732692，4732801～4732840，4733010～4734403，7010010～7310116，7311010～7311012，7311110～7312311，8010010－8017010，8018101～8018120

3. 施工机具使用费

施工机具使用费指施工作业发生的施工机械、仪器仪表的使用费或其租赁费。

施工机具使用费 = 施工机械使用费 + 施工仪器仪表使用费

施工机械使用费 = ∑定额施工机械台班消耗量×施工机械台班单价

（3-4）

施工仪器仪表使用费 = ∑定额施工仪器仪表台班消耗量×施工仪器仪表台班单价

编制期施工机具使用费与基期施工机具使用费差额按施工机具使用费价差计列。

（1）施工机械台班费用的组成　施工机械台班费用由折旧费、检修费、维护费、安装拆卸费、人工费、燃料动力费、其他费组成。

1）折旧费，指施工机械在规定的耐用总台班内陆续收回其预算价格的费用。

2）检修费，指施工机械在规定的耐用总台班内，按规定的检修间隔进行必要的检修，以恢复其正常功能所需的费用。

3）维护费，指施工机械在规定的耐用总台班内，按规定的维护间隔进行各级维护和临时故障排除所需的费用，包括为保障机械正常运转所需替换设备与随机配备工具附具的摊销费用、机械运转及日常维护所需润滑与擦拭的材料费用、机械停滞期间的维护费用等。

4）安装拆卸费，指施工机械在现场进行安装与拆卸所需的人工、材料、机械和试运转费用，以及机械辅助设施的折旧、搭设、拆除等费用。

5）人工费，指机上司机（司炉）和其他操作人员的人工费。

6）燃料动力费，指施工机械在作业中所耗用的燃料及水、电等费用。

7）其他费，指施工机械按照国家规定应交纳的车船税、保险费及检测费等。

（2）施工仪器仪表台班费用的组成　施工仪器仪表台班费用由折旧费、维护费、校验费、动力费组成。

1）折旧费，指施工仪器仪表在规定的耐用总台班内，陆续收回其预算价格的费用。

2）维护费，指施工仪器仪表各级维护、临时故障排除所需的费用，以及为保证仪器仪表正常使用所需备件（备品）的维护费用。

3）校验费，指施工仪器仪表按规定进行标定与检验的费用。

4）动力费，指施工仪器仪表在使用过程中耗用的电费。

（3）施工机械台班单价及施工仪器仪表台班单价的取定　编制设计概（预）算以《铁路工程施工机具台班费用定额》作为计算施工机械台班单价及施工仪器仪表台班单价的依据。以《铁路工程材料基期价格》中的油燃料价格及《费用定额》的基期综合工费单价，基期水、电单价等计算出的台班单价作为基期施工机械台班单价及基期施工仪器仪表台班单价；以编制期的折旧费、综合工费单价、油燃料价格、水电单价等计算出的台班单价作为编制期施工机械台班单价及施工仪器仪表台班单价。编制期的折旧费以基期折旧为基数乘以表3-12系数。

表 3-12　施工机具折旧费调差系数表

施工组织设计的建设项目开工日期	施工机械折旧费调差系数
2016 年 5 月 1 日—2017 年 4 月 30 日	1.128
2017 年 5 月 1 日—2018 年 4 月 30 日	1.111
2018 年 5 月 1 日—2019 年 4 月 30 日	1.094
2019 年 5 月 1 日—2020 年 4 月 30 日	1.077
2020 年 5 月 1 日—2021 年 4 月 30 日	1.060
2021 年 5 月 1 日—2022 年 4 月 30 日	1.043
2022 年 5 月 1 日—2023 年 4 月 30 日	1.026
2023 年 5 月 1 日—2024 年 4 月 30 日	1.013
2024 年 5 月 1 日—2025 年 4 月 30 日	1.004
2025 年 5 月 1 日以后	1.000

例 3-1　某新建铁路大桥工程于 2022 年 8 月开工，试分析该工程中履带式推土机（功率≤60kW）基期与编制期的机械台班单价。

解：查《铁路工程施工机具台班费用定额》得出履带式推土机（功率≤60kW）的台班费用组成如下：

折旧费 27.39 元/台班；检修费 26.15 元/台班；维护费 56.22 元/台班；人工消耗 1 工日/台班；柴油消

耗 39.65kg/台班。

由该定额，基期综合工费标准为 70 元/工日，已知编制期的综合工费标准为 78 元/工日。查《铁路工程材料基期价格》得柴油基期价格为 5.23 元/kg，已知柴油编制期价格为 5.90 元/kg。所以履带式推土机（功率≤60kW）基期机械台班单价为

$$(27.39 + 26.15 + 56.22 + 1 \times 70 + 39.65 \times 5.23) 元/台班 = 387.13 元/台班$$

编制期机械台班单价为

$$(27.39 \times 1.026 + 26.15 + 56.22 + 1 \times 78 + 39.65 \times 5.9) 元/台班 = 422.41 元/台班$$

4. 工程用水、电综合单价

（1）工程用水综合单价 工程用水基期单价为 0.35 元/t，该单价仅为扬程 20m 及以下的抽水费用。一般地区编制期工程用水单价应在基期单价基础上另加按国家或工程所在地区的省（自治区、直辖市）政府有关规定计取的水资源费。

特殊缺水地区（指区域地表水及地下水资源匮乏的地区），或取水困难的工程（指区域浅层地下水缺乏且地表水水源远离线路的工程），可按施工组织设计确定的供水方案，分析不含可抵扣进项税额编制期工程用水单价，并计列相关大型临时工程（如给水干管路、深水井等）等费用。必须使用自来水的，应按当地规定的自来水价格分析不含可抵扣进项税额编制期工程用水单价。

编制期用水单价与基期用水单价之差按价差计列。属于材料消耗用水的，计入材料费价差；属于施工机具消耗用水的，计入施工机具使用费价差。

（2）工程用电综合单价 工程用电基期单价为 0.47 元/(kW·h)。编制期单价可根据施工组织设计确定的供电方案，按下述工程用电单价分析办法，计算出各种供电方式的单价。

1）采用地方电源的电价算式

$$Y_{地} = Y_{基}(1 + c) + f_1 \tag{3-5}$$

式中 $Y_{地}$——采用地方电源的电价，元/(kW·h)；

$Y_{基}$——不含可抵扣进项税额的地方县级及以上供电部门基本电价，元/(kW·h)；

c——变配电设备和线路损耗率，取 7%；

f_1——变配电设备的修理、安装、拆除，设备和线路的运行维修的摊销费等，取 0.03 元/(kW·h)。

2）采用内燃发电机临时集中发电的电价算式

$$Y_{集} = (Y_1 + Y_2 + Y_3 + \cdots + Y_n)/W(1 - R - c) + S + f_1 \tag{3-6}$$

$$W = (N_1 + N_2 + N_3 + \cdots + N_n) \times 8 \times B \times M$$

式中 $Y_{集}$——临时内燃集中发电站的电价，元/(kW·h)；

Y_1、Y_2、Y_3、$\cdots$、Y_n——各型发电机的台班费，元；

W——各型发电机的总发电量，kW·h；

N_1、N_2、N_3、$\cdots$、N_n——各型发电机的额定能力，kW；

B——台班小时的利用系数，取 0.8；

M——发电机的出力系数，取 0.8；

R——发电站的用电率，取 5%；

S——发电机的冷却水费，取 0.02 元/kW·h；

c、f_1 同式（3-5）。

3）采用分散发电的电价算式

$$Y_分 = Y_1 + Y_2 + Y_3 + \cdots + Y_n / (W_1 + W_2 + W_3 + \cdots + W_n)(1 - c) + S + f_1 \qquad (3\text{-}7)$$

式中　　　　　　　$Y_分$——分散发电的电价，元/(kW·h)；

Y_1、Y_2、Y_3、$\cdots$、Y_n——各型发电机的台班费，元；

W_1、W_2、W_3、$\cdots$、W_n——各型发电机的台班产量，kW·h，其值为 $W_i = 8 \times B_i \times M \times N_i$，其中 B_i 为某种型号发电机台班小时的利用系数，由设计确定，N_i 为各型发电机的额定能力，kW，由设计确定；

M、c、S、f_1 同式（3-6）。

编制期用电单价与基期用电单价之差按价差计列。属于材料消耗用电的，计入材料费价差；属于施工机具消耗用电的，计入施工机具使用费价差。

5. 价外运杂费

价外运杂费指根据设计需要，在编制单项概（预）算时，需要在材料费之外单独计列的材料运杂费，包括材料自指定交货地点运至工地所发生的运输费、装卸费、其他有关运输费用，以及为简化概预算编制，以该运输费、装卸费、其他有关运输费用之和为基数计算的采购及保管费。

价外运杂费 = ∑（运输费 + 装卸费 + 其他有关运输的费用）×（1 + 采购及保管费费率）

价外运杂费的计算规定如下。

（1）各种运输单价

1）火车运价。火车运价分营业线火车、临管线火车、工程列车、其他铁路四种。

① 营业线火车。按现行《铁路货物运价规则》的有关规定计算，计算公式如下

营业线火车运价(元/t) = K_1 ×（基价 1 + 基价 2 × 运价里程）+ 附加费运价　（3-8）

附加费运价 = K_2 ×（电气化附加费费率 × 电气化里程 + 新路新价均摊运价率 × 运价里程 + 铁路建设基金费率 × 运价里程）

单片梁重不小于 120t 的 32m T 形梁的营业线火车运价(元/t) = K_1 ×（基价 1 + 基价 2 × 运价里程）+ K_2 ×（电气化附加费费率 × 电气化里程 + 新路新价均摊运价率 × 运价里程 + 铁路建设基金费率 × 运价里程 + D 型长大货物车使用费单价 × 运价里程）+ D 型长大货物车空车回送费

公式计算有关说明：

A. 各种价格、费率均为不含可抵扣进项税额的价格、费率。各种材料计算货物运价所采用的综合系数 K_1、K_2 及运价号见表 3-13。

表 3-13　火车运输综合系数及运价号

序号	分类名称	运价号（整车）	综合系数 K_1	综合系数 K_2
1	砖、瓦、石灰、砂石料	2	1.00	1.00
2	道砟	2	1.20	1.20
3	钢轨（≤25m）、道岔、轨枕、钢梁、电杆、机柱、钢筋混凝土管桩、接触网圆形支柱	5	1.08	1.08

（续）

序号	分 类 名 称	运价号（整车）	综合系数 K_1	综合系数 K_2
4	100m 长定尺钢轨	5	1.80	1.80
5	500m 长钢轨、25m 轨排	5	1.43	1.43
6	单片梁重不小于 120t 的 32m T 形梁	5	3.01	47
7	其他钢筋混凝土 T 形梁	5	3.48	1.64
8	接触网方形支柱、铁塔、硬横梁	5	2.35	2.35
9	接触网及电力线材、光电缆线	5	2.00	2.00
10	其他材料	5	1.05	1.05

注：K_1 包含了游车、超限、限速和不满载等因素；K_2 只包含不满载及游车因素。火车运土的综合系统 K_1、K_2，比照"砖、瓦、石灰、砂石料"确定。各类材料的运价号按《铁路货物运价规则》的有关规定确定。

B. 电气化附加费是经电气化铁路运输货物加收的一种附加费费率，已含入现行铁路货物运价率中，按发改价格〔2017〕2163 号文，应除税。

C. 货物运价、新路新价均摊运价率不计。铁路建设基金费率是为铁路基本建设筹集资金加收的一种附加费费率，按《铁路货物运价规则》规定执行，应除税。

D. 计算货物运输费用的运价里程，由发料地点起算，至卸料地点止，按《铁路货物运价规则》的有关规定计算。其中，区间（包括区间岔线）装卸材料的运价里程，应由发料地点的后方站起算，至卸料地点的前方站（均指办理货运业务的营业站）止。

② 临管线火车。临管线火车运价应执行批准的运价，扣除可抵扣进项税额后确定。运价里程应按发料地点起算，至卸料地点止，区间卸车算至区间工地。

③ 工程列车。工程列车运价包括机车、车辆的使用费，乘务员及有关行车管理人员的工资、津贴和差旅费，线路及有关建筑物和设备的养护维修费、折旧费，有关运输的管理费用。运价里程应按发料地点起算，至卸料地点止，区间卸车算至区间工地。工程列车运价按不含可抵扣进项税额的营业线火车运价（不包括铁路建设基金、电气化附加费、限速加成等）的 1.4 倍计算。

$$工程列车运价 = 1.4 \times K_2 \times （基价1 + 基价2 \times 运价里程）$$

单片梁重不小于 120t 的 32m T 形梁的工程列车运价 $= 1.4 \times K_2 \times$（基价1 + 基价2 × 运价里程 + D 型长大货物车使用费单价 × 运价里程）

以上价格均应为不含可抵扣进项税额的价格。

④ 其他铁路。其他铁路运价按该铁路运营主管部门的相关价格执行，在编制设计概（预）算时应扣除其中包含的可抵扣进项税额。

2）汽车运价 汽车综合运价率按《汽车运价规则》或市场调查资料确定。为简化概（预）算编制，可按下式分析汽车运价

$$汽车运价 = 公路综合运价率 \times 公路运距 + 汽车运输便道综合运价率 \times$$
$$汽车运输便道运距$$

公式计算说明：

① 公路综合运价率 ［元/(t·km)］。材料运输道路为公路时，考虑过路过桥费等因素，

以建设项目所在地不含可抵扣进项税额的汽车运输单价乘以 1.05 的系数计算。

② 汽车运输便道综合运价率 ［元/（t・km）］。材料运输道路为汽车运输便道时，结合地形、道路状况等因素，按当地不含可抵扣进项税额的汽车运输单价乘以 1.2 的系数计算。

③ 公路运距。应按发料地点起算，至卸料地点止所途经的公路长度计算。运距以 km 为单位，尾数不足 1km 的，四舍五入。

④ 汽车运输便道运距。应按发料地点起算，至卸料地点止所途经的汽车运输便道长度计算。运距以 km 为单位，尾数不足 1km 的，四舍五入。

3）船舶运价及渡口等收费价格按工程所在地的有关市场价格执行，在编制设计概（预）算时应扣除其中包含的可抵扣进项税额。

4）材料运输过程中，因确需短途接运而采用的双（单）轮车、单轨车、大平车、轻轨斗车、轨道平车、小型运输车、人力挑抬等运输方法的运价，可另行分析确定，但应扣除其中包含的可抵扣进项税额。

（2）装卸费单价

1）火车、汽车装卸单价，一般材料为 3.4 元/t，钢轨、道岔、接触网支柱为 12.5 元/t，其他 1t 以上的构件为 8.4 元/t，其中装占 60%，卸占 40%。

2）水运等的装卸单价，按工程所在地的市场价格执行，在编制设计概（预）算时应扣除其中包含的可抵扣进项税额。

3）双（单）轮车、单轨车、大平车、轻轨斗车、轨道平车、小型运输车、人力挑抬等运输方法的装卸单价，可另行分析确定，但应扣除其中包含的可抵扣进项税额。

（3）其他有关运输费用

1）取送车费（调车费）。用铁路机车往专用线、货物支线（包括站外出岔）或专用铁路的站外交接地点调送车辆时，核收取送车费。计算取送车费的里程，应自车站中心线起算，到交接地点或专用线最长线路终端止，里程往返合计（以 km 计）。取送车费按《铁路货物运价规则》计列，在编制设计概（预）算时应扣除其中包含的可抵扣进项税额。

2）汽车运输的渡船费。按工程所在地的有关市场价格执行，在编制设计概（预）算时应扣除其中包含的可抵扣进项税额。

3）长钢轨供应有关费用按有关费用定额分析计列，但不应包含可抵扣进项税额。

（4）价外运杂费计算其他说明

1）单项材料价外运杂费单价的编制范围，原则上应与总概（预）算的编制单元相对应。单独编制单项概（预）算的桥隧工程等应按工点材料供应方案计算价外运杂费；其他桥隧工程可先按工点材料供应计算运距，然后按单项概（预）算的编制单元（同类型结构）加权平均计算价外运杂费；路基、涵洞、轨道等工程（含站后工程），可按每正线公里用料量相等供应方案来求算各类材料的平均运距，计算价外运杂费。

2）运输方式和运输距离要经过调查、比选，综合分析确定。以经济合理的，并且符合工程要求的材料来源地作为计算价外运杂费的起运点。

3）分析各单项材料运杂费单价，应按施工组织设计拟定的材料供应计划，对不同的材料品类及不同的运输方法分别计算平均运距。

4）长钢轨供应有关费用，是特指在合理的施工组织和正常的施工条件下，单根长度

200m 及以上长钢轨从焊轨基地供应到铺轨基地所发生的部分费用，包含长钢轨供应过程中的座架使用、维修维护费，座架倒装费，长钢轨装车费，取送车费，焊轨基地场内机车使用费，管理费等。

5）旧轨件的运杂费，其重量应按设计轨型计算。如设计轨型未确定，可按代表性轨型的重量计算，其运距由调拨地点的车站起算。如未明确调拨地点者，可按以下原则编列：

① 已确调拨的铁路局，但未明确调拨地点者，由该铁路局所在地的车站起算。

② 未明确调拨的铁路局者，按工程所在地区的铁路局所在地的车站起算。

（5）平均运距的分析方法

1）最大运距相等法。

例 3-2 某段新建线路长为 L（单位 km），现准备用自卸汽车铺底砟如图 3-2 所示。经外业调查有 A、B 两石砟厂可供砟，且贮量丰富。A、B 两料场的道砟单价，到线路的横向距离以及单位运杂费见表 3-14，若底砟在全段均匀分布，试分析汽车铺底砟的平均运距。

表 3-14　各料场单价及单位运杂费

项　　目	单　位	A	B
料场单价	元/t	C_1	C_2
横向距离	km	a	b
运杂费	元/(t·km)	f_1	f_2

解：设 P 为 A、B 两料场供应材料的分界点，即 O_1P 由 A 料场供应底砟，O_2P 由 B 料场供应底砟。若定出 P，平均运距即可求出。

设 $|O_1P| = x$，则 $|O_2P| = L - x$。

因为底砟全段均匀分布，假设材料沿铁路线路用量为 k（单位：t/km），故 A、B 两料场供应的材料分别可表示为：kx 和 $k(L - x)$。则

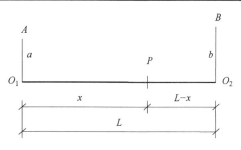

图 3-2　线路砟场布置

$$用料单位费用 = 料场单价 + 运输单价 \times 平均运输距离$$

故　　$$总费用 = 材料用量 \times (料场单价 + 运输单价 \times 平均运输距离)$$

$$S = kx\left[c_1 + \left(a + \frac{x}{2}\right)f_1\right] + k(L - x)\left[c_2 + \left(b + \frac{L - x}{2}\right)f_2\right]$$

由此可见，全段所需底砟总费用 S 的大小与分界点 P 的位置有关，而对应于总费用 S 最小的 P 点位置可由 $dS/dx = 0$ 求出。

令 $dS/dx = 0$，整理得　$c_1 + (a + x)f_1 = c_2 + (b + L - x)f_2$

上式表明，对应于总费用最小的分界点 P 应为材料单位费用在最大运距处相等的地方。由上式计算出 x

$$x = \frac{1}{f_1 + f_2}(Lf_2 + c_2 - c_1 + bf_2 - af_1)$$

算出 x 后，即可按材料用量加权计算出该段线路铺底砟的平均运距 $L_{平}$

$$L_{平} = \frac{kx\left(a + \frac{x}{2}\right) + k(L - x)\left(b + \frac{L - x}{2}\right)}{kL} = \frac{x\left(a + \frac{x}{2}\right) + (L - x)\left(b + \frac{L - x}{2}\right)}{L}$$

假设材料出厂价及单位运杂费相等，即 $c_1 = c_2$，$f_1 = f_2$，则

$$x = \frac{L}{2} + \frac{b-a}{2}$$

按此算出供应范围，再算平均运距的方法，称为最大运距相等法。

2）平均运距相等法。当 $|b-a|$ 的值与线路长度 L 相比很小时，为简化计算，也可直接由两料场平均运距相等得出供应范围 x

$$a + \frac{x}{2} = b + \frac{L-x}{2}$$

$$x = \frac{L}{2} + b - a$$

按上式算出供应范围后，则全段的平均运距等于各段平均运距，即

$$L_平 = a + \frac{x}{2} = b + \frac{L-x}{2}$$

这种计算方法称为平均运距相等法。

以上两种算法适用范围：工点分布均衡或每正线公里用料量大致相等，且各料源产地贮量丰富的材料平均运距的计算。

若有多个材料供应点，全段平均运距应按线路长度加权平均，则为

$$L_平 = \frac{\sum_{i=1}^{N} a_i L_i}{\sum L_i}$$

其中，L_i 为第 i 段的长度，a_i 为第 i 段的平均运距。

例3-3 新建铁路某段全长80km，施工用砂经外业调查有 A、B、C 三产地，其至铁路线最短距离分别为 1km、2km、1.5km，如图3-3所示。考虑全线涵洞较多，且分布基本均匀，试用平均运距相等法求平均运距。若采用汽车运输，均为公路，无汽车运输便道，则汽车的平均价外运杂费单价为多少？已知，当地汽车运输单价为 0.43 元/（t·km）。

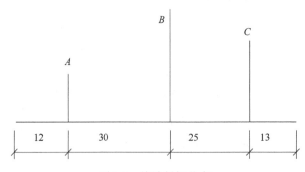

图3-3　线路料场分布

解： 1）按式 $x = \frac{L}{2} + b - a$ 计算供应范围

A、B 两产地间 $x = (30/2 + 2 - 1)\text{km} = 16\text{km}$

B、C 两产地间 $x = (25/2 + 1.5 - 2)\text{km} = 12\text{km}$

A 产地左侧应全部由 A 料场供应，C 产地右侧应全部由 C 料场供应。

2）用 $L = a + \frac{x}{2}$ 计算各段平均运距。

A 产地左侧部分 $L_{A左} = (1 + 12/2)\,km = 7km$

AB 段 $L_{AB} = (1 + 16/2)\,km = 9km$

BC 段 $L_{BC} = (2 + 12/2)\,km = 8km$

C 产地右侧部分 $L_{C右} = (1.5 + 13/2)\,km = 8km$

3）全段平均运距（按线路长度加权平均）

$$L_{平} = \frac{\sum_{i=1}^{n} a_i L_i}{\sum L_i}$$

$$L_{平} = \frac{12 \times 7 + 30 \times 9 + 25 \times 8 - 13 \times 8}{80}km = 8.255km$$

全段用砂平均运距为 8km。

4）价外运杂费单价为

$$(0.43 \times 1.05 \times 8 + 3.4) \times (1 + 4.47\%)\,元/(t \cdot km) = 7.33\,元/(t \cdot km)$$

3）工程量比重平均运距分析法。如果工点分布不均衡或每正线公里用料量差别很大，则应按同类工程中各工点的工程量（或材料用量）的比重和同种材料从供应点至各该工点的实际运距进行加权平均计算平均运距。

6. 填料费

填料费指购买不作为材料对待的土方、石方、渗水料、矿物料等填筑用料所支出的费用。

设计为临时占地取填料者，其发生的填料费应按临时占地费计算，包括租用土地、青苗补偿、拆迁补偿、复垦及其他所有与土地有关的费用等。该临时占地费不应纳入填料费中，而应纳入临时用地费项下。填料费计算公式为

填料费 = Σ 填料消耗量 × 填料价格

计算填料费时需注意：若填料消耗量为压实方数量，购买填料的数量为天然密实方数量时，应进行换算。填料价格采用不含可抵扣进项税额的价格，由设计单位调查分析确定。

3.4.2 施工措施费及特殊施工增加费

1. 施工措施费

为完成铁路建设工程施工，发生于该工程施工前和施工过程中需综合计算的费用。施工措施费包含的内容为需综合计算的费用，而需独立计算的施工措施性费用应根据设计工程数量套用相关定额单独计算，如脚手架、施工栈桥、基坑排水降水等。

（1）施工措施费的内容

1）冬雨期施工增加费。冬雨期施工增加费是指建设项目的某些工程需在冬期、雨期施工，为保证工程质量，按相关规范、规程中的冬雨期施工要求，需要采取的防寒、保温、防雨、防潮和防护措施，不需改变技术作业过程的人工与机械的功效降低等，所需增加的有关费用。而改变技术作业过程增加的费用则需另外分析计算。

2）夜间施工增加费。夜间施工增加费是指必须在夜间连续施工或在隧道内铺砟、铺轨、敷设电线、电缆，架设接触网等工程，所发生的工作效率降低、夜班津贴，以及增设照明设施（包括所需照明设施的装拆、摊销、维修及油燃料、电）等增加的有关

费用。

3）小型临时设施费。小型临时设施费是指施工企业为进行建筑安装工程施工，必须修建的生产和生活用的一般临时建筑物、构筑物和其他小型临时设施所发生的费用。

① 小型临时设施包括：

A. 为施工及施工运输（包括临管）修建的临时生活及居住房屋，文化教育及公共房屋（如职工宿舍、食堂、开水间、洗衣房、卫生间、洗浴室、多功能室、广播室、会议室、资料室、看护房屋、文体活动场所等）和办公、生产房屋（如办公室、实验室、货运室、发电站、变电站、空压机站、料库、火工品库、车库等房屋，铺架工程临时调动房屋，材料棚、停机棚、加工棚等），不包括轨枕预制场、轨道板预制场、管片预制场的主体厂房，工地内沿线纵向运输便道，吨位≥10t 或长度≥100m 的门式起重机走行线，井深≥50m 的深水井，临时场站生产区的占地费等大型临时设施费用。

B. 为施工及施工运输而修建的小型临时设施，如通往涵洞工程和施工队伍驻地及料库、车库等的运输便道引入线（含便桥、涵），列入大临的工地内沿线纵向运输便道（含便桥、涵）、轻便轨道、吨位<10t 或长度<100m 门式起重机走行线、由干线到工地或施工队伍驻地的电力线、地区通信线和达不到大型临时给水干管路要求的给水管路等。

C. 为施工及施工运输（包括临管）而修建的临时建筑物、构筑物。如临时给水设施（水塔、水池、井深<50m 的水井等），临时排水沉淀池，隔油池，钻孔用泥浆池、沉淀池，临时整备设施（检修、上油、上砂等设施），临时信号、临时通信（指地区线路及引入部分），临时供电，临时站场建筑，接触网预配场，杆塔存放场地，分散的预制构件存放场，钢结构等加工场，架桥机等大型机械设备安拆拼装场地及配套设施等。

D. 其他。大型临时设施和过渡工程项目内容以外的临时设施。

② 小型临时设施费用包括：

A. 小型临时设施的场地土石方、地基处理、硬化面、圬工等的工程费用，以及小型临时设施的搭设、移拆、维修、摊销及拆除恢复等费用。

B. 因修建小型临时设施而发生的租用土地、青苗补偿、拆迁补偿、复垦及其他所有与土地有关的费用等，不含大型临时设施中临时场站生产区的土地有关费用。

4）工具、用具及仪器、仪表使用费，指施工生产所需不属于固定资产的生产工具、检验用具及仪器、仪表等的购置、摊销和维修费，以及支付给生产工人自备工具的补贴费。

5）工程定位复测、工程点交、场地清理费。

6）文明施工及施工环境保护费，指现场文明施工费用及防噪声、防粉尘、防振动干扰、生活垃圾清运排放等费用。

7）已完工程及设备保护费，指现场文明施工费用及防噪声、防粉尘、防振动干扰、生活垃圾清运排放等费用。

8）已完工程及设备保护费，指竣工验收前，对已完工程及设备进行保护所需费用。

（2）施工措施费的计算。施工措施费分不同工程类别按下式计算

施工措施费 =（基期人工费 + 基期施工机械使用费）× 施工措施费费率

施工措施费费率根据施工措施费地区划分，见表3-15，其费率按表3-16所列计列。

表3-15 施工措施费地区划分表

地区编号	地域名称
1	上海，江苏，河南，山东，陕西（不含榆林市、延安市），浙江，安徽，湖北，重庆，云南（不含昭通市、迪庆藏族自治州、贡山独龙族怒族自治县、宁蒗彝族自治县），贵州（不含毕节市），四川（不含凉山彝族自治州两昌市以西地区、阿坝藏族羌族自治州、甘孜藏族自治州、雅安市宝兴县、绵阳市的平武县和北川羌族自治县）
2	广东，广西，海南，福建，江西，湖南
3	北京，天津，河北（不含张家口市、承德市），山西（不含大同市、朔州市、忻州市原平以西各县），陕西延安市，甘肃（不含酒泉市、嘉峪关市、张掖市、金昌市、武威市、甘南藏族自治州、临夏回族自治州积石山保安族东乡族撒拉族自治县、临夏县、和政县、定西市岷县及漳县、陇南市文县），宁夏，贵州毕节市，云南昭通市、迪庆藏族自治州（不含德钦县）、贡山独龙族怒族自治县、宁蒗彝族自治县，四川凉山彝族自治州西昌市以西地区、阿坝藏族羌族自治州（不含壤塘县、阿坝县、若尔盖县）、甘孜藏族自治州（不含石渠县、德格县、甘孜县、白玉县、色达县、理塘县）、雅安市宝兴县、绵阳市的平武县和北川羌族自治县，新疆和田地区、喀什地区（含图木舒克市）、吐鲁番地区、巴音郭楞蒙古自治州（不含若羌县、且末县）
4	河北张家口市（不含康保县）、承德市（不含围场满族蒙古族自治县），山西大同市、朔州市、忻州市原平以西各县，陕西榆林市，辽宁，内蒙古呼和浩特市、包头市、乌海市、巴彦淖尔市、鄂尔多斯市、阿拉善盟
5	新疆阿克苏地区（含阿拉尔市）、克孜勒苏柯尔克孜自治州、伊犁哈萨克自治州、哈密地区，甘肃酒泉市（不含阿克塞哈萨克族自治县、肃北蒙古族自治县马鬃山镇以外地区）、嘉峪关市、张掖市（不含肃南裕固族自治县皇城镇、山丹县及民乐县南部山区）、金昌市、武威市（不含天祝藏族自治县）
6	河北张家口市康保县、承德市围场满族蒙古族自治县，内蒙古赤峰市、乌兰察布市、通辽市、兴安盟、锡林郭勒盟锡林浩特以南各旗（县），甘肃甘南藏族自治州、酒泉市阿克塞哈萨克族自治县及肃北蒙古族自治县马鬃山镇以外地区、张掖市肃南裕固族自治县皇城镇和山丹县及民乐县南部山区、武威市天祝藏族自治县、临夏回族自治州积石山保安族东乡族撒拉族自治县、临夏县及和政县、定西市岷县及漳县、陇南市文县，吉林，青海西宁市、海东地区、黄南藏族自治州、海南藏族自治州、海北藏族自治州（不含祁连县、门源回族自治县）、海西蒙古族藏族自治州格尔木—都兰及以北地区（不含大柴旦—德令哈—天峻以北地区），新疆乌鲁木齐市（含石河子市）、昌吉回族自治州（含五家渠市）、博尔塔拉蒙古自治州（不含温泉县）、塔城地区、克拉玛依市、巴音郭楞蒙古自治州若羌县及且末县，西藏林芝地区雅鲁藏布江以南地区、山南地区错那县，云南迪庆藏族自治州德钦县，四川甘孜藏族自治州石渠县、德格县、甘孜县、白玉县、色达县、理塘县，阿坝藏族羌族自治州壤塘县、阿坝县、若尔盖县
7	黑龙江（不含大兴安岭地区），内蒙古呼伦贝尔市阿尔山—图里河一线以东各旗（县）、锡林郭勒盟锡林浩特及以北各旗（县），新疆阿勒泰地区（含北屯市）、博尔塔拉蒙古自治州温泉县，青海海西蒙古族藏族自治州格尔木—都兰以南地区（不含唐古拉山镇）及大柴旦—德令哈—天竣以北地区、玉树藏族自治州（不含曲麻莱县及其以西地区）、果洛藏族自治州（不含玛多县），西藏拉萨市（不含当雄县）、昌都地区、林芝地区雅鲁藏布江及以北地区、山南地区（不含错那县）、日喀则地区（不含萨嘎县、仲巴县、昂仁县、谢通门县）
8	内蒙古呼伦贝尔市阿尔山—图里河及以西各旗（县），黑龙江大兴安岭地区，青海玉树藏族自治州曲麻莱县及其以西地区、海北藏族自治州祁连县、门源回族自治县、果洛藏族自治州玛多县、海西蒙古族藏族自治州格尔木市辖的店古拉山镇，西藏拉萨市当雄县、阿里地区、那曲地区、日喀则地区的萨嘎县、仲巴县、昂仁县、谢通门县

表 3-16　施工措施费费率表

类别代号	工程类别	地区编号								附注
		1	2	3	4	5	6	7	8	
		费率（%）								
1	人力施工土石方	8.0	8.3	10.2	11.2	11.3	12.6	12.9	13.5	包括人力拆除工程，绿色防护，各类工程中单独挖填的土石方，石方爆破工程
2	机械施工土石方	5.7	6.1	9.2	10.1	10.3	12.5	13.0	13.8	包括机械拆除工程，填级配碎石、砂砾石、渗水土，公路路基路面，各类工程中单独挖填的土石方、综合维修通道、大临土石方工程
3	汽车运输土石方采用定额"增运"部分	3.6	3.5	3.8	4.4	4.5	4.8	4.9	5.4	仅指区间路基土石方及站场土石方，包括隧道出渣洞外运输
4	特大桥、大桥下部建筑	6.7	5.9	8.3	9.2	9.7	9.7	9.8	10.0	含附属工程
5	预制混凝土梁	13.6	10.7	19.1	21.0	22.8	22.9	23.2	23.7	含各种桥梁桥面系、支座、梁的横向连接和湿接缝
6	现浇混凝土梁	10.3	8.0	14.5	16.0	17.4	17.5	17.7	18.1	包括分段预制后拼接的混凝土梁
7	运架混凝土简支箱梁	4.1	4.1	4.2	4.5	4.6	4.8	4.9	5.1	
8	隧道、明洞、棚洞，自采砂石	6.8	6.6	7.1	7.7	7.8	7.8	7.9	7.9	不含隧道的照明、通风与空调等工程，不含掘进机、盾构施工的隧道
9	路基附属工程（不含附属土石方）	7.4	6.9	8.2	8.8	8.9	9.0	8.9	8.9	含区间线路防护栅栏、与路基同步施工的接触网支柱基础等
10	框架桥、公路桥、中小桥下部（含附属工程）、涵洞，轮渡、码头，一般生产房屋和附属、给排水、工务、站场、其他建筑物等建筑工程	7.2	6.7	8.2	8.9	9.2	9.2	9.3	9.3	含除大临土石方、大临轨道、临时电力、临时通信以外的大临工程，环保降噪声工程
11	铺轨、铺岔、架设其他混凝土梁、钢梁、钢管拱、钢结构站房（含站房综合楼）、钢结构雨棚、钢结构车库等	12.7	12.6	13.1	14.1	14.4	15.7	16.7	20.6	简支箱梁除外，包括轨道附属工程，线路备料及大临轨道；钢管拱包括钢管、钢管内混凝土、系杆、吊杆、梁及桥面板
12	铺砟	6.1	5.3	7.6	8.4	8.6	9.1	9.4	10.2	包括道床清筛、沉落整修，有砟轨道调整
13	无砟道床	16.3	13.4	21.4	23.8	25.5	25.6	25.9	26.3	包括道床过渡段

（续）

类别代号	工程类别	地区编号								附注
		1	2	3	4	5	6	7	8	
		费率（%）								
14	通信、信号、信息、灾害监测、电力、牵引变电、供电段、机务、车辆、动车的建筑工程，所有安装工程	10.9	11.0	11.2	12.0	12.1	12.3	12.5	13.0	含桥梁、隧道的照明工程，隧道通风与空调工程、临时电力、临时通信、管线路防护、管线迁改
15	接触网建筑工程	14.5	13.6	16.0	17.1	17.2	17.4	17.7	17.9	含不与路基同步施工的接触网支柱基础

注：过渡工程按表列同类正式工程的费率计列，大型临时设施按表列同类正式工程的费率乘以0.45的系数计列；掘进机、盾构施工的隧道施工措施费费率另行分析计列。

例3-4　某客运专线地处河北省石家庄地区，区间路基工程机械施工，基期人工费3258元，基期施工机具使用费358585元，分析其施工措施费。

解：查表3-15河北省石家庄地区属3类地区，查表3-16工程类别机械施工土石方费率为9.2%，得

$$施工措施费 = (3258 + 358585)元 \times 9.2\% = 33290元$$

2. 特殊施工增加费

特殊施工增加费指在特殊地区及特殊施工环境下进行建筑安装工程施工时，所需增加的费用。

（1）风沙地区施工增加费　风沙地区施工增加费指在非固定沙漠或隔壁地区，月（或连续30天）平均风力达到四级以上（平均风速 >5.5m/s）的风季，在相应的风沙区段进行室外建筑安装工程时，由于受风沙影响而增加的费用。其内容包括防风、防沙的措施费，材料费，人工、机械降效增加的费用，风力预警观测设施费用，以及积沙、风蚀的清理修复等费用。

本项费用以风沙区段范围内室外建筑安装工程的编制期人工费与施工机具使用费之和为基数，乘以风沙地区施工增加费率2.6%计算。

地区施工增加费按下列算法计列：

风沙地区施工增加费 =（室外风沙区段建筑安装工程的定额工天消耗 ×
编制期综合工费单价 + 室外风沙区段建筑安装工程的施工机具台班消耗 ×
编制期施工机具台班单价）× 2.6%

大风高发月（或连续30天）平均风力达到四级以上（平均风速 >5.5m/s）且小时极大风速大于13.9m/s的风力累计85小时以上的风沙、大风地区，可根据调查资料另行分析计算风沙地区施工增加费。

（2）高原地区施工增加费　高原地区施工增加费是指设计线路在海拔2000m以上的高原地区施工时，由于人工和机械受气候、气压的影响而降低工作效率所增加的费用。通过辅助坑道施工的隧道工程，按辅助坑道最高海拔确定高原地区施工定额增加幅度；海拔高度范围内的长大隧道（隧道长 >4km），其高原地区施工定额增加幅度按提高一个档别计算。高原地区施工增加费根据工程所在地的不同海拔高度，不分工程类别，按下列算法计列

高原地区施工增加费 = 定额工天 × 编制期综合工费单价 × 高原地区工天定额增加幅度 +
定额机械（仪器仪表）台班量 × 编制期机械（仪器仪表）台班单价 ×

高原地区机具台班定额增加幅度

高原地区施工定额增加幅度见表 3-17。

表 3-17　高原地区施工定额增加幅度

海拔高度/m	定额增加幅度（％）	
	工 天 定 额	机械台班定额
2000（含）~3000（含）	12	20
3000（不含）~4000（含）	22	34
4000（不含）~4500（含）	33	54
4500（不含）~5000（含）	40	60
5000 以上	60	90

（3）原始森林地区施工增加费　原始森林地区施工增加费是指在原始森林地区进行新建或增建二线铁路施工，由于受环境影响，其路基土方工程应增加的费用。原始森林地区施工增加费按下列算法计列

原始森林地区施工增加费 =（路基土方工程的定额工天×编制期综合工费单价 +
　　　　　　　　路基土方工程的定额机械台班量×编制期机械台班单价）×30%

（4）行车干扰施工增加费　行车干扰施工增加费是指在不封锁的营业线上，在维持通车的情况下，或本线封锁施工、邻线维持通车的情况下，进行建筑安装工程施工时，由于受行车影响造成局部停工或妨碍施工而降低工作效率等所需增加的费用。

1）行车干扰施工增加费的计费范围，见表 3-18。

表 3-18　行车干扰施工增加费计费范围

名称	受行车干扰范围	受行车干扰项目	包　　括	不　包　括
路基	在行车线上，或在行车线中心平距 12.5m 及以内	填挖土方、填石方，地基处理工程	路基抬高落坡全部工程	
	在行车线的路堑内	土石方工程及路堑内的挡土墙、护墙、护坡、侧沟、吊沟的全部砌筑工程		控制爆破开挖石方
	平面跨越行车线运土石方	跨越运输的全部土石方	隧道弃渣	
桥涵	在行车线上，或在行车线中心平距 12.5m 及以内	涵洞的主体坞工，桥梁工程的下部建筑主体坞工，桥梁架设、现浇	桥涵的锥体护坡及桥头填土	桥涵其他附属工程及桥面系等，框架桥、涵管的挖土、顶进，框架桥内、涵洞内的路面、排水等工程
隧道及明洞	在行车线的隧道、明洞内施工	改扩建隧道或增设通风、照明设备的全部工程	明洞、棚洞的挖基及衬砌工程	明洞、棚洞拱上的回填及防水层、排水沟等
轨道	在行车线上，或在行车线中心平距 12.5m 及以内，或在行车线的线间距 ≤12.5m 的邻线上施工	全部数量	拆铺、改拨线路，更换钢轨、轨枕及线路整修作业	线路备料

（续）

名称	受行车干扰范围	受行车干扰项目	包　括	不　包　括
电力牵引供电	在行车线上，或在行车线两侧中心距12.5m及以内，或在行车线的线间距≤12.5m的邻线上施工	在既有线上非封锁线路作业的全部工程和邻线未封锁而本线封锁线路作业的全部工程		封锁线路作业的项目（邻线未封锁的除外）；牵引变电及供电段的全部工程
其他室外建筑安装及拆除	在行车线上，或在行车线两侧中心平距12.5m及以内	全部工程	靠行车线较近的基本站台、货物站台、天桥、跨线站房、灯桥、雨棚，地道的上下楼梯	站台土方不跨线取土者

在未移交正式运营的线路上施工和在避难线、安全线、存车线及其他段管线上施工均不计列行车干扰施工增加费。行车干扰施工定额增加幅度适用于列车运行速度≤200km/h的营业线路。邻近或在列车运行速度>200km/h的营业线上施工时，原则上不考虑按行车间隔施工的方案。

2）行车干扰施工增加费的计算。行车干扰施工增加费包含施工期间人工、机械受行车影响降效增加的费用，因行车而应做的整理和养护工作费用，以及在施工时为防护所需的信号工、电话工、看守工等的人工费用及防护用品的维修、摊销费用等。

每次行车的行车干扰施工定额人工和机械台班增加幅度按0.4%计（接触网工程按0.48%计）。根据每昼夜的行车次数（以编制期铁路局运输部门的计划运行图为准，所有计划外的小运转、轨道车、补机、加点车的运行等均不计算），以及受行车干扰范围内的工程项目的工程数量，按以下方法计算。

① 土石方施工及跨股道运输的行车干扰施工增加费，不论施工方法如何，均按下列算法计列

土石方施工及跨股道运输行车干扰施工增加费

= 土石方施工及跨股道运输计行车干扰的工日×编制期综合工费单价×

受干扰施工土石方数量×每昼夜行车次数×0.4%

土石方施工及跨股道运输计行车干扰的工日按表3-19所列定额确定。

表3-19　土石方施工及跨股道运输计行车干扰的工日定额

（单位：工日/100m³天然密实体积）

序号	工作内容	土　方	石　方
1	仅挖、装（爆破石方仅为装）在行车干扰范围内	15.7	7.7
2	仅卸在行车干扰范围内	3.1	4.6
3	挖、装、卸（爆破石方为装、卸）均在行车干扰范围内	18.9	12.3
4	平面跨越行车线运输土石方，仅跨越一股道或跨越双线、多线股道的第一股道	15.7	23.1
5	平面跨越行车线运输土石方，每增跨一股道	3.1	4.6

例3-5 某改建铁路路基土方机械施工，挖掘机配合自卸汽车挖弃土，施工方15815m³，运距2000m，

人工单价70元/工日，每昼夜行车对数60对/日，计算该工程行车干扰施工增加费。若跨越二股道施工，计算该工程行车干扰施工增加费。

    解：依题意按表3-19中序号1，仅挖装在行车干扰范围内取工日定额，则

    土石方施工行车干扰施工增加费 = 158.15 × 15.7 × 70 × 60 × 2 × 0.4% 元 = 83428 元

    若跨越二股道施工，要按表中序号4、5取工日定额，则

    跨越二股道施工行车干扰施工增加费 = 158.15 × (15.7 + 3.1) × 70 × 60 × 2 × 0.4% 元

$$= 99900 元$$

  ② 接触网工程的行车干扰施工增加费按下列算法计列

      接触网工程行车干扰施工增加费

      = 受行车干扰范围内的工程数量 × (所对应定额的应计行车干扰的工日 ×

      编制期综合工费单价 + 所对应定额的应计行车干扰的机具台班量 ×

      编制期机具台班单价) × 每昼夜行车次数 × 0.48%

  ③ 其他工程的行车干扰施工增加费按下列算法计列

      其他工程行车干扰施工增加费

      = 受行车干扰范围内的工程数量 × (所对应定额的应计行车干扰的工日 ×

      编制期综合工费单价 + 所对应定额的应计行车干扰的机具台班量 ×

      编制期机具台班单价) × 每昼夜行车次数 × 0.4%

  （5）营业线封锁（天窗）施工增加费　为确保营业线行车和施工安全，需封锁线路施工而造成的施工效率降低等发生的费用。新版铁路工程预算定额中不再考虑封锁线路作业的调整系数。

    计算方法：根据相关规定及施工组织设计确定的需封锁线路施工或利用天窗时间施工的工程数量，以其编制期人工费和施工机具使用费之和为计算基数乘以表3-20列施工工日与施工机具台班定额增加幅度计算。

表3-20　营业线封锁（天窗）施工工日与施工机具台班定额增加幅度

序　　号	工 程 类 别	工日与施工机具台班定额增加幅度（%）
1	人力拆铺轨	340
2	机械拆铺轨	180
3	拆铺道岔	170
4	粒料道床	180
5	线路有关工程	120
6	接触网恒张力架线	130
7	接触网非恒张力架线	250
8	接触网其他工程	250
9	架设预应力混凝土T形梁	150
10	架设预应力混凝土箱梁及其他上跨结构	100
11	其他工程	260

3.4.3 大型临时设施和过渡工程费

大型临时设施和过渡工程费指施工企业为进行建筑安装工程施工及维持既有线正常运营，根据施工组织设计确定所需的大型临时建筑物和过渡工程修建及拆除恢复所发生的费用。

1. 大型临时设施项目及费用内容

（1）大型临时设施（简称大临）项目

1）铁路便线（含便桥、隧、涵），指通往临时场站、砂石（道砟）场的临时铁路线、架梁岔线及场内铁路便线、机车转向用的三角线等，独立特大桥的起重机走行线，以及重点桥隧等工程专设的铁路运料便线等。

2）汽车运输便道（含便桥、隧、涵），指汽车运输干线、沿线纵向运输便道及通往重点土石方工点、桥梁、隧道、站房、取弃土石场、砂石（道砟）场、区间牵引变电所及临时场站等的引入线。

3）运梁便道，指专为运架大型混凝土成品梁而修建的运输便道。

4）临时给水设施，指为解决工程用水而铺设的给水干管路（管径100mm及以上或长度2km及以上）及隧道工程的水源点至山上蓄水池的给水管路，缺水地区临时贮水站，井深50m及以上的深水井等。

5）临时电力线（供电电压在6kV及以上），包括临时电力干线及通往隧道、特大桥、大桥和临时场站、砂石（道砟）场等的电力引入线。

6）集中发电站、集中变电站（包括升压站和降压站）。

7）临时通信基站，指在没有通信条件的边远山区、无人区等区域设置的无线通信基站。

8）临时场站，指根据施工组织设计需要确定的大型临时场站，包括材料厂、填料集中加工站、混凝土集中拌和站、独立设置的混凝土构配件预制场、制（存）梁场（含提梁站）、钢梁拼装场（含提梁站）、掘进机拼装场、盾构泥水处理场、管片预制厂、仰拱预制厂、轨节拼装场、长钢轨焊接（存放）基地、换装站、道砟存储场、轨枕预制场、轨道板预制场等。

9）隧道污水处理站，指根据特殊环保要求（如有水源保护区、高类别功能水域等保护要求）必须设置的隧道污水处理站。

10）渡口、码头、浮桥、吊桥、天桥、地道，指通行汽车为施工服务的设施。

（2）大临费用内容

1）铁路便线，汽车运输便道，运梁便道，临时给水设施，临时电力线，临时通信基站，渡口、码头、浮桥、吊桥、天桥、地道等的工程费用及养护维修费用。

2）轨道板预制场、轨枕预制场、管片预制场的主体厂房工程费用。

3）临时场站，集中发电站、集中变电站，隧道污水处理站等的场地土石方、地基处理、生产区硬化面、圬工、吨位≥10t且长度≥100m的门式起重机走行线等的工程费用。

4）修建大临而发生的租用土地、青苗补偿、拆迁补偿、复垦及其他所有与土地有关的费用等。其中临时场站中应计列的所有与土地有关的费用列入第一章临时用地费项下。

2. 过渡工程

过渡工程指由于改建既有线、增建第二线等工程施工，为了保持既有线（或车站）运营工作行运，尽可能地减少运输与施工之间的相互干扰和影响，从而对部分既有工程设施必须采取的施工过渡措施。

内容包括临时性便线、便桥、过渡性站场设施等及其相关的配套工程，以及由此引起的临时养护、租用土地、青苗补偿、拆迁补偿、复垦及其他所有与土地有关的费用等。

3. 大临和过渡工程费用计算规定

1）大型临时设施和过渡工程，应根据施工组织设计确定的项目、规模及工程量，采用定额按单项概（预）算计算程序计算或按类似指标计列。

2）大型临时设施和过渡工程，均应结合具体情况，充分考虑借用本建设项目正式工程的材料，以尽可能节约投资，其有关费用的计算规定如下：

① 借用正式工程的材料。

A. 钢轨、道岔计列一次铺设的施工损耗，钢轨扣配件、轨枕、电杆计列铺设和拆除各一次的施工损耗（拆除损耗与铺设同），便桥枕木垛所用的枕木，计列一次搭设的施工损耗。

B. 该类材料一般应计列由材料堆存地点至使用地点和使用完毕由材料使用地点运至指定归还地点的运杂费。

C. 该类材料在设计概（预）算中一般不计使用费，材料工地搬运及操作损耗率按《铁路工程基本定额》执行。

② 使用施工企业的工程器材。使用施工企业的工程器材，按表3-21所列的施工器材年使用费率计算使用费。

表3-21 施工器材年使用费率

序 号	材 料 名 称	年使用费率（%）
1	钢轨、道岔	10
2	钢筋混凝土电杆	10
3	铁横担	10
4	铸铁管、钢管、万能杆件、钢铁构件	16
5	木制构件、油浸电杆	16
6	素材电杆、木横担	20
7	通信、信号及电力线材（不包括光缆、电杆及横担）	30
8	过渡工程用设备	25

注：1. 不论按摊销或折旧计算，均一律按表列费率作为编制设计概（预）算的依据。其中通信、信号及电力线材的使用年限超过3年时，超过部分的年使用费率按10%计。困难山区使用的钢筋混凝土电杆，不论其使用年限多少，均按100%摊销。

2. 光缆、接触网混凝土支柱不论其使用年限多少，均按100%摊销。

3. 计算单位为季度，不足一季度按一季度计。

③ 利用旧道砟，除计运杂费外，还应计列必要的清筛费用。

④ 不能倒用的材料，如圬工用料、道砟（不能倒用时），计列全部价值。

3）铁路便线的养护费计费定额。为使铁路便线经常保持完好状态，其养护费按表3-22

所列的定额计算。

表3-22 铁路便线养护费定额

项 目	人 工	零星材料费	道砟 [m³/(月·km)]		
			3个月以内	3~6个月	6个月以上
便线	32 工日/(月·km)	—	20	10	5
便线中的便桥	11 工日/(月·百换算米)	1.25 元/(月·延长米)	—	—	—

注：1. 人工费按设计概（预）算编制期Ⅰ类综合工费标准计算。

2. 便线长度不满100m的，按100m计；便桥长度不满1m的，按1m计。计算便线长度，不扣除道岔及便桥长度。

3. 便桥换算长度的计算：钢梁桥，1m=1换算米；木便桥，1m=1.5换算米；圬工及钢筋混凝土梁桥，1m=0.3换算米。

4. 养护的期限根据施工组织设计确定，按月计算，不足一个月的按一个月计。

5. 道砟数量采用累计法计算，如1km便线当其使用期为一年时，所需道砟数量=(3×20+3×10+6×5)m³=120m³。

6. 定额内包括冬期积雪清除和雨期养护等一切有关养护内容。

7. 通行工程列车或临管列车的便线，并需计列运费者，因运价中已包括了养护费，不应另列养护费；运土、运料等临时便线，只计取送车费或机车、车辆租用费者，可计列养护费。

8. 营业线上施工，为保证不间断行车而修建通行正式运营列车的便线，在未办理交接前，其养护费按照表列定额加倍计算。

4）汽车便道养护费计费定额。为使通行汽车运输便道经常保持完好的状态，其养护费按表3-23所列定额计算。

表3-23 汽车运输便道养护费定额

项 目		人 工	碎石或粒料
		工日/(月·km)	m³/(月·km)
土路		15	—
粒料路（包括泥结碎石路面）	干线	25	2.5
	引入线	15	1.5

注：1. 人工费按设计概（预）算编制期Ⅰ类综合工费单价计算。

2. 计算便道长度，不扣除便桥长度。不足1km的按1km计。

3. 养护的期限，根据施工组织设计确定，按月计算，不足一个月的按一个月计。

4. 定额内包括冬期积雪清除和雨期养护等一切有关养护内容。

5. 便道中的便桥不另计养护费。

3.4.4 间接费设备购置费及税金

1. 间接费

间接费包括企业管理费、规费和利润。

（1）间接费的费用内容

1）企业管理费。企业管理费是指建筑安装企业组织施工生产和经营管理所需的费用。内容包括：

① 管理人员工资，指管理人员的基本工资、津贴和补贴、辅助工资、职工福利费、劳

动保护费等。

② 办公费,指管理办公用的文具、纸张、账表、印刷、邮电、书报、宣传、会议、水、电、烧水和集体取暖用煤等费用。

③ 差旅交通费,指职工因公出差、调动工作的差旅费,助勤补助费,市内交通费和误餐补助费,职工探亲路费,劳动力招募费,职工退休、退职一次性路费,工伤人员就医路费,以及管理部门使用的交通工具的油料、燃料、养路费和牌照费。

④ 固定资产使用费,指管理和试验部门及附属生产单位使用的属于固定资产的房屋、车辆、设备仪器等的折旧、大修、维修或租赁费。

⑤ 工具用具使用费,指管理使用的不属于固定资产的生产工具、器具、家具、交通工具和检验、试验、测绘、消防用具等的购置、维修和摊销费。

⑥ 检验试验费,指施工企业按照规范和施工质量验收标准的要求,对建筑安装的设备、材料、构件和建筑物进行一般鉴定、检查所发生的费用,包括自设试验室进行试验所耗用的材料和化学药品费用等,以及根据规定由施工单位委外检验试验的费用。不包括下列费用:应由研究试验费和科技三项费用支出的新结构、新材料的试验费;建设单位要求对具有出厂合格证明的材料进行试验,对构件破坏性试验及其他特殊要求检验试验的费用;由建设单位委外检验试验的费用;施工质量验收标准以外设计要求的检验试验费用。

⑦ 财产保险费,指施工管理用财产、车辆保险费用。

⑧ 税金,指企业按规定交纳的房产税、车船使用税、土地使用税、印花税、城市维护建设税、教育费附加、地方教育附加等各项税费。

⑨ 施工单位进退场及工地转移费,指施工单位根据建设任务需要,派遣人员和机具设备从基地迁往工程所在地或从一个项目迁至另一个项目所发生的往返搬迁费用及施工队伍在同一建设项目内,因工程进展需要,在本建设项目内往返转移,以及民工上、下路所发生的费用。包括:承担任务职工的调遣差旅费,调遣期间的工资,施工机械、工具、用具、周转性材料及其他施工装备的搬运费用;施工队伍在转移期间所需支付的职工工资、差旅费、交通费、转移津贴等;民工的上、下路所需车船费、途中食宿补贴及行李运费等。

⑩ 劳动保险费,指由企业支付离退休职工的易地安家补助费、职工退职金、6个月以上病假人员的工资、职工死亡丧葬补助费、抚恤费以及按规定支付给离休干部的各项经费等。

⑪ 工会经费,指企业按照职工工资总额计提的工会经费。

⑫ 职工教育经费,指企业为职工学习先进技术和提高文化水平,按职工工资总额计提的费用。

⑬ 财务费用,指企业为筹集资金而发生的各种费用,包括企业经营期间发生的短期贷款利息净支出、金融机构手续费,以及其他财务费用。

⑭ 工程排污费,指施工现场按规定缴纳的工程排污费用。

⑮ 其他,包括技术转让费、技术开发费、业务招待费、绿化费、广告费、公证费、法律顾问费、审计费、咨询费、无形资产摊销费、投标费、企业定额测定费、企业信息化管理系统建设及使用费、工程验收配合费等。

2)规费。规费是指政府和有关部门规定必须缴纳的费用。内容包括:

① 社会保障费,指企业按规定缴纳的基本养老保险费、失业保险费、基本医疗保险费、

工伤保险费、生育保险费。

②住房公积金，指企业按规定缴纳的住房公积金。

3）利润。利润是指施工企业完成承包的工程应获得的盈利。

（2）间接费的费用计算　间接费按下列算法计列

$$间接费 = \sum(基期人工费 + 基期施工机械使用费) \times 间接费费率$$

间接费费率按不同工程类别，采用表3-24中规定的费率。

表3-24　间接费费率表

类别代号	工程类别	费率（%）	附　注
1	人力施工土石方	47.4	包括人力拆除工程、绿色防护，各类工程中单独挖填的土石方，石方爆破工程
2	机械施工土石方	21.9	包括机械拆除工程，填级配碎石、砂砾石、渗水土，公路路基路面，各类工程中单独挖填的土石方、综合维修通道、大临土石方工程
3	汽车运输土石方采用定额"增运"部分	10.9	仅指区间路基土石方及站场土石方，包括隧道出渣洞外运输
4	特大桥、大桥下部建筑	26.4	含附属工程
5	预制混凝土梁	56.7	含各种桥梁桥面系、支座、梁横向连接和湿接缝
6	现浇混凝土梁	43.6	包括分段预制后拼接的混凝土梁
7	运架混凝土简支箱梁	29.9	
8	隧道、明洞、棚洞，自采砂石	33.9	不含隧道的照明、通风与空调等工程，不含大型机械化施工及掘进机、盾构施工的隧道
9	路基附属工程（不含附属土石方）	33.5	含区间线路防护栅栏、与路基同步施工的接触网支柱基础等
10	框架桥、公路桥、中小桥下部（含附属工程）、涵洞、轮渡、码头，一般生产房屋和附属、给排水、工务、站场、其他建筑物等建筑工程	44.2	含除大临土石方、大临轨道、临时电力、临时通信以外的大临工程，环保降噪声工程
11	铺轨、铺岔、架设其他混凝土梁、钢梁、钢管拱、钢结构站房（含站房综合楼）、钢结构雨棚、钢结构车库等	89.5	简支箱梁除外，包括轨道附属工程，线路备料及大临轨道；钢管拱包括钢管、钢管内混凝土、系杆、吊杆、梁及桥面板
12	铺砟	40.4	包括道床清筛、沉落整修，有砟轨道调整
13	无砟道床	67.1	包括道床过渡段
14	通信、信号、信息、灾害监测、电力、牵引变电、供电段、机务、车辆、动车，所有安装工程	59.8	含桥梁、隧道的照明工程，隧道通风与空调工程、临时电力、临时通信、管线路防护、管线迁改
15	接触网建筑工程	59.4	含不与路基同步施工的接触网支柱基础

注：1. 采用大型机械化施工开挖定额的隧道工程，间接费费率按25.9%计，掘进机、盾构施工的隧道间接费费率另行分析计列。

　　2. 过渡工程按表列同类正式工程的费率计列，大型临时设施按表列同类正式工程的赞率乘以0.8的系数计列。

2. 设备购置费

设备购置费指购置的达到固定资产标准的设备、工器具、生产家具和虽低于固定资产标准，但属于设计明确列入设备清单的设备等所需的费用。购买计算机硬件设备时附带的软件若不单独计价，其费用应随设备硬件一起列入设备购置费中。

设备购置费包括设备费、设备运杂费和税金。

（1）设备费　设备费指根据设计确定的设备规格、型号、数量，按相应的设备原价计算的费用。

$$设备费 = \sum 设备数量 \times 设备原价$$

编制期设备费与基期设备费差额按设备费价差计列。

设备原价指标准设备的出厂价或非标准设备的加工订货价。

基期设备原价按《铁路工程建设设备预算价格》执行，若《铁路工程建设设备预算价格》为含可抵扣进项税额的价格，则应以扣除可抵扣进项税额后的价格作为基期设备原价。

编制期设备原价采用不含可抵扣进项税额的价格。标准设备原价可根据生产厂家的出厂价及国家机电产品市场价格目录和设备信息价等资料综合分析确定；非标准设备原价可按厂家加工订货等价格资料，并结合设备信息价，经分析论证后确定。

设计单位自行补充设备的价格应为不含可抵扣进项税额的价格。

（2）设备运杂费　设备运杂费指设备自生产厂家（来源地）运至施工安装地点发生的运输费、装卸费、手续费、采购及保管费等费用的总称。设备运杂费的计算基数应为基期设备费。

$$设备运杂费 = 基期设备费 \times 设备运杂费费率$$

设备运杂费费率一般地区按6.5%计列，新疆、西藏、青海按8.4%计列。

3. 税金

税金是指按照设计概（预）算构成及国家税法等有关规定计算的增值税额。税率按9%计列。

$$建安工程费税金 = （基期人工费 + 基期材料费 + 基期施工机具使用费 + 价外运杂费 + \\ 价差 + 填料费 + 施工措施费 + 特殊施工增加费 + 间接费）\times 税率$$

$$设备购置费税金 = （基期设备费 + 设备运杂费 + 设备费价差）\times 税率$$

4. 价差调整说明

设计概算价差调整是指基期至概（预）算编制期对价格所做的合理调整，由设计单位在编制概（预）算时，按编制办法列出的价差调整方法计算，列入单项概（预）算。

价差调整包括人工费、材料费、施工机械使用费、设备费等主要项目基期至设计概（预）算编制期价差的调整。

（1）人工费价差　按定额统计的人工消耗量（不包括施工机械台班中的人工）乘以编制期综合工费单价与基期综合工费单价的差额计算。

$$人工费价差 = \sum 定额人工消耗量 \times （编制期综合工费单价 - 基期综合工费单价）$$

（2）材料费价差

1）水泥、木材、钢材、砖、瓦、砂、石、石灰、粉煤灰、风沙路基防护用稻草（芦苇）、黏土、花草苗木、土工材料、钢轨、道岔、轨枕、钢轨扣件（混凝土枕用）、钢梁、钢管拱、斜拉索、桥梁高强螺栓、钢筋混凝土梁、铁路桥梁支座、桥梁防水卷材、桥梁防水涂料、钢筋混凝土预制桩、隧道防水板、火工品、电杆、铁塔、机柱、接触网支柱、接触网及电力线材、光电缆线、给水排水管材、钢制防护栅栏网片等主要材料的价差，按定额统计的消耗量乘以编制期价格与基期价格之差计算。

$$主材材料费价差 = \sum 定额材料消耗量 \times (编制期材料价格 - 基期材料价格)$$

基期材料价格按《铁路工程材料基期价格》执行，编制期价格采用铁路工程造价信息网发布的调查价格，均为不含可抵扣进项税额的价格。

2）水、电价差（不包括施工机械台班消耗的水、电）。

$$水、电价差 = \sum 定额材料消耗量 \times (编制期水、电的价格 - 基期水、电的价格)$$

3）上述材料以外的辅助材料价差。辅助材料的价差以基期辅助材料费（定额消耗辅助材料消耗量乘以基期价格）为计算基数，按有关部门发布的辅助材料价差系数调整，公式如下

$$辅助材料价差 = 基期辅助材料费 \times (辅助材料价差系数 - 1)$$

（3）施工机具使用费价差调整方法　按定额统计的施工机械台班及施工仪器仪表台班消耗量，乘以相对应的编制期台班单价与基期台班单价的差额计算。如施工机械使用费价差计算

$$施工机械使用费价差 = \sum 定额机械台班消耗量 \times (编制期施工机械台班单价 -$$
$$基期施工机械台班单价)$$

编制期施工机械台班单价分析中，机械用油燃料价格采用铁路工程造价信息网发布的调查价，人工单价按编制期人工单价（考虑特殊地区津贴、补贴）。

（4）设备费价差的调整方法　编制设计概（预）算时，以《铁路工程建设设备预算价格》中的设备原价作为基期设备原价。编制期设备原价由设计单位按照国家或主管部门发布的信息价和生产厂家的编制期出厂价分析确定。基期至编制期设备原价的差额，按价差处理，不计取运杂费。

3.5　单项预算编制及示例

3.5.1　单项预算编制程序

铁路建筑安装工程单项概（预）算计算程序见表 3-25。

表 3-25　建筑安装工程单项概（预）算计算程序

序号	费用名称	计算式
1	基期人工费	按设计工程量和采用的基期价格计算
2	基期材料费	
3	基期施工机具使用费	
4	定额直接工程费	(1)+(2)+(3)
5	价外运杂费	指需要单独计列的价外运杂费，按施工组织设计的材料供应方案及本办法的有关内容计算

（续）

序号	费用名称		计 算 式
6	价差	人工费价差	基期至编制期价差按编制办法的有关内容计算
7		材料费价差	
8		施工机具使用费价差	
9		价差合计	(6)+(7)+(8)
10	填料费		按设计数量和采用的购买价计算
11	直接工程费		(4)+(5)+(9)+(10)
12	施工措施费		[(1)+(3)]×费率
13	特殊施工增加费		以相应的编制期人工费+编制期施工机具使用费为基数计算
14	直接费		(11)+(12)+(13)
15	间接费		[(1)+(3)]×费率
16	税金		[(14)+(15)]×税率
17	单项概（预）算价值		(14)+(15)+(16)

设备单项概（预）算计算程序见表3-26。

表3-26 设备单项概（预）算计算程序

序 号	费用名称	计 算 式
1	基期设备费	按设计设备数量和采用的基期设备原价计列
2	设备运杂费	(1)×费率
3	设备费价差	基期与编制期价差按本办法的有关内容计算
4	税金	[(1)+(2)+(3)]×税率
5	单项概（预）算价值	(1)+(2)+(3)+(4)

例3-6 河北石家庄地区某客运专线隧道工程Ⅳ级围岩开挖单项概算，人工费232599元，材料费174864，机具使用费229294元，价外运杂费930元，价差合计474493元，求该分部工程单项预算价值。

解：施工措施费=(232599+229294)×7.1%元=32794.40元

直接工程费=(232599+174864+229294+930+474493)元=1112180元

直接费=(1112180+32794.40)元=1144974.4元

间接费=(232599+229294)×33.9%元=156581.73元

税金=(1144974.4+156581.73)×9%元=117140.04元

单项概（预）算价值=(1144974.4+156581.73+117140.04)元=1418696元

3.5.2 单项概（预）算编制步骤

编制建筑安装工程单项概（预）算用"单项概（预）算表"，有两种，一种为"表甲"，用在单项概（预）算的第一页，上面有详细的表头栏目；另一种是"表乙"，是"表甲"的续页。以手工编制为例，具体步骤如下：

1）按照"综合概算章节表"规定的细目，将整个概预算划分成几个部分，把工程数量分别归入各个部分。工程数量的单位应与定额规定的单位一致，汇总工程数量应按规定的编制单元进行。

2）逐一查找与工程项目对应的定额，将其编号、工程项目或费用名称、单位、数量、单价填入表内，并计算合价。如有的工程项目查不到相对应的定额，应当进行补充单价分析。补充单价分析应当在"补充单价分析表"中进行。

3）编制"主要劳材机具数量计算表"。在"主要劳材机具数量计算表"中按各部分套用定额子目逐一进行人工、主材、机具台班数量统计，将各部分相同的工日、材料、机械数量纵向合计相加，完成各部分所有工作项目各种资源总消耗量的计算。

4）将各部分人、材、机消耗量合并汇总，完成单项预算主要劳材机具数量统计。

5）分析主要材料平均价外运杂费单价。利用"主要材料（设备）平均价外运杂费单价分析表"，按照施工组织设计确定的运输方案，计算各种主材在各种运输方式下的价外运杂费构成，形成单价，再根据上步统计的各主材数量计算总运杂费。

6）计算价差。根据编制办法价差调整规定，计算基期和编制期人工费、材料费、施工机具使用费价差。

7）根据编制办法的规定计算填料费、施工措施费、特殊施工增加费、间接费及税金。

8）计算单项概（预）算价值。

3.5.3　铁路单项概（预）算编制实例

东部地区某铁路新建 I 级双线铁路，设计速度 160km/h，有框架桥 1 座，全长 62.72 延长米。基期综合工费单价 70 元/工日，采用国铁科法〔2017〕32 号文发布的《铁路工程材料基期价格》中的基期材料价格作为基期设计价，编制期价格采用 2017 年 2 季度调查价格。基期施工机具台班单价采用国铁科法〔2017〕32 号文发布的《铁路工程施工机具台班费用价格》。基期工程用水单价：按 0.35 元/t 计算；基期工程用电单价：按 0.47 元/（kW·h）计算。该工程的单项概（预）算见表 3-27。

表 3-27　单项概（预）算

建设名称	JH 至 NB 铁路站前施工图预算		编号		JY_ ZGS_ 004 – 008	
工程名称	框架桥		工程总量		62.72 延长米	
工程地点			概算价值		8521603 元	
	三章 8 节		概算指标		135867.39 元/延长米	
单价编号	工作项目或费用名称	单位	数量	费用/元		
				单价	合价	
	框架桥	延长米	62.72	135867.39	8521603	
	I. 建筑工程费	延长米	62.72	135867.39	8521603	
	甲、新建	延长米	62.72	135867.39	8521603	
	一、框架式桥	延长米	62.72	135867.39	8521603	
	（一）明挖	顶面平方米	1362.61	6253.88	8521603	

（续）

单价编号	工作项目或费用名称	单位	数量	费用/元 单价	费用/元 合价
	1. 框架桥身及附属	顶面平方米	1362.61	4668.01	6360682
	2. 明挖基础（含承台）	圬工方	1366.75	1581.07	2160921
—	基坑	—	1		
QY-2	机械挖土方 基坑深≤6m 有水	10m³	197.237	45.98	9069
QY-1	机械挖土方 基坑深≤6m 无水	10m³	103	41.64	4289
QY-2	机械挖土方 基坑深≤6m 有水	10m³	488.579	45.98	22465
QY-4	机械挖土方 基坑深>6m 有水	10m³	606.87	86.92	52749
LY-16	≤2.5m³挖掘机装车 普通土	100m³	79.897	116.42	9301
LY-34	≤20t 自卸汽车运土 运距≤1km	100m³	79.897	284.49	22730
LY-35*4	≤20t 自卸汽车运土增运 1km	100m³	79.897	299.76	23950
QY-37	基坑回填 原土	10m³	399.484	100.58	40180
QY-40	基坑回填 碎石	10m³	10	538.03	5380
QY-41	基坑回填 混凝土	10m³	38.669	88.88	3437
YY-38*1.02	混凝土拌制 搅拌站生产能力≤60m³/h	10m³	38.669	196.11	7583
HT-16*1.02	C15普通混凝土，碎石40，水泥32.5级	m³	386.69	116.65	45107
YY-44*1.02	混凝土运输 搅拌运输车（容量）≤6m³ 装卸	10m³	38.669	139.33	5387
YY-45*1.02*5	混凝土运输 搅拌运输车（容量）≤6m³每运1km（隧道外）	10m³	38.669	107.87	4171
QY-33	基坑抽水弱水流≤15m³/h	10m³湿土	1095.452	141.55	155061
QY-711	涵洞基础混凝土	10m³	39.559	695.05	27495
YY-38*1.02	混凝土拌制 搅拌站生产能力≤60m³/h	10m³	39.559	196.11	7758
HT-28*1.02	C20普通混凝土，碎石40，水泥32.5级	m³	395.59	130.23	51518
YY-44*1.02	混凝土运输 搅拌运输车（容量）≤6m³ 装卸	10m³	39.559	139.33	5511
YY-45*1.02*5	混凝土运输 搅拌运输车（容量）≤6m³每运1km（隧道外）	10m³	39.559	107.87	4267
QY-47	打钢板桩 陆上	t	506.7	648.02	328351
QY-49	拔钢板桩 陆上	t	506.7	235.12	119135
QY-53	钢板桩 每使用1个季度	t	506.7	163.6	82896
QY-51	钢板桩内支撑制安拆 陆上	单层10m²	108.345	1338.47	145017
QY-711	涵洞基础混凝土	10m³	54.437	695.05	37837
YY-38*1.02	混凝土拌制 搅拌站生产能力≤60m³/h	10m³	54.437	196.11	10675

（续）

单价编号	工作项目或费用名称	单位	数量	费用/元	
				单价	合价
HT－5069＊1.02	C35 泵送 T1，100 年；T2，60 年、30 年，碎石 40，水泥 42.5 级	m³	544.37	167.2	91019
YY－44＊1.02	混凝土运输 搅拌运输车（容量）≤6m³ 装卸	10m³	54.437	139.33	7585
YY－45＊1.02＊5	混凝土运输 搅拌运输车（容量）≤6m³ 每运 1km（隧道外）	10m³	54.437	107.87	5872
—	钻孔桩承台	—	1		
QY－711 参	涵洞基础混凝土［/PH0.055/XG0.055］	10m³	4.01	695.05	2787
YY－38＊1.02	混凝土拌制 搅拌站生产能力≤60m³/h	10m³	4.01	196.11	786
HT－5069＊1.02	C35 泵送 T1，100 年；T2，60 年、30 年，碎石 40，水泥 42.5 级	m³	40.1	167.2	6705
YY－44＊1.02	混凝土运输 搅拌运输车（容量）≤6m³ 装卸	10m³	4.01	139.33	559
YY－45＊1.02＊5	混凝土运输 搅拌运输车（容量）≤6m³ 每运 1km（隧道外）	10m³	4.01	107.87	433
	人工费	元			273620
	材料费	元			536148
	施工机具使用费	元			537297
	一、定额直接工程费	元			1347065
	价外运杂费（按材料重量计算）	t	3522.71	12.105	42642
	二、价外运杂费	元			42642
	主材调查价差	元			110970
	施工机具使用费价差	元			64978
	三、价差合计	元			175948
	直接工程费	元			1565655
	五、施工措施费	%	810917	7.2	58386
	行车干扰施工增加费	元			30
	营业线施工配合费	%	105	7.1	7
	六、特殊施工增加费	元			30
	直接费	元			1624071
	七、间接费	%	810917	44.2	358425
	八、税金	%	1982496	9	178425
	九、单项预算价值	元			2160921

3.6 综合预算、总预算编制

3.6.1 综合预算费用分析

1. 设备购置费

设备购置费指购置达到固定资产标准的设备、工器具、生产家具和虽低于固定资产标准，但属于设计明确列入设备清单的设备等所需的费用。购买计算机硬件设备时所附带的软件若不单独计价，其费用应随设备硬件一起列入设备购置费中。

设备购置费由设备费、设备运杂费和税金组成。

（1）设备费　指根据设计确定的设备规格、型号、数量，按设备原价计算的费用。计算公式为：

$$设备费 = \sum 设备数量 \times 设备原价 \tag{3-9}$$

基期设备原价按现行《铁路工程建设设备预算价格》执行，若含税应扣除。

编制期设备原价采用不含可抵扣进项税额的价格。标准设备原价可根据可根据生产厂家的出厂价及国家机电产品市场价格目录和设备信息价等资料综合分析确定；非标准设备原价可按厂家加工订货等价格资料，并结合设备信息价格，经分析论证后确定。

编制期设备费与基期设备费差额按设备费价差计列。

（2）设备运杂费　指设备自生产厂家运至施工安装地点所发生的运输费、装卸费、手续费、采购及保管费等费用的总称。计算公式为：

$$设备运杂费 = 基期设备费 \times 设备运杂费费率 \tag{3-10}$$

设备运杂费费率一般地区按 6.5% 计列，新疆、西藏、青海按 8.4% 计列。

（3）税金　设备购置的增值税税率为 9%。计算公式：

$$税金 = （基期设备费 + 设备运杂费 + 设备费价差）\times 税率 \tag{3-11}$$

2. 其他费

其他费指应由基本建设投资支付并列入建设项目投资内，除建筑安装工程费、设备购置费、基本预备费之外的有关静态投资费用。不包括政府有关部门对建设项目实施审批、核准或备案管理，委托专业服务机构等中介提供评估评审等服务所发生的费用。其他费列入综合预算章节表静态投资的第十一章，内容包括：

（1）土地征（租）用及拆迁补偿费　指按照《中华人民共和国土地管理法》等规定，为进行铁路建设所需的土地征（租）用及拆迁补偿费。内容包括：

1）土地征用补偿费，指土地补偿费、安置补助费、必须缴纳或发生的失地农民保险、被征用土地地上附着物及青苗补偿费、征用城市郊区菜地缴纳的菜地开发建设基金、征用耕地缴纳的耕地开垦费、耕地占用税等。

2）土地征用补偿费，指被征用土地上的房屋及附属构筑物、城市公共设施等迁建补偿费等；既有管线路迁改、改沟、导流设施、消能设施、挑水坝修建及河道加固防护等所发生的补偿性费用；项目建设造成封井，农田、水利设施、水系损坏及房屋损坏修复费或补偿费。

3）临时用地费，指取弃土场以及大型临时设施中的临时场站等工程的临时占地费用，包括租用土地、青苗补偿、拆迁补偿、复垦及其他所有与土地有关的费用等。

土地征用补偿费、拆迁补偿费、临时用地费应根据设计提出的建设用地面积和补偿动迁工程数量，按国家有关部门及工程所在地区的省（自治区、直辖市）政府有关规定和价格计列。

4）征地拆迁工作经费，指在征地拆迁过程中，工程所在地有关部门配合征地拆迁工作所发生的相关人员的工作经费、资产评估费及土地登记管理费等。

5）用地勘界费，指委托有资质的土地勘界机构对铁路建设用地界进行勘定所发生的费用。

6）土地预审费，指铁路工程项目建设用地预审工作的组织协调、技术方案制定、组卷汇总、各级的材料核查、初审及上报国土资源部终审等工作所需的费用。内容包括图件费、咨询费、听证费及差旅费等。对于一般铁路建设项目，土地预审费综合按 0.65 ×（1 ±20%）万元/正线公里计列；对于单独立项的大型客站、维修基地、动车段、集装箱中心站等占地相对集中的项目，根据项目用地数量，按 110 ×（1 ±10%）元/亩计列。

7）森林植被恢复费，指为保护森林资源，促进我国林业可持续发展，按照《中华人民共和国森林法》和《中华人民共和国森林法实施条例》等规定缴纳的所征用林地的植被恢复费用。

8）临时用地复垦方案报告编制费，指在铁路工程建设申请用地之前，依据土地开发整理相关规范和要求，对铁路工程临时用地复垦开展设计、提出具体工程措施，编制详细的土地复垦方案，计算土地复垦费用，报送国土资源管理部门评审等所需的费用。临时用地复垦方案报告编制费按土地复垦建安费用的 2.0% ~2.5% 计列。

9）压覆矿藏评估与补偿费，指按照有关规定，了解铁路建设工程所在地区的矿产资源分布和开采情况，对压覆矿藏进行评估所需的费用。压覆矿藏评估费按 0.5 ×（1 ±20%）万元/正线公里计列。

征地拆迁工作经费、用地勘界费、土地预审费、森林植被恢复费、临时用地复垦方案报告编制费、压覆矿藏评估与补偿费等按国家和工程所在地区的省（自治区、直辖市）政府的有关规定和价格计列。

（2）项目建设管理费　指建设单位从筹建之日起至办理竣工财务决算之日止发生的管理性质开支。内容包括：不在原单位发工资的工作人员工资及相关费用、办公费、办公场地租用费、差旅交通费、劳动保护费、工具用具使用费、固定资产使用费、招募生产工人费、技术图书资料费、业务招待费、施工现场津贴、竣工验收费和其他管理性质开支。

项目建设管理费以建设项目静态投资（不含项目建设管理费）、价差预备费和建设期投资贷款利息总额扣除土地征（租）用及拆迁补偿费为基数，按表 3-28 所规定的费率采用累进法计算。由多个建设单位承担的建设项目（代建除外），按各建设单位管理范围计算。

表 3-28　项目建设管理费费率

总概算/万元	费率（%）	算例/万元	
		总　概　算	项目建设管理费
1000 以下	2.0	1000	1000 × 2.0 = 20
1001 ~5000	1.5	5000	20 +（5000 - 1000）× 1.5% = 80

（续）

总概算/万元	费率(%)	算例/万元	
		总　概　算	项目建设管理费
5001 ~ 10000	1.2	10000	$80 + (10000 - 5000) \times 1.2\% = 140$
10001 ~ 50000	1.0	50000	$140 + (50000 - 10000) \times 1.0\% = 540$
50001 ~ 100000	0.8	100000	$540 + (100000 - 50000) \times 0.8\% = 940$
100000 以上	0.4	200000	$940 + (200000 - 100000) \times 0.4\% = 1340$

（3）建设单位印花税及其他税费　根据财建〔2016〕504号的规定，本项费用从原建设单位管理费中移出单列，指项目建设单位发生的各类与建设相关的合同印花税、资本金印花税、房产税、车船税、契税及按规定缴纳的其他税费等。按第一章~第十章费用总额扣除土地征（租）用及拆迁补偿费为基数，乘以0.07%的费率计列。

（4）建设项目前期费　指建设项目在预可行性研究及可行性研究阶段，由建设单位组织进行项目论证评估、立项批复、申报核准等工作所发生的有关费用。较原规定费用内容中增加了建设项目选址报告编制费、社会稳定风险评估报告编制费、节能评估报告书编制与评审费、职业病危害预评价费、通航论证费等。

按项目预可行性研究和可行性研究阶段的实际发生金额计列。

1）可行性研究费，指编制项目建议书（或预可行性研究报告）、可行性研究报告所需的费用。

2）建设项目选址报告编制费，指按照国家有关规定，就项目规划选址报批编制建设项目选址意见书等所需费用。

3）社会稳定风险评估报告编制费，指按照国家有关规定，就项目建设方案、建设用地及征地拆迁补偿，生态环境、文物保护及对沿线生产生活的其他影响等编制社会稳定风险评估报告等所需的费用。

4）环境影响报告编制与评估费，指按照有关规定编制与评估建设项目环境影响报告所发生的费用。

5）水土保持方案报告编制与评估费，指按照有关规定编制建设项目水土保持方案报告，以及由建设单位组织的评估等所发生的费用。

6）节能评估报告书编制与评审费，指根据国家有关规定，由国家发展和改革委核报、国务院审批或核准及由国家发展和改革委审批或核准的新建、改建铁路建设项目的节能评估报告书的编制，以及由建设单位组织的评审等发生的费用。

7）洪水影响评价报告编制费，指按照有关规定，就洪水对建设项目可能产生的影响和建设项目对防洪可能产生的影响做出评价，并编制洪水影响评价报告所需的费用。洪水影响评价报告编制费按 $1.0 \times (1 \pm 10\%)$ 万元/正线公里计列。

8）职业病危害预评价费，指建设项目因可能产生职业病危害，而编制职业病危害预评价报告及由建设单位组织的报告评审所需的费用。

9）地质灾害危险性评估费，指为避免和减轻地质灾害对铁路工程建设运营造成的损失，对建设项目所在地区的地质灾害危险性进行评估所需的费用。铁路工程地质灾害危险性评估费标准见表3-29。

表 3-29　铁路工程地质灾害危险性评估费标准

地质环境复杂程度	基本收费 M_1/万元	地质灾害危险性评估费 M	
		评估线路长度 $L \leqslant 30km$	评估线路长度 $L > 30km$
复杂	15	$M = M_1$	$M = M_1 \times [1 + (L-30)/50]$
中等	13		
简单	11		

注：1. 地质环境复杂程序见表 3-30。

　　2. 地质灾害危险性评估工作中，超出建设项目勘察单位勘察工作范围的，确需进行的勘察工作，按《工程勘察设计收费标准》（计价格〔2002〕10 号）中通用勘察收费规定另计计取勘察实物工作费用。

表 3-30　地质环境复杂程度划分

复　杂	中　等	简　单
1. 地质灾害发育强烈	1. 地质灾害发育中等	1. 地质灾害一般不发育
2. 地形与地貌类型复杂	2. 地形较简单，地貌类型单一	2. 地形简单，地貌类型单一
3. 地质构造复杂，岩性岩相变化大，岩土体工程地质性质不良	3. 地质构造较复杂、岩性岩相不稳定、岩土体工程地质性质较差	3. 地质构造简单、岩性单一、岩土体工程地质性质良好
4. 工程地质、水文地质条件不良	4. 工程地质、水文地质条件较差	4. 工程地质、水文地质条件良好
5. 破坏地质环境的人类工程活动强烈	5. 破坏地质环境的人类工程活动较强烈	5. 破坏地质环境的人类工程活动一般

10）地震安全性评估费，指按照有关规定对建设项目进行地震安全性评估所需费用。地震安全性评估工作的范围包括地震烈度复核、活断层评价、地震危险性分析、地震小区划等工程地震和震害预测等工作。地震安全性评估费包括实际工作消耗费、搜集资料和研究费、管理费。地震安全性评估费按 $0.85 \times (1 \pm 20\%)$ 万元/正线公里计列。

11）通航论证费，指根据有关规定，对修建的与通航有关的铁路工程设施进行安全论证和尺度论证等工作所需的费用。按下列标准计列：Ⅰ、Ⅱ级航道由建设单位与通航论证单位协商确定；Ⅲ、Ⅳ级航道按 $75 \times (1 \pm 20\%)$ 万元/处计列；Ⅴ级及Ⅴ级以下航道按 $35 \times (1 \pm 20\%)$ 万元/处计列。其中，"处"指跨越航道的桥梁座数，跨越大型航道取大值，多次跨越同一航道或跨越小型航道取小值。

12）文物保护费，指按照有关规定，建设单位在进行大型基本建设工程前，请从事考古发掘的单位在工程范围内有可能埋藏文物的地方进行考古调查、勘探，以及对受建设项目影响的文物进行原址保护、迁移、拆除所需的费用。

（5）施工监理费　指由建设单位委托具有相应资质的单位，在铁路建设项目的施工阶段实施监理的费用。采用按照工程概算投资额分档定额计费方法计算。计算公式：

施工监理费 = 计算基数 × 施工监理费费率 × 施工监理费复杂程度调整系数 ×

高程调整系数 × 工期调整系数

式中，计算基数采用总概算编制范围第一章～第十章建筑安装工程费用总额；施工监理费费率、铁路工程施工监理费施工监理费复杂程度调整系数、铁路工程施工监理费高程调整系数、铁路工程施工监理费工期调整系数分别按表 3-31～表 3-34 取值。

施工监理费的计算公式考虑了工程复杂程度、高程因素、工期因素等。工程实际发生的费用应按国家有关规定实行市场调节价。

表 3-31 施工监理费费率

序 号	第一~第十章建筑安装工程费用总额/万元	施工监理费费率（%）
1	5000	2.42
2	10000	2.19
3	50000	1.70
4	100000	1.51

表 3-32 铁路工程施工监理费复杂程度调整系数

复杂程度等级	工程特征	施工监理费复杂调整系数
Ⅰ级	新建Ⅱ、Ⅲ、Ⅳ级铁路	0.85
Ⅱ级	1. 新建时速200km客货共线； 2. 新建Ⅰ级铁路； 3. 货运专线； 4. 独立特大桥； 5. 独立隧道； 6. 改扩建和技术改造铁路	新建双线0.85； 其他1.0
Ⅲ级	1. 客运专线； 2. 技术特别复杂的工程	0.95

表 3-33 铁路工程施工监理费高程调整系数

序 号	海拔高度/m	高程调整系数
1	2000（含）以下	1.0
2	2000（不含）~3000（含）	1.1
3	3000（不含）~3500（含）	1.2
4	3500（不含）~4000（含）	1.3
5	4000以上	由发包人和监理人协商确定

表 3-34 铁路工程施工监理费工期调整系数

序 号	设计施工工期/月	工期调整系数
1	≤60	0.8
2	61~72	0.9
3	73~84	1.0
4	85~96	1.1
5	≥97	1.2

（6）勘察设计费

1）勘察费，指勘察人根据发包人的委托，收集已有资料、现场踏勘、制定勘察纲要，进行测绘、勘探、取样、试验、测试、检测、监测等勘察作业，以及编制工程勘察文件和岩土工程设计文件等收取的费用。勘察费根据铁路线路的勘察复杂程度、设计标准、线路所处的地理环境、气候条件等采用实物工作量法计算。计算公式为：

勘察费 = (勘察费定额 + 七项费用定额) × 实物工作量 × 勘察费附加调整系数 ×
(1 + 主体勘察协调费系数)

(3-12)

表 3-35 为铁路工程勘察费定额, 表 3-36 为铁路工程勘察基本钻探量, 其中勘察复杂程度由表 3-37、表 3-38 确定。

表 3-35 铁路工程勘察费定额

建设项目类型	工作阶段	计费单位	勘察费定额/万元				
			勘察复杂程度				
			I	II	III	IV	V
新建单线非电气化铁路	初测	正线公里	2.46	3.16	4.64	6.30	8.50
	定测		3.00	3.86	5.66	8.67	11.67
	合计		5.46	7.02	10.30	14.97	20.17

表 3-36 铁路工程勘察基本钻探量

复杂程度	I	II	III	IV	V
初测 (m/正线公里)	27.0	36.0	45.0	54.0	63.0
定测 (m/正线公里)	37.8	50.4	63.0	79.4	93.4

表 3-37 铁路工程勘察复杂程度

复杂程度	I	II	III	IV	V
类别分值	4	10	15	20	≥25

注: 复杂程序分值处于两档之间, 采用直线内插法确定勘察复杂程度。

表 3-38 铁路工程勘察复杂程度赋分

复杂程度	I		II		III		IV		V	
因素分类	因素	分值	因素	分值	因素	分值	因素	分值	因素	分值
地形	地形平坦或稍有坡度	1	地形起伏小, 高差 ≤ 20m 的缓丘地区	3	地形起伏较大, 高差 ≤ 80m 的重丘地区	5	地形起伏变化大, 高差 ≤ 150m 的山区	7	地势起伏变化很大, 高差 > 150m 的山区	9
通视通行	地区开阔, 通视良好; 通行方便的平原或草原	1	高草、高农作物、树林、竹林隐蔽地区面积 ≤ 20%; 有部分杂草和低农作物或高差较小的梯田地区	2	高草、高农作物、树林、竹林隐蔽地区面积 ≤ 40%; 容易通过的沼泽水网、高差较大的梯田地区	4	高草、高农作物、树林、竹林隐蔽地区面积 ≤ 50%; 沙漠、较难通行的水网、沼泽、较深的冲沟、石峰石林及难于通行的岩石露头地区	6	高原、高农作物、树林、竹林隐蔽地区面积 > 50%; 岭谷险峻、地形切割剧烈、攀登艰难的山区、很难通行的沼泽、密集的荆棘灌木丛林区	8

（续）

复杂程度	I		II		III		IV		V	
因素分类	因素	分值	因素	分值	因素	分值	因素	分值	因素	分值
地物	房屋、矿洞、地质勘探点（线）、沟坎、道路、水系、灌网及各种管线等面积≤5%	1	房屋、矿洞、地质勘探点（线）、沟坎、道路、水系、灌网及各种管线等面积≤10%	2	房屋、矿洞、地质勘探点（线）、沟坎、道路、水系、灌网及各种管线等面积≤25%	3	房屋、矿洞、地质勘探点（线）、沟坎、道路、水系、灌网及各种管线等面积≤40%	4	房屋、矿洞、地质勘探点（线）、沟坎、道路、水系、灌网及各种管线等面积>40%	5
工程地质	地质构造简单、地层岩性单一	1	地质构造、地层岩性较简单，不良地质及特殊地质现象较少	3	地质构造、地层岩性较复杂，不良地质现象较发育，特殊地质现象较多	5	地质构造复杂、地层岩性变化大，不良地质现象发育，特殊地质现象多	7	地质构造很复杂、地层岩性种类繁多、变化复杂，不良地质、特殊地质现象规模大且复杂	9

七项费用包括：办理铁路工程勘察相关许可及购买有关资料费；拆除障碍物，开挖及修复地下管线费；修通至作业现场道路，接通电源、水源及平整场地费；勘察材料及加工费；水上作业用船、排、平台及水监费；勘察作业大型机具搬运费；青苗、树木及水域养殖物赔偿费等。铁路工程勘察七项费用定额见表3-39。

表3-39　铁路工程勘察七项费用定额

费用名称	工作阶段	计费单位	七项费用定额/万元				
			勘察复杂程度				
			I	II	III	IV	V
七项费用	初测	正线公里	0.56	0.88	1.22	1.66	2.20
	定测		1.16	1.42	1.76	2.38	2.68
	合计		1.72	2.30	2.98	4.04	4.88

实物工作量指铁路线路长度，以正线公里计，下列情况需特殊考虑：

① 枢纽内的大站的勘察费计算，除其贯通正线按线路长度作为实物工作量外，另应增列大站长度2倍的实物工作量。

② 枢纽内进出大站上、下行分开的疏解线，其实物工作量按照上下行线路长度之和计算。其他方向引入正线，环到线、环发线、疏解线，1km以上联络线和专用线等在大站长度范围以内的部分，其实物工作量按照线路长度的0.5倍计算。

③ 枢纽内的勘察为独立复杂的技术设施，如机务段、车辆段、独立货场等，上述设施不在大站长度范围内的工程勘察，其实物工作量按基线长度的1～2倍计算。

④ 单独委托勘察的铁路特大桥、长隧道的工程勘察费由发包人与勘察人根据市场价格另行计算。

勘察费附加调整系数是对工程勘察的自然条件、作业内容和复杂程度差异进行调整的系数。铁路工程勘察费附加调整系数包括气温附加调整系数、高程附加调整系数（见

表 3-40）、铁路专业附加调整系数（见表 3-41）。在气温 ≥35 ℃ 或者 ≤ -10 ℃ 条件下进行勘察作业时，气温附加调整系数为 1.2。附加调整系数为两个或者两个以上的，附加调整系数不能连乘。将各附加调整系数相加，减去附加调整系数的个数，加上定值 1，作为附加调整系数值。

表 3-40　铁路工程勘察费高程附加调整系数

序　号	海拔高度/m	高程附加调整系数
1	2000（含）以下	1.0
2	2000（不含）~3000（含）	1.1
3	3000（不含）~3500（含）	1.2
4	3500（不含）~4000（含）	1.3
5	4000 以上	由发包人和勘察人协商确定

表 3-41　铁路专业附加调整系数

序　号	项　目	铁路专业附加调整系数	备　注
1	一次勘察	0.80	按初、定测勘察费定额之和计算费用
2	$v<160km/h$ 新建电气化单线铁路	1.05	
3	$v<160km/h$ 新建双线非电气化铁路	1.10	
4	$v<160km/h$ 新建双线电气化铁路	1.15	
5	$160km/h \leqslant v \leqslant 200km/h$ 铁路	1.30	不再考虑双线系数
6	$200km/h < v \leqslant 250km/h$ 铁路	初测：1.40 定测：1.54	不再考虑其他铁路专业附加调整系数
7	$300km/h \leqslant v \leqslant 350km/h$ 铁路	初测：1.60 定测：1.74	不再考虑其他铁路专业附加调整系数
8	非电气化铁路增建第二线	1.00	
9	既有线（含电气化铁路）技术改造	0.60~0.90	根据项目的实际情况，由发包人和勘察人协商确定本系数的取值
10	电气化铁路增二线	1.05	
11	既有线技术改造并电化	0.80~1.05	根据项目的实际情况，由发包人和勘察人协商确定本系数的取值
12	既有线现状电化	0.70	
13	永久砟场专用线	1.00	

主体勘察协调费系数：指铁路建设项目工程勘察由两个或两个以上勘察人承担的，可根据需要计算主体勘察协调费。按不超过 5% 计。

2）设计费，指设计人根据发包人的委托，提供编制建设项目初步设计文件、施工图设计文件等服务所收取的费用。设计费采用按照工程概算投资额分档定额计费方法，依据规定计算公式计算，设计费的计算公式考虑了设计复杂程度、速度目标值等因素。计算公式为：

$$设计费 = 计算基数 \times 设计费费率 \times 设计复杂程度调整系数 \times \qquad (3-13)$$
$$设计费附加调整系数 \times (1 + 其他设计费系数)$$

计算基数：以建设项目初步设计概算第二章~第十章费用总额为计算基数。

设计费费率：见表3-42。

设计复杂程度调整系数：见表3-43。

表3-42　设计费费率

序　　号	建设项目初步设计概算第二章~ 第十章费用总额/万元	设计费费率（%）
1	5000	1.18
2	10000	1.10
3	50000	0.92
4	100000	0.86
5	500000	0.73
6	1000000	0.68
7	2000000	0.58

注：1. 建设项目初步设计概算第二章~第十章费用总额大于2000000万元的，设计费费率按0.58%计列。

　　2. 设计费费率中，初步设计费占比为45%，施工图设计费占比为55%。

表3-43　设计复杂程度调整系数

复杂程度等级	工　程　特　征	设计复杂调整系数
Ⅰ级	新建单线铁路	0.85
Ⅱ级	1. 新建时速200km及以下双线铁路； 2. 改扩建和技术改造铁路	1.00
Ⅲ级	1. 时速200km以上双线铁路； 2. 技术特别复杂的工程	1.15

设计费附加调整系数：$v<200$km/h取1；200km/h$<v\leqslant250$km/h取1.11；300km/h$\leqslant v\leqslant350$km/h取1.22。

其他设计费系数：根据工程设计实际需要或者发包人要求所发生的总体设计费、主体设计协调费等其他设计费，按不超过5%的系数计算。

（7）设计文件审查费　指为保证铁路工程勘察设计工作质量，由建设单位组织有关专家或委托有资质的单位，对设计单位提交的建设项目预可行性研究（项目建议书）、可行性研究、初步设计、Ⅰ类变更设计及调整概算文件进行审查（核）所需要的相关费用。

设计文件审查费费率应根据建设项目投资总额查表3-44确定，计算基数为建设项目投资总额对应的建筑安装工程费，设计文件审查费的计算还应考虑工程设计复杂程度因素。

表3-44　设计文件审查费费率

建设项目投资总额/亿元	10及以下	50	200	500	1000及以上
费率（%）	0.22	0.16	0.09	0.06	0.03

注：1. 建设项目设计文件审查费应根据建设项目投资总额，采用直线内插法确定费率，并以建设项目投资总额对应的建筑安装工程费为基数计算。

　　2. 根据设计复杂程度，计算本项费用时乘以设计复杂程度调整系数，见表3-45。

表 3-45　设计复杂程度调整系数

复杂程度等级	工 程 特 征	设计复杂调整系数
Ⅰ级	新建单线铁路	0.85
Ⅱ级	1. 新建时速 200km 及以下双线铁路； 2. 改扩建和技术改造铁路	1.00
Ⅲ级	1. 时速 200km 以上双线铁路； 2. 技术特别复杂的工程	1.15

（8）其他咨询服务费　指由建设单位委托具有相应资质的单位，在铁路项目建设过程中实施咨询服务的相关费用。包括：招标咨询费、勘察监理与咨询费、设备（材料）采购监造费、施工图审查（核）费、第三方审价费、环境保护专项监理费、水土保持监测费、无砟轨道铺设条件评估费、环境保护和水土保持设施验收报告编制费、职业病危害控制效果评价费、第三方检测费、计算机软件开发与购置费等。

1）招标咨询费，指具有相应资质的单位接受建设单位委托，提供代理工程、货物、服务招标，编制招标文件、最高投标限价、审查投标人资格、组织投标人踏勘现场并答疑，组织开标、评标、定标，以及提供招标前期咨询、协调合同的签订等服务收取的费用。

2）勘察监理与咨询费，指具有相应资质的单位接受建设单位委托，在铁路建设项目的勘察阶段，对勘察工作中的相关规程、规范和勘察合同的符合性进行检查，对工程地质、水文地质、物探、钻探、原位测试、室内试验的全过程进行监理等工作所收取的费用。

3）设备（材料）采购监造费，指具有相应资质的单位接受建设单位委托，按照有关法规和价格，对铁路建设中出现的新材料、新设备制造过程的质量实施监督服务所发生的费用。

4）施工图审查费，指建设主管部门认定的施工图审查机构按照有关法律、法规，对施工图涉及公共利益、公共安全和工程建设强制性标准的内容进行审查所需的费用。

5）第三方审价费，指具有相应资质的单位接受建设单位的委托，对铁路建设项目的征地拆迁、岩溶处理、材料价差等进行专项审价所发生的费用。

6）环境保护专项监理，指为控制铁路工程施工阶段的环境污染和生态破坏，由建设单位委托具有工程环境监理资质的单位对铁路工程施工进行环境监测、检查、监理所发生的费用。

7）水土保持监测费，指有水土流失防治任务的铁路建设项目，设立专项监测点对水土流失状况进行监测，并定期向项目所在地县级监测管理机构报告监测成果所需的费用。

8）无砟轨道铺设条件评估费，指根据铁路建设需要，在无砟轨道铺设之前，受建设单位委托的评估单位对观测数据抽检、检查，建立沉降变形观测数据库，对观测数据及无砟轨道铺设条件进行评估等所需的费用。

9）环境保护和水土保持设施验收报告编制费，指在铁路建设工程验收之前，对工程中的环境保护设施、水土保持设施进行验收报告编制所需的费用。

10）职业病危害控制效果评价费，指对建设项目的职业病危害控制效果进行评价，编制评价报告及由建设单位组织的报告评审所需的费用。

11）第三方检测费，指为保证工程质量，由建设单位委托具有相应资质的单位对根据要求必须进行第三方检测的工程项目进行检测所需的费用。

12）计算机软件开发与购置费等，指购买计算机硬件所附带的单独计价的软件，或需另行开发与购置的软件所需的费用。不包括项目建设、设计、施工、监理、咨询工作所需软件。

为简化概预算的编制，其他咨询服务费采用统一的综合费率计算。以第一～第十章费用总额扣除土地征用及拆迁补偿费为基数，乘以 0.5% 的系数计算。

（9）营业线施工配合费　指施工单位在营业线上进行建筑安装工程施工时，需要运营单位在施工期间参加配合工作所发生的费用（含运营单位安全监督检查费用）。营业线施工配合费按不同工程类别的计算范围，以编制期人工费与编制期施工机具使用费之和为基数，乘以《费用定额》所列费率计列。营业线施工配合费费率见表 3-46。

表 3-46　营业线施工配合费费率

工程类别	费率（%）	计算范围
一、路基		
1. 石方爆破	4.1	在铁路线路路堤坡脚、路堑坡顶、铁路桥梁外侧起向外各 1000m 范围内，以及在铁路隧道上方中心线两侧各 1000m 范围内
2. 邻近营业线路基工程	1.3	距离铁路路堤坡脚、路堑坡顶、设备或设施外缘，向外延伸 20m 范围，含涵洞配合费
3. 营业线路基工程	1.7	路基改建工程（不含土方的运输）
二、桥涵		
1. 邻近营业线桥梁（含上跨营业线）	3.9	距离铁路路堤坡脚、路堑坡顶、设备或设施外缘，向外延伸 20m 范围
2. 营业线桥涵改建	4.8	桥涵改建工程
3. 顶进框架桥、顶进涵洞	2.5	包括主体预制、工作坑、引道及框架涵洞的路面、排水工程
三、隧道及明洞		
1. 邻近营业线隧道	4.4	距离铁路路堤坡脚、路堑坡顶、设备或设施外缘，向外延伸 20m 范围，及距离洞口 1000m 范围内的爆破工程
2. 营业线隧道改建	5.0	隧道改建工程
四、轨道		
1. 邻近营业线轨道（包括有砟轨道、无砟轨道）	3.1	距离铁路路堤坡脚、路堑坡顶、设备或设施外缘，向外延伸 20m 范围
2. 邻近营业线铺道岔	5.6	
3. 营业线辅轨	5.3	轨道改建工程
4. 营业线铺道岔	7.9	
5. 营业线铺道床	3.6	
五、通信（含信息、灾害监测）		
1. 邻近营业线	4.8	距离铁路路堤坡脚、路堑坡顶、设备或设施外缘，向外延伸 20m 范围内建安工程
2. 营业线	5.4	改建建安工程
六、信号		
1. 邻近营业线	22.0	距离铁路路堤坡脚、路堑坡顶、设备或设施外缘，向外延伸 20m 范围内建安工程

（续）

工程类别	费率（%）	计 算 范 围
2. 营业线	25.0	改建建安工程
七、电力		
1. 邻近营业线	4.6	距离铁路路堤坡脚、路堑坡顶、设备或设施外缘，向外延伸20m范围内建安工程
2. 营业线	5.2	改建建安工程
八、接触网		
1. 邻近营业线	5.5	距离铁路路堤坡脚、路堑坡顶、设备或设施外缘，向外延伸20m范围内建安工程
2. 营业线	6.2	改建建安工程
九、牵引变电所		
1. 邻近营业线	4.1	距离铁路路堤坡脚、路堑坡顶、设备或设施外缘，向外延伸20m范围内建安工程
2. 营业线	4.6	改建建安工程
十、给排水		
1. 邻近营业线	2.1	距离铁路路堤坡脚、路堑坡顶、设备或设施外缘，向外延伸20m范围内建安工程
2. 营业线	2.3	改建建安工程
十一、站场		
1. 邻近营业线	8.7	距离铁路路堤坡脚、路堑坡顶、设备或设施外缘，向外延伸20m范围内建安工程
2. 营业线	9.9	改建建安工程

注：本表费率为参考费率，供设计概（预）算编制时参考使用。具体设计概（预）算编制时，设计单位应调查并综合考虑相关铁路运营企业的规定以及市场在资源配置中的作用。

（10）安全生产费 指施工企业按照规定标准提取在成本中列支，专门用于完善和改进施工企业安全生产条件的资金。其使用范围：

1）完善、改造和维护安全防护设施设备支出（不含"三同时"要求初期投入的安全设施）。

2）配备、维护、保养应急救援器材、设备支出和应急演练支出。

3）重大危险源和事故隐患评估、监控和整改支出［含临近既有线或建（构）筑物施工所产生的影响等］。

4）检查、评价（不包括新建、改建、扩建项目安全评价）、咨询和标准化建设支出。

5）配备和更新现场作业人员安全防护用品支出。

6）安全生产宣传、教育、培训支出。

7）安全生产适用的新技术、新标准、新工艺、新装备的推广应用支出。

8）安全设施及特种设备检测检验支出。

9）其他与安全生产直接相关的支出。

"安全生产费"的使用范围指保障施工企业安全生产的支出，保障施工企业之外的其他安全性支出，需按设计的保障措施另计费用，列入相关正式工程章节中。

安全生产费应分两部分计列，一是按费率计算部分，以建筑安装工程费的 2% 计算；二是加强超前地质预报费用，指Ⅰ级风险隧道中极高风险段落的超前钻孔、加深炮孔、地震波反射法物理探测的费用，可按相关定额另行分析计算。

（11）研究试验费　指为建设项目提供或验证设计数据、资料等所进行的必要的研究试验，以及按照设计规定在施工中必须进行的试验、验证所需的费用。不包括：应由科技三项费用（新产品试制费、中间试验费和重要科学研究补助费）开支的项目；应由检验试验费开支的施工企业对建筑材料、设备、构件和建筑物等进行一般鉴定、检查所发生的费用及技术革新的研究试验费；应由勘察设计费开支的项目。

（12）联调联试等有关费用　包括静态检测费、联调联试费、安全评估费、运行试验费及综合检测列车高级维修费用等。暂按原铁道部发布的《关于发布铁路工程联调联试等有关费用标准的通知》（铁建设〔2010〕7号）及中国铁路总公司印发的《关于印发铁路工程建设期间综合检测列车高级修暂行费用标准的通知》（铁总建设〔2013〕161号）的规定标准计列。

1）静态检测费，指主体工程及其配套工程建成后检测工作组对建设项目进行检查，确认工程是否按设计完成且质量合格，系统设备是否已安装并调试完毕所发生的费用。内容包括：静态检测工作组人员的食宿费、交通费、会议费、办公费、检验检测费（包括检测工作组自带的检验检测仪器设备使用费及委外的检验检测费）、税费等。

2）联调联试费，指在工程建设项目静态验收完成后，采用试验列车和检测列车对项目各系统的工作状态、性能、功能及系统间匹配关系进行综合测试所发生的动态检测试验费、配合费等。

① 动态检测试验费，包括：试验人员人工费、规费、差旅费、材料费、设备费、会议费、办公费、汽车使用费、工棚搭建费、测力轮对有关费用、管理费、利润、税费、其他费等。不含应由科研经费支出的费用。

② 配合费，包括：铁路局现场配合人员的食宿费、安全防护费、办公费、劳动保护费、宣传费、各种试验用机车、检测车、动车组使用维修费及油燃料费、货车检修及货物装卸费、汽车使用费、税费等。其中各种试验用机车、车辆、检测车等由铁路局提供，均不计折旧费。

联调联试期间抢修备料由建设单位负责提供，费用暂在备料款中支付，最终按实核算。

3）安全评估费，指初步验收合格后，由铁路总公司（铁路局）、安全监察部门组织对铁路工程建设项目进行安全（预）评估，就试运营提出安全评价意见，责成客运专线公司和接管运营单位完善安全措施，完成安全评估工作发生的费用。内容包括：参加安全评估的专家咨询费及接管运营单位配合人员的食宿费、交通费、会议费、办公费、综合检测车使用费及税费等。

4）电费，包括静态检测、联调联试、安全评估等阶段发生的容量电费及实际使用电费，不包括运行试验阶段发生的电费。

5）运行试验费，指铁路工程建设项目完成联调联试后，组织列车试运行，对铁路整体系统在正常和非正常条件下运行的行车组织、客运服务及应急救援等能力进行的全面演练，验证是否具备开通运营条件所发生的检测试验费、配合费、电费。

（13）利用外资有关费用　指铁路基本建设项目利用国外贷款（用于土建工程或采购材

料和设备）时发生的有关附加费用，包括附加支出费、利用外资可行性研究报告编译费、外资设计概（预）算编制费、征地拆迁和移民安置实施计划编译费、征地拆迁和移民安置监控费、环境监控费、环境影响评价报告编译费、引进技术和进口设备项目的其他费用、进口关税及增值税、国外贷款承诺费、国外贷款项目启动费、社会影响评估报告编译费、少数民族发展计划编译费、生物多样性研究报告编译费等。

（14）生产准备费

1）生产职工培训费，指新建和改扩建铁路工程，在交验投产以前对运营部门生产职工培训所必需的费用。内容包括：培训人员的工资、津贴和补贴、职工福利费、差旅交通费、劳动保护费、培训及教学实习费等。生产职工培训费定额见表 3-47。

表 3-47　生产职工培训费定额　　　　　　　　（单位：元/正线公里）

线 路 类 别		铁 路 类 别	
		非电气化铁路	电气化铁路
设计速度 >200km/h 铁路		—	17000
设计速度 ≤200km/h 铁路	新建双线		11300
	新建单线		7500
	增建第二线		5000
	既有线增建电气化		—

注：独立建设项目的站房、动车段、专用线、车站改造等项目的生产职工培训费按 1400 元/定员计列，其中新建项目按设计定员计算，改建项目按新增定员计算。

2）办公和生活家具购置费，指为保证新建、改扩建项目初期正常生产、使用和管理，所必需购置的办公和生活家具、用具的费用。范围包括：行政及生产部门的办公室、会议室、资料档案室，文娱室，食堂，浴室，单身宿舍，行车公寓等的家具用具。不包括应由企业管理费、奖励基金或行政开支的改扩建项目所需的办公和生活家具购置费。办公和生活家具购置费定额见表 3-48。

表 3-48　办公和生活家具购置费定额　　　　　　（单位：元/正线公里）

线 路 类 别		铁 路 类 别	
		非电气化铁路	电气化铁路
设计速度 >200km/h 铁路		—	11000
设计速度 ≤200km/h 铁路	新建双线	9000	10000
	新建单线	6000	7000
	增建第二线	3500	4000
	既有线增建电气化	—	2000

注：独立建设项目的站房、动车段、专用线、车站改造等项目的办公和生活家具购置费按 800 元/定员计列，其中新建项目按设计定员计算，改建项目按新增定员计算。

3）工器具及生产家具购置费，指新建、改建项目和扩建项目的新建车间，验交后为满足初期正常运营必须购置的第一套不构成固定资产的设备、仪器、仪表、工卡模具、器具、工作台（框、架、柜）等的费用。不包括：构成固定资产的设备、工器具和备品、备件；已列入设备购置费中的专用工具和备品、备件。工器具及生产家具购置费定额见表 3-49。

表 3-49 工器具及生产家具购置费定额 （单位：元/正线公里）

线 路 类 别		铁 路 类 别	
		非电气化铁路	电气化铁路
设计速度 >200km/h 铁路		—	22000
设计速度 ≤200km/h 铁路	新建双线	18000	20000
	新建单线	12000	14000
	增建第二线	7000	8000
	既有线增建电气化	—	4000

注：独立建设项目的站房、动车段、专用线、车站改造等项目的工器具及生产家具购置费按 1000 元/定员计列，其中新建项目按设计定员计算，改建项目按新增定员计算。

（15）其他 指以上费用之外，按国家、相关部委及工程所在省（自治区、直辖市）规定应纳入设计概（预）算的费用，或在设计阶段无法准确核定的特殊工程处理措施估算费用，以及铁路专利专有技术知识等产权使用费等。

3. 基本预备费

基本预备费指为建设阶段各种不可预见因素的发生而预留的可能增加的费用，如变更设计、自然灾害所造成的损失等。计算公式：

$$基本预备费 = 一 \sim 十一章费用总额 \times 5\% \tag{3-14}$$

4. 动态投资

1）价差预备费，指为正确反映铁路基本建设工程项目的概（预）算总额，在设计概（预）算编制年度到项目建设竣工的整个期限内，因形成工程造价诸因素的正常变动（如材料、设备价格的上涨，人工费及其他有关费用标准的调整等）导致必须对该建设项目所需的总投资额进行合理的核定和调整而需预留的费用。

2）建设期投资贷款利息，是指建设项目中分年度使用国内外贷款，在建设期应归还的贷款利息。

$$建设期投资贷款利息 = \sum（年初付息贷款本金累计 + 本年度付息贷款额 \div 2）\times 年利率 \tag{3-15}$$

利用国外贷款的建设期投资贷款利息，以评估报告确定的建设期限为准，按评估报告采用的利率及折算系数，按下式计算：

$$建设期国外投资贷款利息 = \sum（上半年累计贷款额本金 + 本年度贷款额 \times 折算系数）\times$$
$$贷款利率 \times 现行汇率 \tag{3-16}$$

5. 机车车辆购置费

机车车辆购置费指在新建铁路、增建二线和电气化改造等基建大中型项目总概（预）算中计列按初期运量所需新增机车车辆的购置费。按设计确定的初期运量所需新增机车车辆的型号、数量及编制期机车车辆购置价格计算。

6. 铺底流动资金

铺底流动资金是为保证新建铁路项目投产初期正常运营所需流动资金有可靠来源而计列，主要用于购买原材料、燃料、动力，支付职工工资和其他有关费用。

铺底流动资金按指标计列：设计速度 >200km/h 的新建铁路为 16 万元/正线公里；设计

速度≤200km/h 的新建双线铁路为 12 万元/正线公里；设计速度≤200km/h 的新建单线 Ⅰ 级铁路为 8 万元/正线公里；设计速度≤200km/h 的新建单线 Ⅱ 级铁路为 6 万元/正线公里。

3.6.2　综合概（预）算编制示例

综合概（预）算是概（预）算文件的基本文件，所有的工程项目、数量、概（预）算费用都要在综合概（预）算表中反映出来。

综合概（预）算是在单项概（预）算的基础上编制的，它依据《铁路基本建设工程设计概算编制办法》规定的"综合概（预）算章节表"的顺序和章节汇编，是编制总概（预）算表的基础。"综合概（预）算章节表"中的章节顺序及工程名称不应改动，没有费用的章节其章别、节号应保留，作为空项处理。工程细目可根据实际情况增减，其序号按增减后的序号连号填写。表 3-50 为某新建铁路综合概算表。

表 3-50　某新建铁路的综合概算表

建设名称		××至××铁路站前施工图 2 标预算	工程总量	37.331 正线公里	编号	JY_ZHGS_004
编制范围		JYZQSG－2 标段	概算总额	1846460952 元	技术经济指标	49461866.87 元/正线公里
章别	节号	工程及费用名称	单位	数量	概算价值/元	指标/元
		第一部分：静态投资	正线公里	37.331	1846460952	49461866.87
一		拆迁及征地费用	正线公里	37.331	31587012	846133.56
	1	拆迁及征地费用	正线公里	37.331	31587012	846133.56
		Ⅰ. 建筑工程费	正线公里	37.331	3118272	83530.36
		一、改移道路	km	1.253	2731423	2179906.62
		（一）等级公路	km	1.253	2646184	2111878.69
		1. 路基	km	1.253	2173143	1734351.96
		（1）土方	m³	52948.8	617905	11.67
		① 机械施工	施工方	52948.8	574047	10.84
		② 增运土方（运距＞1km 的部分）	m³	21094	43858	2.08
		（2）石方	m³	13347.9	190428	14.27
		① 机械施工	施工方	13347.9	190428	14.27
		（3）路基附属工程	元		1364810	
		② 浆砌石	圬工方	1897.8	605051	318.82
		③ 混凝土	圬工方	933.7	617864	661.74
		⑤ 绿色防护（绿化）	元		51581	
		⑦ 其它	元		90314	
		2. 路面	m²	3995	473041	118.41
		（1）垫层	m²	3995	103543	25.92
		（2）基层	m²	3995	85532	21.41
		（3）面层	m²	3995	283966	71.08

（续）

章别	节号	工程及费用名称	单位	数量	概算价值/元	指标/元
		② 水泥混凝土路面	m²	3995	283966	71.08
		（二）泥结碎石路	m²	2531	85239	33.68
		四、改河（沟渠）	km	0.257	386849	1505249.03
		IV. 其他费	元		28468740	
		一、土地征（租）用及拆迁补偿费	正线公里	37.331	28468740	762603.2
		（三）临时用地费	亩	948.958	28468740	30000
		1. 取弃土场用地补偿费	亩	238.478	7154340	30000
		2. 弃砟场用地补偿费	亩	595.48	17864400	30000
		3. 大临用地补偿费	亩	115	3450000	30000
二		路基	路基公里	8.821	146608699	16620417.07
	2	区间路基土石方	区间路基公里	4.804	26914377	5602493.13
		I. 建筑工程费	断面方	723370.47	26914377	37.21
		一、土方	m³	400143	4462606	11.15
		（一）挖土方（弃方）	m³	118467	1068747	9.02
		1. 开挖土方（运距≤1km）	m³	118467	706369	5.96
		（2）机械施工	m³	118467	706369	5.96
		2. 增运土方（运距>1km 的部分）	m³	115078	362378	3.15
		（二）挖土方（利用方）	m³	58264	507665	8.71
		1. 开挖土方（运距≤1km）	m³	58264	395805	6.79
		（2）机械施工	m³	58264	395805	6.79
		2. 增运土方（运距>1km 的部分）	m³	58264	111860	1.92
		（三）利用土填方	m³	58264	395406	6.79
		1. 开挖土方（运距≤1km）	m³	58264	395406	6.79
		（2）机械施工	m³	58264	395406	6.79
		（五）借隧道弃渣填方	m³	165148	2490788	15.08
		1. 挖填土方（运距≤1km）	m³	165148	2216357	13.42
		（2）机械施工	m³	165148	2216357	13.42
		2. 增运土方（运距>1km 的部分）	m³	122856	274431	2.23
		二、AB 组填料	m³	181411	3807571	20.99
		（一）挖石方（利用方）	m³	31154	653868	20.99
		1. 爆破石方	m³	31154	327144	10.5
		2. 挖运石方（运距≤1km）	m³	31154	243555	7.82
		（2）机械施工	m³	31154	243555	7.82
		3. 增运石方（运距>1km 的部分）	m³	31154	83169	2.67
		（二）利用方	m³	31154	410865	13.19
		1. 挖填（运距≤1km）	m³	31154	410865	13.19

（续）

章别	节号	工程及费用名称	单位	数量	概算价值/元	指标/元
		（四）借隧道弃渣填方	m³	119103	2742838	23.03
		1. 挖填石方（运距≤1km）	m³	119103	2532835	21.27
		（1）人力施工	m³	6942	177112	25.51
		（2）机械施工	m³	112161	2355723	21
		2. 增运石方（运距＞1km 的部分）	m³	82403	210003	2.55
十		大型临时设施和过渡工程	正线公里	37.331	12827585	343617.5
	30	大型临时设施和过渡工程	正线公里	37.331	12827585	343617.5
		一、大型临时设施	正线公里	37.331	12827585	343617.5
		Ⅰ. 建筑工程费	正线公里	37.331	12827585	343617.5
		（二）汽车运输便道	km	14.07	4939000	351030.56
		1. 新建干线	km	10.38	3114000	300000
		3. 改（扩）建便道	km	3.69	738000	200000
		4. 利用地方既有道路补偿费	元		1087000	
		（四）临时给水设施	元		1061600	
		1. 给水干管路	km	13.27	1061600	80000
		（五）临时供电	元		3083750	
		1. 临时电力干线	km	24.67	3083750	125000
		（七）临时场站	处	3	3743235	1247745
		1. 材料场	处	1	300000	300000
		2. 填料集中加工站	处	1	550000	550000
		3. 混凝土集中拌和站	处	3	1693235	564411.67
		4. 混凝土构配件预制场	处	1	400000	400000
		6. 钢梁拼装场	处	1	800000	800000
十一		其他费用	正线公里	37.331	37044810	992333.72
	31	其他费用	正线公里	37.331	37044810	992333.72
		Ⅳ. 其他费	元		37044810	
		八、营业线施工配合费	元		1484768	
		九、安全生产费	元		35560042	
		1. 按费率计算部分	元		35560042	
		以上各章合计	正线公里	37.331	1846460952	49461866.87
		其中：Ⅰ. 建筑工程费	正线公里	37.331	1777839634	47623680.96
		Ⅱ. 安装工程费	正线公里	37.331	162459	4351.85
		Ⅲ. 设备工器具费	正线公里	37.331	2945309	78897.14
		Ⅳ. 其他费	正线公里	37.331	65513550	1754936.92
十二	32	基本预备费	正线公里	37.331		
		以上总计	正线公里	37.331	1846460952	49461866.87

（续）

章别	节号	工程及费用名称	单位	数量	概算价值/元	指标/元
		第二部分：动态投资	正线公里	37.331		
十三	33	价差预备费	正线公里	37.331		
十四	34	建设期投资贷款利息	正线公里	37.331		
		第三部分：机车车辆（动车组）购置费	正线公里	37.331		
十五	35	机车车辆（动车组）购置费	正线公里	37.331		
		第四部分：铺底流动资金	正线公里	37.331		
十六	36	铺底流动资金	正线公里	37.331		
		概（预）算总额	正线公里	37.331	1846460952	49461866.87

3.6.3 总概（预）算的编制示例

总概（预）算具有归类汇总性质，它必须在综合概（预）算完成后才能编制。当综合概（预）算完成后，按照四部分十六章的费用规划方法，填写在"总概算表"中。沿表的横向根据综合概（预）算不同费用性质分别填写建筑工程、安装工程、设备工器具、其他费四项费用，然后计算"合计""技术经济指标"和"费用比重"。"技术经济指标"指单位工程量（正线公里）所含某章的费用值，即等于各对应"合计"值与工程总量的比值；"费用比重"指各章费用占概算总额的百分比，即等于各对应"合计"值与概算总额之比。沿表纵向计算"四部分合计"，并填入对应概算总额栏中。

最后，填写总概（预）算表的表头，并请相关责任人在表尾签字，总概算表编制即告结束。表3-51是某新建铁路的总概算表。

表3-51 某新建铁路总概算表

建设名称	××至××铁路站前施工图2标预算					编号	JY_ZGS_004	
编制范围	JYZQSG－2标段					概算总额	184646.1万元	
工程总量	37.331 正线公里					技术经济指标	4946.19万元/正线公里	
章别	费用类别	概算价值/万元					技术经济指标/万元	费用比例（%）
		I 建筑工程费	II 安装工程费	III 设备购置费	IV 其他费	合计		
	第一部分：静态投资					184646.1	4946.19	100
一	拆迁及征地费用	311.83			2846.87	3158.7	84.61	1.71
二	路基	14660.87				14660.87	1662.04	7.95
三	桥涵	47872.22	16.12	235.19		48123.53	9233.22	26.06
四	隧道及明洞	101664.71				101664.71	4363.48	55.06
五	轨道	6097.73				6097.73	163.34	3.3

（续）

建设名称	××至××铁路站前施工图2标预算					编号		JY_ ZGS_ 004	
编制范围	JYZQSG－2标段					概算总额		184646.1 万元	
工程总量	37.331 正线公里					技术经济指标		4946.19 万元/正线公里	
章别	费用类别	概算价值/万元					技术经济指标/万元	费用比例（%）	
		I 建筑工程费	II 安装工程费	III 设备购置费	IV 其他费	合计			
六	通信、信号、信息及灾害监测	423.7				423.7	11.35	0.23	
七	电力及电力牵引供电								
八	房屋								
九	其他运营生产设备及建筑物	5470.15	0.13	59.34		5529.62	148.12	2.99	
十	大型临时设施和过渡工程	1282.76				1282.76	34.36	0.69	
十一	其他费用				3704.48	3704.48	99.23	2.01	
	以上各章合计	177783.96	16.25	294.53	6551.35	184646.1	4946.19	100	
十二	基本预备费								
	以上总计					184646.1	4946.19	100	
	第二部分：动态投资								
十三	价差预备费								
十四	建设期投资贷款利息								
	第三部分：机车车辆（动车组）购置费								
十五	机车车辆（动车组）购置费								
	第四部分：铺底流动资金								
十六	铺底流动资金								
	概（预）算总额					184646.1	4946.19	100	

习　题

一、多选题

1. 最大运距相等法和平均运距相等法的适用条件为（　　）。

A. 材料沿线路方向上的用量比较均匀　　　　B. 各供应点至用料地点间的运价相等

C. 各材料供应点的材料供应价格相等　　　　D. 工点分布不均衡

2. 大型临时设施费（　　）。

A. 需编制单项预算　　　　　　　　　　　　B. 属于间接费内容

C. 按同类正式工程费用标准计算　　　　　　D. 可借用正式工程的材料

3. 铁路建安费单项预算价值由（　　）组成。

A. 直接费　　　　　　　B. 间接费　　　　　　C. 税金　　　　　　D. 其他费

4. 铁路工程单项概（预）算价差有（　　）。

A. 施工机具使用费价差　　B. 主材价差　　　　C. 辅材价差　　　　D. 人工费价差

5. 铁路工程概预算文件包括（　　）。

A. 总概（预）算表　　　B. 综合概（预）算表　　C. 单项概（预）算表　　D. 编制说明

6 下列属于铁路基本建设动态投资费用的是（　　）。

A. 基本预备费　　　　　B. 价差预备费　　　　C. 建设期投资贷款利息　　D. 铺底流动资金

7. 下列属于其他费的是（　　）。

A. 土地征用及拆迁补偿费　B. 建设项目前期工作费　C. 安全生产费

D. 静态检测费、联调联试费、安全评估费、运行试验费

8. 对单项预算价差叙述正确的是（　　）。

A. 包括人工价差、材料价差、施工机具使用费价差

B. 反映基期至编制期的价差

C. 反映编制期至竣工期的价差

D. 主材按铁路工程造价信息网发布的调查价减基期价确定单价差

二、计算题

1. 某新建铁路全长 80km，圬工用砂有 A、B、C 三个产地，上路距离分别为 6km、10km、8km，产地分布如图 3-4 所示。求该线一般工程圬工用砂的平均运距。

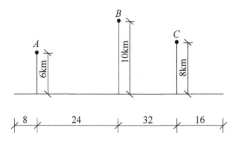

图 3-4　线路圬工用砂产地分布

2. 某涵洞工程使用的各类材料均由汽车运输，其中：中砂 1437m³、碎石 404m³、片石 5437m³、黏土 67m³。计算各种材料的价外运杂费单价和价外运杂费，并填入表 3-52 中。

3. 河北石家庄地区某客运专线隧道工程Ⅳ级围岩开挖单项概算，基期人工费为 232599 元、基期材料费为 174864、基期机具使用费为 229294 元，价外运杂费为 93 元，价差合计 474493 元，施工措施费率为 7.1%，间接费费率为 33.9%，增值税为 9%，求该分部工程单项预算价格。

4. 分析某新建隧道工程电动空气压缩机 ≤20m³/min 的基期与编制期机械台班单价，已知当地无特殊地区津贴、补贴，电价 0.52 元/（kW·h），2022 年 5 月开工。查《铁路工程施工机具台班费用定额》，电动空气压缩机 ≤20m³/min 的台班费用组成：折旧费为 36.34 元/台班，检修费为 11.11 元/台班，维护费为 8.33 元/台班，安装拆卸费为 59.26 元/台班，人工消耗为 1 工日/台班、工费单价 70 元/工日，电消耗为 691.60kW·h/台班、电基期单价 0.47 元/（kW·h），基期台班单价为 510.09 元/台班。

铁路工程工程量清单计价 | 第4章

4.1 工程量清单及计价概述

4.1.1 工程量清单的概念

铁路工程量清单是载明工程项目，甲供材料设备、自购设备的名称和相应数量及暂列金额项目等内容的明细清单。它是编制招标文件、投标报价、签订工程合同、支付工程款、调整工程量和办理工程结算等活动的基础。

工程量清单现行编制依据为国铁科法〔2020〕8号文发布的 TZJ 1006—2020《铁路工程工程量清单规范》，规范由总则、术语、一般规定、工程量清单编制、工程量清单格式、工程量清单计量规则表组成。它明确了铁路工程量清单编制的基本要求，对工程量清单编制原则、适用范围、编制格式和计量规则进行了统一规定。

招标工程量清单应由具有编制能力的招标人或受其委托、具有相应资质的工程造价机构和具有全国造价执业资格的工程造价人员编制，招标人可委托第三方工程造价咨询人对其成果进行核对。招标人或由其委托的代理机构按照招标要求和施工设计图规定将拟建招标工程的全部项目和内容，依据《铁路工程工程量清单规范》中统一项目编码、项目名称、计量单位和工程量计算规则编制招标工程量清单，作为承包商进行投标报价的主要参考依据。在性质上，工程量清单是招标文件的组成部分，是招投标活动的重要依据，一经中标且签订合同，即成为合同的组成部分。因此，无论是招标人还是投标人，都应该认真对待。

4.1.2 工程量清单的内容

工程量清单作为招标文件的一部分，是投标人进行投标报价的重要依据。作为一个合格的计价依据，工程量清单中必须具有完整详细的信息披露，为达到这一要求，招标人编制的工程量清单应该包括以下内容：

1. 明确的项目设置

工程计价是一个分部组合计价的过程，不同的计价模式要求费用项目的设置规则有所不同。在业主提供的工程量清单计价文件中必须明确清单项目的设置情况，如各个清单项目的名称、特征和工程内容，以保证清单项目设置没有遗漏，也没有重叠。这种项目设置可以通过统一的规范编制来解决，现行《铁路工程工程量清单计价规范》就统一了铁路工程清单计价的规则。

2. 清单项目的工程数量

招标人提供的工程量清单中必须列出各个清单项目的工程数量，这也是工程量清单招标与定额招标的一个重大区别。

采用定额方式和由投标人自行计算工程量的投标报价，由于设计或图样的缺陷，不同投标人员理解不一，计算出的工程量也不同，报价相去甚远，容易产生纠纷。而工程量清单报价就为投标者提供了一个平等竞争的条件，相同的工程量，由企业根据自身的实力来填报不同的单价，符合商品交换的一般性原则。因为对于每一个投标人来说，计价所依赖的工程数量都是一样的，使得投标人之间的竞争完全属于价格的竞争，其投标报价反映出自身的技术能力和管理能力，也使得招标人的评标标准更加简单明确。

同时，在招标人提供的工程量清单中提供工程数量，还可以实现承发包双方合同风险的合理分担。采用工程量清单报价方式后，投标人只对自己所报的成本、单价等负责，而对工程量的变更或计算错误等不负责任；相应的，这一部分风险则由业主承担。这种格局符合风险合理分担与责权利关系对等的一般原则。

3. 提供基本的表格格式

工程量清单的表格格式是附属于项目设置和工程量计算的，它为投标报价提供了一个合适的计价平台，投标人可以根据表格之间的逻辑联系和从属关系，在其指导下完成分部组合计价的过程。

铁路工程工程量清单是按照《铁路工程工程量清单计价规范》的规定，按统一的项目编码、项目名称、项目特征、计量单位和工程量计算规则进行编制，作为业主编制标底或参考价的依据，也是投标人编制投标报价的依据。同时，工程量清单也是签订工程合同、支付工程款、调整工程量和办理结算的基础。

4.1.3 工程量清单计价的原理和特点

工程量清单计价包括编制招标控制价、投标报价、合同价款确定与调整、办理工程结算等。《铁路工程工程量清单规范》规定，实行工程量清单计价招投标的铁路建设工程，除招标文件另有规定外，其招标控制价、投标报价的编制、合同价款确定与调整、工程结算均应按清单规范执行。

工程量清单计价编制过程可以分为两个阶段：工程量清单的编制（图4-1）和工程量清单的应用（图4-2）。投标报价是在业主提供的工程量计算结果的基础上，根据企业自身掌握的各种信息、资料，结合企业定额编制得出的。工程招标投标过程中，投标企业在投标报价时必须考虑工程本身的内容、范围、技术特点、要求及招标文件的有关规定、工程现场情况等因素。同时，必须充分考虑许多其他方面的因素，如投标单位施工组织设计制定的工程总进度计划、施工方案、分包计划、资源安排计划等。这些因素对投标报价有着直接且重大的影响。

工程量清单计价适用于建设工程发承包及实施阶段的计价活动。使用国有资金投资的建设工程发承包，必须采用工程量清单计价。国有资金投资的项目包括全部使用国有资金（含国家融资资金）投资或国有资金投资为主的工程建设项目（国有资金投资总额50%以上，或虽不足50%但国有投资者实质上拥有控股权的工程建设项目）。

工程量清单计价具有以下的特点：

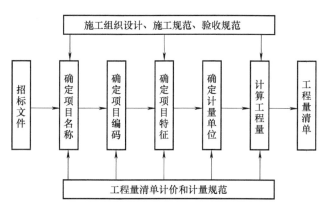

图 4-1　工程量清单的编制程序

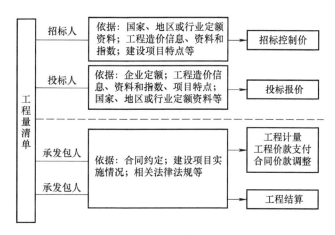

图 4-2　工程量清单的应用程序

1. 提供平等的竞争条件，满足市场经济条件下的竞争需要

采用施工图预算来投标报价，不同施工企业人员对图样理解不一，计算出的工程量也不同，报价容易相差甚远；清单报价为投标者提供了一个平等的竞争条件，相同的工程量，由企业根据自身实力来填报不同的单价。自主报价可体现不同企业的竞争优势，可以规范市场秩序，确保工程质量。招投标过程是企业竞争的过程，投标人依据招标方提供的工程量清单，根据自身情况确定综合单价，单价乘以数量形成合价，进而汇总成总价。单价高低成为中标和企业盈利的关键。而单价高低直接取决于企业管理和技术水平的高低，这也促进了企业整体实力的竞争，有利于铁路建设市场的快速发展。

2. 有利于提高工程计价效率，实现快速报价

工程量清单计价方式，避免了传统计价方式下，招投标双方在工程量计算上的重复工作，投标人在统一的量的平台下竞价，促进了企业定额的完善和造价信息的积累，能真正实现工程建设的快速报价。

3. 有利于工程款拨付和造价最终结算，利于业主对投资进行控制

企业中标后，中标价是业主和中标单位签订施工合同，确定合同价的基础，投标清单上的单价成为工程实施中业主拨付工程款的依据。业主根据企业完成的工程量，按单价确定进度款的拨付额。竣工阶段，根据设计变更、工程量增减，也易于确定工程最终造价。

采用施工图预算招标，工程实施阶段业主对因设计变更、工程量增减所引起的工程造价变化不敏感；清单招标下，投资变化一目了然，设计变更时，能迅速知道对造价的影响，便于业主根据投资情况来决定是否变更，或者进行方案比较，以寻求最恰当的处理方法。

4.2　铁路工程工程量清单的编制及应用

4.2.1　铁路工程工程量清单编制

工程量清单作为拟建工程工程数量的明细清单，它是招标文件的重要组成部分，是投标人投标报价的依据，一般由具有编制招标文件能力的招标人或受其委托具有相应资质的中介机构编制。

1. 招标工程量清单格式

招标工程量清单依据《铁路工程工程量清单规范》编制。

具体内容组成包括封面、填表须知、总说明、招标工程量清单表、计日工表、甲供材料数量及价格表、自购材料表、设备清单表、补充工程量清单计量规则表。

招标工程量清单表（见表4-1）的填写应符合下列规定：

1）招标工程量清单应由招标人填写，随招标文件发至投标人。

2）填表须知。包括下列内容，招标人可根据具体情况补充完善。

① 工程量清单中所有要求签字、盖章的地方，必须由规定的单位和人员签字、盖章。

② 工程量清单中的任何内容不得随意删除或涂改。

③ 已标价工程量清单中列明的所有需要填报的单价（由招标人填写的单价除外）和合价，投标人均应填报（其中计量单位为"元"的子目单价栏填"1"，合价栏与数量栏的数额相同），未填报的单价和合价，视为此项费用已含在工程量清单的其他单价和合价中。

④ 金额（价格）均应以＿＿＿＿币表示。

表 4-1　招标工程量清单表

标段：　　　　　　　　　　　　　　　　　　　　　　　　　　　　　第　页　共　页

第××章××××			
子目编码	名　称	计量单位	工程数量

3）总说明。包括以下内容：

① 工程概况：建设规模、工程特征、计划工期、施工现场实际情况、交通运输情况、自然地理条件、环境保护和安全施工要求。

② 工程招标和分包范围。

③ 工程量清单编制依据。

④ 工程质量、材料、施工等的特殊要求。

⑤ 其他需要说明的问题。

4）招标工程量清单中出现清单规范工程量计量规则表以外的清单子目，应按规范规定编制补充工程量清单计量规则表（见表4-2），并随招标工程量清单发至投标人。

表4-2 补充工程量清单计量规则表

标段：　　　　　　　　　　　　　　　　　　　　　　　　　　　　第 页 共 页

第××章×××						
子目编码	名 称	计量单位	子目划分特征	工程量计算规则	工程（工作）内容	附注

5）甲供材料数量及价格表（见表4-3）由招标人根据拟建工程的具体情况，详细列出甲供材料的材料代号、名称及规格、计量单位、交货地点、数量、不含税单价。

表4-3 甲供材料数量及价格表

标段：　　　　　　　　　　　　　　　　　　　　　　　　　　　　第 页 共 页

序号	材料代号	材料名称及规格	计量单位	交货地点	数量	不含税单价（元）			不含税合价（元）
						出厂价	运杂费	综合单价	

6）甲供设备数量及价格表应由招标人根据拟建工程的具体情况，详细列出甲供设备专业名称、设备代号、设备名称及规格型号、安装子目编码、交货地点、计量单位、数量、不含税单价等。

7）自购设备数量表（见表4-4）由招标人根据拟建工程的具体情况，详细列出自购设备对于清单中专业名称、设备代号、设备名称及规格型号、安装子目编码、计量单位和数量等。

表4-4 自购设备数量表

标段： 第 页 共 页

序号	专业名称	设备代号	设备名称及规格型号	安装子目编码	计量单位	数量

8）甲供材料、甲供设备的单价应为交货地点的价格。

9）计日工表（见表4-5）应由招标人根据拟建工程的具体情况，详细估列出人工、材料、施工机具的名称、规格型号、计量单位和相应数量，并随招标工程量清单发至投标人。

表4-5 计日工表

标段： 第 页 共 页

序号	名 称	计 量 单 位	数 量

2. 铁路工程工程量清单报价文件格式

工程量清单报价文件由下列内容组成：封面、投标报价总额、已标价工程量清单投标报价总表（见表4-6）、已标价工程量清单章节表、工程量清单子目综合单价分析表、计日工费用计算表、甲供材料设备表、自购设备费计算表。

表4-6 已标价工程量清单投标报价总表

标段： 第 页 共 页

章 号	节 号	名 称	金额/元
第一章	01	迁改工程	
第二章		路基工程	
	02	区间路基土石方	
	03	站场土石方	
	04	路基附属工程	
第三章		桥涵工程	
	05	特大桥	
	06	大桥	
	07	中小桥	
	08	框架桥	
	09	涵洞	
第四章		隧道及明洞工程	
	10	隧道	

（续）

章　号	节　号	名　称	金额/元
	11	明洞	
第五章		轨道工程	
	12	正线	
	13	站线	
	14	线路有关工程	
第六章		通信、信号、信息及灾害监测	
	15	通信	
	16	信号	
	17	信息	
	18	灾害监测	
第七章		电力及电力牵引供电工程	
	19	电力	
	20	电力牵引供电	
第八章		房屋工程	
	21	旅客站房	
	22	其他房屋	
第九章		其他运营生产设备及建筑物	
	23	给排水	
	24	机务	
	25	车辆	
	26	动车	
	27	站场	
	28	工务	
	29	其他建筑及设备	
第十章	30	大型临时设施和过渡工程	
第十一章	31	其他费用	
第一章至第十一章清单合计 A			
暂列金额 B			
含在暂列金额中的计日工			
自购设备费用 C			
投标报价总价 $A+B+C$			

已标价工程量清单表格的填写应符合下列规定：

1）已标价工程量清单表格应由投标人填写。

2）封面应按规定内容填写、签字、盖章。

3）投标报价总额应按已标价工程量清单投标报价总表中的"投标报价总额"填写。

4）已标价工程量清单投标报价总表各章节的金额应与已标价工程量清单章节表的金额一致。

5）已标价工程量清单章节表中的综合单价应与工程量清单子目综合单价分析表中的综合单价一致。

6）已标价工程量清单章节表和工程量清单子目综合单价分析表中的子目编码、名称、计量单位、工程数量应与招标人提供的招标工程量清单一致。

7）工程量清单子目综合单价分析表应由投标人根据自身的施工和管理水平按综合单价组成分项自主填写，但间接费中的规费和税金应按国家有关规定计算。

8）暂列金额按招标文件规定的费率计算。

9）计日工费用计算表中的人工、材料、施工机具名称、计量单位和相应数量应与招标人提供的计日工表一致，工程竣工后按实际完成的数量结算费用。

10）甲供材料费计算表中的材料代号、材料名称及规格、计量单位、交货地点、数量、不含税单价等应与招标人提供的甲供材料数量及价格表一致。

11）甲供设备费计算表中的专业名称、设备代号、设备名称及规格型号、安装子目编码、计量单位和数量等应与招标人提供的甲供设备数量及价格表一致。

12）自购设备费计算表中的专业名称、设备代号、设备名称及规格型号、安装子目编码、计量单位和数量等应与招标人提供的自购设备数量表一致，单价由投标人自主填报。

3. 清单项目设置的规定

《铁路工程工程量清单规范》工程量清单格式由 11 章 29 节组成，1~9 章各章节按专业名称划分，第 10 章 28 节为大型临时设施和过渡工程，第 11 章为其他费，包括安全生产费和营业线施工配合费。

（1）子目编码 采用数字表示，由多级组成。其中，第一级为节号码，由两位数字 01~99 构成；后续层级为子目码，根据子目所属工程内容按主从属关系顺序编排，各层均由两位数字 01~99 构成。建筑工程费、安装工程费、新建、改建层级不编码，其对应的下一级或子级延续编码。旅客站房未编码子目可根据项目所在地具体情况自行编码。如编码 020101 表示区间路基土石方节下土方工程挖土方（弃方），该项目属第 2 节，是土方工程下的第一类工程项目。

（2）名称 名称包括清单格式各章节名称和费用名称，子目划分特征为"综合"的子目名称一般是指形成工程实体的名称。

（3）计量单位 计量单位一般采用以下基本单位：

1）以体积计算的子目——立方米（m^3）。

2）以面积计算的子目——平方米（m^2）。

3）以长度计算子目——米（m）、公里（km）。

4）以重量计算子目——吨（t）。

5）以自然计量单位计算子目——个、处、孔、组、座或其他可以明示的自然计量单位。

6）没有具体数量的子目——元。

工程数量小数点后有效位数应按以下规定取定：

1）计量单位为"立方米""平方米""米"的取2位，第3位四舍五入。

2）计量单位为"公里"的，轨道工程取5位，第6位四舍五入，其他工程取3位，第4位四舍五入。

3）计量单位为"吨"的取3位，第4位四舍五入。

4）计量单位为"个、处、孔、组、座"或其他可以明示的自然计量单位"和""元"的取整，小数点后第1位四舍五入。

（4）子目划分特征　在编制工程量清单时，可根据项目的特点按子目划分特征编列或自行补充清单子目。子目划分特征为"综合"的，为最低一级的清单子目，是投标报价和合同签订后工程实施中计量的清单子目，其下不得再设置细目。子目划分特征是指对清单子目的不同类型、结构、材质、规格等影响综合单价的特征的描述，如预制预应力混凝土简支箱梁的子目划分特征有单线、双线、跨度、速度；水中钻孔桩子目划分特征为桩径；地基处理的子目划分特征为处理方式等。

（5）工程量计算规则

1）工程量计算规则是在各类工程界面划分明确的基础上对清单子目工程量的计算规定。

① 路基与桥梁工程界面划分：设置桥台过渡段时，桥台后过渡段为路基工程，未设置桥台过渡段时，桥台后缺口填筑为桥梁工程。

② 路基与隧道工程界面划分：设置斜切式洞门时，以洞门的斜切面与设计内轨顶面的交线同线路中线的交点为界，靠隧道一侧计入隧道工程，靠路基一侧计入路基工程。

③ 隧道与桥梁工程界面划分：桥台进洞时，桥台基坑开挖、防护、回填等计入桥梁工程；隧道边坡、仰坡防护等计入隧道工程。

④ 室内室外界面划分：

A. 给水管道：设置入户水表井（或交汇井）时，以井为界，水表井（或交汇井）计入室外给水管道；未设置入户水表井（或交汇井）时，以建筑物外墙皮为界。

B. 排水管道：以出户第一个排水检查井（或化粪池）为界，检查井、化粪池均计入室外。

C. 热网管道、工艺管道：以建筑物外墙皮为界。

D. 电力、照明线路：以入户配电箱为界，入户配电箱计入室内。

⑤ 清单子目的土方和石方，指单独挖填土石方的子目和无须砌筑的各种沟渠等的土石方。砌筑等工程的子目工程（工作）内容已含土石方挖填的清单子目，土石方不单独计量。

2）除另有规定及说明外，清单子目工程量应以设计图示的工程实体净值计算，不含施工中的各种损耗及因施工工艺需要所增加的工程量，相关损耗及工程量所发生费用计入综合单价。

① 非预应力筋的重量按设计图示长度（应含架立钢筋、定位钢筋）乘理论单位重量计算，不含搭接和焊接料、绑扎料、接头套筒、垫块等材料的重量。

② 预应力筋（钢丝、钢绞线）重量按设计下料长度乘理论单位重量计算，不含锚具、管道、锚板及连接钢板、封锚、捆扎、焊接材料等的重量。

③ 钢结构的重量按设计图示尺寸计算，不含搭接、焊接料、下脚料、缩包料和垫衬物、

涂装料等材料的重量。

④ 砌体体积按设计图示尺寸以实体体积计算，除另有规定外，不扣除预留孔洞、预埋件的体积。勾缝、抹面按设计砌体表面勾缝、抹面的面积计算。

⑤ 混凝土体积按混凝土设计尺寸以实体体积计算，除另有规定外，不扣除混凝土中钢筋（钢丝、钢绞线）、预埋件和预留压浆孔道等所占的体积。

⑥ 桩基以体积计量时，其高度按设计图示中桩顶至桩底间长度计列，其截面积均按设计桩径断面积计列，不得将扩孔（扩散）因素或护壁圬工计入工程数量，房屋工程除外。如需试桩，按设计文件的要求计入工程数量。桩帽（筏板）混凝土按设计体积计算，桩帽（筏板）钢筋按设计重量计算。

⑦ 工程量以面积计量时，其面积按设计图示尺寸计算，除另有规定外，不扣除各类井和在 $1m^2$ 及以下的构筑物所占的面积。

⑧ 工程量以长度计量时，按设计图示中心线的长度计算，除另有规定外，不扣除接头、检查井、人（手）孔坑、接头坑等所占的长度。

3）在新建铁路工程项目中，与路基、桥梁、隧道等工程同步施工的电缆沟、槽及光（电）缆防护、接触网滑道，应分别在路基、桥梁、隧道等工程的清单子目中计量。对既有线改造项目，应根据工程实际情况计列。

4）所有室内工程的地基处理应在房屋工程相应的清单子目中计量。

（6）工程（工作）内容　工程（工作）内容是指完成该清单子目的具体工程（工作）。除已列明的工程（工作）内容外，还包括场地平整、原地面挖台阶、原地面碾压，工程定位复测，测量、放样，工程点交、场地清理，材料（含成品、半成品、周转性材料）和各种填料的采备保管、运输装卸，小型临时设施（按照规范和施工质量验收标准的要求，对建筑安装的设备、材料、构件和建筑物进行检验、试验、检测、观测、防寒、保温设施，防雨、防潮设施，照明设施），文明施工（施工标识、防尘、防噪声等）和环境保护、水土保持、防风防沙、卫生防疫措施，已完工程及设备保护措施、竣工文件编制等内容。

对于改建工程的清单子目或距既有线（既有建筑物）较近工程的清单子目，除另有说明或单列清单子目外，还包括既有线（既有建筑物）的拆（凿）除（凿毛）、整修、改移、加固、防护、更换构件和与相关产权单位的协调、联络、封锁线路要点施工或行车干扰降效等内容。对于使用旧料修建的工程，还包括对旧料的整修、选配等内容。

施工中引起的过渡费用应计入相应的清单子目，另有说明或单列清单子目除外。

常用工程内容的表示方法：

1）基坑（工作坑、检查井孔）挖填，包括筑岛、围堰及拆除（桥梁工程除外）、土石挖、装、运、弃，弃方整理，坑（孔）壁支护及拆除，降排水，修坡，修底，垫层铺设，回填（含原土回填和外运填料或圬工回填）、压实。

2）桩（井）孔开挖，包括桩（井）孔土石挖、运、弃，弃方整理，孔壁支护及拆除，通风，降排水，清孔。

3）沟槽挖填，包括管沟、排水沟、光（电）缆沟等的筑岛、围堰及拆除，土石挖、运、弃，弃方整理，沟壁支护及拆除，降排水，修坡，修底，地基一般处理（含换填、垫层铺设），回填（含原土回填和外运填料回填）、压实，标志埋设。

4）砌体（干砌和浆砌）砌筑，包括砂浆配料、拌制，石料或砌块选修，挂线，填塞，勾缝，抹面，养护。

5）混凝土浇筑，包括配料（含各种外加剂），拌制，运输，浇筑，振捣，养护。

6）钢筋及预埋件制安，包括调直、除锈、切割、钻孔、弯曲、捆束、堆放、焊接、套筒连接、绑扎、安放、定位、检查、校正、垫块。

7）模板制安拆，包括制作、挂线放样、模板及配件安装，校正、紧固、涂刷脱模剂，拆除、整修、涂油、堆放。

8）（钢筋）混凝土预制构件制安，包括脚手架搭拆，钢筋及预埋件制安，预制场内模板制安拆、混凝土浇筑、安砌（装），勾缝，抹面，养护。

9）金属构件制安，包括放样、除锈、切割、钻孔、煨制、堆放、安装、连接、检查、校正、涂装。

10）管道铺（架）设，包括管道基础浇筑，支（吊）架、支墩制安，管道、管件制安，阀门、计量表安装，接口处理，防腐、保温处理，管道实验。

11）杆坑挖填，包括土石挖、运、弃，弃方整理，坑（孔）壁支护及拆除，降排水，修坡，修底，垫层铺设，回填（含原土回填和外运填料或圬工回填）、压实等。

12）立杆（电杆、信号机柱），包括清坑、杆（柱）架立、整正，底盘、卡盘安装，撑杆、拉线、拉线桩（盘）制安，根部加固及防护（培土、砌筑等），接地连接，杆上附属装置制安，铭牌制安。

13）立杆（接触网支柱），包括清坑、支杆，整正回填，接地连接，根部加固及防护（培土、砌筑等）。

14）光（电）缆敷设，包括检查，配盘、量裁，沿电缆沟、槽、管道敷设，架空敷设，盘留固定余缆，测试；分支地线敷设及连接，引接线端子排安装及连接，接地体制安；洞口封堵恢复，缠绕线环，线段核对，编绑整理；除管槽外的光（电）缆线路防护。

15）导线架设，包括横担组装，绝缘子，防震锤安装，导线架设，紧固，接续，端头处理，测试。

16）铁塔组立，包括构件组装、铁塔架立、固定，接地连接，防腐处理，警告牌制安，根部加固及防护（培土、砌筑等）。

17）防雷设施制安，包括坑、沟挖填，地线盘、地网、接地极、避雷线（针）、避雷器、清雷器、防雷器制安，加降阻剂，设标志，防腐处理，接地电阻实验。

18）设备安装、调试，包括开箱检验，机架（柜）、底座、支架、配件制安，模块、机盘安装，打孔洞，插件、插板安装，配线敷设，电气安装，相应软件的安装调试，单机测试。

4. 有关费用说明

（1）暂列金额　暂列金额是招标人在工程量清单中暂定并包括在合同价款中的一笔款项。用于工程合同签订时未确定或者不可预见的所需材料、设备、服务的采购，施工中可能发生的工程变更、合同约定调整因素出现时的工程价款调整，以及发生的索赔、现场签证确认等的费用。暂列金额的费率或额度由招标人在招标文件中明确。

（2）计日工　计日工是对零星工作采取的一种计价方式，是指完成招标人提出的工程量暂估的零星工作所需的费用，计日工表由招标人根据拟建工程的具体情况，详细列出人工、材料、施工机械的名称、规格型号、计量单位和相应数量，并随工程量清单发至投标人。

（3）甲供材料及设备　在招标文件和合同中明确的，由招标人负责采购的工程材料及设备。

（4）自购设备　投标人自行采购的、属于招标文件和合同中明确列出的工程设备。

4.2.2　工程量清单计价及应用

工程量清单计价是一种市场定价体系，在发达国家已非常流行，随着我国建设市场的不断成熟和发展，其计价方法也必然会越来越成熟规范。工程量清单计价的具体应用包括招标清单、投标限价编制、投标报价、合同价款确定与调整、工程结算等内容。

1. 工程量清单的综合单价

工程量清单计价采用综合单价法计价。

综合单价反映完成最低一级的清单子目计量单位全部具体工程（工作）内容所需的人工费、材料费、施工机具使用费、价外运杂费、填料费、施工措施费、特殊施工增加费、间接费、税金及招标文件和合同中明确的一定范围内的风险费用。

（1）综合单价组成

1）人工费，指直接从事建筑安装工程施工的生产工人开支的各项费用。

2）材料费，指施工过程中耗费的构成工程实体的原材料、辅助材料、构配件、零件、半成品、成品所支出的费用，以及不构成工程实体的一次性材料消耗费用和周转材料摊销费用等。

3）施工机具使用费，指施工作业所发生的施工机械、仪器仪表的使用费或其租赁费。

4）价外运杂费，指需在材料费之外单独计列的材料运杂费，包括材料自指定交货地点运至工地所发生的运输费、装卸费、其他有关运输的费用，以及以该运输费、装卸费、其他有关运输的费用之和为基数计算的采购及保管费。

5）填料费，指购买不作为材料对待的土方、石方、渗水料、矿物料等填筑用料所支出的不含增值税可抵扣进项税额的费用。

6）施工措施费，指为完成铁路建设工程施工，发生于该工程施工前和施工过程中的需综合计算的费用。

7）特殊施工增加费，指在特殊地区及特殊施工环境下进行建筑安装施工时所增加的费用。

8）间接费，指施工企业为完成承包工程而组织施工生产和经营管理所发生的费用。

9）税金，指按照国家税法等有关规定计算的增值税。

10）一定范围内风险费用，指投标人在计算综合单价时，充分考虑不限于已包括费用的在招标文件中明示或暗示的风险、责任、义务，或有经验的投标人都可以预见或应该预见的费用。该费用包括招标文件明确应由投标人考虑的一定幅度范围内的物价上涨风险，工作量增加或减少对综合单价的影响风险，采用新技术、新工艺、新材料的风险，投标人未填写单价和合价的项目已含在其他项目的单价和合价中的风险费用等。在已标价工程量清单表中，合价 = 工程数量 × 综合单价。

（2）综合单价调整

1）工程量清单中的综合单价应按招标文件和清单规范的相关规定编制，包含完成清单子目全部工程（工作）内容的费用。

2）工程量清单中的综合单价因工程数量变化或技术标准变更等因素需调整时，应由合同约定。

2. 工程量清单在各种承包方式下的应用

铁路建设项目承包方式可分为施工单价承包、施工总价承包和工程总承包三种，施工总价承包应用最为广泛。针对不同的承包方式，工程量清单的应用方法有所不同。

（1）施工单价承包　采用施工单价承包方式由招标人根据鉴定审批的初步设计或施工图设计提供拟建工程项目工程量清单，投标人根据统一的计量规则和有关规定对工程量清单进行自主报价。中标后，双方鉴定施工合同，在规定工程量变化幅度范围内，合同单价不能随意改变，即合同单价相对稳定。单价承包模式下工程量清单中所列工程数量仅作为投标的共同基础，不能作为最终计价的依据。实际计量应根据合同约定的计量方式，按清单规范的工程量计算规则执行。该方式下施工单位承担单价风险，建设单位承担工程数量风险。故发包人要对清单质量负责，承包人要对单价负责，投标时要选择好施工方案，统筹安排好劳材机要素配置，对单位工程成本、现场费用、施工技术措施费用进行优化控制，编定投标价。

（2）施工总价承包与工程总承包

1）施工总价承包，是指招标人根据鉴定审批的初步设计或者施工图设计提出招标项目工程量清单，由投标人根据工程量清单和施工图进行报价，报价中包含一定额度的总承包风险费。在合同实施过程中，除根据合同约定可调的费用外，合同总价保持不变，采用合同总价下的工程量清单方式进行验工计价。

2）工程总承包，是指招标人根据鉴定审批的初步设计提出招标项目工程量清单，投标人编制施工图设计大纲，并在规模、标准不变、功能满足要求的情况下，调整工程量清单并据以报价。发包人选定中标人后，项目开工前，根据工程进度需要，确定节点工程划分表，并将签约合同价（除施工图勘察设计费）分配到各计价节点，形成付款计划表，其中总承包风险费也按照工程进度和风险大小比例分配到各计价节点。承包人完成发包人确定的节点工程并验收合格后，按照付款计划表约定的节点工程计价额进行支付。施工图勘察设计费按照约定的勘察设计节点单独支付。

上述两种总承包方式都是招标人提供拟建工程项目工程量清单，投标人对工程数量和单价都进行填报，承包人既要对单价负责，又要对工程数量负责。清单规范是根据单价承包方式编写，当建设项目实行总价承包方式时，应做以下调整：删除"暂列金额""计日工"等相关内容；在"工程量清单投标报价汇总表"中增加"总承包风险费"栏目；当采用工程总承包时，在清单格式第十一章"其他费"中增加"施工图勘察设计费"清单子目。

4.2.3　工程量清单报价实例

以西南地区某高速铁路工程工程量清单报价为例。

1. 报价编制说明

（1）工程量清单说明

1）工程量清单中所列工程量是依据招标文件第七章"技术标准和要求"中《铁路工程工程量清单规范》、第六章"图纸"和第四章"合同条款及格式"约定方式计算的数量。

2）工程量清单应与投标人须知、通用合同条款、专用合同条款、技术标准和要求、图样等文件同时阅读与理解。

3）招标人提供的工程量清单中所列工程量是投标人报价的参考，不作为最终结算与支付的依据。

4）在评标过程中，评标委员会对投标人已标价工程量清单中有计算和汇总方面的算术错误，按照第三章"评标办法"约定的原则进行算术性校核和修正。

5）实际计量应按第七章"技术标准和要求"中工程量计算规则、第四章"合同条款及格式"约定的方式和经审核的施工图计算，并经监理工程师确认，形成已完合格工程数量。

6）特殊说明：

① 安全生产费是指为加强铁路建设工程安全生产管理，建立安全生产投入长效机制，改善铁路工程施工作业条件，减少施工伤亡事故发生，切实保障铁路工程安全生产所需的费用。

② 激励约束考核费是指为确保铁路工程建设质量、建设安全、建设工期和投资控制，建立激励约束考核机制引起的相关费用，按总公司有关规定计列。

7）中标后，合同所列工程量的变动，丝毫不会使合同条款无效或降低，也不免除承包人按要求的标准进行施工和缺陷修复的责任。

（2）投标报价说明

1）投标报价应包括按照招标文件的要求实施完成本标段全部工程，以及修复任何缺陷（含保修期）所需的全部费用。

2）投标人填写工程量清单时应按照招标人提供的工程量清单及第七章"技术标准和要求"中《铁路工程工程量清单规范》的规则填写。工程量清单计价表中的每一项目须填入单价或价格，且只允许有一个报价。投标人没有填入单价或价格的项目，其费用应视为已分摊在工程量清单的有关项目的单价或价格中。

3）符合合同条款规定的全部费用应已被计入已标价的工程量清单所列各项目中。除合同中另有约定外，工程量清单中有标价的单价与价格，均已包括了所需人工费、材料费、施工机具使用费、填料费、措施费、间接费、税金和一般风险费用。投标人按照一般计税方法计列增值税。

4）投标人报价中应对涉及工程质量的主要直接费的降低进行说明，工人工资、社会保障等不得低于国家或工程所在地规定的标准。

5）承包人必须完成工程量清单中未填入单价或价格的工程项目，但不能得到另外的结算和支付。

6）对作业方法和材料的一般要求或说明，不必重复或摘要写入工程量清单内。给工程量清单各支付项标价前，须参阅合同文件的有关部分。

7）本项目实行总价承包，合同签订后任何一方不得擅自调整合同价格，符合合同约定的情形时方可调整。

8）总承包风险费是指由总承包单位为支付风险费用计列的金额，风险费用包括的内容在合同中约定。总承包风险费由投标人根据建设项目的具体情况自主填报，费用包干，一律不调整。

9）与本标段工程相关保险由承包人办理，保险费计入总承包风险费，不再单独报价。

开工前向发包人提供保险手续复印件。

10）承包人应根据铁路总公司有关规定的支出范围，在投标文件中明确具体的使用项目及费用。安全生产费应按规定报价，不得删减，列入标外管理，规范使用，确保需要。

11）甲供材料设备费不纳入公布的最高投标限价和签约合同价格。

（3）其他说明　报价总额见已标价工程量清单投标报价总表。

2. 相关工程量清单计价表示例

已标价工程量清单投标报价总表见表4-7，已标价工程量清单章节表见表4-8，工程量清单子目综合单价分析表见表4-9，材料费、设备费计算表见表4-10～表4-13。

表4-7　已标价工程量清单投标报价总表

标段：CZZQ-4

章　号	节　号	名　称	金额/元
第一章	1	拆迁及征地费用	147778220
第二章		路基	502020235
	2	区间路基土石方	165475415
	3	站场土石方	34968182
	4	路基附属工程	301576638
第三章		桥涵	847319041
	5	特大桥	453800507
	6	大桥	364299460
	7	中小桥	25104632
	8	框架桥	
	9	涵洞	4114442
第四章		隧道及明洞	418966301
	10	隧道	418966301
	11	明洞	
第五章		轨道	165977530
	12	正线	165335886
	13	站线	
	14	线路有关工程	641644
第六章		通信、信号、信息及灾害监测	209134
	15	通信	
	16	信号	209134
	17	信息	
	18	灾害监测	
第七章		电力及电力牵引供电	
	19	电力	
	20	电力牵引供电	
第八章		房屋	
	21	旅客站房	
	22	其他房屋	
第九章		其他运营生产设备及建筑物	33617026
	23	给排水	

（续）

章　号	节　号	名　称	金额/元
	24	机务	
	25	车辆	
	26	动车	
	27	站场	27056483
	28	工务	
	29	其他建筑及设备	6560543
第十章	30	大型临时设施和过渡工程	63685069
第十一章	31	其他费	0
第一章～第十一章清单合计①（不含安全生产费）		*A*	2179572556
设备费		*B*	13203
总承包风险费		*C*	31199314
安全生产费		*D*	44943988
投标报价总额（*A*+*C*+*D*）			2255715858
按照一般计税方法标明报价中包含的增值税数额			186251768

① 第一章～第十一章清单合计已含设备费。

表 4-8　已标价工程量清单章节表

编　码	节号	名　称	计量单位	工程数量	综合单价	合价
					金额/元	
0202	2	区间路基土石方	区间路基公里	9.16	18065001.64	165475415
		其中：1.建筑工程费	区间路基公里	9.16	18065001.64	165475415
0202-01		1.建筑工程费	断面方	4025594	41.11	165475415
0202-01-01		一、土方	m³	917956	9.21	8548891
0202-01-01-02		（一）挖土方（弃方）	m³	907808	9.33	8470752
0202-01-01-02-01		1.开挖土方（运距≤1km）	m³	907808	6.5	5900752
0202-01-01-02-01-02		（2）机械施工	m³	907008	6.5	5900752
0202-01-01-02-02		2.增运土方（运距>1km的部分）	m³	758112	3.29	2570000
0202-01-01-03		（二）挖土方（利用方）	m³	10148	7.7	78139
0202-01-01-03-01		1.开挖土方（运距≤1km）	m³	10148	6.61	67078
0202-01-01-03-01-02		（2）机械施工	m³	10148	6.61	67078
0202-01-01-03-02		2.增运土方（运距>1km的部分）	m³	10148	1.09	11061
0202-01-02		二、AB组填料	m³	344453	156.28	53831115
0202-01-02-03		（三）价购	m³	344453	156.28	53831115
0202-01-02-03-01		1.价购	m³	344453	150.57	51864288
0202-01-02-03-02		2.运填	m³	344453	5.71	1966827
0202-01-03		三、石方	m³	2592008	24.3	63022810

清单　第02章　路基

（续）

编码	节号	名称	计量单位	工程数量	金额/元	
					综合单价	合价
0202-01-03-01		（一）挖石方（弃方）	m³	2463437	24.56	60493786
0202-01-03-01-01		1. 爆破石方	m³	2463437	11.04	27196344
0202-01-03-01-01-01		（1）一般爆破	m³	2463437	11.04	27196344
0202-01-03-01-02		2. 挖运（运距≤1km）	m³	2463437	8.9	21924589

清单 第03章 桥涵

编码	节号	名称	计量单位	工程数量	金额/元	
					综合单价	合价
0305	5	特大桥（10）	延长米	8104.83	55991.37	452800507
		其中：Ⅰ.建筑工程费	延长米	8104.83	55991.37	452800507
0305-02		二、一般特大桥	延长米	8104.83	55857.18	452712979
0305-02-05		（二）一般双线梁式特大桥	延长米	8104.83	55857.18	452712979
0305-02-05-01		Ⅰ.建筑工程费	延长米	8104.83	55857.18	452712979
0305-02-05-01-01		1. 下部工程	延长米	8104.83	24243.37	196488401
0305-02-05-01-01-01		（1）基础	圬工方	66135.4	1996.61	132046744
0305-02-05-01-01-01-01		①明挖	圬工方	151.5	645.78	97836
0305-02-05-01-01-01-01-01		A. 混凝土	圬工方	151.5	502.18	76232
0305-02-05-01-01-01-01-02		B. 钢筋	t	4.56	4727.72	21604
0305-02-05-01-01-01-02		②承台	圬工方	33426.2	841.94	28142995
0305-02-05-01-01-01-02-01		A. 混凝土	圬工方	33426.2	529.27	17691485
0305-02-05-01-01-01-02-02		B. 钢筋	t	2209.36	4730.56	10451510
0305-02-05-01-01-01-05		⑤钻孔桩	圬工方	32557.7	2064.47	99772095
0305-02-05-01-01-01-05-01		A. 陆上	圬工方	32557.7	2064.47	99772095
0305-02-05-01-01-01-09		⑨挖基	m³	99995.5	40.34	4033818
0305-02-05-01-01-02		（2）墩台	圬工方	58878.62	1094.48	64441657
0305-02-05-01-01-02-01		①混凝土	圬工方	58878.62	788.43	46421670
0305-02-05-01-01-02-02		②钢筋	t	3196.83	5636.83	18019987
0305-02-05-01-02		2. 上部工程	延长米	8104.83	28497.08	230963976
0305-02-05-01-02-01		（1）预应力混凝土简支箱梁	孔	228	754897.53	172116659
0305-02-05-01-02-01-01		①制架预应力混凝土简支箱梁	孔	228	754897.53	172116659
0305-02-05-01-02-01-01-02		B. 双线	孔	228	754897.53	172116669
0305-02-05-01-02-01-01-02-01		a. 24m	孔	15	603533.07	9052996
0305-02-05-01-02-01-01-02-01-01		a）预制	孔	15	514092.53	7711388

表4-9　工程量清单子目综合单价分析表

清单　第04章　隧道及明洞

编码	节号	名称	计量单位	综合单价组成/元							综合单价/元
				人工费	材料费	机械使用费	填料费	措施费	间接费	税金	
0410	10	隧道（4）	延长米								87815.52
		其中：1. 建筑工程费	延长米								87815.52
0410-01		甲、新建（4）	延长米								87815.52
0410-01-03		三、2km＜隧长≤3km的隧道（1）	延长米								76413.15
0410-01-03-04		（一）一般双线隧道（1）	延长米								76413.15
0410-01-03-04-01		1. 建筑工程费	延长米								76413.15
0410-01-03-04-01-01		1. 正洞（钻爆法施工）	延长米								70976.12
0410-01-03-04-01-01-08		1-1 进口工区施工	延长米								69891.03
0410-01-03-04-01-01-08-04		（4）IV级围岩	延长米								61418.85
0410-01-03-04-01-01-08-04-01		①开挖	m³								93.84
0410-01-03-04-01-01-08-04-01-01		A. 开挖	m³	19.78	20.18	25.17		3.06	15.24	7.51	90.94
0410-01-03-04-01-01-08-04-01-02		B. 洞外弃碴增运	m³			2.01		0.11	0.54	0.24	2.90
0410-01-03-04-01-01-08-04-02		②衬砌	圬工方								609.28
0410-01-03-04-01-01-08-04-02-01		A. 模筑混凝土	圬工方	36.28	341.26	62.46		5.92	29.5	42.79	518.21
0410-01-03-04-01-01-08-04-02-02		B. 钢筋	t	505.69	3802.46	195.93		44.55	222.06	429.36	5200.05
0410-01-03-04-01-01-08-04-03		③支护	延长米								26844.78
0410-01-03-04-01-01-08-04-03-01		A. 喷射混凝土	圬工方	100.78	480.14	139.64		14.34	71.47	72.57	878.94

表4-10 甲供材料费计算表

标段：CZZQ-4

序号	材料编码	名称及规格	交货地点	计量单位	数量	金额/元	
						单价	合价
1	2765012	轨距挡板60kg	施工工地、车板交货	块	35581.35	3.76	133884.20
2	2766022	WJ-7型扣件	施工工地、车板交货	套	273.7	242.94	66491.43
3	2766104	60kg钢轨弹条Ⅲ型扣配件	施工工地、车板交货	组	296.27	42.27	12522.53
4	400000019	球形钢支座-4000kN	施工工地、车板交货	个	132	10151.53	1340002.18
5	400000021	球形钢支座-5000kN	施工工地、车板交货	个	1604	13085.23	20988713.28
6	400000022	球形钢支座-6000kN	施工工地、车板交货	个	4	16088.10	64352.40
7	400000028	球形钢支座-12500kN	施工工地、车板交货	个	10	40091.36	400913.62
8	400000030	球形钢支座-17500kN	施工工地、车板交货	个	4	59790.12	239160.50
9	400000031	球形钢支座-20000kN	施工工地、车板交货	个	8	82590.08	660720.66
10	400000033	球形钢支座-25000kN	施工工地、车板交货	个	8	92420.87	739366.98
11	400040026	C形压接件 铜质（含防腐处理）	施工工地、车板交货	个	2399	52.32	125515.68
12	400040027	L形连接器（含防腐处理）	施工工地、车板交货	个	454	141.70	64331.80
13	8018165	金属护套环保型接地铜缆70mm²	施工工地、车板交货	m	67426.08	80.14	5403310.29
	900000000	部组织采购—以上小计					30239285.54
14	2031130	金属声屏障单元板 1960×500×140	施工工地、车板交货	m²	4517.65	795.43	3593494.32
15	2031133	通透单元板 1960×1000×20（桥金属-8323A）	施工工地、车板交货	m²	2792.46	1410.84	3939718.56
16	2031136	复合吸声板 3960×140×500	施工工地、车板交货	m²	294.84	432.38	127482.69
17	2613914	梁端可更换伸缩缝（铝合金）TSSF-100 无砟	施工工地、车板交货	m	6048	638.66	3862588.75
18	3341030	EVA防水板 δ=1.5	施工工地、车板交货	m²	657.9	17.77	11693.99
19	400000003	桥梁高聚物改性沥青防水卷材（甲供）	施工工地、车板交货	m²	60732.31	41.84	2541207.44
20	400000004	桥梁聚氨酯防水涂料（甲供）	施工工地、车板交货	kg	230131.79	14.74	3391130.41
21	400000006	隧道防水板（甲供）	施工工地、车板交货	m²	6119.82	24.15	147765.65
22	400000107	铁路桥梁墩台高聚物改性沥青防水卷材（甲供）	施工工地、车板交货	m²	18670.08	41.84	781219.64

（续）

序号	材料编码	名称及规格	交货地点	计量单位	数量	金额/元	
						单价	合价
23	400000108	铁路桥梁墩台聚氨酯防水涂料（甲供）	施工工地、车板交货	kg	4218.72	14.74	62166.17
24	400000109	铁路涵洞高聚物改性沥青防水卷材（甲供）	施工工地、车板交货	m²	554.16	41.84	23188.28
25	400000110	铁路涵洞聚氨酯防水涂料（甲供）	施工工地、车板交货	kg	3229.46	14.74	47589.71
26	400000169	硅酮密封胶	施工工地、车板交货	L	77075.95	49.07	3782109.97
27	400000212	施工缝用背贴式自粘橡胶止水带	施工工地、车板交货	m	30330.72	122.81	3724774.54
28	400000213	施工缝用中埋式自粘钢边橡胶止水带	施工工地、车板交货	m	29689.14	115.22	3420863.55
29	400000222	自粘式防水板	施工工地、车板交货	m²	152574.27	55.65	8490124.01
30	400000223	变形缝用中埋式自粘钢边橡胶止水带 B-Z-ZG－300×6	施工工地、车板交货	m	543.66	120.02	65250.14
31	400000224	变形缝用背贴式自粘橡胶止水带 B-T-ZR-300×6	施工工地、车板交货	m	564.06	122.80	69267.96
	900000000	建设单位采购—以上小计					38081635.79
		合计					68320921.33

表 4-11　主要自购材料价格表

标段：CZZQ-4

序号	材料编码	材料名称及规格	计量单位	单价/元
1	31	电（机械台班用）	kW·h	0.878
2	32	汽油（机械台班用）	kg	8.41
3	33	柴油（机械台班用）	kg	7.472
4	50	水（机械台班用）	t	0.35
5	1010002	水泥 32.5 级	kg	0.319
6	1010003	普通水泥 42.5 级	kg	0.34
7	1010012	普通水泥 42.5 级（高性能混凝土）	kg	0.34
8	1010013	普通水泥 52.5 级（高性能混凝土）	kg	0.421
9	1110001	原木	m³	1257
10	1110003	锯材	m³	1366
11	1170056	草皮	m²	2.66
12	1170057	混合草籽	kg	31.02
13	1170060	小灌木	株	1.611
14	1170062	绿篱苗木 苗高＞0.6m	株	4.57

（续）

序号	材料编码	材料名称及规格	计量单位	单价/元
15	1170063	花灌木 带土球	株	16.01
16	1170065	攀缘植物 4 年生	株	1.09
17	1200014	生石灰	kg	0.33
18	1230005	块石	m³	70
19	1230006	片石	m³	105
20	1240010	碎石	m³	122.65
21	1240011	碎石 16mm 以内	m³	122.65
22	1240012	碎石 25mm 以内	m³	122.65
23	1240013	碎石 31.5mm 以内	m³	122.65
24	1240014	碎石 40mm 以内	m³	122.65
25	1240015	碎石 63mm 以内	m³	122.65
26	1240016	碎石 80mm 以内	m³	122.65
27	1240022	碎石 16mm 以内（高性能混凝土）	m³	122.65
28	1240023	碎石 25mm 以内（高性能混凝土）	m³	122.65
29	1240024	碎石 31.5mm 以内（高性能混凝土）	m³	122.65
30	1240025	碎石 40mm 以内（高性能混凝土）	m³	122.65
31	1240110	卵石 10mm 以内	m³	82.52
32	1240111	卵石 25mm 以内	m³	82.52
33	1240113	卵石 40mm 以内	m³	82.52
34	1240118	天然级配砂（砾）卵石	m³	65
35	1240120	石屑	m³	65
36	1251058	小豆石	m³	54.88
37	1252134	石灰膏	m³	102.89
38	1260022	中粗砂	m³	149.13
39	1260024	中粗砂（高性能混凝土）	m³	149.13
40	1260129	粉煤灰 I 级	t	190
41	1260132	粉煤灰（混凝土工程）	kg	0.19
42	1260133	重力式砂浆	m³	4947.52
43	1260139	石粉	kg	0.17
44	1260141	滑石粉 325 目	kg	0.34
45	1270010	普通石油沥青 65 甲、60 乙	kg	3.43
46	1270011	道路石油沥青 100 甲、100 乙、180 号	kg	3
47	1270012	建筑石油沥青	kg	3.43
48	1270015	软煤沥青 8 号	kg	2.34
49	1900014	光圆钢筋（HPB300）$\phi < 10$	kg	3.682
50	1900015	光圆钢筋（HPB300）$\phi \geqslant 10$	kg	3.824

（续）

序号	材料编码	材料名称及规格	计量单位	单价/元
51	1900017	圆钢筋 16Mn φ18 以上	kg	3.682
52	1902001	镀锌圆钢 φ<10	kg	4.53
53	1910106	精轧螺纹钢筋（BST500S）φ>18	kg	4.44
54	1910107	带肋钢筋（HRB400）φ<18，≥28	kg	3.702
55	1910108	带肋钢筋（HRB400）φ18～25	kg	3.702
56	1910201	锥形螺纹套筒连接件 φ16	套	2.78
57	1910203	锥形螺纹套筒连接件 φ20	套	3.47
58	1910206	锥形螺纹套筒连接件 φ28	套	4.86
59	1910209	锥形螺纹套筒连接件 φ40	套	8.49
60	1910213	冷挤压套筒连接件 φ25	套	6.56
61	1930031	扁钢 Q235A	kg	3.71
62	1940005	工字钢 Q235A	kg	3.844
63	1950101	槽钢 Q235A	kg	3.982
64	1950102	镀锌槽钢 Q235A	kg	4.88
65	1960025	角钢 Q235A	kg	3.822
66	1962001	型钢	kg	3.158
67	1980012	冷拉低碳钢丝	kg	3.7
68	1980053	预应力钢绞线	kg	4.82
69	2000001	钢板 Q235A $\delta=0.5～6$	kg	3.8
70	2000007	钢板 Q235A $\delta=7～40$	kg	3.887
71	2000024	钢板 16Mn $\delta=6～10$	kg	4.055
72	2020001	冷轧钢板 Q235A $\delta=0.3～3$	kg	3.6
73	2030003	镀锌钢板 $\delta=0.3～5$	kg	4.15
74	2031002	不锈钢材	kg	15.44
75	2031006	不锈钢镜面板 $\delta=1.2$	m²	166.49
76	2031017	不锈钢接地端子	个	41.17
77	2031043	白铁皮 $\delta=0.2$	kg	3.24
78	2031044	瓦楞铁皮 26 号	m²	22.27
79	2031054	合金工具钢 空心	kg	4.91
80	2031059	工具钢 实心	kg	4.09
81	2031071	中空注浆锚杆体 φ25×5	m	20.15
82	2031072	中空注浆锚杆附件 φ25×5	套	9.52
83	2100005	钢丝绳	kg	4.48
84	2110005	镀锌钢丝绳	kg	5.11
85	2130012	镀锌低碳钢丝 φ0.7～6	kg	3.46
86	2200100	无缝钢管	kg	4.75

（续）

序号	材料编码	材料名称及规格	计量单位	单价/元
87	2201014	无缝钢管 $D42 \times 4$	m	19.8075
88	2201016	无缝钢管 $D50 \times 2.5$	m	13.9175
89	2201021	无缝钢管 $D76 \times 4$	m	33.725
90	2201027	无缝钢管 $D108 \times 4$	m	48.735
91	2201028	无缝钢管 $D108 \times 6$	m	71.6775
92	2201040	无缝钢管 $D273 \times 8$	m	248.33
93	2201043	无缝钢管 $D325 \times 9.5$	m	351.0725
94	2210050	不锈钢管	kg	15.65
95	2220016	焊接钢管	kg	3.91
96	2220017	焊接钢管　$DN10 \times 2.25$	m	3.2062
97	2220033	焊接钢管　$DN100 \times 4$	m	42.4235
98	2220035	焊接钢管　$DN150 \times 4.5$	m	69.6371
99	2220038	焊接钢管　$DN200 \times 6.5$	m	123.2041
100	2220042	焊接钢管　$DN300 \times 6.5$	m	184.5911
101	2240003	镀锌焊接钢管　$DN20 \times 2.75$	m	7.9173
102	2240005	镀锌焊接钢管　$DN25 \times 3.25$	m	11.7602
103	2240007	镀锌焊接钢管　$DN32 \times 3.25$	m	15.2327
104	2240009	镀锌焊接钢管　$DN40 \times 3.5$	m	18.6589
105	2240011	镀锌焊接钢管　$DN50 \times 3.5$	m	23.7056
106	2240014	镀锌焊接钢管　$DN80 \times 4$	m	40.5588
107	2240016	镀锌焊接钢管　$DN100 \times 4$	m	52.7357
108	2240018	镀锌焊接钢管　$DN150 \times 4.5$	m	86.581
109	2250001	金属波纹管 （制孔用）	kg	5.6
110	2260017	铁皮通风管 $\phi1800$	m	370.5
111	2261001	群锚 （QM、OVM、HVM 锚具）	孔束	24.08
112	2261002	预应力钢筋扎丝锚	头	19.61
113	2261003	喇叭管 铸钢	个	78.05
114	2810023	组合钢模板	kg	5.19
115	2810024	组合钢支撑	kg	5.4
116	2810025	组合钢配件	kg	6.25
117	2810026	隧道组合钢模板	m²	179.97
118	2810027	大钢模板	kg	5.88
119	2810028	定型钢模板	kg	6.99
120	2810036	台模钢架及走行部分	kg	4.91
121	2810047	钢配件	kg	6.08
122	2810051	单壁吊箱围堰	t	5452.49

（续）

序号	材料编码	材料名称及规格	计量单位	单价/元
123	2810055	钢护筒≤2m	t	5120.99
124	2910010	汽油	kg	8.41
125	2910014	柴油	kg	7.472
126	3350111	聚氯乙烯硬管 *D*75	m	8.27
127	3350113	聚氯乙烯硬管 *D*150	m	29.41
128	3360204	软质通风管 φ1800	m	66.54
129	3372015	聚氯乙烯给水管（UPVC）*D*50	m	4.15
130	3372017	聚氯乙烯给水管（UPVC）0.6MPa *D*75	m	6.97
131	3372018	聚氯乙烯给水管（UPVC）0.6MPa *D*90	m	9.1
132	3372019	聚氯乙烯给水管（UPVC）0.6MPa *D*110	m	11.72
133	3372020	聚氯乙烯给水管（UPVC）0.6MPa *D*125	m	14.08
134	3372022	聚氯乙烯给水管（UPVC）0.6MPa *D*160	m	24.6
135	3372024	聚氯乙烯给水管（UPVC）0.6MPa *D*200	m	42.09
136	3372151	聚乙烯给水管（PE）*de*25	m	2.88
137	3372211	聚乙烯给水管（PE）0.6MPa *de*110	m	23.66
138	3372261	高密度聚乙烯管（HDPE）*de*90	m	31.4
139	3372390	排水用聚氯乙烯双壁波纹管 *D*225	m	30.27
140	3372392	排水用聚氯乙烯双壁波纹管 *D*300	m	49.73
141	3378010	PVC 硬塑泄水箅 250×250×10	个	5.6
142	3378011	PVC 硬塑泄水管及管盖 φ150×40	套	33.59
143	3378012	PVC 硬塑管 φ100	m	4.37
144	3378015	UPVC 雨水管 φ110	m	12.1
145	3378016	UPVC 雨水管 φ160	m	14.23
146	3378017	UPVC 雨水斗 φ110	个	12.81
147	3378025	PVC 直通接头 *DN*110	个	3.84
148	3378028	PVC 弯管 φ180	个	32.03
149	3378044	φ100PVC 带孔双壁波纹渗水管	m	10.72

表4-12 自购设备费计算表

标段：CZZQ-4

序号	设备编码	设备名称及规格型号	技术条件	计量单位	数量	金额/元 单价	金额/元 合价
1	SF	照明配电箱		个	2	6601.50	13203

自购设备费合计 __13203__ 元

表 4-13 设备费汇总表

标段：CZZQ-4

名 称	金额/元
1. 甲供设备费合计	
2. 自购设备费合计	13203
3. 甲供设备自交货地点至安装地点的运杂费	

设备费总额（2＋3）___13203___元

（结转"已标价工程量清单投标报价总表"）

4.3 各章工程量计量规则

4.3.1 迁改工程工程量计量规则

1. 清单说明

1）道路过渡工程是指为了不中断既有道路交通，确保施工、运营安全所修建的过渡工程。

2）改河（沟渠）包括涵洞的上下游铺砌及顺沟、顺渠、顺路（仅为非等级公路）内容，指为保证涵洞两端上下游通畅，避免对环境产生不利影响而需向铁路用地界以外延伸部分的工程。

3）管线路防护是指修建铁路时需对既有管线路进行的防护、加固、含电磁防护工程。

4）青苗补偿费是指在铁路用地界以外修建正式工程发生的青苗补偿费用。

2. 主要工程计量规则

（1）改移道路

1）分区间等级公路、区间非等级公路、站场等级公路改移道路、站场非等级公路改移道路、道路过渡工程和取弃土（石）场处理。等级公路路基土石方（含路基附属工程的土石方）按设计图示断面尺寸，挖方以天然密实体积计算，填方以压实体积计算。

2）路基附属工程砌体及（钢筋）混凝土按设计图示砌体尺寸、圬工尺寸计算。附属工程中绿色防护按设计图示绿色防护、绿化面积计算。路面垫层、基层按设计图示面积乘厚度计算，沥青混凝土路面、水泥混凝土路面按设计图示面积计算。

3）公路桥明挖基础按设计图示圬工体积计算（不含回填圬工数量），钻孔桩按设计桩长计算（桩顶至桩底长度）。预制、现浇简支梁按设计图示面积计算；连续梁混凝土按设计图示圬工体积计算，预应力钢筋按设计图示下料长度（不含锚具的重量）计算重量。桥面按设计图示圬工体积计算，各类支座按设计图示数量计算。

4）公路涵洞按设计图示进出口帽石外边缘之间中心线长度计算。公路隧道正洞按设计图示正洞长度计算。公路隧道洞门和附属工程按设计图示洞门圬工体积计算（含端翼墙和与洞门连接的挡墙的圬工数量）。

5）沿线设施按设计图示公路中心线长度计算。

（2）人行天桥　钢结构人行天桥、钢筋混凝土人行天桥按设计图示桥面面积计算（含车行道和人行道的面积）。

（3）立交桥综合排水　按设计图示数量计算。

（4）砍伐挖根　按设计要求综合计算。

（5）改河（沟渠）　土石方按设计图示尺寸，挖方以天然密实体积计算，填方以压实体积计算。浆砌石和混凝土按设计图示圬工体积计算。

（6）改移通信、电力、给排水、油气管道线路　按设计图示改移线路长度计算。

（7）管线路防护　按设计图示防护长度计算。

（8）隔声窗　按设计图示隔声窗的表面面积计算。

（9）既有建筑拆除后的垃圾清运　按设计要求综合计算。

（10）其他费　临时用地费按设计图示数量计算；青苗补偿费按设计要求综合计算。

4.3.2　路基工程工程量计量规则

1. 区间路基和站场土石方

1）利用隧道、路基、站场、桥涵弃土石方的运输距离界面划分：以设计确定的取料点为界，料源点至取料点的运输距离计入弃方工程中，取料点至填筑点（含运至填料拌和站）的运输距离计入填筑工程中。

2）挖方以设计开挖断面计算，为天然密实体积；填方以设计填筑断面计算，为压实后体积

3）因设计要求清除表土后或原地面压实后回填至原地面标高所需的土石方按设计图示确定的数量计算，纳入路基填方数量内。

4）路堤填筑按照设计图示填筑线计算土石方数量，护道土石方、需要预留的沉降数量计入填方数量。

5）既有线改造工程所引起的既有路基落底、抬坡的土石方数量应按相应的土石方的清单子目计量。

2. 路基附属工程

1）路基加固防护与桥梁基坑防护的界面划分：以桥台台尾为界，路基范围以内的防护工程纳入路基工程。

2）路基（站场）排水沟与涵洞出入口沟渠的界面划分：涵洞边墙以外的排水系统纳入路基（站场）工程。

3）支挡结构。

① 支挡结构包括抗滑桩、挡土墙、锚固结构等工程。

② 板挡土墙分别按钢筋混凝土桩和钢筋混凝土板的清单子目计量。

③ 加筋土挡土墙分别按墙面板及基础和拉筋的清单子目计量。

④ 锚杆框架梁分别按锚杆及钢筋混凝土的清单子目计量。

4）路基地基处理中基底填筑（垫层）按清单子目单独计量；挡土墙、护墙等砌体圬工的基础、墙背所设垫层不单独计量，其工程内容含在相应的清单子目。

5）土工合成材料。

① 铺设土工材料数量按设计铺设面积计算，若特殊设计需要回折的，回折部分另行计

算并计入工程数量。除土工网垫外，其下铺设的各种垫层或其上填筑的各种覆盖层等应采用地基处理的清单子目计量。

② 支挡结构中的受力土工材料在支挡结构的清单子目中计量。

6）地下洞穴处理。

① 仅适用于对地下洞穴进行直接处理的计量，对于通过挖开后回填处理，应采用地基处理的清单子目计量。

② 地下洞穴处理的填筑清单子目，适用于通过地下巷道进入施工现场进行填筑的工程。

4.3.3 铁路桥涵工程工程量计量规则

1. 清单说明

1）特大桥指桥长 500m 以上的桥梁；大桥指桥长 100m 以上至 500m（含）的桥梁；中桥指桥长 20m 以上至 100m（含）的桥梁；小桥指桥长 20m 及以下的桥梁。

2）桥梁长度，梁式桥指桥台挡砟前墙之间的长度；拱桥指拱上侧墙与桥台侧墙间两伸缩缝外端之间的长度；框架式桥指框架顺跨度方向外侧间的长度。

3）桥梁下部工程有"水上"字样的清单子目是指设计采用船舶等水上专用设备方可施工的子目。河滩、水中筑岛施工按"陆上"施工考虑。

4）墩台子目按墩身高度细分为墩高 ≤30m、30m < 墩高 ≤70m、70m < 墩高 ≤140m 三类。

5）梁的运架清单子目包括运输、架设等工作内容。

6）刚构连续梁与桥墩的分界：桥墩顶部变坡点（0 号块底）以上属梁部，以下属墩台工程。

7）附属工程包括台后及河床加固及河岸防护、锥体填筑、洞穴处理等，不含由于防洪需要所发生的相关工程。

8）本章洞穴处理，钻孔、注浆、灌砂等清单子目，适用于通过钻孔进行的注浆、灌砂处理；填土、填袋装土、填石（片石）及填（片石）混凝土等清单子目，适用于对洞穴挖开后的填筑处理；钻孔填筑子目仅适用于对钻孔通过洞穴时，需对洞穴进行的填筑处理。

9）施工辅助设施包括栈桥、缆索起重机、施工猫道、基础施工辅助设施和其他设施。基础施工辅助设施包括筑堤、筑岛、围堰，工作平台、防护棚架等。其他设施包括现浇混凝土梁辅助设施、钢梁架设辅助设施、墩身辅助设施等。

2. 主要计量规则

1）桥梁基础、墩台混凝土工程量按设计图示圬工体积计算。

2）钢筋按设计图示长度计算重量；预应力钢筋按设计图示下料长度计算重量（不含锚具的重量）。

3）钻孔桩按设计桩长（桩顶至桩底的长度）计算。

4）预制、架设按设计图示数量计算孔数；现浇连续梁，按设计图示圬工体积计算。

5）桥面系按设计图示桥梁长度计算工程量。

6）涵洞工程涵身及附属工程量按设计图示进出口帽石外边缘之间中心线长度计算。

4.3.4 隧道工程工程量计量规则

1. 清单说明

1）隧道长度指隧道进出口（含与隧道相连的明洞）洞门端墙墙面之间的距离，以端墙面或斜切式洞门的斜切面与设计内轨顶面的交线同线路中线的交点计算。双线隧道按下行线长度计算；位于车站上的隧道以正线长度计算；设有缓冲结构的隧道长度应从缓冲结构的起点计算。

2）隧道长度 $L > 4km$ 或有辅助坑道的单、双线隧道，多线隧道及地质复杂隧道分别编列。

3）隧道正洞施工工区分为正洞进出口工区、通过辅助坑道施工正洞工区，正洞工区长度根据施工组织设计安排确定。

4）洞身施工按不同工法分为"钻爆法施工""TBM 法施工""盾构法施工"三类，不同工法按地质围岩分级设置清单子目。

5）TBM 法施工适用于采用敞开式隧道岩石掘进机设备进行开挖的隧道。为便于 TBM 步进、洞内拆解而采用钻爆法施工的正洞主体工程，应采用钻爆法施工相关清单子目计量。

6）盾构法施工适用于采用土压平衡盾构及泥水平衡盾构设备进行开挖的隧道。如与盾构工作井相连的是封闭式路堑（U 形槽）加雨棚结构，则相关土石方开挖、地基处理、基坑围护、主体结构、雨棚等可采用类似工程清单子目计量。

7）平行导坑的横通道不单独计量，其工程内容计入平行导坑。

8）竖井的井口及井底车场工程不单独计量，其工程内容计入竖井。

9）隧道洞室防护门等与土建工程同步实施的站后相关工程均列于本章中。

2. 主要计量规则

1）正洞开挖工程量按图示不含设计允许超挖、预留变形量的设计断面计算（含沟槽和各种附属洞室的开挖数量）。

2）衬砌模筑混凝土工程量按图示断面圬工计算；预留变形量采用模筑混凝土回填项目按设计图示预留变形量未变部分采用模筑混凝土回填圬工体积计算。

3）TBM、盾构机步进按设计图示步进长度计算；各级围岩开挖按设计图示开挖体积计算（不含设计预留变形量）。

4）接长明洞及棚洞开挖按设计图示平均断面乘明（棚）洞长度计算；衬砌按设计图示断面圬工计算（含钢筋混凝土、混凝土圬工数量）。

5）平行导坑按设计图示平行导坑长度计算（含连接正洞的全部横通道长度）。斜井长度按设计图示斜井井口至斜井井身与井底车场中心线相交点的斜长加井底车场到隧道边墙内轮廓线的长度计算。竖井按设计图示竖井锁口至井底车场底内轮廓线的长度计算。

6）洞门按设计图示正洞洞门圬工体积计算，包括端翼墙、缓冲结构和与洞门连接挡墙的圬工。

4.3.5 轨道工程工程量计量规则

1. 清单说明

1）铺轨、铺岔和铺道床包括满足设计开通速度的全部工程（工作）内容。

2）大型机械安拆与调试按单独清单子目计量。

3）无砟道床包括轨道板（枕）预制、轨道板（枕）运输、道床现浇部分及轨道板（枕）安装及减震垫层。

2. 工程量计量规则

（1）新建轨道工程具体工程量计量规则

1）正、站线铺轨长度按设计图示长度（不含过渡段、不含道岔）计算。

2）铺砟数量计算：粒料道床面砟按设计图示尺寸以体积计算，含无砟道床与粒料道床过渡段和无砟道床两侧铺设的数量；底砟按设计图示尺寸以体积计算，含线间石砟；粒料道床减振橡胶垫层按设计图示铺设面积计算。

3）无砟道床按设计图示道床长度（不含过渡段）计算，无砟道床减振垫层铺设按设计图示减振地段道床长度（不含过渡段）计算。

4）铺道岔工程量按设计图示道岔组数计算。

（2）改建轨道工程具体工程量计量规则

1）拆除线路按设计图示拆除的既有线路长度计算；重铺线路按设计图示重铺长度计算。起落道按设计图示起落长度计算；拨移线路按设计图示拨移长度计算。换轨按设计图示更换钢轨的长度计算；抽换轨枕按设计图示更换轨枕的数量计算。

2）无缝线路应力放散按设计图示无缝线路长度计算；无缝线路锁定按设计图示无缝线路长度计算。

3）清筛道砟按设计清筛道砟的体积计算，补充道砟按设计补充道砟的体积计算。

4）线路有关工程包括附属工程、线路备料、CPⅢ测设。附属工程按设计铺轨长度计算；线路备料按设计要求综合计算；CPⅢ测设按设计正线长度计算。

4.3.6 铁路站后工程及其他费计量规则

1. 通信、信号、信息及灾害监测工程

1）综合接地工程项目中贯通接地系统安装工程量列入信号专业、各专业需与接地端子相连接的工程项目（如分支地线敷设及连接等）的工程量列入相应专业，需单独接地的工程量列入相应专业。

2）综合视频监控系统中，旅服视频监控系统采集点设备列入信息专业，通信机房、信号机房、电力配电所、电化所（亭）等采集点设备列入通信专业。

3）旅客车站站房综合布线系统列入信息专业，其他生产生活房屋综合布线列入通信专业。

4）灾害监测系统中公跨铁异物侵限监测系统桥梁预埋件列入桥梁专业。

2. 电力及电力牵引供电工程

1）供电线路施工引起的地上附着物及青苗补偿费，统一在迁改工程中计列。

2）其他室外照明是指水塔、天桥、地道、雨棚等的照明和其他单列清单项目以外的室外照明，包括站区、庭院照明等。

3）与路基工程同步施工的接触网支柱基础应在路基工程清单项目中计列，桥梁预埋的接触网支柱锚栓或预留的接触网支柱锚栓孔应在桥梁工程清单项目中计列，隧道预埋的槽道或螺栓孔应在隧道工程清单项目计列。

3. 房屋工程

除计量规则表所列的工程内容以外，列入房屋工程的室内工程还包括库内线、检查坑、落轮坑、调车轨道等。

基础与墙身分界规则：

1）砖基础与砖墙（身）划分应以设计室内地坪为界（有地下室的按地下室室内设计地坪为界），以下为基础，以上为墙（柱）身。

2）石基础、石勒脚、石墙的划分。基础与勒脚应以设计室外地坪为界，勒脚与墙身应以设计室内地坪为界。

3）基础与墙身使用不同材料，位于设计地坪±0.3m以内时以不同材料为界，超过±0.3m，应以设计室内地坪为界。

4）附属工程土石方是指为达到设计要求的标高，在原地面修建房屋及附属工程而必须进行的修建场地范围的土石方工程，不含已由线路、站场进行调配的土石方。修建房屋进行的平整场地（厚度±0.3m以内）和基础及道路、围墙、绿化、圬工防护等土石方，不单独计量，其工程内容计入房屋基础及附属工程的相应清单子目。

5）除与其他运营生产设备及建筑物有关的围墙、栅栏、道路、排水沟渠、硬化面、挡墙、护坡、绿化和取弃土（石）场处理外，其余均列入房屋附属工程相应清单子目。

6）铁路房屋分类及范围符合《铁路房屋建筑设计标准》的规定；建筑面积计算符合《建筑工程建筑面积计算规范》的规定。

4. 其他运营生产设备及建筑物

1）机务、车辆、动车段（所）按车间种类分别编列。

2）本章范围内的围墙、栅栏、道路、硬化面、绿化、美化和取弃土（石）场处理等均列入站场附属工程有关清单子目。

3）本章范围内的地面水（雨水、融化雪水、客车上水时的漏水，无专用洗车机洗刷机车及车辆的废水等）的排水沟渠、管道列入站场附属工程，其余地下水、生产废水、生活污水的排水沟渠，管道列入排水工程。

4）集装箱场地地面等垫层以下地基如需加固处理，应按地基处理相应的清单子目计量。

5. 大型临时设施和过渡工程

指施工企业为进行建筑安装工程施工及维持既有线正常运营，根据施工组织设计确定所需的大型临时建筑物和过渡工程修建及拆除恢复工程。

（1）临时场站　根据施工组织设计需要确定的大型临时场站，包括材料场、填料集中加工站、混凝土集中拌和站、混凝土构配件预制场、制（存）梁场、钢梁拼装场、TBM拼装场、盾构泥水处理厂、管片预制场、仰拱块预制场、铺轨基地、长钢轨焊接基地、换装站、道砟存储场、轨道板（枕）预制场等。

（2）铁路便线（含便桥、隧、涵）　指通往临时场站、砂石（道砟）场的临时铁路线、架梁岔线及场内铁路便线、机车转向用的三角线等，独立特大桥的起重机走行线，以及重点桥隧等工程专设的铁路运料便线等。

（3）汽车运输便道

1）汽车运输便道包括平原微丘类便道、山岭重丘类便道、盘曲山区类便道、深峡陡坡类便道、特殊类便道、汽车运输便桥、利用地方既有道路补偿（维护）。

2）利用地方既有道路补偿（维护）指过路过桥费用，道路维护、环水保等。

（4）运梁便道 指专为运架大型混凝土成品梁而修建的便道。

（5）过渡工程 指由于改建既有线、增建第二线等工程施工，为了保持既有线（或车站）运营工作进行，尽可能地减少运输与施工之间的相互干扰和影响，从而对部分既有工程设施必须采取的施工过渡措施。

6. 其他费

1）安全生产费（费率计算部分），按国家有关规定计算，不得作为竞争性费用。

2）营业线施工配合费，指运营单位在施工期间参加配合工作所发生的费用，根据相关费率计算或合同约定计列。

4.4 铁路工程工程量清单报价文件的编制

编制工程量清单报价文件依据招标文件的要求，依据国家或行业建设主管部门颁发的计价办法，结合企业自身的施工技术管理水平，计算分析完成工程量清单所列项目的全部费用。铁路工程清单报价文件的编制步骤如下：

1. 熟悉招标文件

招标文件是投标报价的重要依据，是投标人参与投标活动、进行投标报价的行动指南。招标文件一般包括前附表、投标人须知、合同通用条款、合同专用条款、技术规范、图样、评标和定标办法、工程量清单及必要的附表，如各种担保或保函的格式等。工程量清单是招标文件中重要的组成部分，是招标人提供给投标人用于报价的具体内容和工程量，也是最终结算和支付的依据。在清单报价编制时，要认真对工程量清单进行校核，尤其是采用施工总价承包形式时，承包商不仅要承担价的风险，还要承担量的风险。因此，若出现清单工程量清单不符之处，应按招标文件的有关规定请业主澄清，切勿自行修改工程量清单的内容和数量，以免造成废标。

招标文件中的设计图，是清单报价编制工作中进行工程项目拆分和计算工程数量的重要依据。认真进行设计图审核，尽早发现设计图中存在的问题，分析设计图和清单在施工中发生变化的可能性，分析预测变更可能性，对可能变化的报价采用相应策略，以规避风险并获得较大利润。

在编制投标报价前，必须全面熟悉并理解招标文件。要结合招标文件对拟建工程的质量要求、工期要求、计量支付及风险的分担等方面规定进行综合分析。重点把握合同专用条款、计量与支付条款、调价条款等合同条款，并反映在工程量清单报价文件中。

2. 现场考察和参加标前会议

现场考察是编制投标报价文件的必要环节。现场考察的内容包括对拟建项目周边的地形、地质、气候、水文、运输道路及人文情况进行调查了解。尽量做到全面准确，为编制科学合理的报价打下良好基础。

3. 确定施工组织设计、核实工程量

编制先进合理的施工组织设计有助于准确报价，施工组织设计中涉及施工方法、施工进度安排，劳动力的安排计划、施工机具的配置、施工现场平面布置等内容，尤其对临时便道、制（存）梁场、混凝土拌和站、材料场、混凝土构件预制场等大型临时设施的布置情况，都与清单报价有密切关系。施工方案不仅是套用定额依据，也是投标人确定工程量的依据之一，还是措施选择、临时工程计价的最基本依据。

根据设计图和工程量清单复核工程量，对于采用施工总价承包合同的工程，承包商要承担"量"的风险。清单子目数量不仅是报价依据，还是计量支付的依据。如果发现设计工程量与清单工程量有重大误差，可以要求业主修改，或调整清单子目的综合单价，以保证清单合价至少能够保证成本费用。

4. 收集和调查各种资源的市场价格

工程量清单综合单价报价中人工费、材料费和施工机具使用费的分析计算是主要环节，收集人工、材料、机具台班的价格是准确计价的前提。目前铁路一般采用"指导价或市场价"原则，即人工工日单价执行规定的人工工日单价的指导价格，机具台班执行部门统一工程机具台班费用定额的机具台班分析价或租赁价，材料价格采用行业主管部门规定的供应价或市场调查供应价，并分析主要材料到工地的价外运杂费。

收集调查资源市场价格，包括对主要材料、燃料、水、电等价格的调查；还包括对主要材料的供应方式、运输方式、运费的调查，尤其是对于自购的主要材料和设备。除此之外，要根据招标文件的调价条款，对建设期的材料设备价格的变化进行科学预测。材料的调查价格可向生产厂家询价，也可参照铁路工程造价信息网发布的信息价。

5. 编制报价原始数据表

工程量清单项目的设置较综合，需结合招标设计图进行工程项目拆分并计算预算工程量，编制报价原始数据表。工程量清单计价是企业根据自有企业定额及市场因素对工程进行报价的计价方法。施工企业编制报价时，应使用自有企业定额，以此来反映本企业的施工技术管理水平。但目前许多企业还没有建立起自身的定额体系，可以参考使用铁路行业的消耗量定额（如预算定额）作为工料分析、计算成本和投标报价的依据。在投标报价时，施工企业可以根据实际生产管理水平，对铁路工程预算定额的消耗量进行适当调整。

6. 编制劳材机统计表

按工程量清单子目（最低一级）为编制范围，通过套用预算定额，进行人工、材料、机具台班数量统计计算，填写"劳材机统计表"。

7. 分析计算工程量清单子目的综合单价

对工程量清单子目结合施工工序进行拆分，依据人工、材料、机具台班价格的市场询价，及企业自身施工管理水平决定的综合取费水平，结合本企业以往的经验，进行综合单价分析。当前因施工企业还没有建立起自身的企业定额体系，可参考铁路行业的预算定额作为清单投标报价的依据，其综合单价的费用与30号文《铁路工程设计概（预）算编制办法》中建筑安装工程费的构成基本一致；综合单价的各项费用的计算与设计（概）预算的费用编制程序相同，即利用"单项概（预）算表"来分析清单子项的建筑安装工程费用。两者的区别在于，清单报价的各项费用要结合对招标文件中合同条款的理解分析、市场情况、企业自身情况来进行取费，体现铁路行业的"指导价或市场价"原则。

清单综合单价中各项费用的构成，要以《铁路工程工程量清单规范》和《铁路工程设计概（预）算编制办法》的费用构成规定为依据进行计算。综合单价的取费标准，是包括施工措施费、特殊施工增加费、间接费、税金在内的各项费用。除税金要采用国家规定的法定税率以外，其他各项费用都是可以根据工程特点、企业经营管理水平和市场竞争状况综合取定。《铁路工程设计概（预）算编制办法》中规定了各工程项目的各项费用的取费办法和最高取费标准，投标单位在编制报价时同样要参考这些取费标准，结合本企业的情况和工程所在地的实际做适当调整。

在进行工程量清单报价时，要依据《铁路工程工程量清单规范》中的工程量清单计价规则进行清单数量的工程数量核算，还要结合招标文件及工程量清单中的计价规则确定所需完成的全部工作内容。

8. 编制已标价工程量清单章节表

将所有的清单子目的综合单价与清单工程量相乘，然后按照工程量清单的章、节设置汇总计算合价，形成已标价工程量清单章节表。

9. 编制已标价投标报价汇总表

将第一章至第十章各章费用总额填入已标价工程量清单投标报价汇总表，安全生产费按招标文件所列金额报价，按招标文件的规定，计算激励约束考核费、计日工及暂列金额（单价合同）或施工总承包风险费（总价合同）。各章费用总额和上述其他各项费用，形成投标报价总额。

10. 选择报价决策，确定最终报价

在进行投标报价时，要对投标竞争对手进行调查研究，收集其参加投标的资料；要对投标工程有关情况进行分析，要了解工程所在地的地理、周边料场情况；要了解评标、定标办法。

根据收集的招标人与其他竞争对手的信息，适当调整总价，以提高报价的竞争力。在投标总价确定的情况下，通常采用一定的报价技巧，对清单项目综合单价进行适度调整，以提高中标概率，也有利于中标后项目可以取得更好的经济效益。

11. 填写总价、封面、装订、盖章

投标报价总额应按已标价工程量清单投标报价汇总表的"投标报价总额"填写，封面必须按招标文件的规定内容填写、签字、盖章、装订。

具体表格见前面4.2.3节实例。

习　题

多选题

1. 铁路工程量清单的计价依据主要有（　　）等。

A. 招标文件　　　　　　　　　　　　　　B. 2007铁路工程工程量清单计价指南

C. 企业定额　　　　　　　　　　　　　　D. 施工组织设计

2. 关于铁路工程工程量清单计算规则的叙述正确的是（　　）。

A. 清单子目工程量以设计图示工程实体净值计算

B. 钢筋重量包括搭接和焊接

C. 与砌筑工程有关的土石方不单独计量

D. 桩基体积按承台底至桩底长度乘以设计桩径断面积计算

3. 总承包风险费包括（　　）。

A. I类设计变更　　　　B. 工程保险费　　　　C. II类变更设计

D. 发包人供应的材料设备以外的材料和设备价差

公路工程概预算的编制 | 第5章

5.1 公路工程概预算概述

公路工程概预算是在执行基本建设程序的过程中，根据公路工程各个阶段的设计内容和国家发布的定额、编制办法及各项取费标准，预先计算和确定工程全部建设费用的经济文件。公路工程概预算的编制是公路工程造价管理的重要环节，是国家对公路基本建设实行科学化管理和监督的重要手段。

为加强公路工程造价管理，合理确定和有效控制公路建设项目投资，2018年交通部修订了2007年 JTG B06—2007《公路工程基本建设项目概算预算编制办法》，调整了公路概预算费用项目组成，调整了各项费用标准和计算方法，按路基、路面、涵洞、桥梁、隧道、绿化等费用模块划分项目节。修订后的 JTG 3830—2018《公路工程建设项目概算预算编制办法》自2019年5月1日实施。

5.1.1 公路工程概预算的编制依据

公路工程概预算的编制是一项十分细致的工作，应全面了解工程所在地的建设条件，掌握各种基础资料，正确应用相关定额、取费标准、材料及设备价格。编制时应严格执行国家的方针、政策和有关规定，符合公路设计和施工技术规范。公路工程概预算编制的主要依据如下：

1. 法令性文件

法令性文件是编制概预算时必须遵循的国家、交通运输部和地方主管部门颁布的有关法令性文件或规定。交通部〔2016〕第67号文《公路工程造价管理暂行办法》是以部门规章方式发布的法规；JTG 3810—2017《公路工程建设项目造价文件管理导则》是暂行办法配套行业标准，是公路工程造价文件编制与管理的总领性准则，是公路工程造价类标准制修订及规范造价文件管理时应依照的基础性标准；JTG 3830—2018《公路工程建设项目概算预算编制办法》是行业标准，属于具体实施办法，主要用于指导公路工程造价编制。其他还有《交通基本建设项目竣工决算报告编制办法》、各省的公路工程养护编制办法及预算定额、省级交通主管部门发布的补充计价依据（如各省的补充编制办法）等。

2. 设计资料

设计概算应根据批准的建设项目可行性研究报告、初步设计文件编制；修正概算应根据初步设计文件、技术设计文件编制；施工图预算则应根据施工图设计文件编制。

概预算编制人员应正确理解设计意图，熟悉设计图资料和文字说明，了解工程结构特点，核对主要工程数量。由于设计图上的工程数量往往不能满足概预算编制的要求，因此还需进行必要的计算或补充，并对设计文件中提出的施工方案做进一步完善。

3. 概预算定额、取费标准、材料或设备预算价格等资料

现行 JTG 3820—2018《公路工程建设项目投资估算编制办法》、JTG 3830—2018《公路工程建设项目概算预算编制办法》是公路工程行业标准，JTG/T 3821—2018《公路工程估算指标》、JTG/T 3831—2018《公路工程概算定额》、JTG/T 3832—2018《公路工程预算定额》、JTG/T 3833—2018《公路工程机械台班费用定额》是公路工程行业推荐性标准。

国家其他有关规定的各项取费标准、各省交通主管部门发布的有关补充规定也是编制概预算文件的依据资料。

4. 施工组织设计或施工方案

从施工组织设计中可以获得与概预算文件编制有关的资料，如工程开工、竣工日期，施工方案，主要工程项目的进度要求，材料开采与堆放地点，大型临时设施的规模，建设地点等信息。

5. 工程所在地物资、劳力、动力等资源的可利用情况

应本着因地制宜、就地取材的原则，对当地与工程有关情况做深入的调查了解，再确定最优供应方案。

（1）物资　外购材料要确定外购的地点、货源、质量、分期到货等情况；自采加工材料要确定料场、开采方式、运输条件（道路、运输工具及各种运输工具的比重、运价、装卸费）、堆放地点等。

（2）劳力　调查工程所在地可利用的社会劳动力资源情况，如当地可以提供各种技术工人及普通工人的数量、劳动力分布地点、工资标准及其他要求等。

（3）动力　当地可供利用的电力资源情况，包括提供的数量、收费标准，以及可能出现的输电线路故障等问题。

（4）运输　通过实地调查或通过当地运输管理部门发布信息，了解工程所在地可供利用的各种运输工具的运价、费率、装卸费及相关杂费的取费规定等。

6. 施工单位的施工能力及潜力

编制设计概算时，施工单位尚未明确，可按中等施工能力考虑；编制施工图预算时，若已经明确施工单位，就应根据施工单位的技术与管理水平确定采用新工艺、新技术的可能性，明确施工单位可以提供的施工机具、劳力、设备及外部协作关系。

7. 了解当地自然条件及其变化规律

自然条件包括沿线地形、地质、水文、气候等因素，其中气温、雨季、冬季、风雪、冰冻、水源、洪水季节及其变化规律等资料将直接影响建设工程实施的可能性，必须进行细致和充分的调查研究。

8. 其他有关工程的情况

如主副食、日用生活品的可供情况，以及医疗卫生、文化教育、消防治安等社会服务机构的支援能力；旧有建筑物的拆迁；水利、电信、铁路的干扰及解决措施等。

5.1.2　公路工程概预算费用组成

根据交通部〔2018〕第 86 号公告公布的 JTG 3830—2018《公路工程建设项目概算预算

编制办法》的规定，公路工程概预算费用由建筑安装工程费、土地使用及拆迁补偿费、工程建设其他费、预备费、建设期贷款利息组成，如图 5-1 所示。

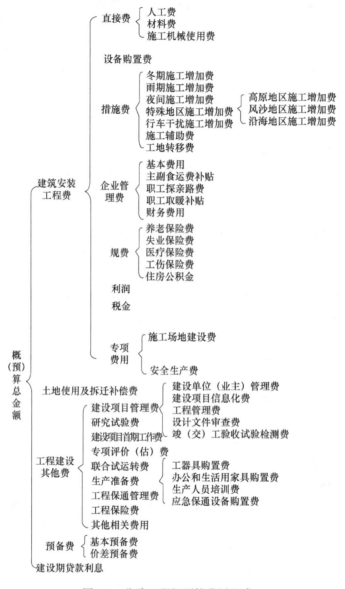

图 5-1　公路工程概预算费用组成

5.1.3　公路工程概预算项目表

1. 公路工程概预算项目表的内容

一个复杂的工程项目一般是由许多分项工程组成的庞大综合体，为了准确计算和确定建筑安装工程费，必须对工程项目进行科学的划分，从而有利于公路工程概预算的编制与审核。

为了使公路工程概预算的编制规范化，防止列项时出现混乱、漏列、重列、错列现象，必须对概预算项目的划分、排列顺序及内容做出统一的规定，由此形成了概预算项目表，见《编制办法》附录 B：概算预算项目表、路基工程项目分表、路基工程项目分表、路基工程项目分表、路面工程项目分表、涵洞工程项目分表、桥梁工程项目分表、隧道工程项目分表、交通安全设施工程项目分表、隧道机电工程项目分表、绿化及环境保护工程项目分表。

公路工程概预算项目表主要构成内容：

> 第一部分　建筑安装工程费
> 　　　　第一项　临时工程
> 　　　　第二项　路基工程
> 　　　　第三项　路面工程
> 　　　　第四项　桥梁涵洞工程
> 　　　　第五项　隧道工程
> 　　　　第六项　交叉工程
> 　　　　第七项　交通工程及沿线设施
> 　　　　第八项　绿化及环境保护工程
> 　　　　第九项　其他工程
> 　　　　第十项　专项费用
> 　　　　　1. 施工场地建设费
> 　　　　　2. 安全生产费
> 第二部分　土地使用及拆迁补偿费
> 第三部分　工程建设其他费用
> 第四部分　预备费
> 第五部分　建设期贷款利息

分项编号采用部（1 位数）、项（2 位数）、目（2 位数）、节（2 位数）、细目（2 位数）组成，以部、项、目、节、细目等依次逐层展开。如 104050103 桥面铺装细目是第一部分建筑安装工程费即 1，桥梁涵洞工程项即 104 下，特大桥工程目即 10405，××特大桥工程即 1040501 节下的第 3 个细目桥面铺装。

细目分表中分项编号前两位为专业中文拼音首字母，如桥梁工程项目分表中灌注桩基础 QL010201，是基础工程即 QL01 下，第二个子目桩基础即 QL0102 下的第一个细目。

2. 公路工程概预算项目划分的原则

编制公路工程概预算，项目应按项目表的序列及内容编制。如实际发生的工程项目与项目表的内容不完全相符时，应按照下列原则确定项目的序列：

1）"部分"和"项"的序号、内容应保留不变。如第一部分的第五项为隧道工程，若该项目无隧道工程，则其序号仍保留，原第六项的交叉工程仍为第六项。

2）项目表中项以下的分项在引用时应保持序号、内容不变，缺少的分项内容可随需要就近增加，并按项目表顺序以实际出现的级别依次排列，不保留缺少的项以下的细目序号。

5.1.4　公路工程概预算文件组成

公路工程概预算文件由封面、扉页、目录、编制说明及全部计算表格组成。

1. 封面及扉页

公路工程概预算文件的封面和扉页应按《公路工程基本建设项目设计文件编制办法》中的规定制作，扉页的次页和目录按编制办法附录 A 的规定制作。

应有建设项目名称、项目里程区间、第几册共几册等内容，有编制及复核人员姓名并加盖执业（从业）资格印章，有编制单位名称及印章和编制时间。目录应按概、预算表的表号顺序编排。

2. 概预算编制说明

公路工程概、预算编制完成后，应写出编制说明，文字力求简明扼要。编制说明应包括以下内容：

1）建设项目设计文件的依据。

2）编制范围、工程概况等。

3）采用的定额、费用标准，人工、材料与设备、施工机械台班预算单价的依据或来源，新增工艺的单价分析等。

4）有关的协议书、会议纪要的主要内容。

5）概算、预算总金额，人工、钢材、水泥、沥青等的总量。

6）各设计方案的经济比较。

7）项目综合经济技术指标统计，对比分析本阶段与上阶段工程数量、造价的变化情况。

8）其他有关费用计算项及计价依据的说明。

9）采用的公路工程造价软件名称及版本号。

10）其他需要说明的问题。

3. 计算表格

概算、预算的材料与设备、施工机械台班单价及各项费用的计算均应通过规定的统一表格表述，表格样式应符合《公路工程基本建设项目设计文件编制办法》附录 A 的规定。概、预算表格是一个有机的整体，它们互相关联，共同反映工程的费用。各种表格的计算顺序及相互关系，如图 5-2 所示。

4. 甲组文件与乙组文件

概算、预算文件可按不同的需要分为甲、乙组文件，并应符合下列规定：

1）甲组文件为各项费用计算表，乙组文件为建筑安装工程费各项基础数据计算表。甲、乙组文件应按《公路工程基本建设项目设计文件编制办法》中关于设计文件报送份数的要求，随设计文件一并报送，并同时提交可计算的造价电子数据文件和新工艺单价分析的详细资料。

2）乙组文件中的"分项工程概（预）算表"（21－2 表）可只提交电子版，或按需要提交纸质版。

3）概算、预算应按一个建设项目［如一条路线或一座独立大（中）桥、隧道］进行编制。当一个建设项目需要分段或分部编制时，应根据需要分别编制，但必须汇总编制"总概（预）算汇总表"。

4）甲、乙组文件包括的内容如图 5-3 所示。

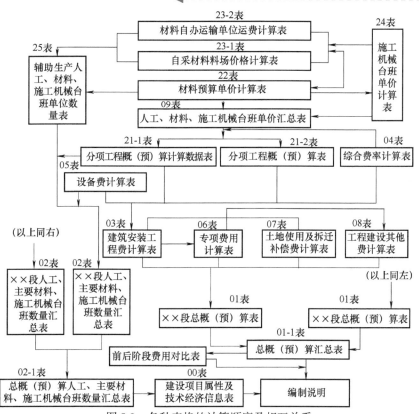

图 5-2　各种表格的计算顺序及相互关系

甲组文件

- 编制说明
- 前后阶段费用对比表
- 建设项目属性及技术经济信息表（00表）
- 总概（预）算汇总表（01-1表）
- 总概（预）算人工、主要材料、施工机械台班数量汇总表（02-1表）
- 概（预）算表（01表）
- 人工、主要材料、施工机械台班数据汇总表（02表）
- 建筑安装工程费计算表（03表）
- 综合费率计算表（04表）
- 综合费用计算表（04-1表）
- 设备费计算表（05表）
- 专项费用计算表（06表）
- 土地使用及拆迁补偿费计算表（07表）
- 工程建设其他费计算表（08表）
- 人工、材料、施工机械台班单价汇总表（09表）

a)

乙组文件

- 分项工程概（预）算计算数据表（21-1表）
- 分项工程概（预）算表（21-2表）
- 材料预算单价计算表（22表）
- 自采材料料场价格计算表（23-1表）
- 材料自办运输单位运费计算表（23-2表）
- 施工机械台班单价计算表（24表）
- 辅助生产人工、材料、施工机械台班单位数量表（25表）

b)

图 5-3　甲、乙组文件包含的内容

a) 甲组文件　b) 乙组文件

5.2 公路工程预算定额应用

5.2.1 公路工程定额的组成

交通运输部〔2018〕第 86 号公告发布了 JTGT 3832—2018《公路工程预算定额》、JTGT 3831—2018《公路工程概算定额》、JTGT 3821—2018《公路工程估算指标》、JTGT 3833—2018《公路工程机械台班费用定额》，2019 年 5 月 1 日起实施。

《公路工程预算定额》分上、下两册，包括定额总说明、各章说明、节说明、定额表及附录等内容。具体内容包括路基工程、路面工程、隧道工程、桥涵工程、交通工程及沿线设施、绿化和环境保护工程、临时工程、材料采集及加工、材料运输九章及附录。附录包括路面材料计算基础数据表、基本定额、材料的周转及摊销、定额人工、材料、设备单价表。

1. 定额说明

《公路工程预算定额》有总说明二十条，九个章说明和若干节说明。

（1）定额的总说明 《公路工程预算定额》中的总说明阐述了定额的编制原则、指导思想、编制依据、适用范围及定额的作用。同时说明了编制定额时已经考虑和没有考虑的因素，定额的使用方法及有关规定等。因此，在使用定额时必须先透彻理解总说明，才能正确而又熟练地运用定额。列举如下：

1）《公路工程预算定额》（以下简称本定额）是全国公路专业定额。它是编制施工图预算的依据，也是编制工程概算定额（指标）的基础，适用于公路基本建设新建、改扩建工程。

2）定额是以人工、材料、机械台班消耗量表现的公路工程预算定额。编制预算时，其人工费、材料费、机械使用费，应按 JTG 3830—2018《公路工程建设项目概算预算编制办法》的规定计算。

3）定额除潜水工作每工日 6h，隧道工作每工日 7h 外，其余均按每工日 8h 计算。

4）定额中列有的混凝土、砂浆的强度等级和用量，其材料用量已按定额附录二中配合比表规定的数量列入定额，不得重复计算。如设计采用的混凝土、砂浆强度等级或水泥强度等级与定额所列强度等级不同时，可按配合比表进行换算。但实际施工配合比材料用量与定额配合比表用量不同时，除配合比表说明中允许换算的，均不得调整。混凝土、砂浆配合比表的水泥用量，已综合考虑了采用不同品种水泥的因素，实际施工中不论采用何种水泥，均不得调整定额用量。

5）定额中的材料消耗量是按现行材料标准的合格料和标准规格料计算的。定额内材料、成品、半成品均已包括场内运输及操作损耗，编制预算时，不得另行增加。其场外运输损耗、仓库保管损耗应在材料预算价格内考虑。

6）定额中周转性的材料、模板、支撑、脚手杆、脚手板和挡土板等的数量，已考虑了材料的正常周转次数并计入定额内。其中，就地浇筑钢筋混凝土梁用的支架及拱圈用的拱盔、支架，如确因施工安排达不到规定的周转次数时，可根据具体情况进行换算并按规定计算回收，其余工程一般不予抽换。

7）定额中施工机械的台班消耗，已考虑了工地合理的停置、空转和必要的备用量等因素。编制预算的机械台班单价，应按 JTG/T 3833—2018《公路工程机械台班费用定额》分析计算。

8）定额中只列工程所需的主要材料用量和主要机械台班数量。对于次要、零星材料和小型施工机具均未一一列出，分别列入"其他材料费"及"小型机具使用费"内，以元表示，编制预算即按此计算。

9）定额的基价是人工费、材料费、机械使用费的合计价值。基价中的人工费、材料费按附录四单价计算，机械使用费按《公路工程机械台班费用定额》计算。项目所在地海拔超过3000m以上，人工、材料、机械基价乘以系数1.3。

（2）章说明、节说明　《公路工程预算定额》的每个章、节前面都有章说明和节说明，阐述了本章、节工程项目的统一规定、综合内容、允许抽换的规定及工程量计算规则。为了正确地运用定额，要求概预算专业人员和技术人员在使用每章、节的定额之前，必须全面理解和牢记各章、节说明。如路基工程章节说明中关于土石方换算系数的说明、自卸汽车、洒水汽车平均运距规定；路面工程章节说明中各种路面计算单位的规定、压实厚度的规定，稳定土基层定额中材料设计配合比与定额配合比不同时的换算方法；隧道工程开挖出渣的基本长度规定，洞内出渣运距的范围；桥涵工程泵送砼水平距离的调整规定、灌注桩设计桩径与定额桩径不同时的调整系数等。

2. 定额表

定额表是各类定额最基本的组成部分，是定额指标数量的具体表示。《公路工程预算定额》的定额表由表号、定额表名称、工程内容、计量单位、顺序号、项目、项目单位、电算代号、工程细目、栏号、定额值、基价和小注等内容组成，见表5-1。

表 5-1　某定额表组成

1-2-1　袋装砂井处理软土地基

工程内容：门架式：1）轨道铺、拆；2）装砂袋；3）定位；4）打钢管；5）下砂袋；6）拔钢管；7）门架、桩机移位。

不带门架：1）装砂袋；2）定位；3）打钢管；4）下砂袋；5）拔钢管；6）起重机、桩机移位。

（单位：1000m 砂井）

顺序号	项目	单位	代号	袋装砂井机	
				门架式	不带门架
				1	2
1	人工	工日	1001001	6.6	3.9
2	钢轨	t	2003007	0.04	—
3	铁件	kg	2009028	4.5	—
4	枕木	m³	4003003	0.03	—
5	塑料编织袋	个	5001052	1087	1087
6	中（粗）砂	m³	5503005	4.56	4.56
7	其他材料费	元	7801001	11	11
8	15t以内履带式起重机	台班	8009002	—	1.16
9	袋装砂井机（不带门架）	台班	8011058	—	1.12
10	袋装砂井机（门架式）	台班	8011059	1.45	—
11	基价	元	9999001	3892	3801

注：本章定额按砂井直径7cm编制。当砂井直径不同时，可按砂井截面积的比例关系调整中（粗）砂的用量，其他消耗量不作调整。

以下分别介绍其各部分内容：

1）定额表号，位于定额表名称之前，是定额表在定额中的排列编号。如表5-1中的定额表号为"1-2-1"，表示第一章路基工程的第二节特殊路基处理工程的第1个定额表。

2）定额表名称，位于定额表的最上端，是工程的项目名称。如表5-1中的定额表名称为"袋装砂井处理软土地基"。

3）工程内容，位于定额表的左上方，主要说明本定额表包括的操作内容。查定额时，必须将实际发生的项目操作内容与表中内容进行比较，不一致时，应进行抽换或采取其他调整措施。

4）计量单位，位于定额表的右上方，即定额概念中所指的"单位合格产品"的数量标准。如表5-1的计量单位为"1000m砂井"。

5）顺序号，位于定额表的最左侧，表示工、料、机及费用的顺序号，起简化说明的作用。

6）项目，指本定额表的工程所需用人工、材料、机具、费用的名称和规格。在每个定额表中，人工的表现形式为"工日"；材料只列出主要材料消耗量，次要、零星材料以"其他材料费"按单位"元"表示；机械也只列出主要施工机械台班数量，非主要施工机械以"小型机具使用费"按单位"元"表示。

7）项目单位，是与定额计量单位不同的概念，表示该工程内容中所需人工、材料、机械的计量单位。定额表中人工消耗以工日为单位，机械消耗以台班为单位，各种材料消耗均采用国际单位。

8）代号，当采用电算方法编制工程造价文件时，可引用表中代号作为对人工、材料、机械名称的识别符号。

9）工程细目，表示本定额表所包括的工程项目，如表5-1中包括门架袋装砂井机和不带门架袋装砂井机两个细目。

10）栏号，指工程细目编号，见表5-1，定额中"带门架"栏号为1，"不带门架"栏号为2。

11）定额值，指定额表中人工、材料、机械的消耗量数值。

预算定额表中部分定额值是带有括号的，括号内的数值一般是指所需半成品的数量。如《公路工程预算定额》表4-7-7"预制立交箱涵"中，"C30水泥混凝土"对应的定额值10.10m³，表示预制10m³实体立交箱涵需消耗C30水泥混凝土10.10 m³，这是半成品的数量，构成此混凝土材料费用已计入基价，不可重复再计。

12）基价，也称定额基价，是指该工程细目中人工费、材料费、机械使用费的合计值。其中人工费、材料费是按《预算定额》附录四单价计算的。

13）注，列于某些定额表下方，是该项定额的补充说明或规定。使用定额时，必须仔细阅读小注，以免发生使用错误。

3. 附录

附录是编制定额的基础数据，也是编制补充定额的依据，还是定额抽换的依据。

如附录二是基本定额，可依据砂浆、混凝土的配合比资料进行设计强度等级与定额强度等级不同时的砂浆、混凝土抽换。附录三是材料的周转及摊销定额，它规定了各种周转性材料的周转、摊销次数。可对达不到规定周转次数的拱盔消耗定额进行抽换。

5.2.2　公路预算定额运用

所谓运用定额，就是怎样去"查定额"，即根据编制概预算的分项工程的施工工序和具体条件，去套取所需定额子目的过程。要正确运用定额，需清楚项目的施工工序，熟悉定额，再按定额目录查找定额表，同时要了解定额各项说明对使用定额表的规定。

1. 定额编号

编制公路工程概预算文件时，在计算表格中要列出所引用的定额编号。目前常见的定额编号编写方式有［页号－表号－栏号］和［表号－栏号］两种，一般按［表号－栏号］方式来编写。如编号 1－2－1－1 表示不带门架袋装砂井处理软土地基细目。

如果定额需要调整，必须在定额编号后加以说明。如定额编号［4－6－11－2］中需调整水泥混凝土强度，编号应为［4－6－11－2 改］；又如定额编号［1－1－13－2＋4×8］表示将表［1－1－13－4］乘以 8 后加到定额编号［1－1－13－2］中，即利用 8m³ 以内拖式铲运机铲运普通土 500m 的预算定额。

定额编号在概预算文件中十分重要。一是保证复核、审查人员利用编号快速核对所套用的定额的准确性；二是将众多的工程细目以编号形式建立一一对应的模式，便于计算机处理及修编定额人员的统计工作；三是在概预算文件的 21 表中，"定额表号"一栏必须填上对应的定额细目编号。因此，无论手工计算还是计算机处理，都必须保证套用定额的编号的准确性。

2. 定额单位与工程数量

定额单位与工程量计算的正确与否直接影响概预算造价。由于设计习惯、规范要求，在设计图上或工程量清单中统计的工程量的单位和内容往往与所套定额的单位和内容并不完全一致，这就需要造价人员根据定额的需要进行分解、换算或调整，以达到两者相符的目的。

1）当设计图上的工程量单位与定额不一致时，应按照定额单位对设计图的工程量单位进行换算或调整，以便可以正确套用定额。

2）当设计图上或工程量清单中的某个工程量包含多项工作内容，而无法只用一个定额子目完成时，应根据不同工作内容按施工工序将工程量进行分解，分别套用不同定额。

3）有些在设计图中不能体现出来的分项工程项目，应根据具体的施工方案、施工组织措施和工艺流程增加相应的工程量，并根据工作内容套用相应定额。

3. 定额的直接套用

如果设计图的要求、工作内容及确定的工程项目与相应定额的内容完全符合，可直接套用定额。但应正确理解定额的总说明、章节说明、定额表中的小注规定，并进行工程量单位换算，以免在使用中发生错误。

例 5-1　某道路工程利用不带门架的袋装砂井机处理软土地基，共计用 2.5km 砂井，确定该工程的工料机消耗量。

解： 1）该工作内容属于软基处理工程，根据《公路工程预算定额》目录可知，该定额在第 1 章第 2 节表 1，因不带门架，选取的定额编号为［1－2－1－2］。

2）由定额编号［1－2－1－2］可查得每 1000m 砂井的定额消耗量，故该工程 2.5km 砂井工料机消耗量为

人工：3.9×2.5 工日 $= 9.75$ 工日

塑料编织袋：1087×2.5 个 =2717.5 个

中（粗）砂：4.56×2.5m³ =11.4m³

其他材料费：11×2.5 元 =27.5 元

15t 以内履带式起重机：1.16×2.5 台班 =2.9 台班

袋装砂井机（不带门架）：1.12×2.5 台班 =2.8 台班

4. 复杂定额的套用

复杂定额是指定额的工程内容与设计图不符，为了统一，可根据工作内容用其他相关的定额来补充；或者多个定额组合时，各定额的工作内容互相重叠而需增减定额工料机的消耗量。

套用复杂定额时应仔细分析研究，避免少算或重复计算。

例 5-2 利用《公路工程预算定额》确定 4t 自卸汽车配合斗容积 0.5 m³ 的挖掘机联合作业 1000m³ 普通土需消耗的人工、机械数量（运距 1.5km）。

解：1）查《公路工程预算定额》路基工程的土石方工程，定额编号 [1-1-11-1]（6t 以内自卸汽车运土、石方 1km），因实际运距为 1.5km，需增加 0.5km，还应套用增运距定额，定额编号 [1-1-11-2]。

工程内容：①等待装、运、卸；②空回。

2）由于定额编号 [1-1-11-1] 中内容不含挖土工序，还需套用挖土定额，查定额编号 [1-1-9-2]（0.6m³ 以内履带式单斗挖掘机挖装普通土）]。

工程内容：挖掘机就位，开辟工作面，挖土或爆破后石方，装车，移位，清理工作面。

3）分析两项定额的工作内容，合并后符合联合作业的工作流程，定额单位 1000m³，工程数量为 1000m³，消耗量相加，则此项目消耗的人工、机械数量为

人工：3.1×（1000m³÷1000m³）工日 =3.1 工日

0.6m³ 以内履带式单斗挖掘机：3.16×（1000m³÷1000m³）台班 =3.16 台班

自卸汽车：[11.19 +1.44×（1.5-1）÷0.5]×（1000m³÷1000m³）台班 =12.63 台班

例 5-3 某路基工程需要挖石方（软石）1000m³，采用机动翻斗车运输，运距为 70m，试确定该工程的定额消耗量。

解：查《公路工程预算定额》机动翻斗车运土石方定额，定额编号 [1-1-8-2]，消耗 1t 以内机动翻斗车 33.33 台班/1000m³ 天然密度方。从工作内容和附注中知，该定额不含人工挖土、开炸石方及装、卸车的工料消耗，需要时按"人工挖运土方、装运石方"定额附注的有关规定计算。

查定额编号 [1-1-6-5]，从工作内容和附注知，当采用人工装石方、机动翻斗车运输时，其装石所需的人工按第一个 20m 装运定额 167.6 工日/1000m³ 天然密度方减去 52 个工日计算，故应调整定额。石方开炸按相应定额计算，本定额只考虑爆破后的人工装运。

查定额编号 [1-1-14-1]，人工开炸石方，1000m³ 消耗 143.32 日。软石开挖、装车及运输的定额如下

人工：（167.6-52）+143.3 =258.9（工日）

钢钎：18.0kg；煤：0.171t，硝铵炸药：132.5kg；非电毫秒雷管：152 个；导爆索：81m；其他材料费：12.1 元

1t 以内机动翻斗车：32.33 台班

5. 定额抽换

定额是按合理的施工组织和一般正常的施工条件编制的，定额中所采用的施工方法和工程质量标准，是根据国家现行公路工程施工技术及验收规范、质量评定标准及安全操作规程取定的。除定额规定允许换算的，均不得因具体工程的施工组织、操作方法和材料消耗与定额规定不同而调整定额。

定额说明规定了在某些情况下，可按定额规定进行相应的定额抽换。

例如：设计中采用的砂浆、水泥强度等级或混凝土的强度等级与定额表中规定的强度等级不相符时，可按《公路工程预算定额》附录二"基本定额"中的"砂浆、混凝土配合比表"进行换算，以替换定额表中相应的材料消耗定额值；但砂浆、混凝土配合比表的水泥用量已综合考虑了用不同品种水泥的因素，实际施工中不论采用何种水泥，均不得调整定额用量。

某些周转及摊销材料达不到规定的周转次数时，可根据具体情况进行换算；水泥、石灰、稳定土类基层的配合比可根据实际情况进行换算。

例5-4 试确定浇筑 C30 钢筋混凝土耳墙的预算定额。

解：查《公路工程预算定额》定额编号 $[4-6-4-7]$，得浇筑 C25 钢筋混凝土耳墙（$10m^3$）的预算定额值：人工 17.7 工日，C25 水泥混凝土 $10.20m^3$，32.5 级水泥 3.417t，中（粗）砂 $4.9m^3$，碎石（4cm）$8.47m^3$，基价 6276 元。

而设计要求的混凝土为 C30，查《公路工程预算定额》附录二"基本定额"的混凝土配合比表，得 $1m^3$ C30 混凝土的材料用量为：32.5 级水泥 0.377t，中（粗）砂 $0.46m^3$，碎石（4cm）$0.83m^3$。

查该定额附录四"定额基价人工、材料单位质量、单价表"得，材料基价：32.5 级水泥 307.69 元/t，中（粗）砂 87.38 元/m^3，碎石（4cm）86.41 元/m^3。

将定额编号 $[4-6-4-7]$ 中原 32.5 级水泥、中（粗）砂、碎石（4cm）的消耗量及基价分别替换为：

32.5 级水泥：$10.20 \times 0.377t = 3.845t$

中（粗）砂：$10.20 \times 0.46m^3 = 4.692m^3$

碎石（4cm）：$10.20 \times 0.83m^3 = 8.466m^3$

基价：6276 元 + (3.845 × 307.69 − 3.417 × 307.69) 元 + (4.692 − 4.9) × 87.38 元 +

(8.466 − 8.47) × 86.41 元 = 6389 元

原定额中的其他定额值不变。

6. 查定额的具体步骤

（1）确定所用定额的种类 公路工程定额按建设程序的不同阶段，已形成一套完整的定额系统，如《公路工程概算定额》《公路工程预算定额》《公路工程机械台班费用定额》等。在查用定额时，应根据编制概预算的不同阶段及要求，确定所用定额的种类。

（2）查找所需定额表 根据《公路工程基本建设项目概算预算编制办法》中的"概、预算项目表"，依次按部分、项、目、节的顺序确定所查定额的项目名称，再在定额目录中找到其所在页次，查找所需定额表。此时，一定要核查定额的工作内容、作业方式是否与施工组织设计相符。如《公路工程预算定额》中表 $1-1-6$（人工挖运土方、装定石方）和表 $4-1-1$（人工挖基坑土石方）均为人工挖土，但适用对象不同，后者为人工挖挤涵基坑土石方。

（3）阅读说明

1）查看定额表的"工程内容"与设计要求、施工组织设计有无不同之处。若无不同，则可在表中直接找到相应的细目，并进一步确定栏号。

2）检查定额表的计量单位与工程量的计量单位是否一致，是否符合规定的工程量计算规则。

3）仔细阅读定额的总说明、章说明、节说明及表下的小注，并据此对定额内容做相应调整。

（4）定额调整　根据设计图、施工组织设计和定额说明进行子目抽换。

（5）逐项套取完成工程项目的所有定额编号　注意不漏项，不重复。

5.2.3　路基工程定额说明及应用示例

《公路工程预算定额》第一章为路基工程，分为路基土石方工程、特殊路基处理工程、排水工程和防护工程四节。对该章章说明和节说明中的主要规定介绍如下。

1. 土石方体积的计算

（1）土石方体积的换算　《公路工程预算定额》按开挖的难易程度将土壤、岩石分为六类，土壤分为松土、普通土、硬土；岩石分为软石、次坚石、坚石。

第一节说明规定：除定额中另有说明的，土方挖方按天然密实体积计算，填方按压（夯）实后的体积计算；石方爆破按天然密实体积计算。当以填方压实体积为工程量，采用以天然密实方为计量单位的定额时，如路基填方为利用方，所采用的定额应乘以表5-2中所列系数；如路基填方为借方，则应在下列系数基础上增加0.03的损耗。

表5-2　压实方与天然密实方间的换算系数

公路等级	土 方				石 方
	松 土	普 通 土	硬 土	运 输	
二级及二级以上等级公路	1.23	1.16	1.09	1.19	0.92
三、四级公路	1.11	1.05	1.0	1.08	0.84

在工程实际中，路基工程设计图给出的土、石方数量，是按工程结构的几何尺寸计算出来的压实方，必然存在着天然密实方与压实方之间的换算，它直接影响土石方数量、调配及土石方工程定额的确定。

（2）土石方调配的相关概念

1）挖方——按土质分类分别套用相应的定额，定额单位为天然密实方。

2）填方——套用相应的压实定额，定额单位为压实方。

3）断面方——根据线路标志桩的路基填挖横断面积及其相应间距，分别计算出来的土石方数量，称为断面方，也是设计图上给出的"土石方数量表"中的数量。

4）利用方——利用路堑挖方填入路堤的填方量，分为本桩利用和远运利用。编制预算时，本桩利用不参与费用的计算，其挖已在"挖方"内计算，填已在"填方"内计算；远运利用需计算其调配运输的费用，如装土、运土。

5）借方——计算挖、装、运的费用，填方已计算。

6）弃方——只计算运输费用，挖方已计算。

7）计价方——挖方和借方之和。

各类土方之间的关系与计算如下：

$$设计断面方 = 挖方（天然密实方）+ 填方（压实方）$$

$$借方 = 填方（压实方）- 利用方（压实方）$$

$$计价方 = 挖方（天然密实方）+ 借方（压实方）$$

$$= 挖方（天然密实方）+ 填方（压实方）- 利用方（压实方）$$

$$弃方 = 挖方（天然密实方）- 利用方（天然密实方）$$

土、石方调配如图 5-4 所示。

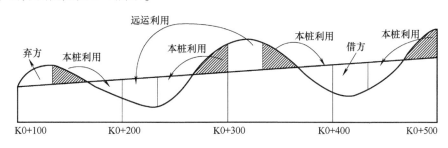

图 5-4　土石方调配

2. 由施工组织设计提出，并入路基填方的土石方数量计算

（1）清除表土或零填方地段的基底压实、耕地填前压实，回填至原地面高程所需增的土石方数量

$$Q = Fh \tag{5-1}$$

式中　Q——压实后增加的填方数量，m^3；

　　　F——填前压（夯）实的天然土的地面面积，m^2；

　　　h——天然土因压实而产生的沉降量，cm，$h = p/c$，其中 p 为压路机的有效作用力，kN/cm^2；c 为土的抗沉陷系数，kN/cm^3，其经验值见表 5-3。

计算出的 Q 值应计入设计填方数量内。

表 5-3　土的抗沉陷系数表

原状土名称	$c/(kN/cm^3)$	原状土名称	$c/(kN/cm^3)$
沼泽土	1～1.5	大块胶结的砂、潮湿黏土	3.5～6.0
凝滞土	1.8～2.5	坚实的黏土	10.0～12.5
松砂、松湿黏土、耕土	2.5～3.5	泥灰石	13.0～18.0

（2）因路基沉陷需增加填筑的土石方数量　随着高等级公路的修建，高填方路基日益增多，从而导致路基沉降引起的土方数量增加。土方增加数量由设计者根据沉降理论计算或根据地区经验确定。

（3）为保证路基边缘的压实度需要加宽填筑时，所需的土石方数量　填筑路堤时，为保证路基边缘有足够的压实度，一般在施工时需超出设计宽度填筑，这样就要增加土方用量。高速公路要求超宽压实宽度不小于 0.5 m。需填宽的土方量一般可按下式计算

宽填土方量 = 填方区边缘全长 × 路基平均填土高度 × 宽填厚度 × 2（侧）　　（5-2）

3. 路基工程定额应用示例

例 5-5　某路基工程采用 $10m^3$ 以内自行式铲运机铲运土方（硬土）$56000m^3$，平均运距为 100m，重车上坡坡度为 15%，机械达不到需人工配合挖运部分按 10% 考虑。试根据预算定额确定该工程人工、机械消耗量。

解：（1）根据《公路工程预算定额》第一章第一节说明 3：机械施工土、石方，挖方部分机械达不到需由人工完成的工程量由施工组织设计确定。其中，人工操作部分按相应定额乘以 1.15 的系数。人工挖运硬土工程量为

$$56000 \times 10\% \ m^3 = 5600m^3$$

查定额编号［1-1-6-3］"人工挖运土方 20m"（单位：$1000m^3$ 天然密实方），得人工消耗量为

$$174.6 \times (5600 \div 1000) \times 1.15 \text{ 工日} = 1124.42 \text{ 工日}$$

（2）根据定额编号［1-1-13］铲运机铲运土方表附注

1）采用自行式铲运机铲运土方时，铲运机台班数量应乘以系数0.7。

2）上坡推运的坡度大于10%时，按坡面的斜距乘以系数1.5作为运距，则

$$\text{运距} = 1.5 \times \sqrt{100^2 + (100 \times 15\%)^2} \text{m} = 151.68\text{m}$$

（3）查定额编号［1-1-13-7+8］"铲运机铲运土方"（单位：1000m³天然密实方），得：

人工：(56000÷1000)×2.9工日=162.4工日

机械：75kW以内履带式推土机(56000÷1000)×0.42台班=23.52台班

　　　10m³以内自行式铲运机(56000÷1000)×(2.53+0.35)×0.7台班=112.9台班

（4）该路基工程人工、机械消耗量

人工：(1124.42+162.4)工日=1286.82工日

机械：75kW以内履带式推土机23.52台班；10m³以内自行式铲运机112.9台班。

例5-6 某公路用袋装砂井法处理软土地基，使用带门架的袋装砂井机，砂井直径为8cm，试求1500m砂井的人工、铁件、中（粗）砂及袋装砂井机（带门架）的消耗量。

解： 查定额编号［1-2-1-1］附注：本定额按砂井直径7cm编制，如砂井直径不同时，可按砂井截面积的比例关系调整中（粗）砂的用量，其他消耗量不作调整。本题给定的砂井直径为8cm，故应按截面积比例关系进行调整。则

人工：6.6×(1500÷1000)工日=9.9工日

铁件：4.5×(1500÷1000)kg=6.75kg

中（粗）砂：$[4.56 \times (1500 \div 1000)] \times [\pi/4(8 \times 8) \div \pi/4(7 \times 7)]$m³=8.93m³

袋装砂井机（带门架）：1.45×(1500÷1000)台班=2.18台班

例5-7 高速公路某标段路基石方设计，无挖方，按断面计算的填方数量为215000m³，平均填土高度为4m，边坡坡度为1：1.5。该标段路线长为8km，路基宽为26m，地面以上范围内填方中30%从其他标段调用，平均运距为4000m；其他为借方，平均运距为3000m（均为普通土）。为保证路基边缘的压实度，需加宽填筑，宽填宽度为0.5m，完工后需刷坡，但不需远运。填前压实况陷厚度为0.15m，土的压实干密度为1.4t/m³，自然状态土的含水率约低于其最佳含水率2%，水的平均运距为1km。

请列出编制该标段土石方工程施工图预算所需的工程细目名称、单位、定额编号及数量等内容，并填入表5-4中。

解：1）路基填前压实况陷增加数量：8000×(26+4×1.5×2)×0.15m³=45600m³

2）路基宽填增加数量：8000×0.5×4×2m³=32000m³

3）实际填方数量：215000m³+45600m³+32000m³=292600m³

4）利用方数量：215000×30%m³=64500m³

5）借方数量：(292600-64500)m³=228100m³

6）填前压实数量：8000×(26+4×1.5×2)m²=304000m²

7）土方压实需加水数量：292600×1.4×2%m²=8192.8m³

8）整修路拱数量：8000×26m²=208000m²

表5-4 某标段土石方工程的工程细目名称、单位、定额编号及数量

工程细目	定额编号	单位	数量	定额调整
3m³装载机装土（利用方）	1-1-10-3	1000m³	64.5×1.16	
15t自卸汽车运土方第一个1km	1-1-11-9	1000m³	64.5×1.16	
15t自卸汽车运土方，增运3km	1-1-11-10	1000m³	64.5×1.16	6
2m³挖掘机装土（借方）	1-1-9-8	1000m³	228.1×1.19	

（续）

工程细目	定额编号	单位	数量	定额调整
15t 自卸汽车运土方第一个 1km	1-1-11-9	1000m³	228.1×1.19	
15t 自卸汽车运土方，增运 2km	1-1-11-10	1000m³	228.1×1.19	4
土方碾压（填土方）	1-1-18-4	1000m³	292.6	
土方洒水（8000L 洒水车）	1-1-22-5	1000m³	8.193	
耕地填前压实	1-1-5-4	1000m²	304	
刷坡 宽填量	1-1-21-2	1000m³	32	
整修路拱	1-1-20-1	1000m²	208	
整修边坡	1-1-20-3	1km	8	

5.2.4 路面工程定额说明及应用示例

《公路工程预算定额》第二章为路面工程，分为路面基层及垫层、路面面层、路面附属工程三节。应认真阅读章说明和节说明中的有关规定，并根据实际工程情况进行定额套用和换算。

路面工程根据其不同的构造内容，主要施工方法如图5-5所示。

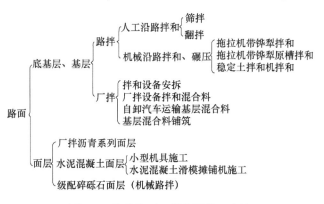

图 5-5 公路路面工程主要施工方法

路拌法是指采用人工沿路拌和及机械沿路拌和碾压。后者包括三种施工方法，即利用拖拉机带铧犁拌和、拖拉机带铧犁原槽拌和、稳定土拌和机拌和混合料。路拌法施工通常适用于二级及二级以下公路。

厂拌法是指集中在固定场地，利用拌和设备拌和混合料的施工方法。厂拌法适用于高速公路和一级公路，主要包括混合料拌和、混合料运输、混合料摊铺及拌和设备安拆等步骤，应分别套取相应定额。

下面举例说明该章定额的应用。

例5-8 试确定采用拖拉机带铧犁拌和、人工摊铺20cm厚级配碎石路面的人工、材料和机械消耗量定额。

解：本题给定的基层厚度是20cm，根据《公路工程预算定额》第二章第二节说明第1条：泥结碎石、级配碎石、级配砾石、天然砂砾、粒料改善土壤路面面层的压实厚度在15cm 以内，拖拉机、平地机和压路机的台班消耗按定额数量计算。当超过上述压实厚度进行分层拌和、碾压时，拖拉机、平地机和压路机的台班消耗按定额数量加倍计算，每1000m²增加1.5个工日。

查定额编号［2-2-2-2］、［2-2-2-5］，并依据上述说明可知该项工作的人工定额每1000 m²增加1.5个工日，拖拉机、平地机、压路机台班数量加倍。则1000m²的20cm厚级配碎石基层的人工、材料和机械消耗量定额如下

人工：$(11.5 + 1.1 \times 12 + 1.5)$工日 $= 262$ 工日

碎石：$(122.66 + 15.34 \times 12)m^3 = 306.74m^3$

75kW 以内履带式拖拉机：$(0.22 + 0 \times 12) \times 2$ 台班 $= 0.44$ 台班

12～15t 光轮压路机：$(0.12 + 0 \times 12) \times 2$ 台班 $= 0.24$ 台班

18～21t 光轮压路机：$(0.8 + 0 \times 12) \times 2$ 台班 $= 0.16$ 台班

10000L 以内洒水汽车：$(0.08 + 0.01 \times 12)$ 台班 $= 0.2$ 台班

例5-9 某水泥、石灰稳定土基层工程，采用拖拉机带铧犁路拌法施工，定额标明的配合比为6:4:90，设计配合比为6.5:3.5:90，厚度17cm，试确定1000m²基层中水泥、石灰、土的消耗量。

解：1）根据《公路工程预算定额》第二章第一节说明第2条：各类稳定土基层定额中的材料消耗系按一定配合比编制的，当设计配合比与定额标明的配合比不同时，有关材料可按下式进行换算：

$$C_i = \left[C_d + B_d (H - H_o) \right] \frac{L_i}{L_d} \tag{5-3}$$

式中　C_i——按设计配合比换算后的材料数量；

　　　　C_d——定额中基本压实厚度的材料数量；

　　　　B_d——定额中压实厚度每增减1cm的材料数量；

　　　　H_o——定额的基本压实厚度；

　　　　H——设计的压实厚度；

　　　　L_d——定额中标明的材料百分率；

　　　　L_i——设计配合比的材料百分率；

2）该工程设计配合比与定额标明的配合比不一致，故应按上述规定进行调整，且本题基层厚度为17cm，需按压实厚度20cm的基本厚度进行减少。查定额表［2-1-6-9-10×3］可知本工程的材料消耗量为

水泥：$[20.392 + 1.02 \times (17 - 20)] \times (6.5 \div 6.0)t = 18.776t$

熟石灰：$[14.943 + 0.747 \times (17 - 20)] \times (3.5 \div 4.0)t = 12.982t$

土：$[268.07 + 13.4 \times (17 - 20)] \times (90 \div 90)m^3 = 227.87 m^3$

例5-10 某高速公路沥青混凝土路面，其设计面层分别为上面层：5cm厚细粒式；中面层：6cm厚中粒式；下面层：7cm厚粗粒式。该路段长为28km，路面宽为26m；其中进口段里程为160m，平均宽度为100m；拌和站设在该路段中间，距高速公路1km处，有土质机耕道相连（平丘区）；施工工期为6个月，采用集中拌和、自卸汽车运输、机械摊铺。拌和站拟用320t/h沥青混合料拌和设备，拌和场地建设不考虑。

请编制该路面工程施工图预算所需的相关工程细目、单位、定额编号及数量等内容，并填入表5-5中。

解：（1）工程数量的计算

1）路面面积：$(28000 - 160) \times 26m^2 + 160 \times 100m^2 = 739\,840m^2$

2）各面层体积

下层（粗粒式）：$739840 \times 0.07m^3 = 51789m^3$

中层（中粒式）：$739840 \times 0.06m^3 = 44390m^3$

上层（细粒式）：$739840 \times 0.05m^3 = 36992m^3$

合计：$(51789 + 44390 + 36992)m^3 = 133171m^3$

3）沥青混合料质量。查《公路工程预算定额》附录一路面材料计算基础数据表知：粗粒式沥青混凝土压实混合料干密度为$2.377t/m^3$，中粒式沥青混凝土压实混合料干密度为$2.370t/m^3$，细粒式沥青混凝土压实

混合料干密度为2.363t/m³，则沥青混合料质量为

$$(51789 \times 2.377 + 44390 \times 2.370 + 36992 \times 2.363)t = 315718.849t$$

（2）计算混合料拌和设备的数量 根据施工工期安排，要求在6个月内完成路面面层的施工；根据施工组织设计，拌和设备型号为320t/h，设备利用率为0.85，拌和设备安拆需1个月，每天施工8h，则混合料拌和设备的数量为

$$315718.849t \div [320t/h \times 8h/d \times 0.85 \times 30d \times (6-1)] = 0.97$$

应设置1台拌和设备。

（3）计算混合料综合平均运距

1）由于拌和站设在该路段中间，因此将全路分为三段。首先计算各段混合料的工程量

$$14000 \times 26 \times 0.18m^3 = 65\ 520m^3$$

$$(14000 - 160) \times 26 \times 0.18m^3 = 64771m^3$$

$$160 \times 100 \times 0.18m^3 = 2880m^3$$

合计：$(65520 + 64771 + 2880)m^3 = 133171m^3$

2）对应于上述三段路面的中心运距分别为

$$(14 \div 2)km = 7km$$

$$(14 - 0.16) \div 2km = 6.92km$$

$$0.16 \div 2 + (14 - 0.16)km = 13.92km$$

3）混合料综合平均运距

总运量：$(65520 \times 7 + 64771 \times 6.92 + 2880 \times 13.92)m^3 \cdot km = 946945m^3 \cdot km$

综合平均运距：$946945m^3 \cdot km \div 133171m^3 = 7.11km$

由已知条件可知，拌和站距高速公路有1km的便道，因此，路面沥青混合料的实际综合平均运距为$(7.11 + 1)km = 8.11km$，根据定额中关于运距的规定，本项目应按8km计算。

（4）临时便道 根据已知条件可知，该便道为土质机耕道（平丘区），为保证施工的顺利和安全文明施工的要求，应将机耕道拓宽并铺设简易路面。

表5-5 某路面工程施工图预算的工程细目、单位、定额编号及数量

工程细目		定额编号	单 位	数 量	定额调整
透层沥青		2－2－16－3	1000m²	739.84	
黏层沥青		2－2－16－5	1000m²	739.84×2	
沥青混凝土拌和	粗粒式	2－2－11－6	1000m³	51.789	
	中粒式	2－2－11－13	1000m³	44.390	
	细粒式	2－2－11－20	1000m³	36.992	
15t以内自卸汽车运混合料8km	第一个1km	2－2－13－7	1000m³	133.171	
	每增运0.5km	2－2－13－8	1000m³	133.171	14
沥青混凝土铺筑	粗粒式	2－2－14－50	1000m³	51.789	
	中粒式	2－2－14－51	1000m³	44.390	
	细粒式	2－2－14－52	1000m³	36.992	
沥青混凝土拌和设备安拆		2－2－15－6	座	1	
临时便道路基		7－1－1－1	1km	1	
临时便道路面		7－1－1－5	1km	1	
临时便道养护			1km·月	5	

5.2.5 隧道工程定额说明及应用示例

《公路工程预算定额》第三章为隧道工程，分为洞身工程、洞门工程、辅助坑道、瓦斯隧道四节。应认真阅读章说明和节说明中的有关规定，并根据实际工程情况进行定额的套用和换算。

下面举例说明该章定额的使用。

例 5-11 某隧道工程，围岩为Ⅲ级，工作面距洞口长度为 2500m 以内，采用机械开挖，自卸汽车运输施工，试确定其人工、硝铵炸药和 12t 以内自卸汽车的预算定额值。

解： 1）《公路工程预算定额》第三章第一节说明第 7 条：本定额中凡是按不同隧道长度编制的项目，均只编制到隧道长度在 5000m 以内。当隧道长度超过 5000m 时，应按以下规定计算：

① 洞身开挖。以隧道长度 5000m 以内定额为基础，与隧道长度 5000m 以上每增加 1000m 定额叠加使用。

② 正洞出渣运输。通过隧道进出口开挖正洞，以换算隧道长度套用相应的出渣定额计算。换算隧道长度计算公式为：换算隧道长度 = 全隧道长度 – 通过辅助坑道开挖正洞的长度。

当换算隧道长度超过 5000m 时，以隧道长度 5000m 以内定额为基础，与隧道长度 5000m 以上每增加 1000m 定额叠加使用。

2）该工程工作面距洞口长度为 2500m，所以隧道长度 5000m，套用定额编号［3 – 1 – 3 – 27］、［3 – 1 – 3 – 55］，得正洞机械开挖、出渣的人工、炸药和自卸汽车的总消耗量。

人工：（26.8 + 1.1）工日 = 27.9 工日

硝铵炸药：99kg

20t 以内自卸汽车：1.49 台班

例 5-12 某隧道工程全长 800m，其中Ⅴ级围岩设计开挖断面面积为 100m²，占隧道总长的 20%，实际开挖量为 17000m³；Ⅳ级围岩设计开挖断面面积为 90m²，占隧道总长的 40%，实际开挖量为 30000m³；Ⅲ级围岩设计开挖断面面积为 80m²，占隧道总长的 40%，实际开挖量为 26000m³；洞外出渣运距为 1700m，超挖部分回填采用 M7.5 浆砌片石。

请编制该隧道工程施工图预算所需的相关工程细目、单位、定额编号及数量等内容，并填入表 5-6 中（不考虑通风照明费用）。

解： 1）根据《公路工程预算定额》第三章说明及节说明，应注意以下几个要点：

① 隧道开挖与弃渣应分别计算。

② 洞内出渣运输定额已综合洞门外 500m 运距，当洞门外运距超过此运距时，可按照路基工程自卸汽车运输土方的增运定额加计运输部分的费用，且运输车辆的选择应与隧道出渣定额的车辆选型相同。

③ 定额中已综合考虑超挖及预留变形因素。

2）工程量计算。开挖工程量按设计断面计算，定额中已考虑超挖因素，不得将超挖数量计入工程量。

① 洞身开挖量

Ⅴ级围岩开挖量：800 × 20% × 100m³ = 16000m³

Ⅳ级围岩开挖量：800 × 40% × 90m³ = 28800m³

Ⅲ级围岩开挖量：800 × 40% × 80m³ = 25600m³

② 弃渣洞外运输调整。定额中已综合洞外出渣距离 500m，该隧道出渣距离为 1700m，应增加运距 1200m，采用路基工程中增运定额计算。当运距尾数不足一个增运定额单位的半数时不计，等于或超过半数时按一个增运定额运距单位计算。故增加运距为 1000m。

一般情况下，Ⅴ～Ⅵ级围岩运输可按土方考虑，Ⅰ～Ⅳ级围岩运输可按石方考虑。

表5-6　某隧道工程施工图预算的工程细目、单位、定额编号及数量

工程细目		定额编号	单位	数量	定额调整系数
隧道洞身开挖	V级围岩	3－1－3－5	100m³	160	
	IV级围岩	3－1－3－4	100m³	288	
	III级围岩	3－1－3－3	100m³	256	
出渣	III级围岩	3－1－3－43	100m³	256	
	IV、V级围岩	3－1－3－44	100m³	448	
弃渣增运	土方	1－1－11－12	1000m³	16	2
	石方	1－1—11－26	1000m³	54.4	2

注：弃渣增运定额运输车辆的选择应与弃渣定额中运输车辆一致，本工程选择12t自卸汽车才正确。

例5-13　某分离式山区高速公路隧道，全长1462m，主要工程量为：

1）洞门部分。浆砌片石墙体1028m³，浆砌片石截水沟69.8m³。

2）洞身部分。钢支撑445t，喷射混凝土10050m³，钢筋网138t，φ25mm砂浆锚杆12 600m，φ22mm砂浆锚杆113600m，拱墙混凝土25259m³，光圆钢筋16t，带肋钢筋145t。

3）洞内路面。21930m²，水泥混凝土面层厚26cm。

4）隧道防排水、洞内管沟、装饰、照明、通风、消防等不考虑。

摊铺机铺混凝土路面已考虑了1km的洞外运输。

请列出该隧道工程施工图预算涉及的相关工程细目、单位、定额编号、数量、定额调整等内容，并填入表5-7中。

解：1）根据《公路工程预算定额》第三章说明及节说明，应注意以下要点：

① 定额中混凝土工程均未考虑拌和的费用，应按桥涵工程相关定额另行计算。

② 洞内工程项目如需采用其他章节的有关项目时，采用定额的人工工日、机械台班数量及小型机具使用费，应乘1.26的系数。

③ 摊铺机铺筑混凝土路面定额已包括了1km的洞外运输。

2）工程量计算

① 锚杆工程量：$(0.025^2 \times 12600 + 0.022^2 \times 113600) \times \pi/4 \times 7.85t = 387.466t$（查锚杆密度为$7.85t/m^3$）。

② 隧道路面水泥混凝土工程量：$21930 \times 0.26m^3 = 5701.8m^3$。

表5-7　某高速公路隧道工程施工图预算的工程细目、单位、定额编号及数量

工程细目			定额编号	单位	数量	定额调整系数
洞门	浆砌片石墙体		3－2－1－4	10m³	102.8	
	浆砌片石截水沟		1－3－3－5	10m³	6.98	
洞身	支护	钢支撑	3－1－5－1	1t	445	
		锚杆	3－1－6－1	1t	387.466	
		钢筋网	3－1－6－5	1t	138	
		喷射混凝土	3－1－8－1	10m³	1005	
		喷射混凝土拌和	4－11－11－14	100m³	100.5	1.2
		喷射混凝土运输	4－11－11－24	100m³	100.5	1.2
		喷射混凝土洞内运输731m	4－11－11－25	100 m³	100.5	乘1.2，另人、机×1.26

（续）

工程细目			定额编号	单位	数量	定额调整系数
洞身	衬砌	拱墙混凝土	3-1-9-2	10m³	2 525.9	
		拱墙混凝土拌和	4-11-11-14	100m³	252.59	1.17
		拱墙混凝土运输	4-11-11-24	100 m³	252.59	1.17
		拱墙混凝土洞内运输731m	4-11-11-25	100m³	252.59	乘1.17，另人、机×1.26
		钢筋 光圆	3-1-9-6	1t	16	光圆：1.025；带肋：0
		钢筋 带肋	3-1-9-6	1t	145	带肋：1.025；光圆：0
水泥混凝土路面		路面摊铺厚度20cm	2-2-17-3	1000m²	21.93	人工、机械×1.26
		厚度增加6cm	2-2-17-4	1000m²	21.93×6	人工、机械×1.26
		路面混凝土洞内运输731m	4-11-11-25	100m³	57.018	乘1.02，另人、机×1.26
混凝土拌和站安拆			4-11-11-9	1座	1	

注：摊铺机铺混凝土路面已考虑了1km的洞外运输，所以再考虑731m的混凝土洞内运输。

5.2.6 桥涵工程定额说明及应用示例

《公路工程预算定额》的第四章为桥涵工程，分为开挖基坑，围堰、筑岛及沉井工程，打桩工程，灌注桩工程，砌筑工程，现浇混凝土及钢筋混凝土，预制、安装混凝土及钢筋混凝土构件，构件运输，拱盔、支架工程，钢结构工程，杂项工程，共十一节。

5.2.6.1 桥涵工程章说明及应用示例

1. 混凝土工程

1）定额中混凝土强度等级按一般图样选用，其施工方法除小型构件采用人拌人捣，其他均按机拌机捣计算。

2）定额中混凝土工程除大型预制构件底座、混凝土搅拌站安拆和钢桁架桥式码头项目中已考虑混凝土的拌和费用，其他混凝土项目中均未考虑混凝土的拌和费用，应按有关定额另行计算。包括三项工作内容：混凝土拌和站安拆；拌和站集中拌和混凝土；混凝土运输。

3）定额中采用泵送混凝土的项目均已包括水平和向上垂直泵送消耗的人工、机械，当水平泵送距离超过定额综合范围时，可按表5-8增列人工及机械消耗量；向上垂直泵送不得调整。

表5-8 水平泵送距离超过定额综合范围增列人工及机械消耗量

项目		定额综合的水平泵送距离/m	每100m³混凝土每增加水平距离50m 增列数量	
			人工/工日	混凝土输送泵/台班
基础	灌注桩	100	1.08	0.24
	其他	100	0.89	0.16
上、下部构造		50	1.97	0.32
桥面铺装		250	1.97	0.32

例5-14 某灌注桩工程桩径为250cm，采用回旋钻机成孔，施工组织设计的混凝土水平泵送距离为200m，如何套用定额？

解： 套用灌注桩混凝土定额时，查定额编号［4－4－8－15］，其人工和混凝土输送泵的消耗量应调整为

人工：6.5 工日/m³ $+ (1.08 \div 10) \times [(200-100) \div 50]$工日/m³ $= 6.7$ 工日/10m³

混凝土输送泵：0.1 台班/10m³ $+ (0.24 \div 10) \times [(200-100) \div 50]$台班/10m³ $= 0.15$ 台班/10m³

4）除另有说明外混凝土定额中均已综合脚手架、上下架、爬梯及安全围护等搭拆及摊销费用，使用定额时不得另行计算。

2. 钢筋工程

1）定额中凡钢筋直径在 10 mm 以上的接头，除注明为钢套筒连接外，均采用电弧搭焊接或电阻对接焊。

2）定额中的钢筋按选用图样分为 HPB300、HRB400；设计中采用 HRB500，可将定额中的 HRB400 抽换为 HRB50。设计图的钢筋（光圆、带肋）比例与定额有出入时，可以调整钢筋品种的比例关系。

例5-15 某桥梁预制等截面箱梁的设计图中 HPB300 光圆钢筋为 3.5 t，HRB400 带肋钢筋为 9.6t，试确定该子目的钢筋定额。

解： 根据《公路工程预算定额》第四章桥梁工程章说明二，如果设计图的钢筋品种比例与定额有出入时，可调整钢筋品种的比例关系。

1）查定额编号［4－7－15－3］可知：光圆钢筋与带肋钢筋的比例为 $0.156 : 0.869 = 0.180$。

2）设计图中光圆钢筋与带肋钢筋的比例为 $3.5 : 9.6 = 0.365$，与定额比例不符，应进行换算。

3）由《公路工程预算定额》附录四可知光圆钢筋、带肋钢筋的场内运输及操作损耗为 2.5%。将原定额的钢筋品种比例调整为

光圆钢筋：$[3.5 \div (3.5+9.6)] \times (1+0.025)t = 0.274t$

带肋钢筋：$[9.6 \div (3.5+9.6)] \times (1+0.025)t = 0.751t$

3. 模板工程

模板不单列项目。混凝土工程中所需的模板包括钢模板、组合钢模板、木模板，均按其周转摊销量计入混凝土定额中。

4. 设备摊销费

定额中设备摊销费的设备指属于固定资产的金属设备，包括万能杆件、装配式钢桥桁架及有关配件拼装的金属架桥设备。挂篮、移动模架设备摊销费按设备质量每吨每月 180 元计算，其他设备摊销费按设备质量每吨每月 140 元计算（除设备本身折旧费用，还包括设备的维修、保养等费用）。各项目中凡注明允许调整的，可按计划使用时间调整（定额按使用期4 个月编制）。

5. 工程量计算一般规定

1）现浇混凝土、预制混凝土、构件安装的工程量为构筑物或预制构件的实际体积，不包括其中空心部分的体积，钢筋混凝土项目的工程量不扣除钢筋（钢丝、钢绞线）、预埋件和预留孔道所占的体积。

2）构件安装定额中在括号内所列的构件体积数量，表示安装时需要备制的构件数量。

3）钢筋工程量为钢筋的设计质量，定额中已计入施工操作损耗，一般钢筋因接长所需

增加的钢筋质量已包括在定额中，不得将这部分质量计入钢筋设计质量内。但对于某些特殊的工程，必须在施工现场分段施工采用搭接接长时，其搭接长度的钢筋质量未包括在定额中，应在钢筋的设计质量内计算。

5.2.6.2 桥涵工程节说明及应用示例

1. 开挖基坑

例5-16 某桥梁共有6个墩、台基坑开挖工程，采取2个坑平行施工，用电动卷扬机配抓斗开挖，靠岸桥墩基坑如图5-6所示。

已知桥墩水中挖砂砾37.5 m^3，水中挖岩石185.0 m^3，基坑总挖方269.5 m^3，运距20m。基底以上20cm处人工挖方12.5 m^3。试分析该基坑工程套用的预算定额。

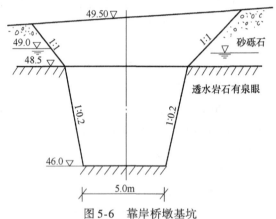

图5-6 靠岸桥墩基坑

解：1）根据《公路工程预算定额》第四章桥涵工程第一节开挖基坑说明1：干处挖基指开挖无地面水及地下水位以上部分的土壤，湿处挖基指开挖在施工水位以下部分的土壤。挖基坑石方、淤泥、流砂不分干处、湿处均采用同一定额。该基坑的干处挖基工程量为地下水位以上的土方，即（269.5 – 37.5 – 185.0）m^3 = 47.0 m^3。

2）根据第一节说明3：基坑深度为坑的顶面中心标高至底面的数值。在同一基坑内，不论开挖哪一深度均执行该基坑的全深度定额。

3）卷扬机配抓斗挖基坑土石方定额。

挖砂砾：查定额编号［4-1-3-1］（每1000 m^3 实体），人工146.5工日，30kN以内单筒慢动电动卷扬机20台班，小型机具使用费625.3元。

爆破石方：查定额编号［4-1-3-5］（每1000 m^3 实体），人工237.3工日，空心钢钎13.8kg，ϕ50mm以内合金钻头21个，硝铵炸药157.1kg，导爆索90.8m，非电毫秒雷管201个，其他材料费22元，1 m^3 以内履带式机械单斗挖掘机3.46台班，9 m^3/min以内机动空压机7台班，小型机具使用费340.2元。

4）根据第一节说明2：开挖基坑土、石方运输按弃土于坑外10m范围内考虑，如坑上水平运距超过10m时，另按路基土、石方增运定额计算。由题意可知，该土石方弃土运距为20m，故还应增加定额编号［1-1-6-4］中的定额值。

5）根据第一节说明6：机械挖基定额中已综合了基底高程以上20cm范围内的人工开挖和基底修整用工。不能再增列基底以上20cm处人工挖方12.5 m^3 的工程量。

6）根据第一节说明8：挖基定额中未包括水泵台班，挖基及基础、墩台修筑所需的水泵台班按"基坑水泵台班消耗"表的规定计算，并计入挖基项目中。根据第一节说明11的"基坑水泵台班消耗"表计算所需水泵台班，计算公式如下

墩（台）基坑水泵台班消耗 = 湿处挖基工程量×挖基水泵台班 + 墩（台）座数×修筑水泵台班

该工程为靠岸墩、Ⅲ类土，地下水水位高度3m以内，湿处挖基工程量 =（37.5 + 185.0）m^3 = 222.5 m^3。基坑深（49.50 – 46.00）m = 3.5m，按6m计。查"基坑水泵台班消耗"表可得

墩基坑水泵台班消耗 = ［（222.5 ÷ 10）× 0.21 + 6 × 3.12］台班 = 18.73台班

2. 打桩工程

例5-17 某桥梁采用在水中工作平台上打桩基础。已知地基土层从上到下依次为亚黏土（厚度为7.0m）、黏土（厚度为3.0m）、砂砾（厚度为8m），设计垂直桩入土深度为15m，斜桩入土深度为16m，设计规定凿去桩头1m，打桩工作平台面积为200 m^2。试确定打钢筋混凝土方桩及工作平台的预算定额。

Ⅰ组土为较易穿过的土壤，如轻亚黏土，亚黏土、砂类土、腐殖土、湿的及松散的黄土等；Ⅱ组土为较难穿过的土壤，如黏土、干的固结黄土、砂砾、砾石、卵石等。

解： 1）根据《公路工程预算定额》第四章第三节打桩工程说明2：打桩工程土壤分为Ⅰ、Ⅱ两组。当穿过两组土层时，如扣入Ⅱ组土各层厚度之和等于或大于土层总厚度的50%或扣入Ⅱ组土连续厚度大于1.5m时，按Ⅱ组土计，不足上述厚度时，则按Ⅰ组土计。本例地基土层厚度为18m，其中砂砾层厚度为8m，而设计垂直桩入土深度为15m，可知桩底落在砂砾层中，故应按Ⅱ组土计算。

2）查定额编号［4-3-1-2］，打钢筋混凝土垂直桩（10m³）的定额值为

人工：13.6工日

材料：锯材0.02m³；钢丝绳0.001t；其他材料费44.1元

机械：1.8t以内导杆式柴油打桩机2.35台班

3）根据《公路工程预算定额》第四章第三节说明5的规定：打桩定额均为打直桩，如打斜桩时，机械乘1.20的系数，人工乘1.08的系数。查定额编号［4-3-1-2］，打钢筋混凝土斜桩（10m³）的定额值为

人工：13.6×1.08工日=14.7工日

机械：1.8t以内导杆式柴油打桩机2.35×1.2台班=2.82台班

材料的定额值同垂直桩。

4）根据《公路工程预算定额》第四章第三节说明4：打桩定额中已包括打导桩、打送桩及打桩架的安、拆工作，并将打桩架、送桩、导桩及导桩夹木等的工、料按摊销方式计入定额中，编制预算时，不得另行计算。但定额中均未包括拔桩。破桩头工作，已计入承台定额中。因此，该桩基础工程的破桩头工作不再计列。

5）根据《公路预算定额》第四章第三节说明11：设计中规定凿去的桩头部分的数量，应计入设计工程量内。因此该桩基础工程中凿去的1m桩头应计入打桩的工程量内。

6）根据《公路预算定额》第四章第三节说明3：打桩定额中，均按在已搭好的工作平台上操作，但未包括打桩用的工作平台的搭设和拆除等的工、料消耗，需要时应按打桩工作平台定额另行计算。查定额编号［4-3-7-1］可知，打桩工作平台（100m²）的定额值为

人工：6.8工日

材料：锯材1.1m³；型钢0.206t；铁件7.3kg；铁钉2.5kg；其他材料费0.4元

机械：小型机具使用费0.9元

3. 灌注桩工程

灌注桩工程定额包括：成孔定额（地质类别、桩径）；灌注桩混凝土定额；护筒；检测钢管；混凝土搅拌；混凝土运输等；如果在水中施工还要考虑工作平台，河中施工有可能要考虑改河（围堰）等。

混凝土搅拌和运输的工程量应包含正常的损耗量。

例5-18 某桥梁工程，采用冲击钻机冲孔，设计桩深26m，直径为100cm，地层由上而下为黏土6m、砂砾8m、砾石7m，以下部分为次坚石，采用钢护筒干处施工。

试确定该灌注桩工程的预算定额子目。

解：（1）冲击钻机冲孔 查定额编号［4-4-4-10］、［4-4-4-11］、［4-4-4-12］和［4-4-4-15］，可得冲击钻机冲孔的定额值。

（2）混凝土灌注桩 查定额编号［4-4-8-4］得混凝土灌注桩的定额值。

（3）混凝土拌和 查定额编号［4-11-11-1］得混凝土拌和的定额值。

（4）钢筋 查定额编号［4-4-8-24］得灌注桩钢筋的定额值。

（5）钢护筒 查定额编号［4-4-9-7］得钢护筒制作、埋设、拆除的定额值。

当设计桩径与定额采用桩径不同时，可按表5-9系数调整。

表5-9　不同桩径定额调整系数

计　算　基　数		桩径150cm以内			桩径200cm以内				桩径250cm以内			
桩径/cm		120	130	140	160	170	180	190	210	220	230	240
调整系数	冲击锥、冲击钻	0.89	0.9	0.95	0.8	0.85	0.9	0.95	0.88	0.91	0.94	0.97
	回旋钻		0.94	0.97	0.75	0.82	0.87	0.92	0.88	0.91	0.94	0.96

计　算　基　数		桩径300cm以内				桩径350cm以内			
桩径/cm		260	270	280	290	310	320	330	340
调整系数	回旋钻	0.72	0.78	0.85	0.92	0.7	0.78	0.85	0.93

4. 现浇混凝土及钢筋混凝土

例5-19　某桥梁下部结构为高桩承台，上部构造为钢桁梁。试确定用起重机配吊斗施工的高桩承台和水泥混凝土行车道面层铺装的预算定额值（采用250 L混凝土搅拌机）。

解：1）根据《公路工程预算定额》第四章桥涵工程第六节说明3，高桩承台混凝土应按有底模承台确定。查定额编号［4-6-1-6］，可得高桩承台混凝土的定额值。

2）查定额编号［4-11-11-1］，可得混凝土搅拌机拌和的定额值。

3）查定额编号［4-6-2-10］，可得高桩承台钢筋的定额值。

4）查定额编号［4-11-11-20］，可得混凝土运输的定额值。

5）查定额编号［4-6-13-2］、［4-6-13-7］，可得水泥混凝土行车道铺装混凝土及钢筋的定额值。

5. 预制、安装混凝土及钢筋混凝土构件

（1）关于钢绞线的说明

1）钢绞线的规格。常见的钢绞线由7根圆形截面的钢丝组成，以1根钢丝为中心，其余6根钢丝围绕着进行螺旋状绞合而成。

① 根——指一根钢丝。

② 股——指由若干根钢丝组成一股钢绞线，如由7根钢丝组成公称直径为9.5mm、12.7mm、15.2mm的钢绞线。

③ 束——预应力构件横截面中的钢绞线束数，与孔道数量相同，每1束配2个锚具。

④ 束长——指一次张拉的长度。

⑤ 孔——指使用的锚具的孔数。选择定额时，其孔数应不少于设计图标定的孔数（不一定将所有的孔全部用上）。

⑥ 每吨束数（束/t）——指在标准张拉长度内，每吨钢绞线折合成多少束，是钢绞线工程量计算的基本数据。

2）钢绞线定额的选择与调整。

① 束长、孔数要符合设计或施工方案的实际张拉长度和锚具孔数。

② 计算设计钢绞线的每吨束数，以同一束长范围内钢束数量与同一束长范围内钢束质量（t）之比确定。

如果按设计图纸计算的每吨束数与定额的每吨束数不同，应将定额中的"每吨××束"和"每增减1束"定额子目组合使用，组合后的定额每吨束数应和按设计图计算的每吨束

数相同。

例 5-20 某大桥箱梁纵向预应力钢绞线为 19ϕ15.24（即每束钢绞线包括 19 股公称直径为 15.24mm 的钢绞线），每股 7 根钢丝，共 240 束。每股钢绞线单位质量为 1.101kg/m，单股钢绞线束总长 8106.2m。请根据定额调整每吨束数。

解：总质量 = 8106.2 × 1.101 × 19kg = 169573.6kg

该钢绞线每吨束数 = 240 束 ÷ 169.57t = 1.415 束/t

平均设计束长 = 8106.2m ÷ 240 束 = 33.775m/束

考虑施工张拉长度，选用定额编号［4 - 7 - 19 - 21］、［4 - 7 - 19 - 22］，1.41 束/t。

每吨束数差为 1.415 - 1.41 = 0.005

则定额调整为［4 - 7 - 19 - 21 + 4 - 7 - 19 - 22 × 0.005］

人工：3.6 + 1 × 0.005 工日 = 3.605 工日

钢绞线：1.04。

（2）关于预制箱梁定额的选用　预制箱梁涉及的定额项有预制箱梁混凝土、导梁安装预制箱梁、导梁的设备摊销、龙门架设备摊销、预制构件出坑、预制构件运输、预制厂场地平整、场地硬化、预制构件底座、桥面轨道铺设、桥头轨道费用定额、混凝土搅拌、混凝土运输等。混凝土搅拌和运输的工程量均应包含正常的损耗。

5.2.6.3　桥涵工程定额综合应用示例

某特大桥跨越 V 形峡谷，施工图设计桥跨布置为（75 + 130 + 75）m 预应力钢筋混凝土连续刚构，桥宽 26m（单幅桥宽 12.5m），左右幅桥跨布置相同，主墩高 132m，过渡墩（边墩）高 10m（主墩墩身施工时，左右幅均配备了起吊质量为 8t 的塔式起重机及双笼施工电梯）。拟采用挂篮悬浇施工，计划工期 10 个月。悬浇主梁节段划分 0 号块、中跨 1 ~ 20 号及边跨 1′ ~ 20′号共 21 个节段，其中 0 号块为托架现浇（0 号块墩顶梁宽 12.5m，现浇工期按 2 个月计算），边跨 21′ ~ 23′号 3 个节段采用满堂支架现浇（21′ ~ 23′号节段总长 9m，现浇支架无须基础处理，支架平均高 10m），其余节段均采用挂篮悬浇（包括中跨合龙段、边跨合龙段，每个节段的工期按 10d 计算、挂篮拼装及拆除时间按 1 个月计算），中跨 1 ~ 20 号及边跨 1′ ~ 20′号中最大节段混凝土数量为 71.5m³。

问题：

1）列出预应力混凝土连续刚构上部构造所需的辅助工程项目，并计算相应的工程量。

2）写出各辅助工程的相关定额编号，并对定额调整做出说明。

分析：本案例悬浇连续刚构或悬浇连续梁造价（施工图预算）计算需要考虑的辅助工程是哪些？相关的辅助工程量如何计算？

1）挂篮设备的数量应依据工期需要进行确定，每套挂篮质量的确定应依据最大节段混凝土质量计算（由施工组织设计确定，本题按最大现浇段质量的 0.5 倍计算）。

2）0 号块的现浇托架质量由施工组织设计提供，本题按桥梁横向宽度 7t/m 计算。

3）边跨现浇段支架可依据边墩墩高及现浇段长度按立面面积计算。

4）本案例给定了墩身高度，还应计算塔式起重机及电梯的使用费。

（1）问题 1），辅助工程包括挂篮、0 号块托架、边跨现浇段支架、塔式起重机及施工电梯四项。

1）悬浇挂篮。根据题意，该连续刚构上部构造施工计划工期为 10 个月。其中悬浇共

20 个节段，每个节段的工期为 10d，则悬浇施工周期为 200d；0 号块托架现浇时间为 2 个月；悬浇挂篮的拼装及拆除时间为 1 个月。因此，本项目左、右幅必须平行施工才能满足计划工期的要求，即每个 T 构需配备 1 对挂篮，全桥共需 4 对挂篮。最大节段混凝土数量为 71.5m^3，质量为 $(71.5 \times 2.5)\text{t} = 178.75\text{t}$，每个挂篮质量为 90t，则

全桥需配备的挂篮质量为 $90 \times 4 \times 2\text{t} = 720\text{t}$

挂篮的使用时间为 $(200 \div 30 + 1)$ 月 $= 7.63$ 月，按 8 个月调整设备摊销费

2）现浇 0 号块托架。按每个 T 构配 1 套，全桥共 4 套考虑，其质量为 $12.5 \times 7 \times 4\text{t} = 350\text{t}$。0 号块的施工期为 2 个月，应调整设备摊销费。

3）边跨现浇支架。每个边跨设置 1 套，全桥共 4 套，支架立面积 $10 \times 9 \times 4\text{m}^2 = 360\text{m}^2$，桥宽 12.5m，需调整定额系数：$(12.5 + 2) \div 12 = 1.21$。

4）塔式起重机及施工电梯：连续刚构的悬浇工艺是由 0 号块向两侧依次对称悬浇，本项目桥墩较高，考虑施工人员、材料的垂直运输设备，配置塔式起重机及施工电梯。由于主墩施工已考虑塔式起重机及施工电梯的安拆和相应使用费，因此，上部构造施工仅考虑使用费，不再考虑安拆费用。数量为 $[60(0\text{ 号块施工}) + 30(\text{挂篮拼装}) + 20 \times 10(\text{悬浇施工})] \times 4$ 台·天 $= 1160$ 台·天。

（2）问题 2），定额套用及调整情况见表 5-10。

表 5-10　定额套用及调整

项 目 名 称	定 额 编 号	定 额 单 位	工 程 量	定额调整或系数
悬浇挂篮	4 - 7 - 28 - 6	10t	72	设备摊费调整为 14400 元
0 号块托架	4 - 7 - 29 - 1	10t	35	设备摊费调整为 3600 元
边跨现浇支架	4 - 9 - 3 - 10	10m^2	36	1.21
支架预压	4 - 9 - 6 - 1	10m^3	支架现浇段混凝土量	
施工电梯使用，安装高度 150m 以内	4 - 11 - 15 - 11	台·天	1160	
塔式起重机使用，安装高度 150m 以内	4 - 11 - 16 - 9	台·天	1160	

5.3　建筑安装工程费

建筑安装工程包括建筑工程和设备安装工程两大类。其中建筑工程是指施工企业按照预定的建设目标完成的施工生产成果，是一种创造价值和转移价值的施工生产活动，它必须通过施工企业的生产活动和消耗一定的资源来实现；设备安装工程主要是指高等级公路中管理设施的安装，如收费站的收费设施安装，通信系统、监控系统、供电系统的设备安装，以及隧道通风设备、供电设备的安装活动等。

建筑安装工程费用由直接费、设备购置费、措施费、企业管理费、规费、利润、税金和专项费用组成。建筑安装工程费除专项费用外，其他均按"价税分离"计价规则计算，即各项费用均以不含增值税可抵扣进项税额的价格（费率）进行计算，具体要素价格适用增值税税率执行财税部门的相关规定。定额建筑安装工程费包括定额直接费、定额设备购置费的 40%、措施费、企业管理费、规费、利润、税金和专项费用，定额直接费包括定额人工费、定额材料费、定额施工机械使用费。

定额人工费、定额材料费、定额施工机械使用费及定额设备购置费均按 JTG/T 3832—2018《公路工程预算定额》附录四"定额人工、材料、设备单价表"及 JTG/T 3833—2018《公路工程机械台班费用定额》中规定的人工、材料、设备、机械的相应基价计算的定额费用计取。

5.3.1　直接费

直接费指施工过程中耗费的构成工程实体和有助于工程形成的各项费用，包括人工费、材料费、施工机械使用费。人工费、材料费、施工机械使用费按实物法计算，其费用大小既取决于定额规定的人工、材料、机械台班消耗标准，又取决于预算编制时工程所在地人工、材料、机械台班的预算价格。

5.3.1.1　人工费

人工费是指施工过程中耗费的构成工程实体和有助于工程形成的各项费用，包括人工费、材料费、施工机械使用费。

1. 内容包括

计时工资或计件工资：指按计时工资标准和工作时间或对已做工作按计件单价支付给个人的劳动报酬。

津贴、补贴：指为了补偿职工特殊或额外的劳动消耗和因其他特殊原因支付给个人的津贴，以及为了保证职工工资水平不受物价影响支付给个人的物价补贴，如流动施工津贴、特殊地区施工津贴、高温（寒）作业临时津贴、高空津贴等。

特殊情况下支付的工资：指根据国家法律、法规和政策规定，因病、工伤、产假、计划生育假、婚丧假、事假、探亲假、定期休假、停工学习、执行国家或社会义务等原因按计时工资标准或计时工资标准的一定比例支付的工资。

2. 人工费计算

人工费以概算、预算定额人工工日数乘以综合工日单价计算，即

$$人工费 = \sum（工程数量 \times 定额人工工日消耗量 \times 人工综合工日单价）\qquad(5-4)$$

式中　　　工程数量——根据工程量计算规则计算的实际工程数量与定额单位工程量之比；

定额人工工日消耗量——指完成定额单位工程量所需的人工工日数，由《公路工程概算定额》、《公路工程预算定额》直接查得。

人工综合工日单价由省级交通运输主管部门制定发布，并适时进行动态调整。它是按照本地区公路建设项目的人工工资统计情况及公路建设劳务市场情况进行综合分析确定的。人工工日单价仅作为编制概算、预算的依据，不作为施工企业实发工资的依据。如甘肃省交通厅发布的甘交建设〔2019〕2 号文《甘肃省执行交通运输部〈公路工程建设项目投资估算编制办法〉〈公路工程建设项目概算预算编制办法〉的通知》中规定，甘肃省公路工程基本建设项目高速、一级、二级公路人工工日单价（含机械工）按 103.41 元/工日，三级、四级公路按 77.56 元/工日执行。

例 5-21　甘肃两当某级配砾石路面，长 3km，宽 8m，面层压实厚度为 14cm，采用机械摊铺，平地机拌和。试求该路面工程的人工费。

解：查《公路工程预算定额》，定额编号 [2-2-3-13] 及 [2-2-3-16]，得

人工工日定额 = （2.6 + 0.2 × 6）工日/1000m² = 3.8 工日/1000m²

分项工程数量 $= 3000 \times 8m^2 = 24000m^2$

甘肃三、四级公路人工工日单价 $= 77.56$ 元/工日

人工费 $= (24000 \div 1000) \times 3.8 \times 77.56$ 元 $= 7073$ 元

5.3.1.2 材料费

材料费指施工过程中耗用的构成工程实体的原材料、辅助材料、构配件、零件、半成品或成品，按工程所在地的材料价格计算的费用。

材料预算价格由材料原价、运杂费、场外运输损耗、采购及保管费组成，按下式计算

$$材料预算价格 = (材料原价 + 运杂费) \times (1 + 场外运输损耗率) \times \qquad (5\text{-}5)$$
$$(1 + 采购及保管费率) - 包装品回收价值。$$

材料预算价格通过"材料预算单价计算表"（22 表）来完成。

（1）材料原价　各种材料原价按下列规定计算：

1）外购材料。外购材料价格参照本行政区域内交通运输主管部门发布的价格和按调查的市场价格进行综合取定。如甘肃省公路定额站定期公布的《甘肃省公路工程主要（综合）外购材料指导价格》。

2）自采材料。自采的砂、石、黏土等自采材料，按定额中开采单价加辅助生产间接费和矿产资源税（如有）计算。

自采材料的开采单价需要查《公路工程预算定额》第八章"材料采集与加工"的定额，计算时应注意：人工费按定额人工工日消耗和人工工日单价计算；材料费按材料消耗和材料预算价格计算；机械使用费按机械台班消耗量和机械台班单价计算。

辅助生产间接费是指由施工单位自行开采加工的砂、石等自采材料及施工单位自办的人工装卸和运输的间接费，一般按人工费的3%计列。该项费用并入材料预算单价内构成材料费，不直接出现在概预算中。

自采材料料场价格应通过"自采材料料场价格计算表"（23 － 1 表）进行计算。

例5-22　机械轧碎石：已知碎石机的装料口径400mm×250mm，碎石的最大粒径为4cm，人工工日单价为103.41 元/工日，片石的预算单价为60 元/m³，电动碎石机的台班单价为209.23 元/台班，滚筒式筛分机的台班单价为227.22 元/台班。试计算机械轧碎石的料场单价。

解：由题意可知机械轧碎石属于自采材料，应按下列步骤计算。

1）查《公路工程预算定额》定额编号［8 － 1 － 7 － 14］可得，每100m³堆方，人、材、机消耗量：人工30.2 工日，片石114.9m³，250mm×400mm 电动颚式破碎机3.42 台班，滚筒式筛分机3.84 台班。

2）计算各项费用（1m³）元

人工费：0.302×103.41 元 $= 31.23$ 元

材料费：1.149×60 元 $= 68.94$ 元

破碎机：0.0342×209.23 元 $= 7.16$ 元

筛分机：0.0384×227.22 元 $= 7.91$ 元

辅助生产间接费：$0.302 \times 106.28 \times 3\%$ 元 $= 0.96$ 元

3）计算机械轧碎石的料场单价

机械轧碎石的料场单价 $= (31.23 + 68.94 + 7.16 + 7.91 + 0.96)$ 元/m³ $= 116.2$ 元/m³

（2）运杂费　运杂费系指材料自供应地点至工地仓库（施工地点存放材料的地方）的费用，包括装卸费、运费，如果发生，还应计囤存费及其他杂费（如过磅、标签、支撑加固、路桥通行等费用）。

材料的运输流程如图 5-7 所示。

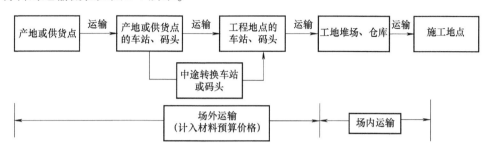

图 5-7　材料运输流程

1）通过铁路、水路和公路运输的材料，按调查的市场运价计算运费。通过铁路部门运输的材料，按铁路部门规定的运价计算运费；通过公路运输的材料，其运价和装卸费用采用当地省定额管理站定期公布的公路建材运输价格。

2）一种材料当有两个以上的供应点时，应根据不同的运距、运量、运价采用加权平均的方法计算运费。由于概算、预算定额中已考虑了工地运输便道的特点，以及定额中已计入了"工地小搬运"的费用，因此汽车运输平均运距中不得乘调整系数，也不得在工地仓库或堆料场之外再加场内运距或二次倒运的运距。

3）有容器或包装的材料及长大轻浮材料，应按表 5-11 规定的毛质量计算。桶装沥青、汽油、柴油按每吨摊销一个旧汽油桶计算包装费（不计回收）。

表 5-11　材料毛质量系数及单位毛质量表

材 料 名 称	单位	毛质量系数	单位毛质量
爆破材料	t	1.35	—
水泥、块状沥青	t	1.01	—
铁钉、铁件、焊条	t	1.10	—
液体沥青、液体燃料、水	t	桶装 1.17，油罐车装 1.00	—
木料	m³	—	原木 0.750t，锯材 0.650t
草袋	个	—	0.004t

材料运杂费的高低与材料供应地和运输方式的选择有密切关系。材料供应地的选择要综合考虑可供量、供应价格、运输条件及运距长短等因素，经经济比较后确定，以达到降低材料预算价格和工程造价的目的；材料运输主要有铁路、水路和公路等交通方式。

通过公路运输材料时，汽车自供应地点（供应厂、仓库、起运站、码头等）运至工地仓库（施工现场堆料点）时，材料运杂费的计算公式如下

$$材料单位运杂费 =（单位运费 + 单位装卸费 + 单位杂费）×单位毛质量 \qquad (5\text{-}6)$$
$$=（运价率 × 运距 + 装卸费 + 杂费）×单位质量 × 毛质量系数$$

式中　运价率——运输每吨公里材料的价格，元/（t·km），按当地运输部门规定或市场调
　　　　　　　查价格计列；

　　　运距——由运料起点至运料终点间的里程，km（外购材料的运距一般应从各市、

州、县所在地中心算至工地，当直接采用工程所在地附近的外购材料时，运距应按实际计算；自采加工材料的运距应从料场算至工地）；

装卸费——单位重材料每装车、卸车一次的费用元/t，每倒换一次运输工具，装、卸各增加一次；

杂费——指过磅、标签、支撑加固等费用；

单位毛质量——对于有容器或包装的材料，其单位毛质量按下式计算

$$单位毛质量 = 单位质量 \times 毛质量系数 \tag{5-7}$$

毛质量系数——指有容器或包装的材料及长大轻浮材料，为了计算其运输的实际重量而考虑的系数，按表 5-11 确定，材料单位质量按《公路工程预算定额》附录四确定。

甘肃省的运价率和装卸费采用甘肃省定额管理站定期公布的公路建材运输价格。公路运输货物等级见表 5-12，公路建材运价及装卸费见表 5-13 和表 5-14。

表 5-12 公路运输货物等级

等　级	货　物　名　称
一等货物	1. 砂、片石、石渣、碎（砾）石、卵石 2. 土、淤泥、垃圾 3. 粉煤灰、炉渣、碎机砖 4. 空包装容器：篓、袋、箱皮、盒
二等货物	1. 木材、橡胶、沥青、油料 2. 水泥及其制品（袋装水泥、水泥制品、预制水泥构件） 3. 钢材、铁及铁件、有色金属材料、五金制品 4. 砖、瓦、水泥瓦、块石、条石、一般石制品、石膏、石灰石、生石灰、煤等
三等货物	1. 橡胶制品、观赏用花木 2. 陶瓷、玻璃及其制品 3. 装饰石料，如大理石、花岗岩、汉白玉、水磨石板等 4. 粉尘品，如散装水泥、石粉等 5. 油漆、涂料、环氧树脂 6. 笨重货物、各种机器及设备
特等危险货物	货物长度 10m 以上，质量 8t 以上（不含 8t）货物；炸药、雷管、香蕉水等易燃易爆物品

注：未列入表内的其他货物，除按照同类货物分等外，均按二等货物；特等危险货物指交通运输部《汽车危险货物运输规则》中列出的所有危险货物。

表 5-13 公路建材运价　　　　　　　　　　（单位：元/t·km）

货物分等	一等货物	二等货物	三等货物	特等危险货物
运价	0.43	0.48	0.52	0.56

表 5-14 装卸费　　　　　　　　　　　　　（单位：元/t）

项　目	一等货物	二等货物	三等货物	特等危险货物
装	3.15	4.50	5.25	6.31
卸	0.00	3.15	3.78	4.50
装卸	3.15	7.65	9.03	10.81

运杂费计算的有关规定：

① 施工单位自办的运输，单程运距在 15km 以上的长途汽车运输，按当地交通运输部门规定的统一运价计算运费；单程运距在 5～15km 的汽车运输，按当地交通运输部门规定的统一运价计算，当工程所在地交通不便、社会运输力量缺乏时，如边远地区和某些山岭区，允许按当地交通运输部门规定的统一运价另加 50% 计算运费；单程运距在 5km 以内的汽车运输及人力场外运输，按预算定额计算运费，其中人力装卸和运输另按人工费加计辅助生产间接费。

② 一条路线跨越两个以上（含两个）地区时，应按各地区通过里程，采用加权平均的方法计算外购材料价格。

③ 装卸费应按实际发生的费用计取。有些材料只发生装车的费用，而不发生卸车的费用，如砂、石材料一般采用自卸汽车运输，装卸费中只有装车的费用，没有卸车的费用。

例 5-23 某边远地区水泥原价为 385 元/t，自办运输，运距分别为 20km 和 12km，运价 0.53 元/t·km，装卸费 4.9 元/t，分别计算水泥 20km 和 12km 的单位运杂费。

解：1）运距 20km，属于单程运距在 15km 以上的长途汽车运输，应按当地交通部门规定的统一运价计算运费，查表 5-11，水泥的毛质量系数为 1.01，则运杂费为

$$运杂费 = (20 \times 0.53 + 4.9) \times 1.01 \, 元/t = 15.66 \, 元/t$$

2）运距 12km，属于单程运距在 5～15km 的汽车运输，因为是边远地区，应当地交通部门规定的统一运价另加计 50% 计算运费

$$运杂费 = [12 \times 0.53 \times (1 + 50\%) + 4.9] \times 1.01 \, 元/t = 14.58 \, 元/t$$

例 5-24 水泥的原价为 385 元/t，自办运输，运距 4km，采用人工装卸，8t 载货汽车运输，人工工日单价为 103.41 元/工日，8t 载货汽车的台班单价为 602.17 元/台班，试计算水泥的单位运杂费。

解：运距 4km，属于单程运距在 5km 以内的汽车运输，按预算定额计算运费，其中人工装卸另按人工费加计辅助生产间接费。

查《公路工程预算定额》第九章"材料运输"可知，运输的定额编号是 [9－1－5－35] 和 [9－1－5－36]，装卸的定额编号是 [9－1－9－4]，则单位运杂费为

$$\left[\frac{1.75 + 0.09 \times 3}{100} \times 602.17 + \frac{7}{100} \times 103.41 \times (1 + 3\%) \right] \times 1.01 \, 元/t = 19.82 \, 元/t$$

（3）**场外运输损耗** 场外运输损耗是指有些材料在正常的运输过程中发生的损耗，这部分损耗应摊入材料单价内，计算公式为

$$材料场外运输损耗 = (材料原价 + 运杂费) \times 场外运输损耗率 \tag{5-8}$$

材料场外运输操作损耗率见表 5-15。

表 5-15 材料场外运输操作损耗率

材料名称		场外运输（包括一次装卸）（%）	每增加一次装卸（%）
块状沥青		0.5	0.2
石屑、碎砾石、砂砾、煤渣、工业废渣、煤		1.0	0.4
砖、瓦、桶装沥青、石灰、黏土		3.0	1.0
草皮		7.0	3.0
水泥（袋装、散装）		1.0	0.4
砂	一般地区	2.5	1.0
	多风地区	5.0	2.0

注：汽车运水泥，如运距超过 500km，袋装水泥损耗率增加 0.5%。

（4）材料采购及保管费 材料采购及保管费指在组织采购、供应和保管材料过程中，所需的各项费用及工地仓库的材料储存损耗。材料采购及保管费以材料的原价、运杂费及场外运输损耗的合计数为基数，乘以采购保管费费率计算，公式如下

$$材料采购及保管费 = （材料原价 + 运杂费 + 场外运输损耗） × 采购保管费费率 \quad (5-9)$$

交通运输部编制办法规定：钢材的采购及保管费费率为0.75%，燃料、爆破材料为3.26%，其余材料为2.06%。商品水泥混凝土、沥青混合料和各类稳定土混合料、外购的构件、成品及半成品的预算价格计算方法与材料相同。商品水泥混凝土、沥青混合料和各类稳定土混合料不计采购及保管费，外购的构件、成品及半成品的采购及保管费费率为0.42%。

5.3.1.3 施工机械使用费

施工机械使用费指列入概算、预算定额的工程机械和工程仪器仪表台班数量，按《公路工程机械台班费用定额》计算的工程所在地费用等。

1. 工程机械使用费。

机械台班预算价格应按现行《公路工程机械台班费用定额》分析计算，机械台班单价由不变费用和可变费用组成。不变费用包括折旧费、检修费、维护费、安拆辅助费等；可变费用包括机上人员人工费、动力燃料费、车船税。可变费用中的人工工日数及动力燃料消耗量，应以机械台班费用定额中的数值为准。台班人工费工日单价同生产工人人工费单价。动力燃料费用则按材料费的计算规定计算。

2. 工程仪器仪表使用费

工程仪器仪表使用费指机电工程施工作业所发生的仪器仪表使用费，以施工仪器仪表台班耗用量乘以施工仪器仪表台班单价计算。

工程仪器仪表台班预算价格应按现行《公路工程机械台班费用定额》分析计算。台班人工费工日单价同生产工人人工费单价。动力燃料费用则按材料费的计算规定计算。

当工程用电为自行发电时，电动机械每千瓦时（度）电的单价可由下列公式计算

$$A = 0.15K/N \quad (5-10)$$

式中 A——每千瓦时电单价，元；

K——发电机组的台班单价，元；

N——发电机组的总功率，kW。

构成定额基价的施工机械使用费由施工机械使用费和小型机具使用费之和构成，计算公式为

$$施工机械使用费 = \sum \{ [\sum （定额机械台班消耗量 × 机械台班单价） + 小型机具使用费] × 工程数量 \}$$

$$(5-11)$$

式中 工程数量——根据工程量计算规则计算的实际工程数量与定额单位工程量之比；

定额机械台班消耗量——完成定额单位工程量所消耗的不同种类机械的台班数量，由概算定额或预算定额直接查得；

小型机具使用费——未列入机械台班费用定额，但实际使用的小型机具的费用。

3. 机械台班单价

按交通运输部公布的《公路工程机械台班费用定额》，机械台班单价由不变费用和可变

费用两部分组成。

（1）不变费用 包括折旧费、检修费、维护费、安拆辅助费。

1）折旧费指机械设备在规定的耐用总台班内，陆续收回其原值（含智能信息化管理设备费）的费用。

2）检修费指机械设备在规定的耐用总台班内，按规定的检修间隔进行必要的检修，以恢复其正常功能所需的费用。

3）维护费指机械设备在规定的耐用总台班内，按规定的维护间隔进行各级维护和临时故障排除所需的费用。维护费包括为保障机械正常运转所需替换设备与随机配备工具附具的摊销费用、机械运转及日常维护所需润滑与擦拭的材料费用、机械停滞期间的维护费用等。

4）安拆辅助费指机械在施工现场进行安装、拆卸所需人工费、材料费、机械费、试运转费，以及机械辅助设施的折旧、搭设、拆除等费用，如安置机械的基础、底座及固定锚桩等费用。

安装拆卸及辅助设施费不包括：①打桩、钻孔机械在施工过程中的过墩、移位等发生的安装及拆卸费；②稳定土厂拌设备、沥青乳化设备、黑色粒料拌和机、沥青混合料拌和设备、混凝土搅拌站、塔式起重机、施工电梯等设备的安装及拆卸；③拌和设备、混凝土搅拌站、大型发电机的混凝土基础、沉淀池、散热池等辅助设施和机械操作所需的轨道、工作台的设置费用。上述费用应在工程项目费用中另行计算。

（2）可变费用 包括机上人员的人工费、动力燃料费、车船税。

1）人工费指随机操作人员的工作日工资（包括工资、各类津贴、补贴、辅助工资、劳动保护费等）。机上人工工日数在《公路工程机械台班费用定额》中直接查得，乘以机械工综合工费单价即可计算出人工费。

2）动力燃料费指机械在运转施工作业中耗用的电力、固体燃料（煤、木柴）、液体燃料（汽油、柴油、重油）和水等的费用。动力燃料消耗量在《公路工程机械台班费用定额》中直接查得，动力燃料单价按照材料预算价格的计算方法确定，两者相乘即可计算出动力燃料费。

3）车船使用税指施工机械按照国家、省（自治区、直辖市）规定应缴纳的车船使用税。

（3）《公路工程机械台班费用定额》中单价 人工 106.28 元/工日，汽油 8.29 元/kg，柴油 7.44 元/kg，重油 3.59 元/kg，煤 561.95 元/t，电 0.85 元/(kW·h)，水 2.72 元/m³，木柴 0.71 元/kg。

机械台班单价通过"机械台班单价计算表"（24 表）来完成，计算公式如下

施工机械台班单价 = 不变费用 × 调整系数 + 可变费用

$$= 不变费用 × 调整系数 + [定额人工消耗量 × 人工单价 +$$

$$\sum(定额燃料、动力消耗量 × 燃料、动力单价) + 车船使用税] \quad (5\text{-}12)$$

编制机械台班单价时，除青海、新疆、西藏等边远地区外，不变费用应直接采用《公路工程机械台班费用定额》中的不变费用小计。至于边远地区，因维修工资、配件材料等价差较大而需调整不变费用时，可按当地省、自治区交通厅发布的系数执行。

例 5-25 某工程施工用电采用自发电，拟采用 250kW 的柴油发电机组发电，已知当地柴油预算价格为 7.8 元/kg，试确定自发电的预算价格。

解：（1）确定发电机组的台班预算价格 查《公路工程机械台班费用定额》250kW 的柴油发电机组，

不变费用为 381.76 元/台班；柴油 291.21kg。

可变费用 = 291.21 × 7.8 元 = 5183.54 元；

台班预算价格 = (381.76 + 5183.54)元 = 5565.3 元。

（2）计算自发电的预算价格

自发电的预算价格 = 0.15K/N = 0.15 × 5565.3 ÷ 250 元/(kW·h) = 3.34 元/(kW·h)

例 5-26 人工摊铺天然砂砾路面工程，压实厚度为 12cm，预算工程数量 56000m²。已知人工单价为 103.41 元/工日，柴油预算价格为 7.8 元/kg，计算压路机机械使用费。

解：（1）确定施工机械台班定额值　查《公路工程预算定额》，定额编号 [2-2-4-1] 及 [2-2-4-2] 得每 1000m² 需机械：12-15t 光轮压路机 0.25 台班，18-21t 光轮压路机 0.34 台班，见表 5-16。

（2）计算机械台班单价　查《公路工程机械台班费用定额》，得：

1）代号【8001081】12-15t 光轮压路机的不变费用为 183.21 元，人工消耗为 1 个工日，柴油为 40kg，则

台班单价 = (183.21 + 1 × 103.41 + 7.8 × 40)元/台班 = 598.62 元/台班

2）代号【8001083】18-21t 光轮压路机的不变费用为 206.2 元，人工消耗为 1 个工日，柴油为 59.2kg，则

台班单价 = (206.2 + 1 × 103.41 + 7.8 × 59.2)元/台班 = 771.37 元/台班

（3）计算施工机械使用费

施工机械使用费 = (0.25 × 598.62 + 0.34 × 771.37) × (56000 ÷ 1000) 元 = 23067.56 元

表 5-16　2-2-4 天然砂砾路面

工程内容：1）清扫整理下承层；2）铺料、整平；3）洒水，碾压，找补。　　　　　　　　　　（单位：1000m²）

顺序号	项目	单位	代号	人工摊铺		机械摊铺	
				压实厚度 10cm	每增减 1cm	压实厚度 10cm	每增减 1cm
				1	2	3	4
1	人工	工日	1001001	14	1.1	1.5	0.1
2	水	m³	3005004	11	1	—	—
3	砂砾	m³	5503007	133.62	13.36	133.62	13.36
4	120kW 以内自行式平地机	台班	8001058	—	—	0.23	—
5	12~15t 光轮压路机	台班	8001081	0.25	—	0.25	—
6	18~21t 光轮压路机	台班	8001083	0.34	—	0.34	—
7	10000L 以内洒水车	台班	8007043	—	—	0.1	0.01
8	基价	元	9999001	8147	742	7173	644

5.3.2　设备购置费

设备购置费指为满足公路初期运营、管理需要购置的构成固定资产标准的设备和虽低于固定资产标准但属于设计明确列入设备清单的设备的费用，包括渡口设备，隧道照明、消防、通风的动力设备，公路收费、监控、通信、路网运行监测、供配电及照明设备等。

1）设备购置费应列出计划购置的清单（包括设备的规格、型号、数量），以设备预算价计入。

2）设备购置费包括设备原价、运杂费、运输保险费、采购及保管费，各种税费按编制

期有关部门规定计算。

3）需要安装的设备，按建筑安装工程费的有关规定计算设备的安装工程费。设备与材料的划分标准见《公路工程建设项目概算预算编制办法》附录 C。

5.3.3 工程类别

公路预算编制的工程类别划分为 10 类，分别如下：

1）土方，指人工及机械施工的土方工程、路基掺灰、路基换填及台背回填。

2）石方，指人工及机械施工的石方工程。

3）运输，指用汽车、拖拉机、机动翻斗车、船舶等运送土石方、路面基层和面层混合料、水泥混凝土及预制构件、绿化苗木等。

4）路面，指路面所有结构层工程、路面附属工程、便道及特殊路基处理（不含特殊路基处理中的圬工构造物）。

5）隧道，指隧道土建工程（不含隧道的钢材及钢结构）。

6）构造物Ⅰ，指砍树挖根、拆除工程、排水、防护、特殊路基处理中的圬工构造物、涵洞、交通安全设施、拌和站（楼）安拆工程、便桥、便涵、临时电力和电信设施、临时轨道、临时码头、绿化工程等工程。

7）构造物Ⅱ，指小桥、中桥、大桥、特大桥工程。

8）构造物Ⅲ，指商品水泥混凝土的浇筑、商品沥青混合料和各类商品稳定土混合料的铺筑、外购混凝土构件、设备安装工程等。

9）技术复杂大桥，指钢管拱桥、斜拉桥、悬索桥、单孔跨径在 120m 以上（含 120m）和基础水深在 10m 以上（含 10m）的大桥主桥部分的基础、下部和上部工程（不含桥梁的钢材及钢结构）。

10）钢材及钢结构，指所有工程的钢材及钢结构等工程。

路基填料、绿化苗木、商品水泥混凝土、商品沥青混合料和各类稳定土混合料、外购混凝土构件不作为措施费及企业管理费的计算基数。

例 5-27 某预应力小箱梁梁桥，桥跨组合为 22m×30m，基础采用 φ180cm 灌注桩（回旋钻法），除 10#墩桩基的桩长为 45m 外，其他桩基的桩长均为 35m。桥台采用扶壁式桥台，桥墩采用圆柱式桥墩，有系梁支撑。除 10#墩为水中施工（水深 4~5m）外，其余均为非水中施工。混凝土采用商品混凝土，泵送。水上混凝土施工考虑便桥施工方法，便桥费用不计。桩基工期为 5 个月。土方运距 5km。本项目基础所涉及定额、定额编号、取费类别、定额调整相关内容见表 5-17。

表 5-17 定额列表

定额编号	定额内容	取费类别	定额调整
4 – 4 – 9 – 7	钢护筒干处埋设	构造物Ⅱ	
4 – 4 – 9 – 8	钢护筒水中埋设，水深 5m 以内	构造物Ⅱ	
4 – 4 – 10 – 1	桩基工作平台水深 3~5m	构造物Ⅱ	
4 – 4 – 4 – 65	回旋钻机陆地钻孔，桩径 200cm 以内，孔深 40m 以内，砂土	构造物Ⅱ	
4 – 4 – 4 – 68	回旋钻机陆地钻孔，桩径 20cm 以内，孔深加 m 以内，砾石	构造物Ⅲ	
4 – 4 – 4 – 70	回旋钻机陆地钻孔，桩径 200cm 以内，孔深 40m 以内，软石	构造物Ⅱ	

（续）

定额编号	定额内容	取费类别	定额调整
4-4-4-72	回旋钻机陆地钻孔，桩径200cm以内，孔深40m以内，坚石	构造物Ⅱ	
4-4-4-273	回旋钻机水中钻孔，桩径200cm以内，孔深40m以内，砂土	构造物Ⅱ	
4-4-4-276	回旋钻机水中钻孔，桩径200m以内，孔深40m以内，砾石	构造物Ⅱ	
4-4-4-278	回旋钻机水中钻孔，桩径200cm以内，孔深40m以内，软石	构造物Ⅱ	
4-4-4-280	网旋钻机水巾钻孔，桩径200cm以内，孔深40m以内，坚石	构造物Ⅱ	
4-4-8-15	灌注桩混凝土回旋、潜水钻成孔（桩径250cm以内）	构造物Ⅱ	换为商品混凝土
4-4-8-24	灌注桩钢筋焊接连接主筋	构造物Ⅱ	
1-1-10-1	1m³装载机装土方	机械上方	
1-1-11-5	10t以内自卸汽车运土5km	汽车运土	+[1-1-11-6]×8

问题：请审查所列内容有何处需修正。

解： 本例是关于桥梁工程基础定额的选用及取费类别确定。

存在的主要问题有：

1）钢护筒及钢筋采用构造物Ⅱ的综合费率与编办规定不符，应按第10类钢材及钢结构的综合费率。

2）水中灌注桩的桩长为45m，应按孔深60m以内的成孔定额计算。

3）桩径180cm的灌注桩成孔未按规定进行调整，应将定额乘0.87的系数。

4）由于灌注柱混凝土采用的是商品混凝土，按构造物Ⅱ的综合费率计算与规定不符，应按构造物Ⅲ的综合费率计算，但商品混凝土本身不参与取费。

5）柱基钻孔平台施工期5个月，应对设备摊销费进行调整，调整为3477.8元÷4×5=4347元。

6）土方采用1m³的装载机装车不合适，装载机不具备挖土能力，仅适用于平地堆置土方及材料装车，因此应配备挖掘机，按挖基坑定额计算，同时取费类别应调整为"构造物Ⅰ"。

修改见表5-18。

表5-18　定额套用

定额编号	定额内容	取费类别	定额调整
4-4-9-7	钢护筒干处埋设	钢材及钢结构	
4-4-9-8	钢护筒水中埋设，水深5m以内	钢材及钢结构	
4-4-10-1	桩基工作平台水深3~5m	构造物Ⅱ	设备摊销费调整为4347元
4-4-4-65	回旋钻机陆地钻孔，桩径200cm以内，孔深40m以内，砂土	构造物Ⅱ	0.87
4-4-4-68	回旋钻机陆地钻孔，桩径200cm以内，孔深40m以内，砾石	构造物Ⅱ	0.87
4-4-4-70	回旋钻机陆地钻孔，桩径200cm以内，孔深40m以内，软石	构造物Ⅱ	0.87
4-4-4-72	同旋钻机陆地钻孔，桩径200cm以内，孔深40m以内，坚石	构造物Ⅱ	0.87
4-4-4-281	同旋钻机水中钻孔，桩径200cm以内，孔深60m以内，砂土	构造物Ⅱ	0.87
4-4-4-284	回旋钻机水中钻孔，桩径200cm以内，孔深60m以内，砾石	构造物Ⅱ	0.87
4-4-4-286	回旋钻机水中钻孔，桩径200cm以内，孔深60m以内，软石	构造物Ⅱ	0.87
4-4-4-288	回旋钻机水中钻孔，桩径200cm以内，孔深60m以内，坚石	构造物Ⅱ	0.87
4-4-8-15	灌注桩混凝土（回旋、潜水钻成孔）（桩径250cm以内）	构造物Ⅲ	换为商品混凝土

（续）

定 额 编 号	定 额 内 容	取费类别	定 额 调 整
4 – 4 – 8 – 24	灌注桩钢筋焊接连接主筋	钢材及钢结构	
4 – 1 – 3 – 3	单个基坑≤1500m³，1.0m³ 以内挖掘机挖土	构造物 I	
1 – 1 – 11 – 5	10t 以内自卸汽车运土，第一个 1km	运输	
1 – 1 – 11 – 6	10t 以内自卸汽车运土，每增运 0.5km	运输	8

5.3.4　措施费

措施费包括冬期施工增加费、雨期施工增加费、夜间施工增加费、特殊地区施工增加费、行车干扰施工增加费、施工辅助费、工地转移费。

1. 冬期施工增加费

冬期施工增加费指按照公路工程施工及验收规范所规定的冬期施工要求，为保证工程质量和安全生产所需采取的防寒保温设施、工效降低和机械作业效率降低及技术操作过程的改变等增加的有关费用。

（1）内容包括　冬期施工需增加的一切人工、机械与材料的支出；施工机械所需修建的暖棚（包括拆、移），增加其他保温设备购置费用；因施工组织设计确定，需增加的一切保温、加温等有关支出；清除工作地点的冰雪等与冬季施工有关的其他各项费用。

（2）冬期施工气温区的划分　全国冬期施工气温区划分表见《公路工程建设项目概算预算编制办法》附录 D。冬期施工气温区的划分是根据气象部门提供的满 15 年以上的气温资料确定的。每年秋冬第一次连续 5 天出现室外日平均温度在 5℃ 以下、日最低温度在 –3℃ 以下的第一天算起，至第二年春夏最后一次连续 5 天出现同样温度的最末一天为冬期。冬期内平均气温在 –1℃ 以上的为冬一区，–1 ~ –4℃ 的为冬二区，–4 ~ –7℃ 的为冬三区，–7 ~ –10℃ 的为冬四区，–10 ~ –14℃ 的为冬五区，–14℃ 以下的为冬六区。冬一区内平均气温低于 0℃ 的连续天数在 70 天以内的为 I 副区，在 70 天以上的为 II 副区；冬二区内平均气温低于 0℃ 的连续天数在 100 天以内的为 I 副区，100 天以上的为 II 副区。

气温高于冬一区，但砖石、混凝土工程施工必须采取一定措施的地区为准冬期区。准冬期区分为两个副区，简称准一区和准二区。凡一年内日最低气温在 0℃ 以下的天数多于 20 天，日均气温在 0℃ 以下的天数少于 15 天的为准一区，多于 15 天的为准二区。

（3）费率和计算　冬期施工增加费的计算方法，是根据各类工程的特点，规定各气温区的取费标准。为了简化计算手续，采用全年平均摊销的方法，即不论是否在冬期施工，均按规定的取费标准计取冬期施工增加费。

一条路线穿过两个以上的气温区时，可分段计算或按各区的工程量比例求得全线的平均增加率，计算冬期施工增加费。

冬期施工增加费以各类工程的定额人工费和定额施工机械使用费之和为基数，按工程所在地的气温区选用表 5-19 所列费率计算。公式如下

冬期施工增加费 = Σ（定额人工费 + 定额施工机械使用费）× 冬期施工增加费费率

（5-13）

表 5-19 冬期施工增加费费率 （%）

工程类别	冬期平均温度/℃								准一区	准二区
	−1 以上		−1 ~ −4		−4 ~ −7	−7 ~ −10	−10 ~ −14	−14 以下		
	冬一区		冬二区		冬三区	冬四区	冬五区	冬六区		
	I	II	I	II						
土方	0.835	1.301	1.800	2.270	4.288	6.094	9.140	13.720	—	—
石方	0.164	0.266	0.368	0.429	0.859	1.248	1.861	2.801	—	—
运输	0.166	0.25	0.354	0.437	0.832	1.165	1.748	2.643	—	—
路面	0.566	0.842	1.181	1.371	2.449	3.273	4.909	7.364	0.073	0.198
隧道	0.203	0.385	0.548	0.710	1.175	1.52	2.269	3.425		
构造物 I	0.652	0.940	1.265	1.438	2.607	3.527	5.291	7.936	0.115	0.288
构造物 II	0.868	1 − 240	1.675	1.902	3.452	4.693	7.028	i0.542	0.165	0.393
构造物 III	1.616	2.296	3.114	3，523	6.403	8.680	13.020	19.520	0.292	0.721
技术复杂大桥	1.019	1.444	1 − 975	2.230	4.057	5.479	8.219	12.338	0.170	0.446
钢材及钢结构	0.04	0.101	0.141	0.181	0.301	0.381	0.581	0.861	—	—

注：绿化工程不计冬期施工增加费。

2. 雨期施工增加费

雨期施工增加费指雨期施工为保证工程质量和安全生产所需采取的防雨、排水、防潮和防护措施、工效降低和机械作业率降低以及技术操作过程的改变等，需增加的有关费用。

（1）内容

1）因雨期施工所需增加的工、料、机费用的支出，包括工作效率的降低及易被雨水冲毁的工程所增加的清理坍塌基坑和堵塞排水沟、填补路基边坡冲沟等工作内容。

2）路基土方工程的开挖和运输，因雨期施工（非土壤中水影响）而引起的黏附工具、降低工效所增加的费用。

3）因防止雨水必须采取的挖临时排水沟、防止基坑坍塌所需的支撑、挡板等防护措施费用。

4）材料因受潮、受湿的耗损费用。

5）增加防雨、防潮设备的费用。

6）因河水高涨致使工作困难等其他有关雨期施工所需增加的费用。

（2）雨量区和雨期的划分 雨期施工雨量区及雨期划分见《公路工程建设项目概算预算编制办法》附录 E。雨量区和雨期的划分是根据气象部门提供的满 15 年以上的降雨资料确定的。凡月平均降雨天数在 10 天以上，月平均日降雨量在 3.5 ~ 5mm 的为 I 区，月平均日降雨量在 5mm 以上的为 II 区。

（3）费率和计算 雨期施工增加费的计算方法，是将全国划分为若干雨量区和雨期，并根据各类工程的特点规定各雨量区和雨期的取费标准。为了简化计算手续，采用全年平均摊销的方法，即不论是否在雨期施工，均按规定的取费标准计取雨期施工增加费。

一条路线通过不同的雨量区和雨期时，应分别计算雨期施工增加费或按工程量比例求得平均的增加率，计算全线雨期施工增加费。

雨期施工增加费以各类工程的定额人工费和定额施工机械使用费之和为基数，按工程所在地的雨量区、雨期选用表 5-20 所列费率计算。公式如下

雨期施工增加费 = $\sum$（定额人工费 + 定额施工机械使用费）× 雨期施工增加费费率

$$（5\text{-}14）$$

表 5-20　雨期施工增加费费率　　　　　　　　　　（%）

工程类别	1	1.5	2		2.5		3		3.5		4		4.5		5		6		7	8
雨量区	I	I	I	Ⅱ	I	Ⅱ	I	Ⅱ	I	Ⅱ	I	Ⅱ	I	Ⅱ	I	Ⅱ	I	Ⅱ	Ⅱ	Ⅱ
土方	0.140	0.175	0.245	0.385	0.515	0.455	0.385	0.525	0.455	0.595	0.525	0.700	0.595	0.805	0.665	0.939	0.761	1.114	1.289	1.490
石方	0.105	0.140	0.212	0.349	0.280	0.420	0.349	0.491	0.418	0.563	0.487	0.667	0.555	0.772	0.626	0.876	0.701	1.018	1.194	1.373
运输	0.142	0.178	0.249	0.301	0.320	0.462	0.391	0.568	0.462	0.675	0.533	0.781	0.e04	0.888	0.675	0.969	0.781	1.136	1.314	1.527
路面	0.115	0.153	0.230	0.366	0.306	0.480	0.366	0.557	0.425	0.634	0.501	0.710	0.578	0.825	0.654	0.940	0.749	1.093	1.257	1.459
隧道	—	—	—	—	—	—	—	—	—	—	—	—	—	—	—	—	—	—	—	—
构造物I	0.098	0.131	0.164	0.262	0.196	0.295	0.229	0.360	0.262	0.426	0.327	0.491	0.393	0.557	0.458	0.622	0.524	0.753	0.884	1.015
构造物Ⅱ	0.106	0.141	0.177	0.282	0.247	0.353	0.282	0.424	0.318	0.494	0.388	0.565	0.459	0.636	0.530	0.742	0.600	0.883	1.059	1.201
构造物Ⅲ	0.200	0.286	0.366	0.566	0.466	0.699	0.565	0.832	0.665	0.998	0.765	1.164	0.898	1.331	1.031	1.497	1.164	1.730	1.996	2.295
技术复杂大桥	0.109	0.181	0.254	0.363	0.290	0.435	0.363	0.508	0.435	0.580	0.508	0.689	0.580	0.798	0.653	0.907	0.725	1.052	1.233	1.414

注：室内和隧道内工程及设备安装工程不计雨期施工增加费。

3. 夜间施工增加费

夜间施工增加费指根据设计、施工技术规范和合理的施工组织要求，必须在夜间施工或必须昼夜连续施工而发生的夜班补助费、夜间施工降效、施工照明设备摊销及照明用电等费用。

夜间施工增加费以夜间施工工程项目的定额人工费与定额施工机械使用费之和为基数，按表 5-21 所列费率计算。公式如下

夜间施工增加费 = $\sum$（夜间施工项目的定额人工费 + 夜间施工项目的定额施工机械使用费）×
夜间施工增加费费率

$$（5\text{-}15）$$

表 5-21　夜间施工增加费费率

工 程 类 别	费率（%）	工 程 类 别	费率（%）
构造物 Ⅱ	0.903	构造物 Ⅲ	1.702
技术复杂大桥	0.928	钢材及钢结构	0.874

注：设备安装工程及金属标志牌、防撞钢护栏、防眩板（网）、隔离栅、防护网等不计夜间施工增加费。

4. 特殊地区施工增加费

特殊地区施工增加费包括高原地区施工增加费、风沙地区施工增加费和沿海地区施工增加费三项内容。

（1）高原地区施工增加费　高原地区施工增加费指在海拔高度 2000m 以上地区施工，由于受气候、气压的影响，人工、机械效率降低而增加的费用。

一条路线通过两个以上（含两个）不同的海拔高度分区时，应分别计算高原地区施工增加费或按工程量比例求得平均增加率，再计算全线高原地区施工增加费。

高原地区施工增加费以各类工程的定额人工费与定额施工机械使用费之和为基数，按表 5-22 所列费率计算。公式如下

$$高原地区施工增加费 = \sum（定额人工费 + 定额施工机械使用费）\times \quad (5\text{-}16)$$
$$高原地区施工增加费费率$$

表 5-22　高原地区施工增加费费率　　　　　　（%）

工程类别	海拔高度/m						
	2001～2500	2501～3000	3001～3500	3501～4000	4001～4500	4501～5000	5000 以上
土方	13.295	19.709	27.455	38.875	53.102	70.162	91.853
石方	13.711	20.358	29.025	41.435	56.875	75.358	100.223
运输	13.288	19.666	26.575	37.205	50.493	66.438	85.040
路面	14.572	21.618	30.689	45.032	59.615	79.500	102.640
隧道	13.364	19.850	28.490	40.767	56.037	74.302	99.259
构造物 I	12.799	19.051	27.989	40.356	55.723	74.098	95.521
构造物 II	13.622	20.244	29.082	41.617	57.214	75.874	101.408
构造物 TTT	12.786	18.985	27.054	38.616	53.004	70.217	93.371
技术复杂大桥	13.912	20.645	29.257	41.670	57.134	75.640	100.205
钢材及钢结构	13.204	19.622	28.269	40.492	55.699	73.891	98.930

例 5-28　某沥青混凝土路面摊铺工程，共 600km。其中在海拔 2500～3000m 的路段为 400km，在海拔 3000～3500m 的路段为 200km。本路段路面工程定额人工费、定额施工机械使用费两项合计 960 万元，求工程所在地高原地区施工增加费。

解：该路段跨越两个不同海拔高度区，查表 5-22 可知高原地区海拔 2500～3000m、3000～3500m 的高原施工增加费费率分别为 21.618%、30.689%，工程量分别为 400km、200km。按工程量比例计算高原地区施工增加费为

$$[960 \times 21.618\% \times (400 \div 600) + 960 \times 30.689\% \times (200 \div 600)] 万元 = 236.56 万元$$

（2）风沙地区施工增加费　指在沙漠地区施工时，由于受风沙影响，按照施工及验收规范的要求，为保证工程质量和安全生产而增加的有关费用。内容包括防风、防沙及气候影响的措施费，人工、机械效率降低增加的费用，以及积沙、风蚀的清理修复等费用。

全国风沙地区公路施工区划见《公路工程建设项目概算预算编制办法》附录 F。风沙地区的划分，根据《公路自然区划标准》、"沙漠地区公路建设成套技术研究报告"的公路自然区划和沙漠公路区划，结合风沙地区的气候状况将风沙地区分为三区九类：半干旱、半湿润沙地为风沙一区，干旱、极干旱寒冷沙漠地区为风沙二区，极干旱炎热沙漠地区为风沙三区。根据覆盖度（沙漠中植被、戈壁等覆盖程度）又将每区分为固定沙漠（覆盖度 >50%）、半固定沙漠（覆盖度 10%～50%）、流动沙漠（覆盖度 <10%）三类，覆盖度由工程勘察设计人员在公路工程勘察设计时确定。当地气象资料及自然特征与附录 F 中的风沙地

区划分有较大出入时，由项目所在地省级交通运输主管部门按当地气象资料和自然特征及上述划分标准确定工程所在地的风沙区划。

一条路线穿过两个以上不同风沙区时，按路线长度经过不同的风沙区加权计算项目全线风沙地区施工增加费。

风沙地区施工增加费以各类工程的定额人工费和定额施工机械使用费之和为基数，根据工程所在地的风沙区划及类别，按表 5-23 所列费率计算。公式如下

风沙地区施工增加费 $=\sum($ 定额人工费 $+$ 定额施工机械使用费 $)\times$ 风沙地区施工增加费费率

$$(5-17)$$

表 5-23　风沙地区施工增加费费率　　　　　　　　　　　　（%）

工程类别	风沙一区			风沙二区			风沙三区		
	沙漠类型								
	固定	半固定	流动	固定	半固定	流动	固定	半固定	流动
土方	4.558	8.056	13.674	5.618	12.614	23.426	8.056	17.331	27.507
石方	0.745	1.490	2.981	1.014	2.236	3.959	1.490	3.726	5.216
运输	4.304	8.608	13.988	5.38	12.912	19.368	8.608	18.292	27.976
路面	1.364	2.727	4.932	2.205	4.932	7.567	3.365	7.137	11.025
隧道	0.261	0.522	1.043	0.355	0.783	1.386	0.522	1.304	1.826
构造物 I	3.968	6.944	11.904	4.96	10.912	16.864	6.944	15.872	23.808
构造物 II	3.254	5.694	9.761	4.067	8.948	13.828	5.694	13.015	19.523
构造物 III	2.976	5.208	8.928	3.720	8.184	12.648	5.208	11.904	17.226
技术复杂大桥	2.778	4.861	8.333	3.472	7.638	11.805	8.861	11.110	16.077
钢材及钢结构	1.035	2.07	4.14	1.409	3.105	5.498	2.07	5.175	7.245

（3）沿海地区施工增加费　指工程项目在沿海地区施工受海风、海浪和潮汐的影响，致使人工、机械效率降低等所需增加的费用。本项费用由沿海各省级交通运输主管部门制定具体的适用范围（地区）。

沿海地区施工增加费以各类工程的定额人工费和定额施工机械使用费之和为基数，按表 5-24 所列费率计算。公式如下

沿海地区工程施工增加费 $=\sum($ 定额人工费 $+$ 定额施工机械使用费 $)\times$

沿海地区施工增加费费率　　　　　　$(5-18)$

表 5-24　沿海地区工程施工增加费费率

工程类别	费率（%）	工程类别	费率（%）
构造物 II	0.207	构造物 III	0.195
技术复杂大桥	0.212	钢材及钢结构	0.2

注：1. 表中的构造物指桥梁工程所用的商品水泥混凝土浇筑及混凝土构件的安装。

2. 表中的钢材及钢结构指桥梁工程所用的钢材及钢结构。

5. 行车干扰工程施工增加费

行车干扰工程施工增加费指由于边施工边维持通车，受行车干扰的影响，致使人工、机

械效率降低而增加的费用。该费用以受行车影响部分的工程项目的定额人工费和定额施工机械使用费之和为基数，按表5-25的费率计算。公式如下

行车干扰工程施工增加费 = ∑（受行车干扰部分的工程项目定额人工费 + 受行业干扰部分的工程项目定额施工机械使用费）×行车干扰工程施工增加费费率

$$(5-19)$$

表5-25　行车干扰工程施工增加费费率　　　　　　　（%）

工 程 类 别	施工期间平均每昼夜双向行车次数（机动车、非机动车合计）							
	51～100	101～500	501～1000	1001～2000	2001～3000	3001～4000	4001～5000	5000以上
土方	1.499	2.343	3.194	4.118	4.775	5.314	5.885	6.468
石方	1.279	1.881	2.618	3.479	4.035	4.492		
运输	1.451	2.230	3.041	4.001	4.641	5.164	5.719	6.285
路面	1.390	2.098	2.802	3.487	4.046	4.496	4.987	5.475
隧道	—	—	—	—	—	—	—	—
构造物Ⅰ	0.924	1.386	1.858	2.320	2.693	2.988	3.313	3.647
构造物Ⅱ	1.007	1.516	2.014	2.512	2.915	3.244	3.593	3.943
构造物Ⅲ	0.948	1.417	1.896	2.365	2.745	3.044	3.373	3.713
技术复杂大桥	—	—	—	—	—	—	—	—
钢材及钢结构	—	—	—	—	—	—	—	—

注：新建工程、中断交通进行封闭施工或为保证交通正常通行而修建保通便道改的扩建工程，不计行车干扰施工增加费。

6. 施工辅助费

施工辅助费包括生产工具用具使用费、检验试验费和工程定位复测、工程点交（竣工时）、场地清理等费用。

1）生产工具用具使用费指施工所需不属于固定资产的生产工具、检验、试验用具及仪器、仪表等的购置、摊销和维修费，以及支付给生产工人的自备工具的补贴费。

2）检验试验费指施工企业对建筑材料、构件和建筑安装工程进行一般鉴定、检查发生的费用，包括自设试验室进行试验耗用的材料和化学药品的费用，以及技术革新和研究试验费，不包括新结构、新材料的试验费和建设单位要求对具有出厂合格证明的材料进行检验、对构件进行破坏性试验及其他特殊要求检验的费用。

3）工程点交是施工单位对施工工程中已完成设计预算所规定质量的那部分工程，进行查点和检验，然后移交给建设单位，并收取工程价款的工作。

4）高填方和软基沉降监测、高边坡稳定监测、桥梁施工监测、隧道施工监控量测、超前地质预报等施工监控费含在施工辅助费中，不得另行计算。

施工辅助费以各类工程的定额直接费为基数，按表5-26所列费率计算。

表5-26　施工辅助费费率

工 程 类 别	费率（%）	工 程 类 别	费率（%）
土方	0.521	构造物Ⅰ	1.201
石方	0.470	构造物Ⅱ	1.537
运输	0.154	构造物Ⅲ	2.729
路面	0.818	技术复杂大桥	1.677
隧道	1.195	钢材及钢结构	0.564

7. 工地转移费

工地转移费指施工企业迁至新工地的搬迁费用。内容包括：

1）施工单位职工及随职工迁移的家属向新工地转移的车费、家具行李运费、途中住宿费、行程补助费、杂费等。

2）公物、工具、施工设备器材、施工机械的运杂费，以及外租机械的往返费及施工机械、设备、公物、工具的转移费等。

3）非固定工人进退场的费用。

工地转移费以各类工程的定额人工费和定额施工机械使用费之和为基数，按表 5-27 所列费率计算。

表 5-27　工地转移费费率　　　　　　　　　　　（%）

工程类别	工地转移距离/km					
	50	100	300	500	1000	每增加 100
土方	0.224	0.301	0.470	0.614	0.815	0.036
石方	0.176	0.212	0.363	0.476	0.628	0.030
运输	0.157	0.203	0.315	0.416	0.543	0.025
路面	0.321	0.435	0.682	0.891	1.191	0.062
隧道	0.257	0.351	0.549	0.717	0.959	0.049
构造物 1	0.262	0.351	0.552	0.720	0.963	0.051
构造物 Ⅱ	0.333	0.449	0.706	0.923	1.236	0.066
构造物 Ⅲ	0.622	0.841	1.316	1.720	2.304	0.119
技术复杂大桥	0.389	0.523	0.818	1.067	1.430	0.073
钢材及钢结构	0.351	0.473	0.737	0.961	1.288	0.063

高速公路、一级公路及独立大桥、独立隧道项目转移距离按省会城市至工地的里程计算；二级及二级以下公路项目转移距离按地级城市所在地至工地的里程计算。

工地转移里程数在表列里程之间时，费率可内插计算。工地转移距离在 50km 以内的工程按 50km 计算。

8. 辅助生产间接费

辅助生产间接费指由施工单位自行开采加工的砂、石等自采材料及施工单位自办的人工、机械装卸和运输的间接费。

辅助生产间接费按定额人工费的 3% 计。该项费用并入材料预算单价内构成材料费，不直接出现在概（预）算中。

高原地区施工单位的辅助生产，可按高原地区施工增加费费率，以定额人工费与施工机械费之和为基数计算高原地区施工增加费（其中：人工采集、加工材料、人工装卸、运输材料按土方费率计算；机械采集、加工材料按石方费率计算；机械装、运输材料按运输费率计算）。

辅助生产高原地区施工增加费不作为辅助生产间接费的计算基数。

例 5-29　某公路桥梁基础工程，卷扬机带冲抓锥冲孔施工。经计算知：定额人工费 20 万元；定额材料费 46 万元；定额施工机械使用费 75 万元。该桥位于东部沿海地区，地理位置为冬一区 Ⅱ，雨季期 2 个月，雨量区 Ⅱ。由于工期紧张，工程需昼夜连续施工，施工期间有行车干扰，昼夜双向行车 500 辆。施工单位为本地企业。试计算该工程的措施费。

解：根据题意，按工程类别划分，可知该工程项目属构造物Ⅱ。应计算的措施费：冬期施工增加费、雨期施工增加费、夜间施工增加费、沿海地区工程施工增加费、行车干扰工程施工增加费、施工辅助费。而高原地区、风沙地区施工增加费不计，工地转移费不计。各项内容计算如下：

1）冬期施工增加费：$(20 + 75) \times 1.240\%$ 万元 $= 1.178$ 万元

2）雨期施工增加费：$(20 + 75) \times 0.282\%$ 万元 $= 0.2679$ 万元

3）夜间施工增加费：$(20 + 75) \times 0.903\%$ 万元 $= 0.85785$ 万元

4）沿海地区工程施工增加费：$(20 + 75) \times 0.207\%$ 万元 $= 0.19665$ 万元

5）行车干扰工程施工增加费：$(20 + 75) \times 1.516\%$ 万元 $= 1.4402$ 万元

6）施工辅助费：$(20 + 46 + 75) \times 1.537\%$ 万元 $= 2.16717$ 万元

该工程的措施费为

$$(1.178 + 0.2679 + 0.85785 + 0.19665 + 1.4402 + 2.16717) \text{万元} = 6.1078 \text{万元}$$

5.3.5 企业管理费、规费及税金

1. 企业管理费

企业管理费由基本费用、主副食运费补贴、职工探亲路费、职工取暖补贴和财务费用五项组成。

基本费用指建筑安装企业组织施工生产和经营管理所需的费用。包括：

1）管理人员工资，指管理人员的基本工资、绩效工资、津贴补贴及特殊情况下支付的工资以及缴纳的养老、医疗、失业、工伤保险费和住房公积金等。

2）办公费，指企业管理办公用的文具、纸张、账表、印刷、通信、网络、书报、办公软件、会议、水电、烧水和集体取暖降温（包括现场临时宿舍取暖降温）用煤（电、气）等费用。

3）差旅交通费，指职工因公出差、调动工作的差旅费、住勤补助费，市内交通费和误餐补助费，劳动力招募费，职工退休、退职一次性路费，工伤人员就医路费以及管理部门使用的交通工具的油料、燃料等费用。

4）固定资产使用费，指管理部门及附属生产单位使用的属于固定资产的房屋、设备等的折旧、大修、维修或租赁费。

5）工具用具使用费，指企业管理使用的不属于固定资产的工具、器具、家具、交通工具和检验、试验、测绘、消防用具等的购置、维修和摊销费。

6）劳动保险费，指企业支付的离退休职工的易地安家补助费、职工退职金、6个月以上的病假人员工资、职工死亡丧葬补助费、抚恤费、按规定支付给离休干部的各项经费。

7）职工福利费，指按国家规定标准计提的职工福利费。

8）劳动保护费，指企业按国家有关部门规定标准发放的劳动保护用品的购置费及修理费、防暑降温费、在有碍身体健康环境中施工的保健费用等。

9）工会经费，指企业根据《中华人民共和国工会法》的规定按全部职工工资总额比例计提的工会经费。

10）职工教育经费，指按职工工资总额的规定比例计提，企业为职工进行专业技术和职业技能培训、专业技术人员继续教育、职工职业技能鉴定、职业资格认定以及根据需要对职工进行各类文化教育所发生的费用，不含职工安全教育、培训费用。

11）保险费，指企业财产保险、管理用及生产用车辆等保险费用及人身意外伤害险的费用。

12）工程排污费，指施工现场按规定缴纳的排污费用。

13）税金，指企业按规定缴纳的城市维护建设税、教育费附加、地方教育附加、房产税、车船使用税、土地使用税、印花税等。

14）其他，指上述项目以外的其他必要的费用支出，包括技术转让费、技术开发费、竣（交）工文件编制费、招投标费、业务招待费、绿化费、广告费、公证费、定额测定费、法律顾问费、审计费、咨询费，以及施工标准化、规范化、精细化管理等费用。

基本费用以各类工程的定额直接费为基数，按表 5-28 所列费率计算。

表 5-28　基本费用费率

工 程 类 别	费率（%）	工 程 类 别	费率（%）
土方	2.747	构造物 Ⅰ	3.587
石方	2.792	构造物 Ⅱ	4.726
运输	1.374	构造物 Ⅲ	5.976
路面	2.427	技术复杂大桥	4.143
隧道	3.569	钢材及钢结构	2.242

主副食运费补贴指施工企业在远离城镇及乡村的野外施工购买生活必需品所需增加的费用。该费用以各类工程的定额直接费为基数，按表 5-29 所列费率计算。

表 5-29　主副食运费补贴费率　　　　　　　　　　　　　　　　　　　（%）

工 程 类 别	综合里程/km										
	3	5	8	10	15	20	25	30	40	50	每增加10
土方	0.122	0.131	0.164	0.191	0.235	0.284	0.322	0.377	0.444	0.519	0.07
石方	0.108	0.117	0.149	0.175	0.218	0.261	0.293	0.346	0.405	0.473	0.063
运输	0.118	0.13	0.166	0.192	0.233	0.285	0.322	0.379	0.447	0.519	0.073
路面	0.066	0.088	0.119	0.13	0.165	0.194	0.224	0.259	0.308	0.356	0.051
隧道	0.096	0.104	0.13	0.152	0.185	0.229	0.26	0.304	0.359	0.418	0.054
构造物 Ⅰ	0.114	0.12	0.145	0.167	0.207	0.254	0.285	0.338	0.394	0.463	0.062
构造物 Ⅱ	0.126	0.14	0.168	0.196	0.242	0.292	0.338	0.394	0.467	0.54	0.073
构造物 Ⅲ	0.225	0.248	0.303	0.352	0.435	0.528	0.599	0.705	0.831	0.969	0.132
技术复杂大桥	0.101	0.115	0.143	0.165	0.205	0.245	0.28	0.325	0.389	0.452	0.063
钢材及钢结构	0.104	0.113	0.146	0.168	0.207	0.247	0.281	0.331	0.387	0.449	0.062

注：1. 综合里程 = 粮食运距×0.06 + 燃料运距×0.09 + 蔬菜运距×0.15 + 水运距×0.70，粮食、燃料、蔬菜、水的运距均为全线平均运距。

2. 如综合里程数在表列里程之间时，费率可内插。

3. 综合里程在 3km 以内的工程，按 3km 计取本项费用。

职工探亲路费指按照有关规定发放给施工企业职工在探亲期间发生的往返交通费和途中住宿费等费用。该费用以各类工程的定额直接费为基数，按表 5-30 所列费率计算。

表5-30　职工探亲路费费率

工程类别	费率（%）	工程类别	费率（%）
土方	0.192	构造物Ⅰ	0.274
石方	0.204	构造物Ⅱ	0.348
运输	0.132	构造物Ⅲ	0.551
路面	0.159	技术复杂大桥	0.208
隧道	0.266	钢材及钢结构	0.164

职工取暖补贴指按规定发放给施工企业职工的冬季取暖费和为职工在施工现场设置的临时取暖设施的费用。该费用以各类工程的定额直接费为基数，按工程所在地的气温区按表5-31所列费率计算。

表5-31　职工取暖补贴费率　　　　　　　　　　　　　　　　　（%）

工程类别	气温区						
	准二区	冬一区	冬二区	冬三区	冬四区	冬五区	冬六区
土方	0.060	0.130	0.221	0.331	0.436	0.554	0.663
石方	0.054	0.118	0.183	0.279	0.373	0.472	0.569
运输	0.065	0.130	0.228	0.336	0.444	0.552	0.671
路面	0.049	0.086	0.155	0.229	0.302	0.376	0.456
隧道	0.045	0.091	0.158	0.249	0.318	0.409	0.488
构造物1	0.065	0.130	0.206	0.304	0.390	0.499	0.607
构造物Ⅱ	0.070	0.153	0.234	0.352	0.481	0.598	0.727
构造物Ⅲ	0.126	0.264	0.425	0.643	0.849	1.067	1.297
技术复杂大桥	0.059	0.120	0.203	0.310	0.406	0.501	0.609
钢材及钢结构	0.047	0.082	0.141	0.222	0.293	0.363	0.433

财务费用指施工企业为筹集资金提供投标担保、预付款担保、履约担保、职工工资支付担保等所发生的各种费用，包括企业经营期间发生的短期贷款利息净支出、汇兑净损失、调剂外汇手续费、金融机构手续费，以及企业筹集资金发生的其他财务费用。财务费用以各类工程的定额直接费为基数，按表5-32所列费率计算。

表5-32　财务费用费率

工程类别	费率（%）	工程类别	费率（%）
土方	0.271	构造物Ⅰ	0.466
石方	0.259	构造物Ⅱ	0.545
运输	0.264	构造物Ⅲ	1.094
路面	0.404	技术复杂大桥	0.637
隧道	0.513	钢材及钢结构	0.653

2. 规费

规费是指法律、法规、规章、规程规定施工企业必须缴纳的费用，内容包括：

1）养老保险费，即施工企业按规定标准为职工缴纳的基本养老保险费。

2）失业保险费，即施工企业按规定标准为职工缴纳的失业保险费。

3）医疗保险费，即施工企业按规定标准为职工缴纳的基本医疗保险费和生育保险费。

4）住房公积金，即施工企业按规定标准为职工缴纳的住房公积金。

5）工伤保险费，即施工企业按规定标准为职工缴纳的工伤保险费。

各项规费以各类工程的人工费之和为基数，按国家或工程所在地相关部门规定的标准计算，公式如下

$$规费 = \sum 人工费 \times 规费费率 \tag{5-20}$$

如甘肃省规费费率标准按表 5-33 计算。规费费率只作为编制概、预算的依据，不作为施工企业实际交纳费用的标准。实际缴纳金额按社会保险和公积金管理机构核定的标准计缴。

表 5-33　规费费率

规费名称	养老保险费	失业保险费	医疗保险费	住房公积金	工伤保险费
规费费率（%）	16	1	10	7	1

3. 利润

利润指施工企业完成承包工程获得的盈利，按定额直接费及措施费、企业管理费之和的 7.42% 计算。公式如下

$$利润 = (定额直接费 + 措施费 + 企业管理费) \times 7.42\% \tag{5-21}$$

4. 税金

税金指国家税法规定应计入建筑安装工程造价的增值税销项税额。计算公式为

$$税金 = (直接费 + 设备购置费 + 措施费 + 企业管理费 + 规费 + 利润) \times 9\% \tag{5-22}$$

值得注意的是，以上各项费用的计算是按《公路工程建设项目概算预算编制办法》的规定计取的，在编制概预算时还应参考各省交通厅发布的相关规定。

5.3.6　专项费用

专项费用包括施工场地建设费和安全生产费。

1. 施工场地建设费

施工场地建设费包括以下项目：

1）按照工地建设标准化要求进行承包人驻地、工地试验室建设，钢筋集中加工、混合料集中拌制、构件集中预制等所需的办公、生活居住房屋（包括职工家属房屋及探亲房屋），公用房屋（如广播室、文体活动室、医疗室等）和生产用房屋（如仓库、加工厂、加工棚、发电站、变电站、空压机站、停机棚、值班室等）的费用。

2）场区平整（山岭重丘区的土石方工程除外）、场地硬化、排水、绿化、标志、污水处理设施、围墙隔离设施等的费用，不包括钢筋加工的机械设备、混合料拌和设备及安拆、预制构件台座、预应力张拉设备、起重及养护设备，以及概算、预算定额中临时工程的费用。

3）以上范围内的各种临时工作便道（包括汽车、人力车道）、人行便道，工地临时用水、用电的水管支线和电线支线，临时构筑物（如水井、水塔等）、其他小型临时设施等的

搭设或租赁、维修、拆除、清理的费用；但不包括红线范围内贯通便道、进出场的临时道路、保通便道。

4）工地试验室发生的属于固定资产的试验设备和仪器等折旧、维修或租赁费用。

5）施工扬尘污染防治措施费，指裸露的施工场地覆盖防尘网、施工便道和施工场地洒水或喷洒抑尘剂，运输车辆的苫盖和冲洗、环境敏感区设置围挡，防尘标识设置，环境监控与检测等所需要的费用。

6）文明施工、职工健康生活的费用。

施工场地建设费以定额建筑安装工程费扣除专项费用为计费基数，按表5-34所列费率以累进法计算。

表5-34 施工场地建设费费率

施工场地计费基数 /万元	费率 （%）	算例/万元	
		施工场地计费基数	施工场地建设费
500 及以下	5.338	500	$500 \times 5.338\% = 26.69$
500~1000	4.228	1000	$26.69 + (1000 - 500) \times 4.228\% = 47.83$
1000~5000	2.665	5000	$47.83 + (5000 - 1000) \times 2.665\% = 154.43$
5000~10000	2.222	10000	$154.43 + (10000 - 5000) \times 2.222\% = 265.53$
10000~30000	1.785	30000	$265.53 + (30000 - 10000) \times 1.785\% = 622.53$
30000~50000	1.694	50000	$622.53 + (50000 - 30000) \times 1.694\% = 961.33$
50000~100000	1.579	100000	$961.33 + (100000 - 50000) \times 1.579\% = 1750.83$
100000~150000	1.498	150000	$1750.83 + (150000 - 100000) \times 1.498\% = 2499.83$
150000~200000	1.415	200000	$2499.83 + (200000 - 150000) \times 1.415\% = 3207.33$
200000~300000	1.348	300000	$3207.33 + (300000 - 200000) \times 1.348\% = 4555.33$
300000~400000	1.289	400000	$4555.33 + (400000.300000) \times 1.289\% = 5844.33$
400000~600000	1.235	600000	$5844.33 + (6100000 - 400000) \times 1.235\% = 8314.33$
600000~800000	1.188	800000	$8314.33 + (800000 - 600000) \times 1.188\% = 10690.33$
800000~1000000	1.149	1000000	$10690.33 + (1000000 - 800000) \times 1.149\% = 12988.33$
1000000 以上	1.118	1200000	$12988.33 + (1200000 - 1000000) \times 1.118\% = 15224.33$

2. 安全生产费

安全生产费包括以下项目：完善、改造和维护安全设施设备费用；配备、维护、保养应急救援器材、设备费用，开展重大危险源和事故隐患评估和整改费用；安全生产检查、评价、咨询费用；配备和更新现场作业人员安全防护用品支出，安全生产宣传、教育、培训费用，安全设施及特种设备检测检验费用；施工安全风险评估、应急演练等有关工作及其他与安全生产直接相关的费用。

安全生产费按建筑安装工程费（不含安全生产费本身）乘以安全生产费费率计算，费率按不少于1.5%计取。

5.3.7 建筑安装工程费的计算程序

公路工程建筑安装工程费是按照实物量法的计价方法进行编制的，计算程序见表5-35。

1）定额直接费 = Σ人工消耗量×人工基价 + Σ(材料消耗量×材料基价 + 机械台班消耗量×机械台班基价)。

2）定额设备购置费 = Σ设备购置数量×设备基价。

3）直接费 = Σ人工消耗量×人工单价 + Σ(材料消耗量×材料预算单价 + 机械台班消耗量×机械台班预算单价)。

4）设备购置费 = Σ设备购置数量×设备预算单价。

5）措施费 = 定额直接费×施工辅助费费率 + 定额人工费和定额施工机械使用费之和×其余措施费综合费率。

6）企业管理费 = 定额直接费×企业管理费综合费率。

7）规费 = 各类工程人工费(含施工机械人工费)×规费综合费率。

8）利润 = (定额直接费 + 措施费 + 企业管理费)×利润率。

9）税金 = (直接费 + 设备购置费 + 措施费 + 企业管理费 + 规费 + 利润)×9%。

10）专项费用。

施工场地建设费 = (定额直接费 + 定额设备购置费×40% + 措施费 + 企业管理费 + 规费 + 利润 + 税金)×累进税率。

安全生产费 = 建筑安装工程费(不含安全生产费本身)×(≥1.5%)。

11）定额建筑安装工程费 = 定额直接费 + 定额设备购置费×40% + 措施费 + 企业管理费 + 规费 + 利润 + 税金 + 专项费用。

12）建筑安装工程费 = 直接费 + 设备购置费 + 措施费 + 企业管理费 + 规费 + 利润 + 税金 + 专项费用。

表 5-35　建筑安装工程费计算程序

序号	项　目	说明及计算式
（一）	定额直接费	Σ人工消耗量×人工基价 + Σ(材料消耗量×材料基价 + 机械台班消耗量×机械台班基价)
（二）	定额设备购置费	Σ设备购置数量×设备基价
（三）	直接费	Σ人工消耗量×人工单价 + Σ(材料消耗量×材料预算单价 + 机械台班消耗量×机械台班预算单价)
（四）	设备购置费	Σ设备购置数量×预算单价
（五）	措施费	（一）×施工辅助费费率 + 定额人工费和定额施工机械使用费之和×其余措施费综合费率
（六）	企业管理费	（一）×企业管理费综合费率
（七）	规费	各类工程人工费(含施工机械人工费)×规费综合费率
（八）	利润	[（一）+（五）+（六）]×利润率
（九）	税金	[（三）+（四）+（五）+（六）+（七）+（八）]×10%
（十）	专项费用	
	施工场地建设费	[（一）+（二）×40% +（五）+（六）+（七）+（八）+（九）]×累进费率
	安全生产费	建筑安装工程费(不含安全生产费本身)×(≥1.5%)
（十一）	定额建筑安装工程费	（一）+（二）×40% +（五）+（六）+（七）+（八）+（九）+（十）
（十二）	建筑安装工程费	（三）+（四）+（五）+（六）+（七）+（八）+（九）+（十）

例 5-30 某二级公路中桥，跨径为 $3m \times 16m$，为装配式钢筋混凝土空心板桥，工程所在地为冬三区，雨量Ⅰ区，雨期 1.5 个月，构造物Ⅱ类。无行车干扰，夜间连续施工，主副食综合里程 50km，工地转移 300km，定额人工费 30000 元，定额材料费 250000 元，定额机械使用费 170000 元。直接费 600000 元，设备购置费 100000 元，定额设备购置费 90000 元。按当地社会保险的规定，施工企业缴纳的各项规费 12000 元，试计算该工程的建安费。

解：1）定额直接费 $= (30000 + 250000 + 170000)$ 元 $= 450000$ 元，直接费 600000 元，设备购置费 100000 元。

2）查费率表知：本工程冬期施工增加费率为 3.452%；雨期施工增加费率为 0.141%；夜间施工增加费率为 0.903%；施工辅助费率为 1.537%；工地转移费率为 0.706%。则

$$措施费 = 450000 \times 1.537\% 元 + (30000 + 170000) \times (3.452\%$$
$$+ 0.141\% + 0.903\% + 0.706\%) 元 = 17320.5 元$$

3）根据题意查知，基本费用率为 4.726%；主副食运费补贴费费率为 0.54%；职工探亲路费费率为 0.348%；职工取暖补贴费费率为 0.352%；财务费用费率为 0.545%，则

$$企业管理费 = 450000 \times (4.726\% + 0.54\% + 0.348\% + 0.352\% + 0.545\%) 元$$
$$= 29299.5 元$$

4）利润 $= (450000 + 17320.5 + 29299.5) \times 7.42\% 元 = 36849.2 元$

5）税金 $= (600000 + 100000 + 17320.5 + 29299.5 + 12000 + 36849.2) \times 9\% 元 = 71592.2 元$

6）专项费用。

① 施工场地建设费。基数 $= (450000 + 90000 \times 40\% + 17320.5 + 29299.5 + 12000 + 36849.2 + 71592.2)$ $= 653061.4 < 500$ 万元，则

施工场地建设费 $= 653061.4 \times 5.338\% 元 = 34860.4 元$

② 安全生产费 $= (600000 + 100000 + 17320.5 + 29299.5 + 12000 + 36849.2 + 71592.2 + 34860.4) \times 1.5\%$ 元 $= 13528.8$ 元

7）建筑安装工程费

$= 直接费 + 设备购置费 + 措施费 + 企管费 + 利润 + 税金 + 专项费用$

$= (600000 + 100000 + 17320.5 + 29299.5 + 12000 + 36849.2 + 71592.2 + 34860.4 + 13528.8) 元$

$= 915451 元。$

5.4　公路工程预算二三四部分费用

5.4.1　土地使用及拆迁补偿费

1. 土地使用及拆迁补偿费构成

土地使用及拆迁补偿费包含永久占地费、临时占地费、拆迁补偿费、水土保持补偿费、其他费用。

（1）永久占地费　包括土地补偿费、征用耕地安置补助费、耕地开垦费、森林植被恢复费、失地农民养老保险费。

1）土地补偿费包括征地补偿费、被征用土地上的青苗补偿费，征用城市郊区的菜地等缴纳的菜地开发建设基金、耕地占用税、用地图编制费及勘界费等。

2）征用耕地安置补助费指征用耕地需要安置农业人口的补助费。

3）耕地开垦费指公路建设项目占用耕地的，应由建设项目法人（业主）负责补充耕地

所发生的费用；没有条件开垦或者开垦的耕地不符合要求的，按规定缴纳的耕地开垦费。

4）公路建设项目发生跨省域补充耕地国家统筹的，应执行国办发〔2018〕16号文《关于印发跨省域补充耕地国家统筹管理办法和城乡建设用地增减挂钩节余指标跨省域调剂管理办法的通知》的规定；发生省内跨区域补充耕地的，执行本省相关规定。

5）森林植被恢复费指公路建设项目需要占用、征用林地的，经县级以上林业主管部门审核同意或批准，建设项目法人（业主）单位按照省级人民政府有关规定向县级以上林业主管部门预缴的森林植被恢复费用。

6）失地农民养老保险费指根据国家规定为保障依法被征地农民养老而交纳的保险费用。失地农民养老保险费按项目所在地省级人民政府的相关规定进行计算。

（2）临时占地费　包括临时征地使用费、复耕费。

1）临时征地使用费指为满足施工所需的承包人驻地、预制场、拌和场、仓库、加工厂（棚）、堆料场、取弃土场、进出场便道、便桥等所有的临时用地及其附着物的补偿费用。

2）复耕费指临时占用的耕地、鱼塘等，在工程交工后将其恢复到原有标准所发生的费用。

（3）拆迁补偿费　指被征用或占用土地地上、地下的房屋及附属构筑物，公用设施、文物等的拆除、发掘及迁建补偿费等。

（4）水土保持补偿费　根据国家相关法律、法规的规定缴纳。

（5）其他费用　指国务院行政主管部门及省级人民政府规定的与征地拆迁相关的费用。

2. 土地使用及拆迁补偿费计算方法

1）土地使用及拆迁补偿费应根据设计文件确定的建设工程用地和临时用地面积及其附着物的情况，以及实际发生的费用项目，按国家有关规定及工程所在地的省（自治区、直辖市）颁布的有关规定和标准计算。

2）森林植被恢复费应根据审批单位批准的建设工程占用林地的类型及面积，按国家有关规定及工程所在地的省（自治区、直辖市）颁布的有关规定和标准计算。

3）当与原有的电力电信设施、管线、水利工程、铁路及铁路设施互相干扰时，应与有关部门联系，商定合理的解决方案和补偿金额，也可由这些部门按规定编制费用以确定补偿金额。

4）水土保持补偿费按各省（自治区、直辖市）制定的水土保持补偿费收费标准进行计算。

5.4.2　工程建设其他费用

工程建设其他费包括建设项目管理费、研究试验费、前期工作费、专项评价（估）费、联合试运转费、生产准备费、工程保通管理费、工程保险费、其他相关费用。

1. 建设项目管理费

建设项目管理费包括建设单位（业主）管理费、建设项目信息化费、工程监理费、设计文件审查费、竣（交）工验收试验检测费。其中建设单位（业主）管理费、建设项目信息化费和工程监理费均为实施建设项目管理的费用，可根据建设单位（业主）、施工、监理单位实际承担的工作内容和工作量统筹使用。

（1）建设单位（业主）管理费　指建设单位（业主）为进行建设项目的立项、筹建、建设、竣（交）工验收、总结等工作所发生的费用。

1）建设单位（业主）管理费，包括工作人员的工资、工资性津贴、施工现场津贴、社会保险费用（基本养老、基本医疗、失业、工伤保险）、住房公积金、职工福利费、工会经费、劳动保护费，办公费、会议费、差旅交通费、固定资产使用费（包括办公及生活房屋折旧、维修或租赁费，车辆折旧、维修、使用或租赁费，通信设备购置、使用费，测量、试验设备仪器折旧、维修或租赁费，其他设备折旧、维修或租赁费等）、零星固定资产购置费、招募生产工人费，技术图书资料费、职工教育培训经费，招标管理费，合同契约公证费、法律顾问费、咨询费，建设单位的临时设施费、完工清理费、竣（交）工验收费（含其他行业或部门要求的竣工验收费用、建设单位负责的竣（交）工文件编制费）、各种税费（包括房产税、车船使用税、印花税等），对建设项目前期工作、项目实施及竣工决算等全过程进行审计所发生的审计费用；境内外融资费用（不含建设期贷款利息）、业务招待费及工程质量、安全生产管理费和其他管理性开支。

2）建设单位（业主）管理费，以定额建筑安装工程费为基数，按表5-36的费率，以累进方法计算。

表5-36　建设单位（业主）管理费费率

定额建筑安装工程费/万元	费率（%）	算例/万元	
		定额建筑安装工程费	建设单位（业主）管理费
500及以下	4.858	500	500×4.858%=24.29
500~1000	3.813	1000	24.29+(1000-500)×3.813%=43.355
1000~5000	3.049	5000	43.355+(5000-1000)×3.049%=165.315
5000~10000	2.562	10000	165.315+(10000-5000)×2.562%=293.415
10000~30000	2.125	30000	293.4151+(30000-10000)×2.125%=718.415
30000~50000	1.773	50000	718.4151+(50000-30000)×1.773%=1073.015
50000~100000	1.312	100000	1073.015+(10000000-50000)×1.312%=1729.015
100000~150000	1.057	150000	1729.015+(150000-100000)×1.057%=2257.515
150000~200000	0.826	200000	2257.515+(200000-150000)×0.828%=2670.515
200000~300000	0.595	300000	2670.515+(300000-200000)×0.595%=3265.515
300000~400000	0.498	400000	3265.515+(400000-300000)×0.498%=3763.515
400000~600000	0.450	600000	3763.515+(600000-400000)×0.45%=4663.515
600000~800000	0.400	800000	4663.515+(800000-600000)×0.45=5463.515
800000~1000000	0.375	1000000	5463.515+(100000-800000)×0.375%=6213.515
1000000以上	0.350	1200000	6213.515+(12000000-1000000)×0.35%=6813.515

3）双洞长度超过5000m的独立隧道，水深大于15m、跨径大于或等于400m的斜拉桥和跨径大于或等于800m的悬索桥等独立特大型桥梁工程的建设单位（业主）管理费，按表6-36中的费率乘以系数1.3计算；海上工程［指由于风浪影响，工程施工期（不包括封冻期）全年月平均工作日少于15d的工程］的建设单位（业主）管理费，按表5-36中的费率乘以系数1.2计算。

例5-31　某高速公路定额建筑安装工程费为25000万元，试计算建设单位（业主）管理费。

解：查表5-36可知，当定额建筑安装工程费为10000万元时，建设单位（业主）管理费为293.415万元；当建筑安装工程费累计为25000万元时，建设单位（业主）管理费应为

$$293.415\ 万元+(25000-10000)×2.125\%\ 万元=612.165\ 万元$$

（2）建设项目信息化费 指建设单位（业主）和各参建单位用于建设项目的质量、安全、进度、费用等方面的信息化建设、运维及各种税费等费用，包括建设项目全寿命周期的建筑信息模型（Building Information Modeling）等相关费用。建设项目信息化费以定额建筑安装工程费为基数，按表5-37的费率，以累进方法计算。

表5-37 建设项目信息化费费率

定额建筑安装工程费 /万元	费率 （%）	算例/万元	
		定额建筑安装工程费	建设项目信息化费
500 及以下	0.600	500	500×0.6% = 3
500~1000	0.452	1000	3+（1000-500）×0.452% = 5.26
1000~5000	0.356	5000	5.26+（5000-1000）×0.356% = 19.5
5000~10000	0.285	10000	19.5+（10000-5000）×0.285% = 33.75
10000~30000	0.252	30000	33.75+（30000-10000）×0.252% = 84.15
30000~50000	0.224	50000	84.15+（50000-30000）×0.224% = 128.95
50000~100000	0.202	100000	128.95+（100000-50000）×0.202% = 229.95
100000~150000	0.171	150000	229.95+（150000-100000）×0.171% = 315.45
150000~200000	0.160	200000	315.45+（200000-150000）×0.16% = 395.45
200000~300000	0.142	300000	395.45+（300000-200000）×0.142% = 537.45
300000~400000	0.135	400000	537.45+（400000-300000）×0.135% = 672.45
400000~600000	0.131	600000	672.45+（600000-400000）×0.131% = 934.45
600000~800000	0.127	800000	934.45+（800000-600000）×0.127% = 1188.45
800000~1000000	0.125	1000000	1188.45+（100000-800000）×0.125% = 1438.45
1000000 以上	0.122	1200000	1438.45+（1200000-1000000）×0.122% = 1682.45

（3）工程监理费 指建设单位（业主）委托具有监理资格的单位，按施工监理规范进行全面的监督和管理所发生的费用。

工程监理费包括工作人员的工资、工资性津贴、施工现场津贴、社会保险费用（基本养老、基本医疗、失业、工伤保险）、住房公积金、职工福利费、工会经费、劳动保护费，办公费、会议费、差旅交通费，办公、试验固定资产使用费（包括办公及生活房屋折旧、维修或租赁费，车辆折旧、维修、使用或租赁费，通信设备购置、使用费，测量、试验、检测设备仪器折旧、维修或租赁费，其他设备折旧、维修或租赁费等）、零星固定资产购置费、招募生产工人费，技术图书资料费、职工教育经费、投标费用，合同契约公证费、法律顾问费、咨询费、业务招待费，财务费用、监理单位的临时设施费、完工清理费、竣（交）工验收费、各种税费、安全生产管理费和其他管理性开支。

工程监理费以定额建筑安装工程费为基数，按表5-38的费率，以累进方法计算。

表5-38 工程监理费费率

定额建筑安装工程费 /万元	费率 （%）	算例/万元	
		定额建筑安装工程费	工程监理费
500 及以下	3.00	500	500×3% = 15
500~1000	2.40	1000	15+（1000-500）×2.4% = 27

(续)

定额建筑安装工程费 /万元	费率 （%）	算例/万元	
		定额建筑安装工程费	工程监理费
1000～5000	2.10	5000	$27+(5000-1000)\times2.1\%=111$
5000～10000	1.94	10000	$111+(10000-5000)\times1.94\%=208$
10000～30000	1.87	30000	$208+(30000-10000)\times1.87\%=582$
30000～50000	1.83	50000	$582+(50000-30000)\times1.83\%=948$
50000～100000	1.78	100000	$948+(100000-50000)\times1.78\%=1838$
100000～150000	1.72	150000	$1838+(150000-100000)\times1.72\%=2698$
150000～200000	1.64	200000	$2698+(200000+150000)\times1.64\%=3518$
200000～300000	1.55	300000	$3518+(300000-200000)\times1.55\%=5068$
300000～400000	1.49	400000	$5068+(400000-300000)\times1.49\%=6558$
400000～600000	1.45	600000	$6558+(600000+400000)\times1.45\%=9458$
600000～800000	1.42	800000	$9458+(800000-600000)\times1.42\%=12298$
800000～1000000	1.37	1000000	$12298+(1000000-800000)\times1.37\%=15038$
1000000 以上	1.33	2000000	$15038+(1200000-1000000)\times1.33\%=17698$

（4）设计文件审查费 指在项目审批前，建设单位（业主）为保证勘察设计工作的质量，组织有关专家或委托有资质的单位，对提交的建设项目可行性研究报告和勘察设计文件进行审查所需要的相关费用。设计文件审查费以定额建筑安装工程费为基数，按表5-39的费率，以累进方法计算。

1）建设项目若有地质勘察监理，费用在此项目开支。

2）建设项目若有设计咨询（或称设计监理、设计双院制），其费用在此项目内开支。

表5-39 设计文件审查费费率

定额建筑安装工程费 /万元	费率 （%）	算例/万元	
		定额建筑安装工程费	设计文件审查费
5000 以下	0.077	5000	$5000\times0.077=3.85$
5000～10000	0.072	10000	$3.85+(10000-5000)\times0.072\%=7.45$
10000～30000	0.069	3000	$7.45+(30000-10000)\times0.069\%=21.25$
30000～50000	0.066	50000	$21.25+(50000-30000)\times0.066\%=34.45$
50000～100000	0.065	100000	$54.45+(100000.50000)\times0.065\%=66.95$
100000～150000	0.061	150000	$66.95+(150000-1000)\times0.061\%=97.45$
150000～200000	0.059	200000	$97.45+(200000-150000)\times0.059\%=126.95$
200000～500000	0.057	500000	$126.95+(300000-200000)\times0.057\%=183.95$
300000～400000	0.055	400000	$183.93+(400000-300000)\times0.055\%=258.95$
400000～600000	0.053	600000	$238.95+(600000-400000)\times0.053\%=344.95$
600000～800000	0.052	800000	$344.95+(800000-600000)\times0.052\%=448.95$
800000～1000000	0.051	1000000	$448.95+(800000-600000)\times0.051\%=550.95$
1000000 以上	0.050	1200000	$550.95+(800000-600000)\times0.050\%=650.95$

（5）竣（交）工验收试验检测费 指在公路建设项目竣（交）工验收前，由建设单位（业主）或工程质量监督机构委托有资质的公路工程质量检测单位按照有关规定对建设项目的工程质量进行检测并出具检测试验意见，以及进行桥梁动（静）载试验或其他特殊检测等所需的费用。

1）竣（交）工验收试验检测费按表 5-40 规定的费率计算。道路工程按主线路基长度计算，桥梁工程以主线桥梁、分离式立交、匝道桥的长度之和进行计算，隧道按单洞长度计算。

2）道路工程，高速公路、一级公路按四车道计算，二级及二级以下公路按两车道计算，每增加 1 个车道，按表 5-40 的费用增加 10%。桥梁和隧道按双向四车道计算，每增加 1 个车道费用增加 15%。二级及二级以下公路的桥隧工程，按表 5-40 费用的 40% 计算。

表 5-40 竣（交）工验收试验检测费

检 测 项 目			竣（变）工验收试验检测费/元	备注
道路工程/(元/km)		高速公路	23500	包括路基，路面、涵洞、通道、路段安全设施和机电、房建、绿化、环境保护及其他工程
		一级公路	17000	
		二级公路	11500	
		三级及三级以下公路	5750	
桥梁工程	一般桥梁/(元/延米)	—	40	包括桥梁范围内的所有土建、安全设施和机电，声屏障等环境保护工程及必要的动（静）载试验
	技术复杂桥梁/(元/延米)	钢管拱	750	
		连续刚构	500	
		斜拉桥	600	
		悬索桥	560	
隧道工程/(元/延米)		单洞	80	包括隧道范围内的所有土建、安全设施、机电、消防设施等

2. 研究试验费

研究试验费指按项目特点和有关规定，在建设过程中必须进行的研究和试验所需的费用，以及支付科技成果、专利、先进技术的一次性技术转让费。

研究试验费不包括下列费用：

1）应由前期工作费（为建设项目提供或验证设计数据、资料等专题研究）开支的项目。

2）应由科技三项费用（即新产品试制费、中间试验费和重要科学研究补助费）开支的项目。

3）应由施工辅助费开支的施工企业对建筑材料、构件和建筑物进行一般鉴定、检查所发生的费用及技术革新研究试验费。

研究试验费按设计提出的研究试验内容和要求进行编制。

3. 建设项目前期工作费

建设项目前期工作费指委托勘察设计单位、咨询单位对建设项目进行可行性研究、工程勘察设计，以及设计、监理、施工招标文件及招标标底或造价控制值文件编制时，按规定应支付的费用。

建设项目前期工作费包括下列费用：

1）编制项目建议书（或预可行性研究报告）、可行性研究报告、投资估算，以及相应的勘察、设计等所需的费用。

2）通过风洞试验、地震动参数、索塔足尺模型试验、桥墩局部冲刷试验、桩基承载力试验等为建设项目提供或验证设计数据所需的专题研究费用。

3）初步设计和施工图设计的勘察费、设计费、概（预）算编制及调整概算编制费用等。

4）设计、监理、施工招标及招标标底（或造价控制值或清单预算）文件编制费等。

建设项目前期工作费以定额建筑安装工程费为基数，按表 5-41 的费率，以累进方法计算。

表 5-41　建设项目前期工作费费率

定额建筑安装工程费 /万元	费率 （%）	算例/万元	
		定额建筑安装工程费	建设项目前期工作费
500 及以下	3.00	500	$500 \times 3.00\% = 15$
500～1000	2.70	1000	$15 + (1000 - 500) \times 2.70\% = 28.5$
1000～5000	2.55	5000	$28.5 + (5000 - 1000) \times 2.55\% = 130.5$
5000～10000	2.46	1000	$130.5 + (10000 - 5000) \times 2.46\% = 253.5$
10000～30000	2.39	30000	$253.5 + (30000 - 10000) \times 2.39\% = 731.5$
30000～50000	2.34	50000	$731.5 + (50000 - 30000) \times 2.34\% = 1199.5$
50000～100000	2.27	100000	$1199.5 + (100000 - 50000) \times 2.27\% = 2334.5$
100000～150000	2.19	150000	$2334.5 + (150000 - 100000) \times 2.19\% = 3429.5$
150000～200000	2.08	200000	$3429.5 + (200000 - 150000) \times 2.08\% = 4469.5$
200000～300000	1.99	300000	$4469.5 + (300000 - 200000) \times 1.99\% = 6459.5$
300000～400000	1.94	400000	$6459.5 + (400000 - 300000) \times 1.94\% = 83399.5$
400000～600000	1.86	600000	$8399.5 + (600000 - 400000) \times 1.86\% = 12119.5$
600000～800000	1.80	800000	$12119.5 + (800000 - 600000) \times 1.80\% = 15719.5$
800000～1000000	1.76	1000000	$15719.5 + (1000000 - 800000) \times 1.76\% = 19239.5$
1000000 以上	1.72	1200000	$19239.5 + (1200000 - 1000000) \times 1.72\% = 22679.5$

4. 专项评价（估）费

专项评价（估）费指依据国家法律、法规规定进行评价（评估）、咨询，按规定应支付的费用。

专项评价（估）费包括环境影响评价费、水土保持评估费、地震安全性评价费、地质灾害危险性评价费、压覆重要矿床评估费、文物勘察费、通航论证费、行洪论证（评估）费、使用林地可行性研究报告编制费、用地预审报告编制费、项目风险评估费、节能评估费和社会风险评估费、放射性影响评估费、规划选址意见书编制费等费用。

专项评价（估）费依据委托合同，或参照类似工程已发生的费用进行计列。

5. 联合试运转费

联合试运转费指建设项目的机电工程，按照有关规定标准，需要进行整套设备带负荷联合试运转所需的全部费用，不包括应由设备安装工程费中开支的调试费用。

联合试运转费包括联合试运转期间所需的材料、燃料和动力的消耗，机械和检测设备使用费，工具用具和低值易耗品费，参加联合试运转的人员工资及其他费用等。

联合试运转费以定额建筑安装工程费为基数，按0.04%费率计算。

6. 生产准备费

生产准备费指为保证新建、改扩建项目交付使用后满足正常的运行、管理发生的工器具购置、办公和生活用家具购置、生产人员培训、应急保通设备购置等费用。

（1）工器具购置费　指建设项目交付使用后，为满足初期正常运营必须购置的第一套不构成固定资产的设备、仪器、仪表、工卡模具、器具、工作台（框、架、柜）等的费用，不包括构成固定资产的设备、工器具和备品、备件，以及已列入设备费中的专用工具和备品、备件。工器具购置费由设计单位列出计划购置清单（包括规格、型号、数量），计算方法同设备购置费。

（2）办公和生活用家具购置费　指新建、改扩建工程项目，为保证初期正常生产、使用和管理所购置的办公和生活用家具、用具的费用，包括行政、生产部门的办公室、会议室、资料档案室、阅览室、宿舍及生活福利设施等的家具、用具。办公和生活用家具购置费按表5-42的规定计算。

（3）生产人员培训费　指为保证生产的正常运行，在工程交工验收交付使用前对运营部门生产人员和管理人员进行培训所需的费用，包括培训人员的工资、工资性津贴、职工福利费、差旅交通费、劳动保护费、培训及教学实习费等。该费用按设计定员和3000元/人的标准计算。

表5-42　办公和生活用家具购置费标准

工程所在地	路线/（元/公路公里）				单独管理或单独收费的桥梁、隧道/（元/座）		
	高速公路	一级公路	二级公路	三、四级公路	特大、大桥		特长隧道
					一般桥梁	技术复杂大桥	
内蒙古、黑龙江、青海、新疆、西藏	21500	15600	7800	4000	24000	60000	78000
其他省、自治区、直辖市	17500	14600	5800	2900	19800	49000	63700

注：改扩建工程按表列费用的70%计。

（4）应急保通设备购置费　指新建、改扩建工程项目，为满足初期正常营运，购置保障抢修保通、应急处置，且构成固定资产的设备所需的费用。该费用由设计单位列出计划购置清单，计算方法同设备购置费。

7. 工程保通管理费

工程保通管理费指新建或改扩建工程需边施工边维持通车或通航的建设项目，为保证公（铁）路运营安全、船舶航行安全及施工安全而进行交通（公路、航道、铁路）管制、交通（铁路）与船舶疏导所需的和媒体、公告等宣传费用及协管人员经费等。工程保通管理费应按设计需要进行列支。涉水项目施工期通航安全保障费用计算方法按《公路工程建设项目概算预算编制办法》附录 G 执行。

8. 工程保险费

工程保险费指在合同执行期内，施工企业按合同条款要求办理保险的费用，包括建筑工程一切险和第三方责任险。

1）建筑工程一切险是为永久工程、临时工程和设备及已运至施工工地用于永久工程的材料和设备所投的保险。

2）第三者责任险是对因实施合同工程而造成的财产（本工程除外）损失或损害，或人员（业主和承包人雇员除外）的死亡或伤残所负责进行的保险。

3）工程保险费以建筑安装工程费（不含设备费）为基数，按 0.4% 费率计算。

9. 其他相关费用

其他相关费用指国务院行政主管部门及省级人民政府规定的其他与公路建设相关的费用，按其相关规定计算。

5.4.3 预备费

预备费由基本预备费和价差预备费两部分组成。

1. 基本预备费

基本预备费指在初步设计和概算、施工图设计和施工图预算中难以预料的工程费用。

（1）内容

1）在进行技术设计、施工图设计和施工过程中，在批准的初步设计和概算范围内增加的工程费用。

2）在设备订货时，由于规格、型号改变的价差，材料货源变更、运输距离或方式的改变以及因规格不同而代换使用等原因发生的价差。

3）在项目主管部门组织竣（交）工验收时，验收委员会（或小组）为鉴定工程质量必须开挖和修复隐蔽工程的费用。

（2）计算 基本预备费以建筑安装工程费、土地使用及拆迁补偿费、工程建设其他费之和为基数，按下列费率计算：设计概算按 5% 计列，修正概算按 4% 计列，施工图预算按 3% 计列。

2. 价差预备费

价差预备费指设计文件编制年至工程交工年期间，建筑安装工程费用的人工费、材料费、设备费、施工机械使用费、措施费、企业管理费等由于政策、价格变化可能发生上浮而预留的费用，以及外资贷款汇率变动部分的费用。

价差预备费以建筑安装工程费用总额为基数，按设计文件编制年始至建设项目工程交工年终的年数和年工程造价增长率计算。公式如下

$$价差预备费 = P[(1+i)^{n-1} - 1] \tag{5-23}$$

式中 P——建筑安装工程费总额；

i——年工程造价增长率；

n——设计文件编制年至建设项目开工年 + 建设项目建设期限，年。

年工程造价增长率按有关部门公布的工程投资价格指数计算。

设计文件编制开始至工程完工在一年以内的工程，不列此项费用。

5.4.4　建设期贷款利息

建设期贷款利息指工程项目使用的贷款部分在建设期内应计取的贷款利息，包括各种金融机构贷款、建设债券和外汇贷款等利息。

利息计算方法：根据不同的资金来源分年度投资计算所需支付的利息。公式如下

建设期贷款利息 = ∑（上年末付息贷款本息累计 + 本年度付息贷款额 ÷ 2）× 年利率

即

$$S = \sum_{n=1}^{N} (F_{n-1} + b_n/2)i \tag{5-24}$$

式中　S——建设期贷款利息；

$\quad\quad N$——项目建设期，年；

$\quad\quad n$——施工年度；

$\quad\quad F_{n-1}$——建设期第 $n-1$ 年末需付息贷款本息累计；

$\quad\quad b_n$——建设期第 n 年付息贷款额；

$\quad\quad i$——中国人民银行公布的贷款年利率。

例 5-32　某新建项目，建设期为 2 年，需向银行贷款 2000 万元。贷款时间安排为：第 1 年 1000 万元，第 2 年 1000 万元，年利率 10%。试用复利法计算该项目建设期贷款利息。

解：利用式（5-24），可得建设期各年贷款利息计算如下

第 1 年应计利息：（1000 ÷ 2）× 10% 万元 = 50 万元

第 2 年应计利息：（1000 + 50 + 1000 ÷ 2）× 10% 万元 = 155 万元

则建设期贷款利息总和为：（50 + 155）万元 = 205 万元

5.5　公路工程预算文件编制及示例

5.5.1　公路工程建设各项费用的计算程序

公路工程建设各项费用的计算程序及计算方式见表 5-43。

表 5-43　公路工程建设各项费用的计算程序及计算方式

序号	项　目	说明及计算式
（一）	定额直接费	∑人工消耗量 × 人工基价 + ∑（材料消耗量 × 材料基价 + 机械台班消耗量 × 机械台班基价）
（二）	定额设备购置费	∑设备购置数量 × 设备基价
（三）	直接费	∑人工消耗量 × 人工单价 + ∑（材料消耗量 × 材料预算单价 + 机械台班消耗量 × 机械台班预算单价）
（四）	设备购置费	∑设备购置数量 × 预算单价
（五）	措施费	（一）× 施工辅助费费率 + 定额人工费和定额施工机械使用费之和 × 其余措施费综合费率
（六）	企业管理费	（一）× 企业管理费综合费率
（七）	规费	各类工程人工费（含施工机械人工费）× 规费综合费率
（八）	利润	[（一）+（五）+（六）] × 利润率

（续）

序号	项 目	说明及计算式
（九）	税金	[（三）+（四）+（五）+（六）+（七）+（八）]×9%
（十）	专项费用	
	施工场地建设费	[（一）+（二）×40%+（五）+（六）+（七）+（八）+（九）]×累进费率
	安全生产费	建筑安装工程费（不含安全生产费本身）×费率[①]
（十一）	定额建筑安装工程费	（一）+（二）×40%+（五）+（六）+（七）+（八）+（九）+（十）
（十二）	建筑安装工程费	（三）+（四）+（五）+（六）+（七）+（八）+（九）+（十）
（十三）	土地使用及拆迁补偿费	按规定计算
（十四）	工程建设其他费	
	建设项目管理费	
	建设单位（业主）管理费	（十一）×累进费率
	建设项目信息化费	（十一）×累进费率
	工程监理费	（十一）×累进费率
	设计文件审查费	（十一）×累进费率
	竣（交）工验收试验检测费	按规定计算
	研究试验费	
	建设项目前期工作费	（十一）×累进费率
	专项评价（估）费	按规定计算
	联合试运转费	（十一）×费率
	生产准备费	
	工具器购置费	按规定计算
	办公和生活家具购置费	按规定计算
	生产人员培训费	按规定计算
	应急保通设备购置费	按规定计算
	工程保通管理费	按规定计算
	工程保险费	[（十二）-（四）]×费率
	其他相关费用	
（十五）	预备费	
	基本预备费	[（十二）+（十三）+（十四）]×费率
	价差预备费	（十二）×费率
（十六）	建设期贷款利息	按实际贷款额度及利率计算
（十七）	公路基本造价	（十二）+（十三）+（十四）+（十五）+（十六）

① 费率≥1.5%。

公路工程基本造价 = 建筑安装工程费 + 土地使用及拆迁补偿费 + 工程建设其他费 + 预备费 + 建设期贷款利息

5.5.2 公路工程预算文件编制步骤

编制公路工程概预算是一项细致的工作，首先要理解和掌握概预算的编制步骤，同时要确保各项费用按《工路工程建设项目概算预算编制办法》计算准确，才能编制出高质量的预算文件，满足各方主体的经济利益。

1. 熟悉设计资料

设计资料是预算文件编制的基本依据。编制概预算文件之前，应认真阅读和理解设计图、施工组织设计等资料。若设计图与文字说明存在相互矛盾或含糊不清的情况，凡影响到计价的都要仔细核对；对工程造价影响较大的关键部位或量大价高的工程量，应重新复核，以验证是否正确。对结构特点、特殊设计结构的处理应全面熟悉，对设计资料提出的施工方案应进行补充完善。

对设计图中参见的设计图集，也要进行必要的熟悉。因为标准图集里的规定，在具体的设计图中不一定全部表示出来，但往往又是计价的依据。

2. 准备概（预）算资料

概预算资料包括概预算表格、定额、取费标准、土地赔偿标准、有关文件及现场调查数据等。现行依据有《公路工程建设项目概算预算编制办法》及各省发布的概算预算编制办法补充规定；《公路工程概算定额》《公路工程预算定额》《公路工程机械台班费用定额》；各省定额站发布的外购材料指导价等。

占用土地及拆迁的补偿费、安置费，按省、自治区人民政府规定。

3. 分析外业调查资料及施工方案

（1）概预算调查资料分析　在编制概预算文件之前，应对工程所在地的社会条件、自然条件及技术经济条件做必要的现场调查。凡对施工方法及计价有影响的因素都必须进行仔细分析，以保证概预算编制的准确与合理。这些因素包括：筑路材料的来源、沿线料场情况、当地材料调查价，材料运输方式及运距、运费标准，有无自采材料；沿线可利用的房屋；供水、供电情况；劳动力供应情况；当地交通设施情况；气候条件等。

（2）施工方案分析　施工方案将直接影响定额的选用和工程造价的高低，因此编制概预算时，应重点对施工方案进行认真分析。

1）施工方法。同一工程内容，可以采用不同的施工方法来完成。例如，土石方工程包括人工挖方和机械挖方两种方法；钢筋混凝土工程既可以采用现浇施工，也可以采用预制安装方法。因此，应根据设计图的意图和要求，选择经济、合理、可行的施工方法。

2）施工机械。施工机械的选择也将直接影响工程造价，因此应根据施工方法选配相应的施工机械。例如，挖填土方既可以采用铲运机，又可以采用挖掘机配合自卸汽车；混凝土预制构件安装也可以采用多种机械施工等。

3）工期。同一工程项目，如果施工工期不同，则工程造价有很大差别。施工工期对概预算的影响主要有三个方面：①施工工期不同，施工方法的选择将不同；②施工工期不同，辅助工程与临时工程的数量将不同，如大型预制构件安装，要根据工期合理配备吊装设备的数量；③施工工期不同，与工期有关的费用计算将不同，如建设期贷款利息、价差预备费等。

4）辅助工程与临时工程。辅助工程与临时工程数量的多少将直接影响工程造价；同时辅助工程与临时工程位置的不同也将影响原材料与半成品的运距，如沥青混凝土拌和站的位置不同，则沥青、碎石等原材料的运距不同，沥青混凝土半成品的运距也将不同。

4. 分项

分项是根据工程设计的内容，按概预算项目表的要求，将一个复杂的建设项目分解成若干个分项工程，并以项、目、节、细目的顺序依次列出，然后按定额表的要求，将分项工程与相应的定额一一对应。

公路工程概预算是以分项工程概预算表为基础计算和汇总而来的，所以工程分项是编制概预算的一项重要的基础工作，应该尽量做到不重不漏，使概预算的编制准确合理。

公路工程分项时必须满足以下要求：

1）概预算项目表实质上是将一个复杂的建设项目分解成许多分项工程的一种科学划分方法，因此分项时应符合概预算项目表的划分原则。

2）分项工程应该能在定额表中直接查到，因此应满足定额表中概预算定额子目的划分要求。

3）措施费和企业管理费计算都是按不同工程类别确定的费率，因此所划分的项目应满足费率表工程类别设置的要求。

5. 计算和复核工程量

工程量是编制工程概预算的基础数据资料，所以应根据工程量计算规则计算各分项工程的工程量。首先应对设计图中已有工程量进行复核，再对设计文件中缺少或未列的工程量进行补充计算。复核工程量时应注意以下事项：

1）核对设计图，如构造物的平面、立面、结构大样图等，检查相互之间是否有矛盾和错误；图与表反映的工程量是否一致，小计、总计是否相符。

2）各种设计工程量的分部分项工程名称、计量单位，应符合所采用的定额标准要求，若不相符，要进行调整、修正。

3）当个别工程量超出一般常规情况时，应予以复核，或工程质量超出国家施工技术规范规定的要求时，都应进行分析研究，并将情况反馈给设计人员，予以讨论。

辅助工程是指为了构成工程实体和保证工程质量，在施工中必须采取的辅助措施或修建的临时工程。辅助工程的工程数量主要依据施工组织设计及工程实际情况来确定。编制概预算时，需要考虑的辅助工程有：①构造物挖基时的排水设施；②为保证路基边缘压实而加宽填筑的土方工程量；③临时工程，如汽车便道、便桥、轨道铺设、临时电力、电信设施等；④桥梁工程中的围堰、护筒、工作平台、吊装设备、预制厂及其设施（底座、张拉台座等）、拌和站、蒸气养生设施等。

6. 查找定额，编制分项工程预算计算数据表（21 – 1 表）

"项""目""节""细目""定额"等的代号，应根据概预算项目表的规定、概预算定额的序列及内容填写。21 – 1 表为编制预算提供分项组价基础数据。

7. 根据分项工程预算计算数据表（21 – 1 表），**初编 21 – 2 表**

依次从定额表中查出每个工程细目的定额编号，人工、材料、施工机械的名称，单位及定额消耗量，并分别填入 21 – 2 表的相关栏目内。21 – 2 表中应填写：①编制范围、分项工程名称；②工程项目（定额子目所在的定额表的名称）、工程细目（定额子目名称）、定额单位、工程数量、定额表号；③各定额子目工料机名称、单位、定额消耗量及基价。再用各工程细目的"工程数量"乘以相应的"定额"，即可得出各分项工程的工料机消耗量，填入21 – 2 表的"数量"栏中。

由于人工、材料、机械台班单价及各种费率尚未确定，只能初编21-2表。

8. 基础单价分析（编制22表、23-1表、24表）

基础单价是人工工日单价、材料预算单价和施工机械台班单价的统称，可通过材料预算单价计算表（22表）、自采材料料场价格计算表（23-1表）和机械台班单价计算表（24表）来计算。

1）根据各省编制办法补充规定确定人工工日单价。

2）根据21-2表中出现的材料种类、规格及机械作业所需的燃料动力编制材料预算单价计算表（22表）。22表中要计算各种材料自供应地点或料场运至工地的预算单价，包括材料原价、运杂费、场外运输损耗、采购及保管费。运输方式按火车、汽车、船舶等交通工具填写。

3）根据实际工程发生的自采材料的种类、规格，编制自采材料料场价格计算表（23-1表），并将计算结果汇总到22表的"原价"栏中。23-1表主要用于计算自采材料料场价格，应将选用的定额人工、材料、机械台班数量全部列出，包括相应的人工、材料、机械台班单价。

4）根据22-2表、23-1表中出现的所有机械种类和22表中自办运输的机械种类计算所有机械的台班单价，编制机械台班单价计算表（24表）。24表应根据公路工程机械台班费用定额进行计算。不变费用如有调整系数，应填入调整值。动力燃料单价由22表计算的数据获得。

5）将以上计算的基础单价汇总，编制人工、材料、机械台班单价汇总表（09表），最后根据此表计算22-2表中的人工费、材料费、机械费。

9. 计算措施费及企业管理费综合费率，编制04表

根据工程类别和工程所在地区，确定各分项工程内容的措施费、企业管理费费率，并填入综合费率计算表（04表）中，计算其综合费率。需要注意的是：措施费共有9项内容，其计算基数不完全相同，表中第3、4、5、6、7、8、9、11措施费费率的计算基数是定额人工费和定额机械使用费之和，10项施工辅助费的计算基数是定额直接费，所以措施费的综合费率分为综合费率Ⅰ和综合费率Ⅱ。

10. 详细编制22-2表分项工程预算表，计算分项工程各项费用

1）将09表的单价填入22-2表的"单价"栏，在22-2表中用"单价"与"数量"相乘，分别填入人工费、材料费和机械使用费的"金额"栏内，再横向汇总计算出人工、材料、机械的合计"数量"与合计"金额"。

2）将04表中的各项费率填入22-2表中的相应栏目，并按编制办法的相关规定计算措施费和企业管理费。

3）在22-2表中计算规费、利润及税金，完成每个分项工程22-2表的详细编制。

11. 计算04-1表综合费计算表

12. 编制05表设备费计算表

根据设备购置清单计算定额设备费和设备费。

13. 计算单位工程建筑安装工程费，编制03表

根据22-2表、04-1表，将各分项工程的定额直接费、定额设备购置费、直接费、设备购置费、措施费、企业管理费、规费、利润、税金分别填入03表的相应栏目中，横向合计，并纵向合计。

计算专项费用，填入 06 表专项费用计算表。

将专项费用填入 03 表，得到整个工程的建筑安装工程费，完成建筑安装工程费计算表（03 表）的编制。

14. 计算 07 土地使用及拆迁补偿费计算表

15. 计算 08 表工程建设其他费计算表

应根据编制办法的规定，按实际发生的工程建设其他费用填写，需要说明和具体计算的费用在"说明及计算式"栏内填写或计算。

16. 编制总预算表（01 表），进行造价分析

01 表反映一个单项或单位工程的各项费用组成、预算金额、技术经济指标等。

1）表中"分项编号""工程或费用名称""单位"等应按概预算项目表的序列及内容填写。"目""节"可随需要增减，但"项"应保留。

2）"数量""金额"由建筑安装工程费计算表（03 表）、土地使用及拆迁补偿费计算表（07 表）、工程建设其他费计算表（08 表）转来。

3）技术经济指标 = 预算金额 ÷ 数量；各项费用比例 = 预算金额 ÷ 总预算金额。

17. 实物指标计算，编制 25 表、02 表

1）考虑辅助生产自采材料（23 - 1 表）、自办运输（23 - 2 表）计算 25 表辅助生产工、料、机械台班单位数量表。

2）汇总 22 - 2 表中人工、主要材料、机械台班数量，并按代号的顺序将规格名称列入 02 表中的"规格名称"栏内，按分项统计各实物的消耗量及总数量。

18. 编写"编制说明"

当概（预）算表格全部编制完成后，应根据编制过程和内容，编写"概预算编制说明"，主要说明概（预）算编制依据、编制内容、工程总造价、实物量消耗指标等。对编制中存在的问题及与概（预）算有关但又不能在表格中反映的事项均应在"编制说明"中以文字的形式表述清楚。

19. 复核与审核

复核是指负责编制工程造价的单位，在工程造价编制完成后，由本单位其他具有工程造价执业资格的人员对所编制的工程造价成果进行全面的检查核对，对发现的差错及时进行改正，以提高工程造价的准确性。

审核是指工程造价文件经编制和复核环节后，在印刷之前，应按规定由相关部门进行进一步的检查核对，确保工程造价文件符合规定、合理可靠。

复核与审核是编制工程造价文件的一个重要环节，应该在思想上给予足够的重视，在组织上给予必要的保证，选派经验丰富、业务娴熟的造价工程师专门负责复核审核工作。

20. 印刷、装订、报批

经审核确认无误并签字后，即可按规定份数印刷甲、乙组文件，并分别装订成册，上报待批。

编制概预算的步骤并非固定不变，根据需要有些表可以不编制，各表的编制次序也可以交叉进行、相互补充。为了正确编制概预算，必须掌握编制办法的各项规定，明确各表的作用和相互关系，并认真阅读各表中间的"填写说明"，掌握表中各栏的填写方法。

概预算各种表格的计算顺序和相互关系如图 5-8 所示。

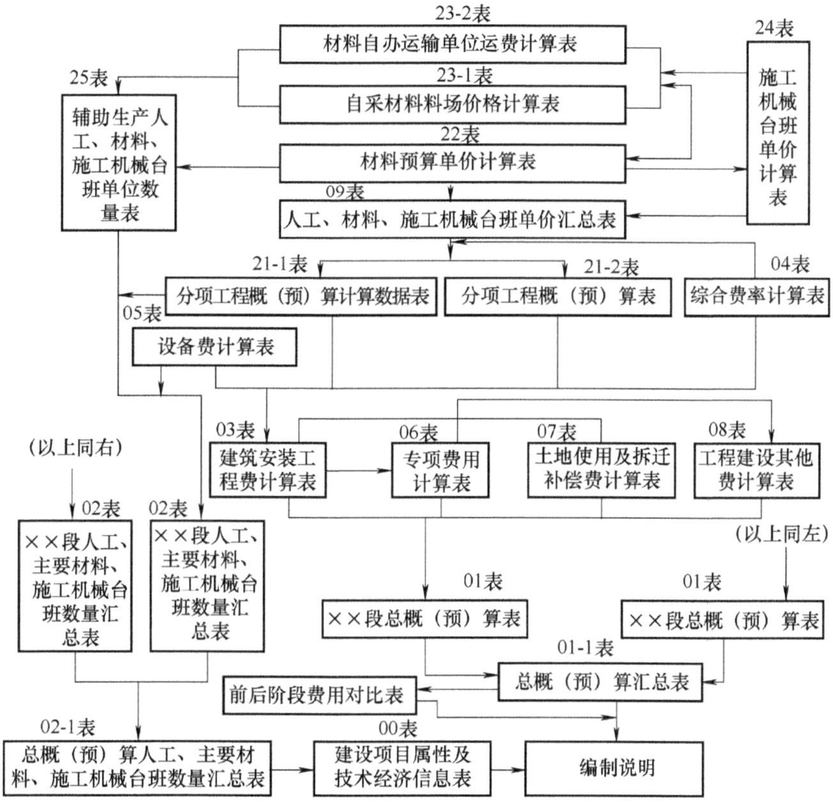

图 5-8　概预算各种表格的计算顺序和相互关系

5.5.3　电算编制公路工程概（预）算文件的流程

为了提高工作效率，公路工程的管理、设计、施工等部门已广泛使用计算机软件进行概预算文件编制。下面以市场上应用较广泛的纵横公路工程造价管理系统为例，介绍计算机软件在公路工程概、预算编制中的应用。

利用纵横公路造价软件编制概（预）算文件的基本流程如下：新建项目→填写项目文件属性→输入费率计算参数，自动生成费率→编制造价书→工料机预算单价处理→预览、打印、输出报表。各步骤具体操作见如下介绍。

1. 新建项目

1）双击桌面上的概预估算版软件图标，系统自动弹出"新建项目"对话框，如图 5-9 所示。

2）在"新建项目"对话框（图 5-9）中直接输入"分段文件名称"和"建设项目名称"。文件名称一般以编制范围或标段名称命名，建设项目名称一般以建设项目的名称命名。

3）在"项目类型"选项组，如果编制预算则选择"预算"，如果编制概算就选择"概算"，单击"确定"按钮，新建项目即可完成。

注意：也可以单击菜单栏中的"文件"→"新建项目文件"或单击工具栏中的"新建

项目文件"图标  ，完成新建项目。

图 5-9　"新建项目"对话框

2. 填写项目文件属性

单击菜单栏中的"文件"→"项目属性"或单击工具栏中的"项目属性"图标，弹出图 5-10 所示的"项目属性"对话框，按工程实际情况填写即可。

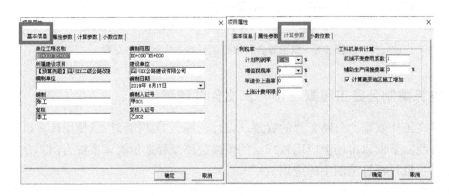

图 5-10　"项目属性"对话框

"项目属性"对话框没有"基本信息""属性参数""计算参数"及"小数位数"四个选项卡，可分别进行相关参数的设置。其中"基本信息"选项卡主要填写单位工程名称、编制范围、编制人等信息，与报表输出关联；"属性参数"选项卡主要用于设置公路等级、起终点桩号、路线长度等信息，不影响造价；"计算参数"选项卡主要用于设定利润率、税金、辅助生产间接费、高原地区施工增加费等信息。

3. 输入费率计算参数，自动生成费率

单击左侧导航按钮"费率"图标 ，可以看到窗口右上框的"费率计算参数"。费率反映公路工程的措施费、规费、企业管理费等费率，应根据工程类别及项目所在地具体施工情况选择不同的费率标准，各项费用按部颁编制办法及各省补充规定计算。

如图 5-11 所示，选择工程所在地四川；费率标准选部颁标准（2018）；然后把鼠标放在冬期（季）施工、雨期（季）施工的"参数值"栏上面，软件根据各省的补充编制办法，已内置了不同的数据，只需按工程实际需要直接下拉选择，即可完成费率部分的设置。其他费率的操作相同。

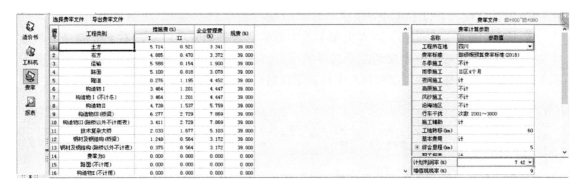

图 5-11　费率计算参数

4. 编制造价书

单击左侧导航按钮"造价书"图标，按下面步骤完成第一、二、三部分费用的计算。

（1）建立项目表　按概预算项目表的要求对工程数量表进行划分。首先建立标准项，单击窗口右上角的"项目表"按钮，展开"项目表"，如需添加哪些分项，直接双击该分项名称或在要选择的项目左面方框内勾选并单击"添加"按钮即可建立项目表，如图 5-12 所示；对于标准项目表中没有的非标准项，可以通过右击→插入或单击工具栏上的"插入"按钮逐个添加（如外购土方）。

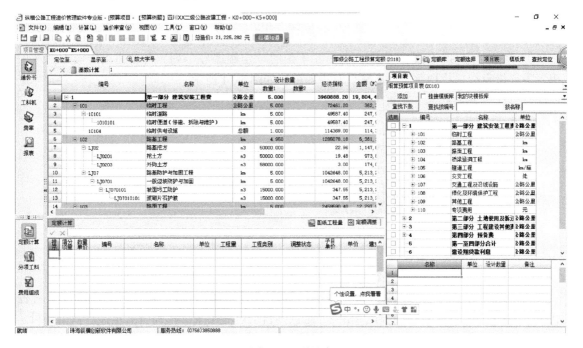

图 5-12　项目表

若建立的项目表层次不合理，可通过工具栏快捷键"→（升级）""←（降级）""↑（上移）""↓（下移）"方向键（ ← → ↑ ↓ ）调整。

若添加的项目有误，可选择该项目单击"删除"按钮，或右击→删除即可。

（2）计算第一部分费用（建筑安装工程费）

1）套取定额。有以下几种方法：

① 从定额库中选择定额。在左上角中选中需要套定额的分项→单击右上框的"定额选择"→在相应的定额章节中找到需要选择的项目，在右下角的"添加定额"下拉列表框中双击定额编号或名称，即可添加到左下角的定额窗口中，如图5-13所示。

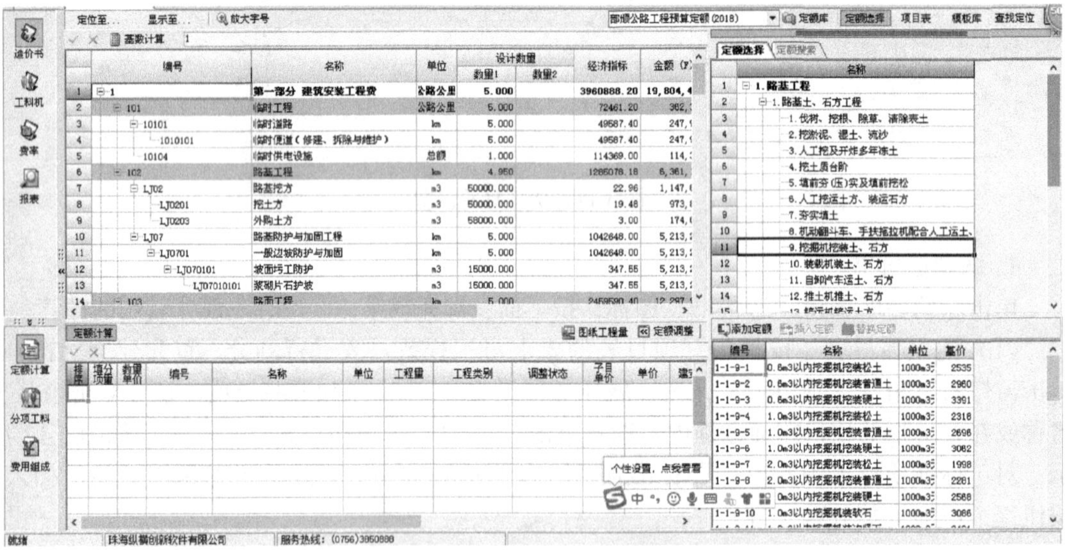

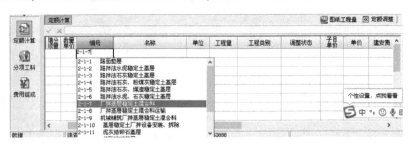

图5-13 从定额库中选择定额

② 双击"编号"列选择定额。双击左下角的"定额编号"列，自动弹出定额库，逐一提示下一级定额，找到所需的定额后双击即可，如图5-14所示。

图5-14 智能定额逼近选择定额

③ 直接输入定额号。直接在左下角的"编号"列输入定额号，回车即可。

④ 定额搜索。可以通过右上角"定额选择"→"定额搜索"，输入定额名称或工料机代号、名称，单击"查找"按钮，相关的定额则自动过滤出来，找到所需定额后双击即可。

如图5-15所示，搜索"钢绞线"的相关定额，单击"定额选择"选项卡，切换到"定额搜索"选项卡，在"按定额名称查找"文本框处输入"钢绞线"，相关定额则自动过滤出来，如有需要，双击选择即可。

图 5-15　定额搜索

2）定额调整。编制概预算时，设计要求并不一定和相关的定额要求一致，这时就需要进行定额调整或抽换。在纵横软件里，需要进行定额调整时，单击"定额调整"按钮，展开定额调整窗口，如图 5-16 所示，包括"工料机/砼""附注条件""辅助定额""稳定土"四个操作按钮。

图 5-16　定额调整

① 工料机/混凝土。单击"工料机/砼"，可对工料机/混凝土进行增加、删除、替换、调整消耗量、修改砂浆及混凝土强度等级操作。右击或单击 ┅ 图标即可完成操作。

A. 替换水泥砂浆强度等级，将 M7.5 水泥砂浆强度等级换成 M10。输入定额编号 1－3－3－1，单击"定额调整"→"工料机/砼"→选择 M7.5 水泥砂浆→右击或单击 ┅ 图标→"替换混凝土"，如图 5-17 所示。然后，在弹出的工料机窗口中，找到 M10 号水泥砂浆，勾选即可。水泥、中（粗）砂的消耗量自动根据内置公式进行调整。

B. 批量新增材料，如乔木。首先，选择需要新增材料的定额，单击"定额调整"→"工料机/砼"→右击→"添加工料机"→"新增工料机"。然后可以在 Excel 表中做成批量增加的乔木，如图 5-18 所示。接着选择复制，切换到“新增工料机”窗口，粘贴即可，如图 5-19 所示。保存并关闭后就完成了批量新增材料，需要选用时，单击“我的新工料机”显示新增材料，找到需要添加的材料，在“选用”框内勾选即可。

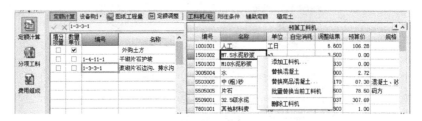

图 5-17　替换水泥砂浆强度等级

乔木	4cm	根	32
乔木	5cm	根	38
乔木	6cm	根	45
乔木	7cm	根	49
乔木	8cm	根	54
乔木	9cm	根	59
乔木	10cm	根	64
乔木	11cm	根	69

图 5-18　Excel 表中批量增加的材料

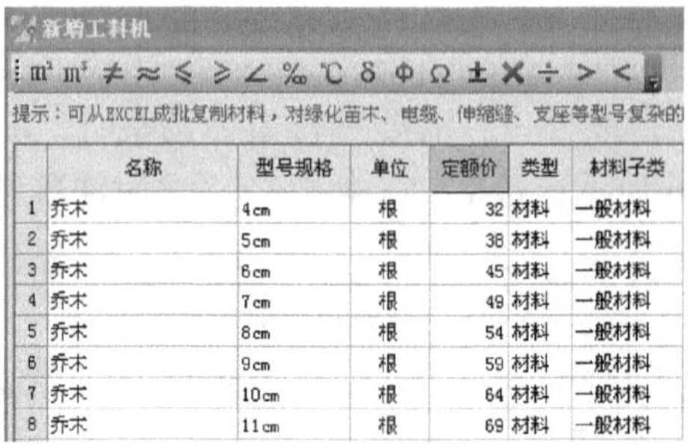

	名称	型号规格	单位	定额价	类型	材料子类
1	乔木	4cm	根	32	材料	一般材料
2	乔木	5cm	根	38	材料	一般材料
3	乔木	6cm	根	45	材料	一般材料
4	乔木	7cm	根	49	材料	一般材料
5	乔木	8cm	根	54	材料	一般材料
6	乔木	9cm	根	59	材料	一般材料
7	乔木	10cm	根	64	材料	一般材料
8	乔木	11cm	根	69	材料	一般材料

图 5-19　新增材料

C. 替换商品混凝土。输入定额编号 4－6－10－2，单击“定额调整”→“工料机/砼”→选中“C50 号泵送砼 42.5 水泥 2cm 碎石”→右击→“替换商品混凝土”→“选择工料机”→在“选用”框内勾选需要替换型号的商品混凝土→确定，如图 5-20 所示。

这里注意，定额中各类混凝土均按施工现场拌和进行编制，当采用商品混凝土时，可将相关定额中的水泥、中（粗）砂、碎石的消耗量扣除，并按定额中所列的混凝土消耗量增加商品混凝土的消耗。此时，替换完成后，水泥、中（粗）砂、碎石的消耗量自动调整为0；商品混凝土有消耗量；水要养生，仍有消耗量。取费类别应选择构造物Ⅲ。

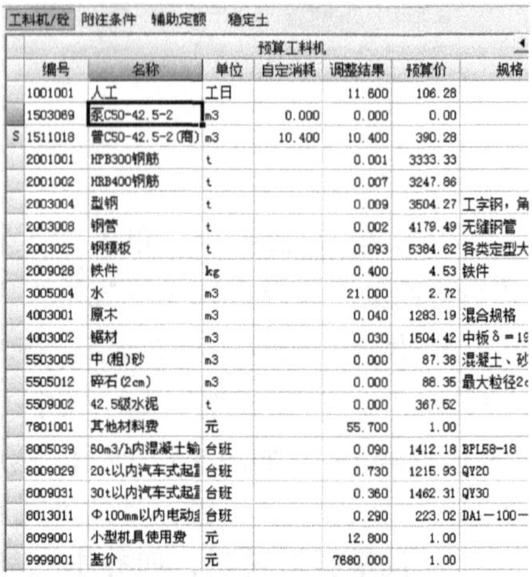

	编号	名称	单位	自定消耗	调整结果	预算价	规格
	1001001	人工	工日		11.600	106.28	
	1503069	泵C50-42.5-2	m3	0.000	0.000	0.00	
S	1511018	普C50-42.5-2(商)	m3	10.400	10.400	390.28	
	2001001	HPB300钢筋	t		0.001	3333.33	
	2001002	HRB400钢筋	t		0.007	3247.86	
	2003004	型钢	t		0.009	3504.27	工字钢，角
	2003008	钢管	t		0.002	4179.49	无缝钢管
	2003025	钢模板	t		0.093	5384.62	各类定型大
	2009028	铁件	kg		0.400	4.53	铁件
	3005004	水	m3		21.000	2.72	
	4003001	原木	m3		0.040	1283.19	混合规格
	4003002	锯材	m3		0.030	1504.42	中板δ＝19
	5503005	中(粗)砂	m3		0.000	87.38	混凝土、砂
	5505012	碎石(2cm)	m3		0.000	88.35	最大粒径2c
	5509002	42.5级水泥	t		0.000	367.52	
	7801001	其他材料费	元		55.700	1.00	
	8005039	60m3/h内混凝土输	台班		0.090	1412.18	BPL58-18
	8009029	20t以内汽车式起重	台班		0.730	1215.93	QY20
	8009031	30t以内汽车式起重	台班		0.360	1462.31	QY30
	8013011	Φ100mm以内电动	台班		0.290	223.02	DA1－100－
	8099001	小型机具使用费	元		12.800	1.00	
	9999001	基价	元		7680.000	1.00	

图 5-20　替换商品混凝土

D. 沥青路面油石比的调整。定额中沥青路面是按一定的油石比编制的，当设计采用的油石比与定额不同时，可按设计油石比调整定额中的沥青用量。

套用定额编号 2 – 2 – 11 – 1，单击"定额调整"→"工料机/砼"，在最下框的"自定油石比"文本框中输入设计油石比，石油沥青的消耗量根据内置公式自动计算，如图 5-21 所示。

E. 添加外掺剂。由于定额中各类混凝土均未考虑外掺剂的费用，如设计需要添加外掺剂时，可按设计要求另行计算外掺剂的费用并适当调整定额中的水泥用量。

图 5-21 沥青路面油石比的调整

例如：粉剂 FDN – 9000 缓凝高效减水剂，掺量为水泥的 0.3%，5000 元/t，掺后节约水泥 15%。

输入定额编号 4 – 6 – 10 – 2，单击"定额调整"→"工料机/砼"→右键→"添加工料机"→弹出"选择工料机"窗口→"新增工料机"→输入外掺剂的参数（图 5-22）→保存并关闭，在"选择工料机"窗口中勾选外掺剂。然后回到"定额调整 – 工料机/砼"窗口中，根据要求，调整水泥和外掺剂的消耗量即可，如图 5-23 所示。

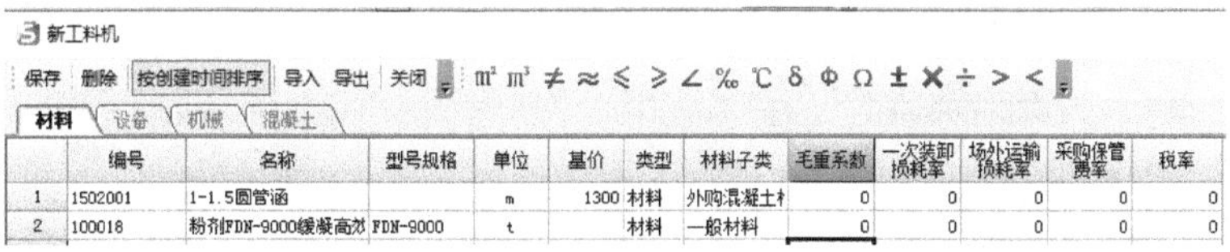

图 5-22 外掺剂的参数

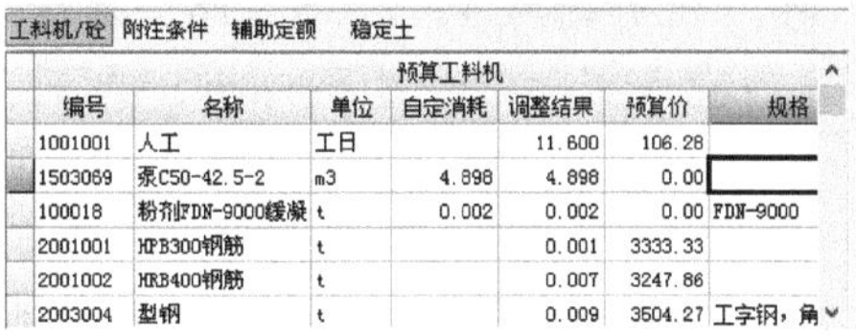

图 5-23 添加外掺剂

外掺剂会以一种独立的材料出现在工料机里，当需要调整它的预算单价时直接修改即可，并且在"定额调整"窗口中外掺剂的单价也将自动调整。

② 附注条件。软件已经把预算定额中的附注说明部分做成了选项的形式，可直接根据工程实际情况，在选项前面的调整框内勾选。

A. 将"挖竹根"调整成"挖芦苇根"。输入定额编号 1 – 1 – 1 – 10，单击"定额调整"→"附注条件"→在选项中勾选即可，人工消耗自动根据软件内置公式乘系数调整，如图 5-24 所示。

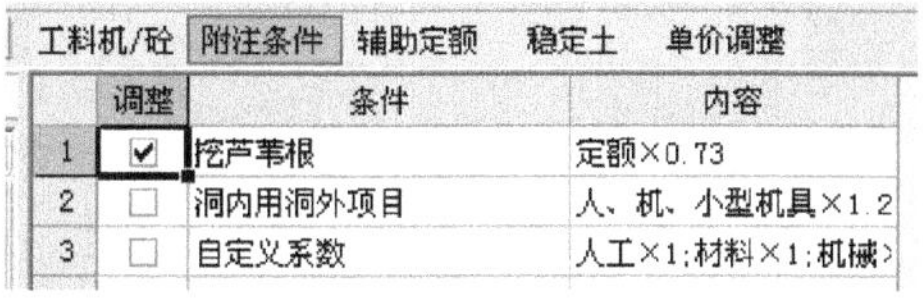

B. 当灌注桩设计桩径与定额桩径不同时，可选择调整系数。输入定额编号 4 – 4 – 4 – 41，单击

图 5-24 附注条件

“定额调整” → “附注条件” →在设计桩径前面的调整框内勾选即可，定额消耗量自动根据软件内置公式进行调整，单价也同时自动计算，如图 5-25 所示。

工料机/砼　附注条件　辅助定额　稳定土

	调整	条件	内容
1	☐	回旋钻桩径130cm以内	定额×0.94
2	☑	回旋钻桩径140cm以内	定额×0.97
3	☐	洞内用洞外项目	人、机械、小型机具使F
4	☐	自定义系数	人工×1;材料×1;机械>

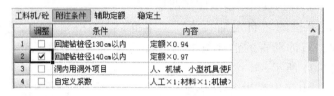

图 5-25　桩径调整

③ 辅助定额。辅助定额主要调整定额的运距、厚度、钢绞线的束数、强夯夯击点数次数等内容。

A. 调整自卸车运距。输入定额编号 1 – 1 – 11 – 9，单击“定额调整” → “辅助定额” →输入运距实际值，定额名称自动变化，单价、金额自动计算，如图 5-26 所示。

定额计算　设备购!　图纸工程量　定额调整　工料机/砼　附注条件　辅助定额　稳定土

15t以内自卸汽车运土10.2km

编号	名称	单位
1-1-9-8	2.0m3以内挖掘机挖装普通土	n3天然
1-1-11-5	10t以内自卸汽车运土5.2km	n3天然
1-1-18-26	二级公路零填及挖方路基10t以	1000m
1-1-1-10	挖竹根	10m3
1-1-11-9	15t以内自卸汽车运土10.2km	n3天然

	参数	定额值	实际值
1	运距km	1	10.2

	选择	可选调整
1		
2		
3		
4		

编号	名称	单位	工程量	工程类别	调整状态	子目单价	单价	建安费		利润
1-1-9-8	2.0m3以内挖掘机挖装普通土	n3天然密	50.000	1)土方		3.18	3184.12	159206	☑	927
1-1-11-5	10t以内自卸汽车运土5.2km	n3天然密	50.000	3)运输	+6×8	13.53	13529.30	676465	☑	4080
1-1-18-26	二级公路零填及挖方路基10t以	1000m2	50.000	1)土方		2.76	2764.52	138226	☑	808
1-1-1-10	挖竹根	10m3	5000.000	6)构造物Ⅰ	定额×0.73	9.95	99.46	497309	☑	2732
1-1-11-9	15t以内自卸汽车运土10.2km	n3天然密	50.000	3)运输	+10×18	18.8	18804.88	940244	☑	5718

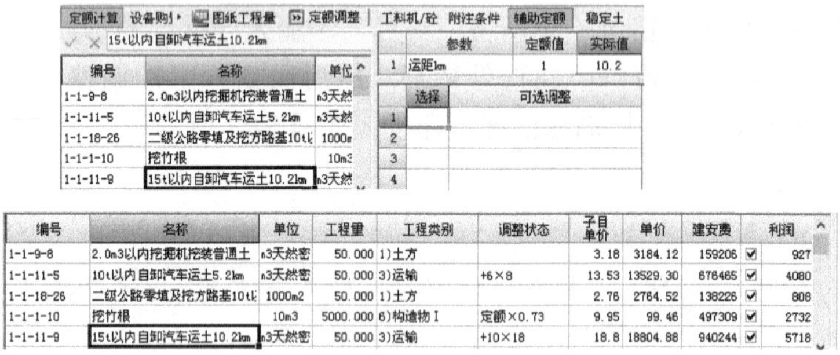

图 5-26　自卸车运距调整

B. 调整水平泵送运距。输入定额编号 4 – 2 – 8 – 18，泵送井壁普通混凝土定额，单击“定额调整” → “辅助定额” →输入实际泵送距离即可，人工、机械消耗量自动调整，如图 5-27 所示。

定额计算　设备购置　图纸　工料机/砼　附注条件　辅助定额　稳定土

120

编号	名称	单位	工程量	工程类别	调整状态	子目单价	单价
4-6-10-2	支架现浇箱梁混凝土泵送	10m3实体	12.000	8)构造物Ⅱ	1503069量4.89(	723.83	7238.33
4-4-5-43	陆上无泥浆船 桩径250cm以内	10m	12.000	8)构造物Ⅱ		674.98	6749.75
4-4-4-41	陆上桩径140cm以内 孔深40m以	10m	12.000	8)构造物Ⅱ	定额×0.97	476.03	4760.33
4-2-8-18	沉井井壁泵送普通混凝土	10m3	12.000	8)构造物Ⅱ	+2×1	342.21	3422.08

	参数	定额值	实际值
1	水平泵送m	100	150

	选择	可选调整
1		
2		
3		

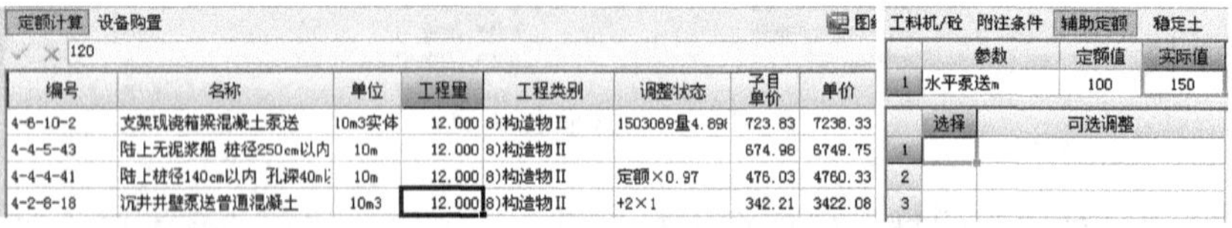

图 5-27　水平泵送运距调整

C. 钢绞线束数调整。输入定额编号 4 – 7 – 19 – 3，单击“定额调整” → “辅助定额” →输入实际的钢绞线束数值即可，人工及钢绞线的消耗量自动调整过来，如图 5-28 所示。

工料机/砼　附注条件　辅助定额　稳定土

	参数	定额值	实际值
1	束数	18.94	30.722

工料机/砼　附注条件　辅助定额　稳定土

预算工料机				
编号	名称	单位	自定消耗	调整结果
5003003	压浆料	t		0.670
6005005	钢绞线群锚(3孔)	套		62.060
7801001	其他材料费	元		80.900
8005079	智能张拉系统	台班		3.684
8005084	智能压浆系统	台班		0.070
8099001	小型机具使用费	元		182.577

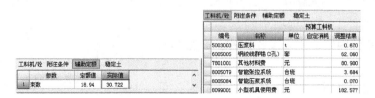

图 5-28　钢绞线束数调整

④ 稳定土。调整稳定土的配合比时，系数之和自动保持为100%。

例如：调整水泥碎石配合比为4∶96。输入定额编号2－1－7－5，在"调整配合比"框内输入实际配合比即可，如图5-29所示。切换到"工料机/砼"，可以看到，水泥、碎石消耗量自动换算。

图 5-29 配合比调整

3）新建补充定额。以新建"水泥混凝土路面刻纹"的补充定额为实例，具体介绍建立补充定额及调用补充定额的操作方法。水泥混凝土路面刻纹的补充定额的基础数据见表5-44。定额编号为2－3－1－1，定额名称为水泥混凝土路面刻纹。

表 5-44 水泥混凝土路面刻纹

工程内容：准备、刻纹、洒水、清理   （单位：1000m²）

顺序号	工料机名称	单 位	工料机代号	定 额 消 耗
1	人工	工日	1001001	7.6
2	水	m³	3005004	15
3	混凝土电动刻纹机	台班	8003083	8.29
4	2t以内载货汽车	台班	8007001	1.16
5	6000L以内洒水汽车	台班	8007041	1.22
6	基价	元	9999001	4292.000

① 建立补充定额。在菜单栏中单击"工具"→"定额库编辑器"（图5-30）→"新建"→进入"新建定额库"窗口。新建什么定额就选什么定额库，这里建立一个预算的补充定额，选中"预算补充定额（2018）"，然后单击"确定"按钮，如图5-31所示。

图 5-30 建立补充定额

由于新建定额是属于"路面工程"的，因此定位到此，然后在右边的窗口中输入定额编号、名称和单位，如图5-32所示。

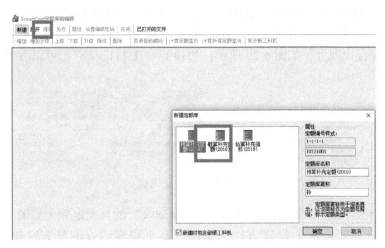

图 5-31　新建预算补充定额

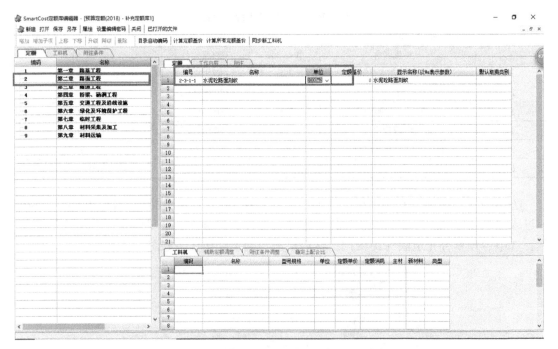

图 5-32　新建水泥混凝土路面刻纹补充定额

建立好补充定额后，接着就需要在右下框窗口中添加工料机，对定额进行组价，确定该补充定额的基价，如图 5-33 所示。

	编码	名称	型号规格	单位	定额单价	定额消耗	主材	新材料	类型
1	1001001	人工		工日	106.28	7.600	☐	☐	人工
2	3005004	水		m3	2.72	15.000	☐	☐	材料
3	8003083	混凝土电动刻纹机	RQF180	台班	264.8	8.290	☐	☐	机械
4	6007001	2t以内载货汽车		台班	342.11	1.160	☐	☐	机械
5	8007041	8000L以内洒水汽车	YGJ5102GSSEQ	台班	697.9299	1.220	☐	☐	机械
6		基价		元	1	4292.000	☐	☐	定额基价
7									
8									

图 5-33　添加工料机

在编码列，可以直接输入工料机代号或者在右键菜单中单击"增加"命令，系统自动弹出"选择工料机"的窗口，添加完工料机后，按表5-44的信息输入每个工料机实际的定额消耗量。至此，水泥混凝土路面刻纹的补充定额基价就自动计算出来了，单击"保存"按钮或者"另存"按钮即可，如图5-34所示。

图5-34 建立补充定额库

② 如何调用新建的补充定额。首先单击"定额库"按钮，如图5-35所示，在弹出的对话框里单击"增加定额库"，如图5-36所示。

图5-35 定额库

图5-36 增加定额库

进入"打开"对话框，如图5-37所示。选择需要的定额，单击"打开"按钮，返回图5-36所示对话框，单击"确定"按钮，这样就把刚才的补充定额增加到定额库中了。

图 5-37　选择定额库

　　然后，单击图 5-38 中的下拉小三角，选择刚才新增的定额库，就可以调用该定额了。双击该定额，则此定额添加到指定位置；如果不调用补充定额，直接切换回"部颁公路工程预算定额"库即可。

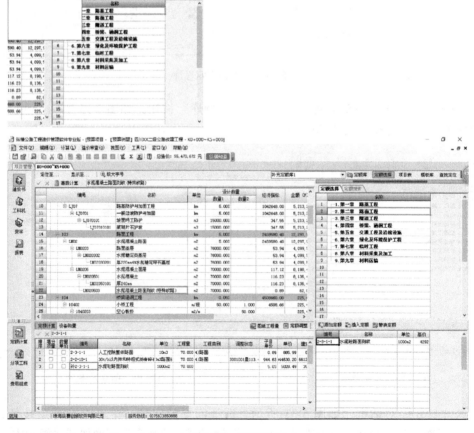

图 5-38　调用定额

（3）计算其他部分费用 第二、三、四部分费用是土地使用及拆迁补偿费和工程建设其他费用、预备费、建设期利息，主要通过基数计算和直接输入的方式确定费用。

方法一：点击主界面某项费用的"金额"栏，出现图标 ，单击该图标，弹出"表达式编辑器"对话框，在表达式文本框中输入计算公式，单击"确认"按钮即可，如图 5-39 所示。

方法二：直接在金额栏输入实际值。

5. 工料机预算单价

点击左侧导航按钮"工料机"，该窗口汇总显示了本造价文件所有定额内包含的人工、材料、机械的消耗量、定额单价及预算单价，可以直接在此计算或调整人工、材料、机械的预算单价。

图 5-39　表达式编辑器

（1）人工单价 单击菜单栏的"帮助"→"2018 编制办法及定额章节说明"，可以查看"各省编制办法补充规定（2018）"中的人工工日单价，然后在"工料机"窗口中人工的"预算单价"栏中直接输入即可。如查四川二类地区的人工工日单价为 115 元/工日，输入数据后该行背景变成白色，表示修改了，没有修改的是蓝色，如图 5-40 所示。软件中人工、材料的"定额单价"默认的是北京市 2018 年的价格，不能修改。

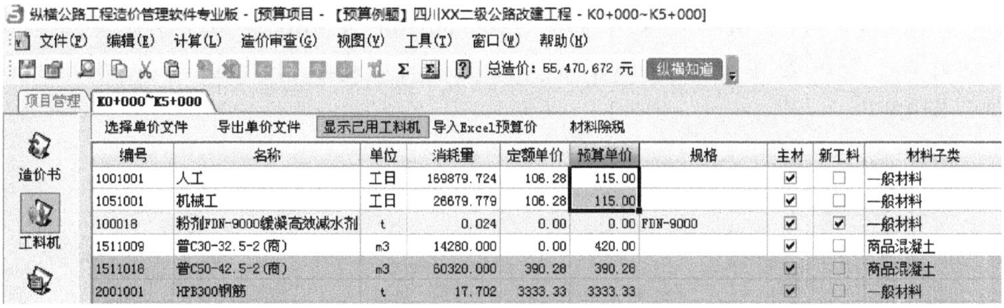

图 5-40　人工预算单价

（2）材料预算单价 材料的预算单价是指材料从来源地运到工地仓库的价格，既不是材料的出厂价格，也不是市场价格。如果已知材料预算单价，可以直接在"预算单价"栏内修改。

1）添加计算材料。双击需要计算的材料或右击即可添加计算材料，还可以成批添加计算材料。

2）运费计算。单击"运费计算"选项卡，先输入原价，再逐一输入相关数据计算单位运费、场外运输损耗、采购及保管费等内容，即可完成材料预算单价的计算，如图 5-41 所示。

自采材料预算单价的计算：

① 在运费计算窗口中，先输入起讫地点，在"运输工具"栏内选择"自办运输"，再在下面的"编号"栏选择定额确定运费。

② 在原价计算窗口中，先输入供应地点，再在"编号"栏选择定额，输入数量并选择高原取费类别即可确定工料机供应价。

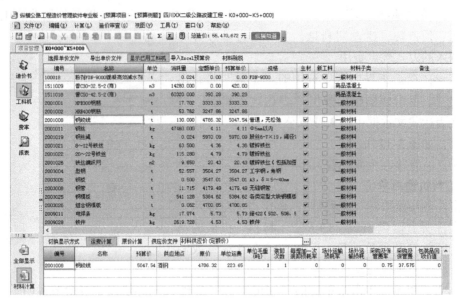

图 5-41　材料运费计算

通过上面两步的操作，软件即可自动计算出自采材料的预算单价。

（3）机械台班单价　施工机械台班单价由不变费用和可变费用组成。不变费用一般不允许修改，可变费用只需在"工料机"窗口的"预算单价"中确定机械工单价、动力燃料单价，并在"机械单价"窗口导入"养路费车船税标准"，如图 5-42 所示，则机械的预算单价自动计算。发改委在 2009 年取消了养路费，所以在软件里选择"四川车船税标准（2013）"即可。

图 5-42　养路费车船税标准

6. 预览、打印、输出报表

确定好"量、价、费"后，就可以输出报表。单击左侧导航按钮"报表"图标，打开报表窗口，可以预览、打印、输出需要的报表，导出 PDF、Excel 格式，A3、A4 自由切换，同时可以设置报表格式。

文件导出步骤：在"造价书"窗口，单击"文件"→"导出"→"成批导出建设项目"，可以把整个建设项目的造价文件，包括单价文件和费率文件统一压缩在一个文件里，再通过 U 盘复制保存，如图 5-43 所示。当需要在另一台电脑上打开时，可以通过"文件"→"导入"→"导入建设项目"进行修改补充。

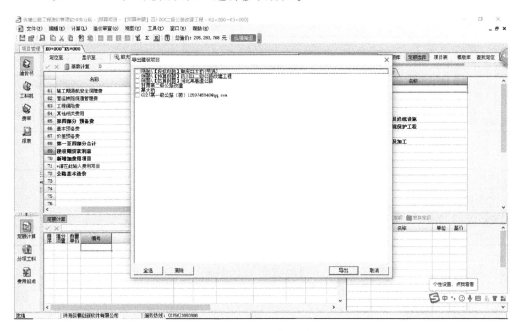

图 5-43　导出建设项目

5.5.4　公路工程预算文件编制示例

以甘肃××二级公路改建工程项目为例，介绍预算编制方法及成果。

1. 工程背景

甘肃××二级公路改建工程为国道的一部分，工程地点为甘肃省兰州市，里程桩号为 K0 + 000 ~ K5 + 000。施工期间平均每昼夜双向行车次数为 2001 ~ 3000 次，交工前养护月数为 3 个月。

2. 编制信息

打开"纵横公路造价软件"→"文件"→"新建项目文件"→输入项目基本信息，见表 5-45。

表 5-45　基本信息

编制范围或标段名称	K0 + 000 ~ K5 + 000
建设项目名称	甘肃××二级公路改建工程
费率文件	默认
单价文件	默认
项目类型	预算（施工图预算）

1）项目属性。分别单击项目属性中"基本信息""技术参数""计算参数"按钮，分别输入表5-46、表5-47、表5-48的内容。

表5-46 基本信息相关内容

单位工程名称	K0 + 000 ~ K5 + 000	编制范围	K0 + 000 ~ K5 + 000
所属建设项目	甘肃××二级公路改建工程	建设单位	甘肃××公路建设有限公司
工程地点	甘肃省兰州市	编制日期	系统自动生成
编制	张工	编制人证号	甲001
复核	李工	复核人证号	甲002

表5-47 技术参数相关数据

数据文件号	CQ2018001	公路等级	二级公路
起点桩号	K0 + 000	终点桩号	K5 + 000
路线或桥梁长度/km	5	路基或桥梁宽度	18

表5-48 计算参数内容

利润率（%）	7.42	增值税税率（%）	9
年造价上涨率	0	上涨计费年限	0
机械不变费用系数	1	辅助生产间接费率（%）	3
计算高原地区施工增加费	计	3000m以上工料机计价乘1.3	计

2）取费信息（费率文件属性）。当地费率见表5-49。

表5-49 费率数据信息

工程所在地	甘肃省	费率标准	甘交建设-〔2019〕2号文
冬期施工	冬二区Ⅱ	雨期施工	不计
夜间施工	计	高原施工	不计
风沙施工	不计	沿海地区	不计
行车干扰	次数2001 ~ 3000	施工辅助	计
工地转移/km	60	基本费用	计
综合里程	5	职工探亲	计
职工取暖	冬二区	财务费用	计
养老保险（%）	16	失业保险（%）	1
医疗保险（%）	10	工伤保险（%）	1
住房公积金（%）	7		

注：粮食、燃料、蔬菜、水的全线平均运距均为5km。

3. 造价计算

（1）工程项目表 项目节建立：标准项目从标准项目表中选择，非标准项使用插入功能添加项目，具体内容见表5-50。

表5-50 项目表

项	目	节	细目	工程或费用名称	单位	数量
1				第一部分 建筑安装工程费	公路公里	5.000
	101			临时工程	公路公里	5.000

（续）

项	目	节	细目			工程或费用名称	单位	数量
		10101				临时道路	km	5.000
			1010101			临时便道（修建、拆除与维护）	km	5.000
		10104				临时供电设施	总额	1.000
	102					路基工程	km	4.950
		LJ02				路基挖方	m³	50000.000
			LJ0201			挖土方	m³	50000.000
			LJ0203			外购土方	m³	58000.000
		LJ07				路基防护与加固工程	km	5.000
			LJ0701			一般边坡防护与加固	km	5.000
				LJ070101		坡面圬工防护	m³	15000.000
					LJ07010101	浆砌片石护坡	m³	15000.000
	103					路面工程	km	5.000
		LM02				水泥混凝土路面	m²	5.000
			LM0203			路面基层	m²	76000.000
				LM020302		水泥稳定类基层	m²	76000.000
					LM02030201	厚220mm4%水泥稳定碎石基层	m²	76000.000
			LM0205			水泥混凝土面层	m²	70000.000
				LM020501		水泥混凝土	m²	70000.000
					LM02050101	厚240mm	m²	70000.000
				LM020503		水泥混凝土路面刻纹（特殊纹路）	m²	70000.000
	104					桥梁涵洞工程	km	0.050
		10402				小桥工程	m/座	50.000/1.000
			1040203			空心板桥	m²/m	50.000
				QL03		上部构造		
					QL0303	预应力混凝土空心板	m³	120.000
	110					专项费用	元	
		11001				施工场地建设费	元	
		11002				安全生产费	元	
2						第二部分 土地使用及拆迁补偿费	公路公里	5.000
	201					土地使用费	亩	
		20101				永久征用土地	亩	
		20102				临时用地	亩	
	202					拆迁补偿费	公路公里	5.000
	203					其他补偿费	公路公里	5.000
3						第三部分 工程建设其他费用	公路公里	5.000
	301					建设项目管理费	公路公里	5.000
		30101				建设单位（业主）管理费	公路公里	5.000
		30102				建设项目信息化费	公路公里	5.000
		30103				工程监理费	公路公里	5.000
		30104				设计文件审查费	公路公里	5.000
		30105				竣（交）工验收试验检测费	公路公里	5.000

（续）

项	目	节	细目		工程或费用名称	单位	数量
		302			研究试验费	公路公里	5.000
		303			建设项目前期工作费	公路公里	5.000
		304			专项评价（估）费	公路公里	5.000
		305			联合试运转费	公路公里	5.000
		306			生产准备费	公路公里	5.000
			30601		工器具购置费	公路公里	5.000
			30602		办公和生活用家具购置费	公路公里	5.000
			30603		生产人员培训费	公路公里	5.000
			30604		应急保通设备购置费	公路公里	5.000
		307			工程保通管理费	公路公里	5.000
			30701		保通便道管理费	km	
			30702		施工期通航安全保障费	处	
			30703		营运铁路保通管理费	处	
		308			工程保险费	公路公里	5.000
		309			其他相关费用	公路公里	5.000
4					第四部分 预备费	公路公里	5.000
		401			基本预备费	公路公里	5.000
		402			价差预备费	公路公里	5.000
5					第一至四部分合计	公路公里	5.000
6					建设期贷款利息	公路公里	5.000
					纵横交通银行	元	
		1			第1年	元	
		2			第2年	元	
		3			第3年	元	
					新增加费用项目	元	
					交通管制经费	公路公里	5.000
7					公路基本造价	公路公里	5.000

（2）定额细目表 各项目套用定额见表5-51。

表5-51 定额列表

工程项目	定额名称	单位	工程量（直接输入）	取费	定额编号及定额调整
临时便道（修建、拆除与维护）	汽车便道路基宽7m（平原微丘区）	1km	5.000	4	7-1-1-1
	汽车便道养护路基宽7m	1km·月	60.000	4	7-1-1-7
临时供电设施	架设输电线路	100m	1000	6	7-1-5-1，7901001 量2920.6（备注：工料机/混凝土中自定义消耗）
挖土方	2.0m³ 以内挖掘机挖装普通土	1000m³ 天然密实方	50000	1	1-1-9-8

（续）

工程项目	定额名称	单位	工程量（直接输入）	取费	定额编号及定额调整
挖土方	10t内自卸车运土5.2km	1000m³天然密实方	50000	3	1-1-11-5，+6×8（备注：调整运距）
	二级公路零填及挖方路基10t以内振动压路机碾压	1000m²	50000	1	1-1-18-26
外购土方（非标准项）	（单价×数量）	m³	58000	0	58000×3=174000（备注：不计利润、计税金）
浆砌片石护坡	浆砌片石护坡（坡高10m以内）	10m³实体	15000	6	1-4-11-2
厚220mm的4%水泥稳定碎石基层	厂拌厚22cm水泥碎石（4:96）	1000m²	76000	4	2-1-7-5，+6×2，4：96，8003011 换 8003010（备注：调整配合比、调整厚度、换厂拌设备型号）
	120kW以内平地机铺筑基层	1000m²	76000	4	2-1-9-3，拖平压机×2，人工+1.5（备注：附注条件下选择）
	10t以内自卸车运4km	1000m³	16720	3	2-1-8-3，+4×6（备注：调整运距）
	200t/h以内的稳定土厂拌设备生产能力	座	1	6	2-1-10-3
水泥混凝土面层	轨道摊铺机铺筑混凝土路面厚度24cm	1000m²路面	70000	10	2-2-17-3，+4×4，普C30-32.5-4，-244.8，1503034 量0，添1511009 量204，1511009 价420.00（备注：替换商品混凝土、取费取构造物Ⅲ）
	水泥混凝土路面钢筋	t	1	12	2-2-17-15
水泥混凝土路面刻纹（非标准项）	水泥混凝土路面刻纹	1000m²	70000	4	补2-3-1-1（备注：使用补充定额）
预应力混凝土空心板	预制预应力空心板混凝土泵送	10m³实体	120	8	4-7-13-1，普C40-42.5-2，-10.1，普C45-42.5-2，+10.1（备注：替换混凝土强度等级）
	现场加工预制预应力空心板钢筋	1t	11	12	4-7-13-3，光圆=1.025，带肋=0（备注：替换钢筋）
	预应力钢绞线束长40m以内7孔每t16.82束	1t	5	12	4-7-19-17，+18×13（备注：调整钢绞线束数值）

（续）

工程项目	定额名称	单位	工程量（直接输入）	取费	定额编号及定额调整
预应力混凝土空心板	起重机装车4km（构件质量15t以内）	100m³实体	120	3	4-8-4-8，+12×6（备注：调整运距）
	起重机安装空心板	10m³	120	8	4-7-10-2
	250L以内混凝土搅拌机	10m³	自动统计	8	4-11-11-1
	3m³内搅拌运输车运混凝土4km	100m³	自动统计	3	4-11-11-22、+23×6（备注：调整运距）
施工场地建设费	基数计算	元			金额=567514（备注：选择计算基数｛施工场地建设费｝）

混凝土需计拌和量，操作方法如下。在造价书窗口选择"预应力混凝土空心板"，右击，选择"混凝土需计拌和量"，即可弹出"混凝土合计"窗口，在窗口中可查看混凝土的相关统计信息。弹出的"混凝土合计"窗口统计的是该分项的混凝土量。单击"4-11-11-1 250L以内混凝土搅拌机"，单击"填写工程量"，系统将需计拌和量（计损耗）自动填写到当前定额的工程量上；单击"4-11-11-22 3m³内搅拌运输车运混凝土4km"，单击"填写工程量"，系统将需计拌和量（计损耗）自动填写到当前定额的工程量上。

（3）补充预算定额

1）操作步骤：单击"工具菜单"→"定额库编辑器"，打开编辑器窗口。单击"新建"，选择新建定额的类型：预算补充定额（2019），系统自动建立基本的章结构。

2）补充定额资料，见表5-52。定额编号为2-3-1-1；定额名称为水泥混凝土路面刻纹；工程内容为准备、刻纹、洒水、清理；定额单位为1000m²。返回造价书窗口，在定额库中增加补充定额所在的定额库，在选择补充定额库的状态下进行定额细目编制。

表5-52　补充定额资料

顺序号	工料机名称	单位	工料机代号	定额消耗
1	人工	工日	1001001	7.6
2	水	m³	3005004	15
3	混凝土电动刻纹机	台班	8003083	8.29
4	2t以内载货汽车	台班	8007001	1.16
5	6000L以内洒水汽车	台班	8007041	1.22
6	基价	元	9999001	4292.000

（4）定额调整注意事项

1）基层水泥含量"4%"调整方法："定额调整"→"稳定土"→"调整配合比"。

2）采用商品混凝土具体调整方法："定额调整"→"工料机/砼"→右键菜单选择"替换商品混凝土"→修改取费类别为构造物Ⅲ，商品混凝土预算价格为420元/m³。

3）运距调整方法："定额调整"→"辅助定额"→输入实际值。

4）附注条件调整方法："定额调整"→"附注条件"，直接勾选。

5）路基的总长度要扣除桥隧的长度，所以路基长度为 4.95km。

4. 第三部分　工程建设其他费用

工程建设其他费用见表 5-53。

表 5-53　其他费用

建设单位（业主）管理费	｛建设单位（业主）管理费｝
建设项目信息化费	｛建设项目信息化费｝
工程监理费	｛工程监理费｝
设计文件审查费	｛设计文件审查费｝
建设项目前期工作费	｛建设项目前期工作费｝
联合试运转费	｛定额建安费（含定额设备购置费×40%）｝×0.04%
工器具购置费	5800×5×0.8
工程保险费	｛建安费（不含设备费）｝×0.4%
建设期贷款利息（备注：选中贷款利息行，右击，选择建设期贷款利息，弹出建设期贷款利息编辑器；选中固定金额计算模式，输入银行名称，接着输入计息年后回车，输入相关数值，单击"生成项目表"即可）	纵横交通银行贷款占总金额的 60%，纵横交通银行贷款 3 年：第 1 年 40%，第 2 年 30%，第 3 年 30%，利率均为：7%。

5. 第四部分　基本预备费

计算方法：以第一、二、三部分费用之和为基数，施工图预算按 3% 计列。

单击"基本预备费"的金额列，单击 ⚙ 图标，弹出"表达式编辑器"对话框；输入"=｛一二三部分合计｝×3%"。

新增加费用：新增交通管制经费，单位为公路公里，数量为 5，单价为 100000 元/公路公里。

6. 工料机预算价信息

1）人工、机械工根据甘肃省补充编制办法取定。单击工料机窗口，可直接输入材料原价数值，如汽油为 8.10 元，柴油为 7.90 元，片石为 78.5 元。

2）材料运费计算。选择需要计算的材料片石，右击添加计算材料，输入运费的计算数据，见表 5-54，软件自动计算片石材料价格。

表 5-54　运费数据

名称	起讫地点	运输工具	原价	运价元/（t·km）	运距 km	装卸费单价	装卸次数
片石	料场 – 工地	汽车	78.5	0.48	14	7.65	1

注：运价已考虑过路、过桥费等。

3）机械单价 – 车船税标准选用"甘肃车船税标准（2012）"。

4）其他材料、机械采用部颁定额单价。

7. 报表输出

单击界面左侧"报表"，然后可以查看各类报表，纵横公司提供特殊报表定制服务；单击"设置"，可对报表进行更改；可以导出 Excel 格式和 PDF 格式，A3、A4 格式自由切换。表 5-55 ～ 表 5-61 是该项目部分主要表格。

表 5-55　总预算表

建设项目名称：甘肃某二级公路改建

编制范围：k0～k5

项目	节	细目	工程或费用名称	单位	数量	金额/元	技术经济指标	各项费用比例（%）	备注
			第一部分 建筑安装工程费	公路公里	5.000	21,724,538	4,344,907.60	88.75	
101			临时工程	公路公里	5.000	384,631	76,926.20	1.57	
	10101		临时道路	km		268,789		1.10	
		1010101	临时便道（修建·拆除与维护）	km	5.000	268,789	53,757.80	1.10	
	10104		临时供电设施	总额	1.000	115,842	115,842.00	0.47	
102			路基工程	km	4.950	6,776,556	1,369,001.21	27.68	
	LJ02		路基挖方	m³		1,197,547		4.89	
		LJ0201	挖土方	m³	50000.000	1,007,887	20.16	4.12	
		LJ0203	外购土方	m³	58000.000	189,660	3.27	0.77	
	LJ07		路基防护与加固工程	km	5.000	5,579,009	1,115,801.80	22.79	
		LJ0701	一般边坡防护与加固	km	5.000				
		LJ070101	坡面污工防护	m³	15000.000		371.93		
		LJ07010101	浆砌片石护坡	m³	15000.000	5,579,009		22.79	
103			路面工程	km	5.000	13,406,631	2,681,326.20	54.77	

（续）

建设项目名称：甘肃某二级公路改建

编制范围：k0~k5　　　　第2页　共4页　01表

项	目	节	细目	工程或费用名称	单位	数量	金额 元	技术经济指标	各项费用比例（%）	备 注
201				第二部分　土地使用及拆迁补偿费	公路公里	5.000				
	20101			土地使用费	亩					
	20102			永久征用土地	亩					
				临时用地	亩					
202				拆迁补偿费	公路公里	5.000				
203				其他补偿费	公路公里	5.000				
				第三部分　工程建设其他费	公路公里	5.000	1,554,709	310,941.80	6.35	
301				建设项目管理费	公路公里	5.000	1,056,817	211,363.40	4.32	
	30101			建设单位（业主）管理费	公路公里	5.000	572,385	114,477.00	2.34	（43.355+455.3451×3.049%）×10000
	30102			建设项目信息化费	公路公里	5.000	68,810	13,762.00	0.28	（5.26+455.3451×0.00356）×10000
	30103			工程监理费	公路公里	5.000	365,622	73,124.40	1.49	（27+455.3451×0.021）×10000
	30104			设计文件审查费	公路公里	5.000	38,500	7,700.00	0.16	
	30105			竣（交）工验收试验检测费	公路公里	5.000	11,500	2,300.00	0.05	
302				研究试验费	公路公里	5.000				

建设项目名称：甘肃某二级公路改建
编制范围：k0~k5　　第3页　共4页　01表　（续）

项	目	节	细目	工程或费用名称	单位	数量	金额/元	技术经济指标	各项费用比例（%）	备注
303				建设项目前期工作费	公路公里	5.000	401,113	80,222.60	1.64	(28.5+455.3451×0.0255)×10000
304				专项评价（估）费	公路公里	5.000				
305				联合试运转费	公路公里	5.000	5,821	1,164.20	0.02	14553451×0.04%
306				生产准备费	公路公里	5.000	4,060	812.00	0.02	
		30601		工器具购置费	公路公里	5.000				
		30602		办公和生活用家具购置费	公路公里	5.000	4,060	812.00	0.02	5800×0.7
		30603		生产人员培训费	公路公里	5.000				
		30604		应急保通设备购置费	公路公里	5.000				
307				工程保通管理费	公路公里	5.000				
		30701		保通便道管理费	km					
		30702		施工期通航道管理费	处					
		30703		营运铁路保通管理费	处					
308				工程保险费	公路公里	5.000	86,898	17,379.60	0.35	21724538×0.4%
309				其他相关费用	公路公里	5.000				
				第四部分　预备费	公路公里	5.000	698,377	139,675.40	2.85	
401				基本预备费	公路公里	5.000	698,377	139,675.40	2.85	23279247×3%
402				价差预备费	公路公里	5.000				

建设项目名称：甘肃某一级公路改建

编制范围：k0～k5

（续）

01表

共4页　第4页

项目	目	节	细目	工程或费用名称	单位	数量	金额/元	技术经济指标	各项费用比例（%）	备注
				第一至四部分合计	公路公里	5.000	23,977,624	4,795,524.80	97.95	21724538+0+1554709+698377
				建设期贷款利息	公路公里	5.000	1,895	379.00	0.01	
				纵横交通银行	元		1,895		0.01	Σ（上年度付息贷款本息累计 + 本年度付息贷款额÷2）×年利率
1				第1年	元		227			贷款额:6496元,利率:7%
2				第2年	元		641			贷款额:4872元,利率:7%
3				第3年	元		1,027			贷款额:4872元,利率:7%
				新增加费用项目	元		500,000		2.04	
				交通管制经费	公路公里	5.000	500,000	100,000.00	2.04	
				公路基本造价	公路公里	5.000	24,479,519	4,895,903.80	100.00	23977624+1895+500000

编制：顾工　　复核：刘工

表 5-56　总预算人工、主要材料、施工机械台班数量汇总表

建设项目名称：甘肃某二级公路改建

代号	规格名称	单位	总数量	k0 ~ k5						第 1 页　共 1 页　02-1 表
1	人工	工日	19154.256	19154.256						
2	机械工	工日	4568.150	4568.150						
3	普 C30-32.5-2（商）	m³	14280.000	14280.000						
4	HPB300 钢筋	t	11.552	11.552						
5	HRB400 钢筋	t	1.006	1.006						
6	钢绞线	t	5.200	5.200						
7	钢丝绳	t	0.024	0.024						
8	8 ~ 12 号铁丝	kg	42.000	42.000						
9	20 ~ 22 号铁丝	kg	45.580	45.580						
10	型钢	t	0.249	0.249						
11	钢板	t	0.500	0.500						
12	钢管	t	0.036	0.036						
13	钢模板	t	0.612	0.612						
14	组合钢模板	t	0.062	0.062						
15	电焊条	kg	14.410	14.410						
16	铁件	kg	292.600	292.600						

编制范围

表 5-57　建筑安装工程费计算表

建设项目名称：甘肃某二级公路改建

建设项目范围：k0～k5　　　　　　　　　　　　　　　　　　　　　　第 1 页　共 1 页　　　03－1表

序号	分项编号	工程名称	单位	工程量	定额直接费/元	定额设备购置费/元	直接费/元				设备购置费/元	措施费/元	企业管理费/元	规费/元	利润/元 费率7.42(%)	税金/元 税率9(%)	金额合计/元	
							人工费	材料费	施工机械使用费	合计							合计	单价
1	2	3	4	5	6	7	8	9	10	11	12	13	14	15	16	17	18	19
1	101	临时工程	公路公里	5.000													384631	76926.20
2	10101	临时道路	km														268789	
3	1010101	临时便道（修建、拆除与维护）	km	5.000	179785		25128	84359	92109	201596		8084	5813	16732	14371	22193	268789	53757.80
4	7-1-1-1	汽车便道路基宽7m（平原微丘区）	km	5.000	61476		12719	84359	50308	63027		4045	1988	8324	5009	7415	89808	17961.60
5	7-1-1-7	汽车便道养护7m路基宽7m	1km·月	60.000	118309		12409	84359	41801	138569		4039	3825	8408	9362	14778	178981	2983.02
6	10104	临时供电设施	总额	1.000	90656		4653	87341		91994		1300	4218	1629	7136	9565	115842	115842.00
7	7-1-5-1	架设输电线路	100m	10.000	90656		4653	87341		91994		1300	4218	1629	7136	9565	115842	11584.20
8	102	路基工程	km	4.950													6776556	1369001.21
9	LJ02	路基挖方	m³														1197547	
10	LJ0201	挖土方	m³	50000.000	724444		19648		740782	760430		44244	18479	43106	58408	83220	1007887	20.16
11	1-1-9-8	2.0m³以内挖掘机挖装普通土	1000m³天然密实方	50.000	114053		16029		101569	117598		8902	4063	10315	9425	13527	163830	3276.60
12	1-1-11-5	10t以内自卸汽车运土5.2km	1000m³天然密实方	50.000	510935			539255	539255	539255		27580	10873	24358	40765	57855	700686	14013.72
13	1-1-18-26	二级公路零填及挖方路基10t以内振动	1000m²	50.000	99456		3619		99958	103577		7762	3543	8433	8218	11838	143371	2867.42

编制：顾工　　　　　　　　　　　　　　　　　　　　　　　　　　　　　　　复核：刘工

表 5-58　综合费计算表

建设项目名称：甘肃某二级公路改建

编制范围：k0～k5

第 1 页　共 1 页　04-1 表

序号	工程名称	措施费/元									综合费用		企业管理费/元						规费/元					综合费用
		冬季施工增加费	雨季施工增加费	夜间施工增加费	高原地区施工增加费	风沙地区施工增加费	沿海地区施工增加费	行车干扰施工增加费	施工辅助费	工地转移费	I	II	基本费用	主副食运费补贴	职工探亲路费	职工取暖补贴	财务费用	综合费用	养老保险费	失业保险费	医疗保险费	工伤保险费	住房公积金	
1	2	3	4	5	6	7	8	9	10	11	12	13	14	15	16	17	18	19	20	21	22	23	24	25
1	临时便道（修建、拆除与维护）	1574						4644	1471	395	6612	1471	4363	158	286	279	726	5812	7649	478	4781	478	3347	16733
2	临时供电设施	69						129	1089	13	211	1089	3252	109	248	187	422	4218	744	47	465	47	326	1629
3	挖土方	7079						33908	1899	1358	42345	1899	12885	944	1084	1637	1927	18478	19706	1232	12316	1232	8621	43106
4	浆砌片石护坡	19360						36256	42042	3770	59386	42042	125565	4201	9592	7211	16313	162881	197306	12332	123316	12332	86322	431608
5	厚220mm4%水泥稳定碎石基层	8923						44842	25527	2487	56253	25527	81334	3415	5656	6000	13505	109910	37841	2365	23651	2365	16556	82778
6	水泥混凝土	30878		14921				24058	25895	5839	75696	25895	56744	2356	5230	4035	10397	78761	99650	6228	62281	6228	43597	217985
7	水泥砼路面刻纹																							
8	预应力混凝土空心板	810		596				1438	1934	255	3100	1934	6635	260	490	377	1256	9019	8443	528	5277	528	3694	18470

表 5-59　分项工程预算表

编制范围：k0～k5

分项编号：1010101	工程项目名称：临时便道（修建、拆除与维护）	单位：km	数量：5	单价：53757.8	第1页　共2页	21-2 表

代号	工、料、机名称	单位	单价/元	汽车便道 / 汽车便道路基宽7m（平原微丘区） km 5.000 7-1-1-1			汽车便道 / 汽车便道养护路基宽7m km·月 60.000 7-1-1-7			合计	
				定额	数量	金额/元	定额	数量	金额/元	数量	金额/元
1	人工	工日	103.41	24.600	123.000	12719	2.000	120.000	12409	243.000	25129
2	天然级配	m³	78.11				18.000	1080.000	84359	1080.000	84359
3	75kW以内履带式推土机	台班	918.59	8.990	44.950	41291				44.950	41291
4	6～8t光轮压路机	台班	372.16	0.800	4.000	1489	1.872	112.320	41801	116.320	43290
5	8～10t光轮压路机	台班	410.55	0.500	2.500	1026				2.500	1026
6	12～15t光轮压路机	台班	613.42	2.120	10.600	6502				10.600	6502
7	基价	元	1.00	12295.000	61475.000	61475	1972.000	118320.000	118320	179795.000	179795
	直接费	元				63027			138569		201596
	措施费　I	元			5.761%	3542		5.761%	3071		6613
	措施费　II	元			0.818%	503		0.818%	968		1471
	企业管理费	元			3.233%	1988		3.233%	3825		5813
	规费	元			35.000%	8324		35.000%	8408		16732
	利润	元			7.42%	5009		7.42%	9362		14371
	税金	元			9%	7415		9%	14778		22193
	金额合计	元				89808			178981		268789

编制范围：k0~k5

| 分项编号：LJ0201 | 工程名称：挖土方 | | 数量：50000 | 单价：20.16 | 第 2 页 共 2 页 | 21-2 表 |

工 程 项 目		挖掘机挖装土、石方	自卸汽车运土、石方	II. 零填及挖方路基	
工 程 细 目		2.0m³ 以内挖掘机挖装普通土	10t以内自卸汽车运土 5.2km	二级公路零填及挖方路基 10t以内振动压路机碾压	
定 额 单 位		1000m³ 天然密实方	1000m³ 天然密实方	1000m²	
工 程 数 量		50.000	50.000	50.000	
定 额 编 号		1~1~9~8	1~1~11~5 改	1~1~18~26	合计

代号	工、料、机名称	单位	单价/元	定额	数量	金额/元	定额	数量	金额/元	定额	数量	金额/元	数量	金额/元
1	人工	工日	103.41	3.100	155.000	16029				0.700	35.000	3619	190.000	19648
2	2.0m³ 以内履带式液压单斗挖掘机	台班	1562.60	1.300	65.000	101569							65.000	101569
3	120kW 以内自行式平地机	台班	1249.50							0.440	22.000	27489	22.000	27489
4	10t以内振动压路机（单钢轮）	台班	941.15							1.540	77.000	72469	77.000	72469
5	10t以内自卸汽车	台班	801.27				13.460	673.000	539255				673.000	539255
6	基价	元	1.00	2281.000	114050.000	114050	10219.000	510950.000	510950	1989.000	99450.000	99450	724450.000	724450
	直接费	元				117598			539255			103577		760430
	措施费 I	元		7.284%		8308	5.244%		26793	7.284%		7244	7.284%	42345
	措施费 II	元		0.521%		594	0.154%		787	0.521%		518	0.521%	1899
	企业管理费	元		3.562%		4063	2.128%		10873	3.562%		3543	3.562%	18479
	规费	元		35.000%		10315	35.000%		24358	35.000%		8433	35.000%	43106
	利润	元		7.42%		9425	7.42%		40765	7.42%		8218	7.42%	58408
	税金	元		9%		13527	9%		57855	9%		11838	9%	83220
	金额合计	元				163830			700686			143371		1007887

编制：顾工　　　　复核：刘工

表5-60　材料预算单价计算表

建设项目名称：甘肃某二级公路改建

编制范围：k0～k5　　　　　　　　　　　　　　　　　第 1 页　共 2 页　22 表

序号	规格名称	单位	原价/元	供应地点	运输方式、比重及运距	毛重系数或单位毛重	运杂费构成说明或计算式	单位运费/元	原价运费合计/元	场外运输损耗 费率(%)	场外运输损耗 金额/元	采购及保管费 费率(%)	采购及保管费 金额/元	预算单价/元
1	HPB300 钢筋	t	3336.000	料厂-工地	汽车, 1.00, 15km	1.000000	0.480×15+7.650	29.700	3365.70			0.750	25.243	3390.940
				料场-工地	汽车, 1.00, 15km	1.000000	0.480×15+7.650	29.700						3390.940
2	HRB400 钢筋	t	3388.000	料厂-工地	汽车, 1.00, 15km	1.000000	0.480×15+7.650	29.700	3417.70			0.750	25.633	3443.330
				料场-工地	汽车, 1.00, 15km	1.000000	0.480×15+7.650	29.700						3443.330
3	钢绞线	t	4646.000	料厂-工地	汽车, 1.00, 15km	1.000000	0.480×15+7.650	29.700	4675.70			0.750	35.068	4710.770
				料场-工地	汽车, 1.00, 15km	1.000000	0.480×15+7.650	29.700						4710.770
4	钢丝绳	t	5970.090	料厂-工地	汽车, 1.00, 15km	1.000000	0.480×15+7.650	29.700	5999.79			2.060	123.596	6123.390
				料场-工地	汽车, 1.00, 15km	1.000000	0.480×15+7.650	29.700						6123.390
5	8～12 号铁丝	kg	4.360	料场-工地	汽车, 1.00, 15km	0.001000	(0.480×15+7.650)×0.001	0.030	4.39			2.060	0.090	4.480
6	20～22 号铁丝	kg	4.790	料场-工地	汽车, 1.00, 15km	0.001000	(0.480×15+7.650)×0.001	0.030	4.82			2.060	0.099	4.920
7	型钢	t	3929.000	料场-工地	汽车, 1.00, 15km	1.000000	0.480×15+7.650	14.850	3943.85			0.750	29.579	3973.430
8	钢板	t	3547.010	料场-工地	汽车, 1.00, 15km	1.000000	0.480×15+7.650	14.850	3561.86			0.750	26.714	3588.570
9	钢管	t	4179.490	料场-工地	汽车, 1.00, 15km	1.000000	0.480×15+7.650	14.850	4194.34			0.750	31.458	4225.800
10	钢模板	t	5384.620	料场-工地	汽车, 1.00, 15km	1.000000	0.480×15+7.650	14.850	5399.47			0.420	22.678	5422.150
11	组合钢模板	t	4700.850	料场-工地	汽车, 1.00, 15km	1.000000	0.480×15+7.650	14.850	4715.70			0.420	19.806	4735.510
12	电焊条	kg	5.730	料场-工地	汽车, 1.00, 15km	0.001100	(0.480×15+7.650)×0.0011	0.016	5.75			2.060	0.118	5.860
13	铁件	kg	4.530	料场-工地	汽车, 1.00, 15km	0.001100	(0.480×15+7.650)×0.0011	0.016	4.55			2.060	0.094	4.640
14	石油沥青	t	4805.000	料场-工地	汽车, 1.00, 15km	1.000000	0.480×15+7.650	14.850	4819.85			2.060	99.289	4919.140
15	重油	kg	3.860	料场-工地	汽车, 1.00, 15km	0.001000	(0.480×15+7.650)×0.001	0.015	3.88			3.260	0.126	4.000

编制：顾工　　　　　　　　　　　　　　　　　　　　　　　　　　　　　　复核：刘工

表5-61　施工机械台班单价计算表

建设项目名称：甘肃某二级公路改建

编制范围：k0~k5　　　　　　　　　　　　　　　　　　第1页　共1页　表24

序号	代号	规格名称	台班单价/元	不变费用/元 调整值系数：1 定额	不变费用/元 调整值	人工 103.41元/工日 定额	人工 金额	汽油 8.38元/kg 定额	汽油 金额	柴油 8.17元/kg 定额	柴油 金额	重油 4.00元/kg 定额	重油 金额	电 0.85元/(kW·h) 定额	电 金额	车船税	合计
1	8001002	75kW以内履带式推土机	918.59	262.67	262.67	2.00	206.82			54.97	449.10						655.92
2	8001025	0.6m³以内履带式液压单斗挖掘机	854.05	341.26	341.26	2.00	206.82			37.45	305.97						512.79
3	8001030	2.0m³以内履带式液压单斗挖掘机	1562.60	604.71	604.71	2.00	206.82			91.93	751.07						957.89
4	8001045	1.0m³以内轮胎式装载机	620.77	114.16	114.16	1.00	103.41			49.03	400.58					2.62	506.61
5	8001049	3.0m³以内轮胎式装载机	1337.58	286.79	286.79	1.00	103.41			115.15	940.78					6.60	1050.79
6	8001058	120kW以内自行式平地机	1249.50	365.13	365.13	2.00	206.82			82.13	671.00					6.55	884.37
7	8001078	6~8t 光轮压路机	372.16	111.89	111.89	1.00	103.41			19.20	156.86						260.27
8	8001079	8~10t 光轮压路机	410.55	117.60	117.60	1.00	103.41			23.20	189.54						292.95
9	8001081	12~15t 光轮压路机	613.42	183.21	183.21	1.00	103.41			40.00	326.80						430.21
10	8001088	10t以内振动压路机（单钢轮）	941.15	250.67	250.67	2.00	206.82			59.20	483.66						690.48
11	8001090	20t以内振动压路机	1537.83	468.26	468.26	2.00	206.82			105.60	862.75						1069.57
12	8003010	200t/h内稳定土厂拌设备	1099.87	442.79	442.79	3.00	310.23							408.06	346.85		657.08
13	8003067	16~20t 轮胎式压路机	793.60	343.78	343.78	1.00	103.41			42.40	346.41						449.82
14	8003077	2.5~4.5m 轨道式水泥混凝土摊铺机	1367.46	665.07	665.07	3.00	310.23			48.00	392.16						702.39
15	8003083	混凝土电动刻纹机	261.93	126.31	126.31	1.00	103.41							37.89	32.21		135.62
16	8003085	混凝土电动切缝机	207.41	87.89	87.89	1.00	103.41							18.95	16.11		119.52
17	8005002	250L以内强制式混凝土搅拌机	174.99	25.51	25.51	1.00	103.41							54.20	46.07		149.48
18	8005010	400L以内灰浆搅拌机	134.92	13.23	13.23	1.00	103.41							21.51	18.28		121.69
19	8005028	3m³以内混凝土搅拌运输车	850.39	413.79	413.79	1.00	103.41			40.23	328.68					4.51	436.60
20	8005079	智能张拉系统	633.92	272.09	272.09	3.00	310.23					1.00	4.00	56.00	47.60		361.83
21	8005084	智能压浆系统	695.20	316.97	316.97	3.00	310.23							80.00	68.00		378.23
22	8007001	2t以内载货汽车	341.88	68.87	68.87	1.00	103.41	20.14	168.77							0.83	273.01

习 题

一、多选题

1. 公路工程预算定额附录有（ ）。
A. 路面材料计算基础数据
B. 材料周转及摊销
C. 基本定额
D. 定额人工材料设备单价表

2. 以下属于公路工程概（预）算甲组文件的是（ ）。
A. 总概（预）算表
B. 分项工程概（预）算表
C. 建筑安装工程费计算表
D. 人工、主要材料、施工机械台班数量汇总表

3. 公路材料预算价格由（ ）组成。
A. 运杂费
B. 场外运输损耗费
C. 采购及保管费
D. 材料原价

4. 施工机械台班不变费用有（ ）。
A. 折旧费
B. 检修费
C. 安装拆卸费及辅助设施费
D. 维护费

5. 工程类别构造物Ⅱ包括（ ）。
A. 特大桥
B. 中小桥
C. 临时工程
D. 技术复杂大桥

二、计算题

1. 某水泥、石灰稳定土基层工程，定额配合比为6：4：90，见表5-61，设计配合比为5.5：3.5：91，压实厚度为24cm。确定水泥、石灰、土的实用定额值。

表5-61 水泥、石灰稳定土基层人工沿路拌和 （单位：1000m²）

项 目	单 位	筛 拌 法	
		水泥、石灰稳定土基层	
		水泥：石灰：土 = 6：4：90	
		压实厚度20cm	每增减1cm
人工	工日	116.2	6.3
325号水泥	t	20.392	1.02
熟石灰	t	14.943	0.747
土	m³	268.07	13.4

2. 查《公路工程预算定额》中"人工挖运普通土"子目，时间定额为145.5工日/1000m³，则产量定额是多少？

3. 查《公路工程预算定额》表［4-6-3-2］，每1m³ C30泵送混凝土配合比为：水泥420kg，中粗砂0.56m³，碎石0.73m³。试计算完成100m³混凝土桥墩所消耗的人工及材料数量。

4. 某桥梁预制等截面箱梁的设计图中光圆钢筋为3.5 t，带肋钢筋为9.6 t，已知光圆钢筋、带肋钢筋

每吨定额消耗量分别为0.156t、0.869t，场内运输及操作损耗为2.50%，请调整该子目的钢筋定额比例。

5. 试确定浇筑C30钢筋混凝土耳背墙的预算定额。

6. 某高速公路路基土石方工程，挖土方总量3600000m³，其中松土400000m³、普通土2400000m³、硬土800000m³。利用开挖土方作填土方用，利用天然密实松土300000m³、普通土1900000m³、硬土720000m³。填方压实方4270000m³。土石方换算系数见表5-62。计算本项目路基断面方、计价方、利用方、借方和弃方数量，计算结果保留整数。

表5-62 土石方换算系数

公路等级	土 类		
	松 土	普 通 土	硬 土
二级及二级以上公路	1.23	1.16	1.09
三、四级公路	1.11	1.05	1.0

7. 甘肃地区某公路工程采用石灰稳定土基层，长10km，宽20m，厚14cm，采用翻拌法人工沿路拌和。已知当地人工单价为103.41元/工日，水价为5.2元/m³，生石灰单价为210元/t，熟石灰单价为300元/t，土价格为10.8元/m³，柴油单价为7.8元/kg。试计算预算直接费。

公路工程工程量清单报价 | 第6章

6.1 公路工程工程量清单

6.1.1 公路工程工程量清单概述

工程量清单又叫工程数量清单，是招标文件和合同文件的主要组成部分，是一种以一定计量单位描述工程实体数量的文件，也是与招标文件中技术规范相对应的文件，标价后的工程量清单又称"报价单"，是合同中各工程细目的单价及合同价格表，是投标文件中最重要的组成部分，中标后含单价的工程量清单将成为合同文件的重要组成部分，是计量支付的重要依据之一。

1. 工程量清单的概念

工程量清单是在工程实施阶段用于表述公路工程工程量及对应价款的组成和内容的明细清单，包括完成公路建设活动所需的实物工程、措施项目及费用项目等。

工程量清单依据设计图（或实际工程数量）、工程量清单计量规则等，将要招标的工程进行分解，按一定的基本计量单位和技术标准计算得到构成工程实体的实物工程数量汇总清单表。它用以明确工程项目的内容和数量，每个表中既有工程部位和该部位需实施的子项目，又有每个子项目的工程数量和计价要求（单价或包干价）及总计金额，标价工程量清单反映每个相对独立个体项目的工程内容的预计数量及完成价格。

未标价的工程量清单是按计量规则计算的实体项目的工程数量汇总表。招投标方应按照交通运输部 2018 年 3 月 1 日实施的《公路工程标准施工招标文件》（2018 年版）的计量规则编制工程量清单。

2. 工程量清单的作用

（1）是投标人公平竞争投标报价的共同基础　工程量清单是按照招标文件中技术规范的规定及要求的工程细目分项原则和工程量计算方法计算、确定的，招标方编制招标控制价、不同投标人计算投标报价均采用同一套工程量，清单提供了招投标方的共同数量基础。此数量是施工前根据设计图、说明及清单工程量计算规则计算得到的一组能反映项目实际规模的准确性较高的计量工程数量，在招投标过程中不能随意修改。但此数量并不是中标人在施工时应完成的实际工程数量。

（2）是评标的共同基础　工程量清单计价下，由招标方编制工程量清单，投标报价的竞争主要是价格竞争，这一竞争有利于招标人降低工程费用。投标报价是招标人选择合适的承包人的最重要的参考。但同时也要分析其施工组织设计及招标人低价完成工程项目的可能性。

3. 促使投标人提高技术水平及管理水平

清单招投标各投标人是在同一个基础上进行报价,为了中标,投标人必须不断提高项目管理和技术水平,从而降低投标报价。这样有利于促进施工单位不断改进施工方法、优化施工方案、加强项目管理,积极采用先进的施工技术,最大限度地提高劳动生产率,降低生产成本。

4. 合同工程量清单是工程计量支付和中期支付的依据

工程量清单描述了工程项目的范围、内容、计量方式和方法,工程实施期间对工程计量支付均以工程量清单为依据。当发生工程变更及费用索赔时,清单单价也是监理工程师确定新单价的重要参考依据。因此,工程量清单的编写必须分项清楚明了、各项目工作内容不重不漏,数量计算尽可能准确。同时也要避免投标人采用不平衡报价,使招标人利益受损。

5. 为费用监理提供依据

工程量清单是合同文件的组成部分,是发生工程变更、价格调整、工程索赔时,发、承包方都比较容易接受的价格基础,也是费用监理重要的参考依据。

6.1.2 公路工程工程量清单的内容

交通运输部 2018 年 3 月 1 日实行的《公路工程标准施工招标文件》(2018 年版)中工程量清单由工程量清单说明、投标报价说明、计日工说明、其他说明及工程量清单五部分内容组成。

1. 工程量清单说明

1)工程量清单是根据招标文件中包括的有合同约束力的工程量清单计量规则、图样及有关工程量清单的国家标准、行业标准、合同条款中约定的其他规则编制,并约定计量规则中没有的子目,其工程量按照有合同约束力的图样标示尺寸的理论净量计算。计量采用中华人民共和国法定计量单位。

2)工程量清单应与招标文件中的投标人须知、通用合同条款、专用合同条款、工程量清单计量规则、技术规范及图样等一起阅读和理解。这要求投标人综合考虑支付条件、技术要点、质量标准、工程施工条件,以及一定范围内的风险费用后再填报单价。

3)工程量清单中所列工程数量是估算的或设计的预计数量,仅作为投标报价的共同基础,不能作为最终结算与支付的依据。实际支付应按实际完成的工程量,由承包人按工程量清单计量规则规定的计量方法,以监理人认可的尺寸、断面计量,按工程量清单的单价和总额价计算支付金额;或根据具体情况,按合同条款变更的估价原则的规定,按监理人确定的单价或总额价计算支付额。

4)工程量清单各章是按《公路工程标准施工招标文件》第八章"工程量清单计量规则"、第七章"技术规范"的相应章次编号的,因此,工程量清单中各章的工程子目的范围与计量等应与"工程量清单计量规则""技术规范"相应章节的范围、计量与支付条款结合起来理解或解释。

5)对作业和材料的一般说明或规定,未重复写入工程量清单内,在给工程量清单各子目标价前,应参阅第七章"技术规范"的有关内容。

6)工程量清单中所列工程量的变动,丝毫不会降低或影响合同条款的效力,也不免除承包人按规定的标准进行施工和修复缺陷的责任。即清单工程量只是估算工程量,最终应以实际完成工程量作为支付依据。

7)图样中所列的工程数量表及数量汇总表仅是提供资料,不是工程量清单的外延。当图样与工程量清单所列数量不一致时，以工程量清单所列数量作为报价的依据。

2. 投标报价说明

1）工程量清单中的每一子目须填入单价或价格，且只允许有一个报价。

2）除非合同另有规定，工程量清单中有标价的单价和总额价均已包括了为实施和完成合同工程所需的劳务、材料、机械、质检（自检）、安装、缺陷修复、管理、保险、税费、利润等费用，以及合同明示或暗示的所有责任、义务和一般风险。因此，投标人应明确自己在合同中的综合报价中所包括的内容及风险自担的范围。

3）工程量清单中投标人没有填入单价或价格的子目，其费用视为已分摊在工程量清单中其他相关子目的单价或价格之中。承包人必须按监理人指令完成工程量清单中未填入单价或价格的子目，但不能得到结算与支付。因此，投标人报价时要仔细、认真，以减少招投标过程中可能发生的争执。

4）符合合同条款规定的全部费用应认为已被计入有标价的工程量清单所列各子目之中，未列子目不予计量的工作，其费用应视为已分摊在本合同工程的有关子目的单价或总额价之中。

5）承包人用于本合同工程的各类装备的提供、运输、维护、拆卸、拼装等支付的费用，已包括在工程量清单的单价与总额价之中。

6）工程量清单中各项金额均以人民币（元）结算。

7）暂列金额（不含计日工总额）的数量及拟用子目的说明。暂列金额指招标人在工程量清单中暂定并包括在合同价款中的一笔款项，用于施工合同签订时尚未确定或不可预见的所需材料、设备、服务的采购，施工中可能发生的工程变更、合同约定调整因素出现时的工程价款调整及发生的索赔、现场确认等的费用。

8）暂估价的数量及拟用子目的说明。暂估价是在工程招标阶段已经确定的材料、工程设备或工程项目，但无法在投标时确定准确价格而可能影响招标效果时，发包人在工程量清单中给定一个暂估价。

3. 计日工说明

计日工是指在工程实施过程中，业主可能有一些临时性的或新增加的项目，但这种项目的工程量在招投标阶段很难估计，希望通过招投标阶段事先定价，避免开工后可能出现的争端，因此需要以计日工明细表的方式在工程量清单中予以明确。

计日工明细表包括总则、计日工劳务、计日工材料、计日工施工机械等内容。

（1）总则

1）未经监理人书面指令，任何工程不得按计日工施工；接到监理人要求按计日工施工的书面指令后，承包人不得拒绝。

2）投标人应在计日工单价表中填列计日工子目的基本单价或租价，该基本单价或租价适用于监理人指令的任何数量的计日工的结算与支付。计日工的劳务、材料和施工机械由招标人（或发包人）列出正常的估计数量，投标人报出单价，计算出计日工总额后列入工程量清单汇总表中并进入评标价。

3）计日工不调价。

（2）计日工劳务

1）在计算应付给承包人的计日工工资时，工时应从工人到达施工现场，并开始从事指定的工作算起，到返回原出发地点为止，扣去用餐和休息的时间。只有直接从事指定的工作，且能胜任该工作的工人才能计工，随同工人一起做工的班长应计算在内，但不包括领工（工长）和其他质检管理人员。

2）承包人可以得到用于计日工劳务的全部工时的支付，此支付按承包人填报的"计日工劳务单价表"所列单价计算，该单价应包括基本单价及承包人的管理费、税费、利润等所有附加费，说明如下：

① 劳务基本单价包括承包人劳务的全部直接费用，如工资、加班费、津贴、福利费及劳动保护费等。

② 承包人的利润、管理、质检、保险、税费；易耗品的使用，水电及照明费，工作台、脚手架、临时设施费，手动机具与工具的使用及维修，以及上述各项伴随而来的费用。

（3）计日工材料　承包人可以得到计日工使用的材料费用（已计入劳务费内的材料费用除外）的支付，此费用按承包人"计日工材料单价表"中填报的单价计算，该单价应包括基本单价及承包人的管理费、税费、利润等所有附加费，说明如下：

1）材料基本单价按供货价加运杂费（到达承包人现场仓库）、保险费、仓库管理费以及运输损耗等计算。

2）承包人的利润、管理、质检、保险、税费及其他附加费。

3）从现场运至使用地点的人工费和施工机械使用费不包括在上述基本单价内。

（4）计日工施工机械

1）承包人可以得到用于计日工作业的施工机械费用的支付，该费用按承包人填报的"计日工施工机械单价表"中的租价计算。该租价应包括施工机械的折旧、利息、维修、保养、零配件、油燃料、保险和其他消耗品的费用，以及全部有关使用这些机械的管理费、税费、利润和司机与助手的劳务费等费用。

2）在计日工作业中，承包人计算所用的施工机械费用时，应按实际工作小时支付。除非经监理人的同意，计算的工作小时才能将施工机械从现场某处运到监理人指令的计日工作业的另一现场往返运送时间包括在内。

4. 工程量清单

（1）工程量清单表　工程量清单工程子目按章、节、目的形式设置，分为700章，各章名称如下：

第100章总则，第200章路基，第300章路面，第400章桥梁、涵洞，第500章隧道，第600章安全设施及预埋管线，第700章绿化及环境保护设施。工程量清单表是按《公路工程标准施工招标文件》（2018年版）第七章"技术规范"的章节顺序编写的，每个工程子目包括子目号、子目名称、单位、工程数量、单价及合价，其中单价及合价由投标人在投标时填写，其余各栏由招标人在编写工程量清单时确定。

第100章总则分为5节，具体内容见表6-1，主要包括开办项目的工程量清单，其有关款项包干支付按总额结算。

表6-1　第100章　总则

清单　第100章　总则					
子目号	子目总称	单位	数量	单价	合价
101	通则				
101－1	保险费				

（续）

子目号	子目总称	单位	数量	单价	合价
－a	按合同条款规定，提供建筑工程一切险	总额			
－b	按合同条款规定，提供第三者责任险	总额			
102	工程管理				
102－1	竣工文件	总额			
102－2	施工环保费	总额			
102－3	安全生产费	总额			
102－4	信息化系统（暂估价）	总额			
103	临时工程与设施				
103－1	临时道路修建、养护与拆除（包括原道路的养护）	总额			
103－2	临时占地	总额			
103－3	临时供电设施架设、维护与拆除	总额			
103－4	电信设施的提供、维修与拆除	总额			
103－5	临时供水与排污设施	总额			
104	承包人驻地建设				
104－1	承包人驻地建设	总额			
105	施工标准化				
105－1	施工驻地	总额			
105－2	工地试验室	总额			
105－3	拌和站	总额			
105－4	钢筋加工场	总额			
105－5	预制场	总额			
105－6	仓储存放地	总额			
105－7	各地（厂）区、作业区连接道路及施工主便道	总额			

清单第100章合计　人民币＿＿＿＿＿＿＿＿

　　第100章后的各章为永久性工程项目，如路基、路面、桥梁与涵洞、隧道、安全设施及预埋管线、绿化及环境保护设施。如表6-2为第200章路基工程量清单前4节的部分内容。

表6-2　第200章　路基

子目号	子目名称	单位	数量	单价	合价
202	场地清理				
202－1	清除与掘除				
－a	清理现场	m²			
－b	砍伐树木	棵			
－c	挖除树根	棵			
202－2	挖除旧路面				

（续）

子目号	子 目 名 称	单位	数量	单价	合价
– a	水泥混凝土路面	m²			
– b	沥青混凝土路面	m²			
– c	碎石路面	m²			
202 – 3	拆除结构物				
– a	钢筋混凝土结构	m³			
– b	混凝土结构	m³			
– c	砖、石及其他砌体结构	m³			
– e	金属结构	kg			
202 – 4	植物移栽				
– a	移栽乔（灌）木	棵			
– b	移栽草皮	m²			
203	挖方路基				
203 – 1	路基挖方				
– a	挖土方	m³			
– b	挖石方	m³			
– c	挖除非适用材料（不含淤泥、岩盐、冻土）	m³			
– d	挖淤泥	m³			
– e	挖岩盐	m³			
– f	挖冻土	m³			
203 – 2	改河、改渠、改路挖方				
– a	挖土方	m³			
– b	挖石方	m³			
– c	挖除非适用材料（不含淤泥、岩盐、冻土）	m³			
– d	挖淤泥	m³			
– e	挖岩盐	m³			
– f	挖冻土	m³			
204	填方路基				
204 – 1	路基填筑（包括填前压实）				
– a	利用土方	m³			
– b	利用石方	m³			
– c	利用土石混填	m³			
– d	借土填方	m³			
– e	粉煤灰及矿渣路堤	m³			
– f	吹填砂路堤	m³			
– g	EPS 路堤	m³			
– h	结构物台背回填	m³			

（续）

子目号	子目名称	单位	数量	单价	合价
-i	锥坡及台前溜坡填土	m³			
		m²			

清单 200 章合计　人民币＿＿＿＿＿＿＿

（2）计日工表　计日工表包括劳务计日工表（表6-3）、材料计日工表（表6-4）、施工机械计日工表（表6-5）和计日工汇总表（表6-6），其格式见各计日工明细表。

表 6-3　计日工劳务明细表

编　号	子目名称	单位	暂定数量	单　价	合　价
101	班长	h			
102	普通工	h			
103	焊工	h			
104	电工	h			
105	混凝土工	h			
106	木工	h			
107	钢筋工	h			

劳务小计金额：＿＿＿＿＿＿＿
（计入"计日工汇总表"）

表 6-4　计日工材料明细表

编　号	子目名称	单　位	暂定数量	单　价	合　价
201	水泥	t			
202	钢筋	t			
203	钢绞线	t			
204	沥青	t			
205	木材	m³			
206	砂	m³			
207	碎石	m³			
208	片石	m³			
	…				

材料小计金额：＿＿＿＿＿＿＿
（计入"计日工汇总表"）

表 6-5　计日工施工机械明细表

编　号	子目名称	单　位	暂定数量	单　价	合　价
301	装载机				
301 - 1	1.5m³ 以下	h			

（续）

编　号	子目名称	单　位	暂定数量	单　价	合　价
301 - 2	$1.5 \sim 2.5 m^3$	h			
301 - 3	$2.5 m^3$ 以上	h			
302	推土机				
302 - 1	90kW 以下	h			
302 - 2	$90 \sim 180kW$	h			
302 - 3	180kW 以上	h			

施工机械小计金额：＿＿＿＿＿＿＿＿
（计入"计日工汇总表"）

表6-6　计日工汇总表

名　称	金　额	备　注
劳务		
材料		
施工机械		

计日工总计：＿＿＿＿＿＿＿＿
（计入"投标报价汇总表"）

（3）暂估价表　暂估价表包括材料暂估价表（表6-7）、工程设备暂估价表（表6-8）和专业工程暂估价表（表6-9）。

表6-7　材料暂估价表

序　号	名　称	单　位	数　量	单　价	合　价	备　注

表6-8　工程设备暂估价表

序　号	名　称	单　位	数　量	单　价	合　价	备　注

表6-9　专业工程暂估价表

序　号	专业工程名称	工程内容	金　额

（4）投标报价汇总表　投标报价汇总表是将各章的工程子目表、计日工明细表及暂列金额进行汇总后得到的项目总报价，见表6-10。

表6-10 投标报价汇总表

序号	章次	科目名称	金额/元
1	100	总则	
2	200	路基	
3	300	路面	
4	400	桥梁、涵洞	
5	500	隧道	
6	600	安全设施及预埋管线	
7	700	绿化及环境保护设施	
8		第100～700章清单合计	
9		已包含在清单合计中的材料、工程设备、专业工程暂估价合计	
10		清单合计减去材料、工程设备、专业工程暂估价合计（即8－9＝10）	
11		计日工合计	
12		暂列金额（不含计日工总额）	
13		投标报价（8＋11＋12）＝13	

注：材料、工程设备、专业工程暂估价已包括在清单合计中，不应重复计入投标报价。

（5）工程量清单单价分析表　工程量清单单价分析表见表6-11，它反映各子目综合单价的组成。

表6-11 工程量清单单价分析表

序号	编码	子目名称	人工费			材料费						机械使用费	其他	管理费	税费	利润	综合单价
			工日	单价	金额	主材				辅材费	金额						
						主材耗量	单位	单价	主材费								

6.1.3 公路工程工程量清单编制

第100章总则所列项目为工程保险、工程管理、临时工程与设施、承包人驻地建设、施工标准化等。其他各章专业工程按照分部分项工程具体特点、性质、部位、材料、施工方法或其他特性等，视工程实际情况划分工程子目；工程量计算依据设计图和技术规范按照清单计量规则计算，应细致准确，做到不重不漏，更不能发生计算错误。

1. 公路工程工程量清单编码规则

《公路工程标准施工招标文件》（2018年版）第八章工程量清单计量规则统一了公路工程工程量清单的子目号、名称、计量单位、工程量计算规则和子目工程内容。

公路工程工程量清单计量规则依据《公路工程标准施工招标文件》第七章"技术规范"章节编号，共分700章，应结合此施工规范理解、解释应用清单计量规则。

公路工程工程量清单计量规则由子目编号、子目名称、单位、工程量计量和工程内容构成。

1）子目号。五级编码，各级编号间使用半角的破折号分开。第一级专业工程编号；第二级分部工程编号，由一位或二位数字构成；第三级分项工程编号，由一位或二位数字构成；第四级、第五级是子目编号，是由项目所属工程内容确定的编号，由一位或二位数字构成。同一招标项目的子目号不得有重码。如下例：

子目号　5 02　－7　－a－（a－1）　　　隧道洞顶回填黏土防水层

5——一级编码（章　隧道）

02——二级编码（节　洞口与明洞工程）

7——三级编码（目　洞顶回填）

a——四级编码（细目　防水层）

a－1——五级编码（子细目　黏土防水层）

2）子目名称。子目名称以工程及费用名称命名，如有缺项，招标人可按《公路工程工程量清单计量规则》进行补充，子目名称不允许重复。子目是按不同的工程部位、施工工艺或材料品种、规格等特征划分的。

3）计量单位。除各章另有特殊规定外，均按计量规则规定的基本单位计量。

4）工程量计算规则。清单项目工程量均按设计图所示以工程实体的净值计算；材料及半成品采购和损耗、场内二次转运、常规检测、试验等工作内容均包括在相应的工程项目中，不另行计量。

5）工程内容。是对拟完成项目主要工作的描述，凡工程内容中未列的其他工作，为该项目的附属工作，应参照招标文件范本中的技术规章或设计图综合考虑在报价中。施工现场交通组织、维护费，应综合考虑在各项目内，不另行计量。

2. 公路工程实施阶段几个工程量概念

工程量是指按一定规则并以物理计量单位或自然计量单位表示的工程各分部分项工程、措施项目或结构构件的数量。工程数量按照项目的实施过程，可分为公路工程前期阶段的设计工程量、定额工程量和公路工程实施阶段的清单工程量、合同工程量、计量工程量、支付工程量，各个工程量的概念、用途、计算规则和方法各不相同。

（1）定额工程量　定额工程量是经现场勘查，对设计图和施工组织设计阅读、理解基础上，根据定额工程量的计算规则综合设计图的设计工程量、施工组织方案确定的施工措施工程量（又称辅助工程量），以消耗量定额本身的项目划分及计量单位为编制单元计算的工程数量。其编制主要依据是定额说明中的工程量计算规则。由于工程计价的多阶段性（多次性），定额工程量计算也具有多阶段性（多次性），各阶段工程量的计算有不同的具体内容。

（2）清单工程量　清单工程量是招标人编制工程量清单时，依据施工图、招标文件、技术规范确定的工程数量。其编制主要依据是招标文件中的工程量清单计量规则，是投标人投标报价的基准数量，是签订合同的组成部分。

（3）合同工程量　合同工程量是公路工程发、承包活动中，发、承包双方根据合同法、招投标文件及有关规定，以约定的工程量清单计价方式，签订工程承包合同时确定的工程量清单中填报的工程数量。其实质是对项目实需完成数量的预期。与清单工程量一样，只是二者单价取定的主体和确定原则不同。

（4）计量工程量　计量工程量是在公路工程实施阶段按照合同约定的招投标文件及有

关规定所确定的方法，对承包人符合上述要求的已完工程进行测量、计算、核查并确认已完工程的实际数量。

（5）支付工程量 支付工程量是在公路工程实施阶段，对已完工程进行计量后，按合同约定确认进行支付的计量工程量。竣工结算后支付工程量之和与计量工程量应相等。

就综合程度而言，清单工程量通常比定额工程量更加综合。

清单工程量是按"成品、实体、净数量"的原则编制，常以工程实体计算，将图样中较细的工程量依据《招标文件（技术规范）》中的"计量与支付"细则汇总编制的，每个计价细目的综合度较大。故进行清单组价需要先将清单工程细目还原，又称清单数量拆分，找到清单工程数量和定额工程数量的"一对多"的关系，把清单工程数量变成能套用预算定额的定额工程量（含为修建实体必须消耗的辅助工程的工程数量，即必要的施工措施工程量）。如陆上钻孔灌注桩清单工程量计算规则是依据图样所示桩长及混凝土强度等级，按照不同桩径的桩长以米为单位计量，桩长为桩底高程至承台底面或系梁底面。组价应包括钻孔灌注桩的全部工作，选择的定额子目包括钢护筒安拆、桩基成孔、混凝土浇筑、凿除桩头、桩基无破损检验等。上述每个分项工程均对应相应定额，套用每条定额又需按定额工程量计算规则计算定额工程量。

3. 工程量清单编制实例

例6-1 某大桥为5m×25m预应力混凝土分体小箱梁桥，桥梁全长133m，下部构造采用重力式桥台和柱式桥墩，桥台高8.6m，桥墩高9.1m。桥梁下部结构主要工程量为：U形桥台 C30混凝土487.8m³，台帽 C40混凝土190.9m³；柱式桥墩立柱 C40混凝土197.7m³，盖梁 C40混凝土371.7m³。施工要求采用集中拌和运输，混凝土拌和场设在距离桥位500m的一片荒地，拌和站采用40m³/h的规格，拌和站安拆及场地费用不计。

问题：1）编制该桥梁下部结构的工程量清单。2）在相应的清单子目下套取定额。

解：1）该桥梁下部结构的工程量清单见表6-12。

表6-12 工程量清单表

子目号	子目名称	计量单位	工程数量/m³
410-2	混凝土下部结构		
410-2-a	桥台混凝土（重力式U形桥台）		
410-2-a-1	C30混凝土台身	m³	487.8
410-2-a-2	C40混凝土台帽	m³	190.9
410-2-b	桥墩混凝土（柱式桥墩）		
410-2-b-1	C40混凝土桥墩	m³	197.7
410-2-c	盖梁混凝土		
410-2-c-1	C40混凝土盖梁	m³	371.7

2）清单子目套取定额见表6-13。

表6-13 清单子目套定额

子目号	子目名称	计量单位	工程数量	定额调整或系数
410-2	混凝土下部结构			
410-2-a	桥台混凝土（重力式U形桥台）			
410-2-a-1	C30混凝土台身	m³	487.8	

（续）

子 目 号	子 目 名 称	计量单位	工程数量	定额调整或系数
4 - 6 - 2 - 4	梁板桥墩台混凝土（高10m内）	10m³	48.78	C15 - 32.5 - 换普 C30 - 32.5 - 4
4 - 11 - 11 - 14	混凝土搅拌站拌和（40m³/h以内）	10m³	49.76	
4 - 11 - 11 - 24	6m³混凝土搅拌运输车第一个1km	10m³	49.76	
410 - 2 - a - 2	C40 混凝土台帽	m³	190.9	
4 - 6 - 3 - 1	墩、台帽混凝土非泵送钢模	10m³	19.09	C30 - 32.5 - 换普 C40 - 32.5 - 4
4 - 11 - 11 - 14	混凝土搅拌站拌和（40m³/h以内）	10m³	19.47	
4 - 11 - 11 - 24	6m³混凝土搅拌运输车第一个1km	10m³	19.47	
410 - 2 - b	桥墩混凝土（柱式桥墩）			
410 - 2 - b - 1	C40 混凝土桥墩	m³	197.7	
4 - 6 - 2 - 12	圆柱式墩台混凝土非泵送10m内	10m³	19.77	C25 - 32.5 - 4 换普 C40 - 32.5 - 4
4 - 11 - 11 - 11	混凝土搅拌站拌和（40m³/h以内）	10m³	20.17	
4 - 11 - 11 - 20	6m³混凝土搅拌运输车第一个1km	10m³	20.17	
410 - 2 - c	盖梁混凝土			
410 - 2 - c - 1	C40 混凝土盖梁	m³	371.7	
4 - 6 - 4 - 1	盖梁混凝土非泵送钢模	10m³	37.17	C30 - 32.5 - 4 换普 C40 - 32.5 - 4
4 - 11 - 11 - 14	混凝土搅拌站拌和（40m³/h以内）	10m³	37.913	
4 - 11 - 11 - 24	6m³混凝土搅拌运输车第一个1km	10m³	37.913	

例6-2 某双向四车道高速公路，路基宽度26m，采用沥青混凝土路面，工程数量见表6-14、表6-15。

表6-14 路面工程数量表

起止桩号	4cm厚SMA - 13上面层	8cm厚粗粒式沥青混凝土下面层	20cm厚5%水泥稳定碎石基层	SBS改性乳化沥青黏层
第1合同段	3956 m³	7912 m³	106902 m²	98900 m²

表6-15 纵向排水管工程数量表

起止桩号	长度	现浇C25沟身	预制C30盖板	沥青麻絮伸缩缝	盖板钢筋	砂砾垫层
第1合同段	4612m	553.43m³	221.37m³	84.55m²	51192.2kg	507.31m³

施工组织设计拟采用集中拌和，摊铺机铺筑，混合料综合平均运距为5km，混合料均采用15t自卸汽车运输，基层稳定土混合料采用300t/h稳定土拌和站拌和，沥青混凝土采用240t/h沥青混合料拌和站拌和。

问题：1）编制路面工程工程量清单。2）在路面工程量清单子目下套取定额。

解：1）路面工程工程量清单见表6-16。

表 6-16 路面工程工程量清单表

子目号	子 目 名 称	单 位	数 量
304	水泥稳定土底基层、基层		
304 - 3	水泥稳定土基层		
- a	20cm 水泥稳定碎石基层	m²	106902.00
308	透层和黏层		
308 - 2	黏层		
- a	SBS 改性乳化沥青黏层	m²	98900.00
309 - 3	粗粒式沥青混凝土		
- a	80mm 厚沥青混凝土下面层	m²	98900.00
311	改性沥青及改性沥青混合料		
311 - 1	SMA 路面		
- a	40mm 厚 SMA - 13 上面层	m²	98900.00
314	路面及中央分隔带排水		
314 - 2	纵向雨水沟（管）		
- a	纵向排水沟	m	4612.00

2）清单子目套定额见表6-17。

表 6-17 清单子目套定额

子 目 号	子 目 名 称	单 位	数 量	定额调整
304	水泥稳定土底基层、基层			
304 - 3	水泥稳定土基层			
- a	20cm 水泥稳定碎石基层	m²	106902.00	
2 - 1 - 7 - 5	厂拌水泥碎石稳定土（5%）压实厚度15cm	1000m²	106.902	厚度20cm
2 - 1 - 8 - 7	15t 以内自卸汽车运稳定土第一个 1km	1000m³	21.38	运距5km
2 - 1 - 9 - 11	摊铺机铺筑基层（12.5m 内）	1000m²	106.902	人、机调整
308	透层和黏层			
308 - 2	黏层			
- a	SBS 改性乳化沥青黏层	m²	98900.00	
2 - 2 - 16 - 6	乳化沥青黏层	1000m²	98.9	SBS 改性乳化沥青
309 - 3	粗粒式沥青混凝土			
- a	80mm 厚沥青混凝土下面层	m²	98900.00	
2 - 2 - 11 - 5	粗粒式沥青混凝土拌和（240t/h 以内）	1000m³	7.912	
2 - 2 - 13 - 7	15t 以内自卸汽车运沥青混合料第一个 1km	1000m³	7.912	运距5km
2 - 2 - 14 - 23	机械摊铺沥青混凝土混合料	1000m³	7.912	
311	改性沥青及改性沥青混合料			
311 - 1	SMA 面层			
- a	40mm 厚 SMA - 13 上面层	m²	98900.00	

（续）

子目号	子目名称	单位	数 量	定额调整
2－2－12－3	沥青玛蹄脂碎石混合料拌和（240t/h 以内）	1000m³	3.956	
2－2－13－7	15t 以内自卸汽车运沥青混合料第一个 1km	1000m³	3.956	运距5km
2－2－14－25	机械摊铺沥青玛蹄脂碎石混合料（240t/h 以内）	1000m³	3.956	
314	路面及中央分隔带排水			
314－2	纵向雨水沟（管）			
－a	纵向排水沟	m	4612.00	
1－3－4－5	现浇 C25 沟身混凝土	10m³	55.343	C20 调整为 C25
1－3－4－9	C30 预制盖板	10m³	22.137	C20 调整为 C30，×1.01
1－3－4－12	盖板安装	10m³	22.137	
1－3－4－11	盖板钢筋	t	51.192	
4－11－5－1	砂砾垫层	10m³	50.731	
4－11－1－1	沥清麻絮伸缩缝	m³	84.55	

6.2　公路工程工程量清单计量总则及清单 100 章费用与编制办法的对应关系

6.2.1　公路工程工程量清单计量总则

公路工程工程量清单计量总则内容见表6-18～表6-22。其计量特点是以有关款项包干支付，按总额为单位计量。

1. 通则

表 6-18　工程量清单计量总则—表 101 通则

子目号	子目名称	单位	工程量计量	工程内容
101	通则			
101－1	保险费			
－a	按合同条款规定，提供建筑工程一切险	总额	1. 承包人按照合同条款约定的保险费率及保费计算方法办理建筑工程一切险，根据保险公司的保单金额以总额为单位计量； 2. 保险期为合同约定的施工期及缺陷责任期； 3. 承包人施工机械设备保险和雇用人员工伤事故保险费、人身意外伤害保险费由承包人承担	根据合同条款办理建筑工程一切险
－b	按合同条款规定，提供第三者责任险	总额	1. 承包人按照合同条款约定的保险费率及保费计算方法办理第三者责任险，根据保险公司的保单金额以总额为单位计量； 2. 保险期为合同约定的施工期及缺陷责任期	根据合同条款办理第三者责任险

保险费分为工程一切险和第三方责任险。工程一切险是为永久工程、临时工程和设备及已运至施工工地用于永久工程的材料和设备所投的保险；第三方责任险是对因实施本合同工

程而造成的财产（本工程除外）的损失和损害或人员（业主和承包人雇员除外）的死亡或伤残所负责任进行的保险。

保险费率按议定保险合同费率办理。

2. 工程管理

表6-19　工程量清单计量总则—表102工程管理

子目号	子目名称	单位	工程量计量	工程内容
102	工程管理			
102-1	竣工文件	总额	以总额为单位计量	按《公路工程竣（交）工验收办法》、《公路工程竣（交）工验收办法实施细则》及合同条款规定进行编制
102-2	施工环保费	总额	以总额为单位计量	按招标文件技术规范102.11小节及合同条款规定落实环境保护
102-3	安全生产费	总额	按投标价的1.5%（若招标人公布了最高投标限价时，按最高投标限价的1.5%）以总额为单位计量	按招标文件技术规范102.13小节及合同条款规定落实安全生产
102-4	信息化系统（暂估价）	总额	以暂估价的形式按总额计量	1. 工程信息化系统的配置、维护、备份管理及网络构筑； 2. 系统操作人员培训、劳务

竣工文件编制费是指竣工后承包人按交通部发布的《公路工程竣（交）工验收办法》的要求，编制竣工图表、资料所需的费用。

施工环保费是指承包人在施工过程中采取预防和消除环境污染措施所需的费用。

3. 临时工程与设施

表6-20　工程量清单计量总则—表103临时工程与设施

子目号	子目名称	单位	工程量计量	工程内容
103	临时工程与设施			
103-1	临时道路修建、养护与拆除（包括原道路的养护）	总额	以总额为单位计量	按招标文件技术规范103.03小节及合同条款规定完成临时道路的修建、养护与拆除
103-2	临时占地	总额	1. 以总额为单位计量； 2. 取、弃土（渣）场的绿化、结构防护及排水在相应章节计量	1. 按招标文件技术规范103.04小节及合同条款规定办理及使用临时占地，并进行复垦； 2. 临时占地范围包括承包人驻地的办公室、食堂、宿舍、道路和机械设备停放场、材料堆放场地、弃土（渣）场、预制场、拌和场、仓库、进场临时道路、临时便道、便桥等
103-3	临时供电设施架设、维护与拆除	总额	以总额为单位计量	按招标文件技术规范103.02小节及合同条款规定完成临时供电设施架设、维护与拆除

（续）

子目号	子目名称	单位	工程量计量	工 程 内 容
103 – 4	电信设施的提供、维修与拆除	总额	以总额为单位计量	按招标文件技术规范 103.02 小节及合同条款规定完成电信设施的提供、维修与拆除
103 – 5	临时供水与排污设施	总额	以总额为单位计量	按招标文件技术规范 103.02 小节及合同条款规定完成临时供水与排污设施的修建、维修与拆除

临时道路（包括便道、便桥、便涵、码头）是指承包人为实施与完成工程建设必须修建的设施，包括工程竣工后的拆除与恢复。

临时占地费是指承包人为完成工程建设，临时占用土地的租用费。

临时供电设施、电讯设施费是指承包人为完成工程建设所需临时电力、电信设施的架设与拆除的费用，但不包括使用费。

4. 承包人驻地建设

表 6-21　工程量清单计量总则—表 104 承包人驻地建设

子目号	子目名称	单位	工程量计量	工 程 内 容
104	承包人驻地建设			
104 – 1	承包人驻地建设	总额	以总额为单位计量	1. 承包人驻地建设包括：施工与管理所需的办公室、住房、工地试验室、车间、工作场地、预制场地、仓库与储料场、拌和场、医疗卫生与消防设施等； 2. 驻地的建设、管理与维护； 3. 工程交工时，按照合同或协议要求将驻地移走、清除、恢复原貌

承包人驻地建设费是指承包人为工程建设必须临时修建的承包人住房、办公房、加工车间、仓库、试验室和必要的供水、卫生、消防设施所需的费用，其中包括拆除并恢复到原来自然状况的费用。

5. 施工标准化

表 6-22　工程量清单计量总则—表 105 施工标准化

子目号	子目名称	单位	工程量计量	工 程 内 容
105	施工标准化			
105 – 1	施工驻地	总额	以总额为单位计量	按招标文件技术规范第 105 节施工标准化的内容和要求执行
105 – 2	工地试验室	总额	以总额为单位计量	按招标文件技术规范第 105 节施工标准化的内容和要求执行
105 – 3	拌和站	总额	以总额为单位计量	按招标文件技术规范第 105 节施工标准化的内容和要求执行
105 – 4	钢筋加工场	总额	以总额为单位计量	按招标文件技术规范第 105 节施工标准化的内容和要求执行

（续）

子目号	子目名称	单位	工程量计量	工程内容
105－5	预制场	总额	以总额为单位计量	按招标文件技术规范第105节施工标准化的内容和要求执行
105－6	仓储存放地	总额	以总额为单位计量	按招标文件技术规范第105节施工标准化的内容和要求执行
105－7	各场（厂）区、作业区连接道路及施工主便道	总额	以总额为单位计量	按招标文件技术规范第105节施工标准化的内容和要求执行

表104、表105属选择性子目，由发包人根据项目管理实际情况选择使用或同时使用。

6.2.2 清单100章费用与编制办法的对应关系

清单100章费用与编制办法相对应，详见表6-23。

表6-23 清单100章费用与编制办法对应关系

序号	清单100章费用	2018编制办法
101－1－a	建筑工程一切险	工程保险费
101－1－b	第三者责任险	
102－1	竣工文件	企业管理费、建设单位管理费
102－2	施工环保费	施工场地建设费，未完全对应
102－3	安全生产费	安全生产费
102－4	信息化系统	建设项目信息化费
103－1	临时道路修建、养护与拆除（包括原道路养护）	概预算项目表－临时工程
103－2	临时占地	土地使用及拆迁补偿费
103－3	临时供电设施架设、维护与拆除	概预算项目表－临时工程
103－4	电信设施的提供、维修与拆除	
103－5	临时供水与排污设施	施工场地建设费，未完全对应
104－1	承包人驻地建设	施工场地建设费
105－1	施工驻地	
105－2	工地试验室	
105－3	拌和站	
105－4	钢筋加工场	
105－5	预制场	
105－6	仓储存放地	
105－7	各场（厂）区、作业区连接道路及施工主便道	

施工单位负责的竣工文件编制费在企业管理费中；建设单位负责的竣工文件编制费在建设单位管理费中。

施工场地建设费中不包括钢筋加工的机械设备、混合料拌和设备及安拆、预制构件台座等。

6.3 专业工程工程量清单计量规则

工程量清单计量规则由子目号、子目名称、单位、工程量计量、工程内容组成。每个子目号与工程量清单子目号一一对应，每个子目由对应的工程内容、工艺流程、检评标准构成实施过程，是承包人报价、发包人支付的依据。

6.3.1 路基工程工程量清单计量规则

路基工程包括路基土石方工程、排水工程、路基防护工程施工及其相关的作业。路基土石方工程包括填方路基、挖方路基和特殊路基处理及其相关的作业。排水工程包括坡面排水施工及其相关的作业。路基防护工程包括：石砌护坡、护面墙、挡土墙、抗滑桩、河道防护及锥坡和其他防护工程的砌筑，以及其基础开挖与回填的施工作业。

1. 规则说明

1）路基石方的界定。用功率不小于112.5kW推土机单齿松动器无法松动，须用爆破或钢锲大锤或用气钻方法开挖的，以及体积大于或等于1m³的孤石为石方。

2）土石方体积用平均断面积法计算。但与用似棱体公式计算结果比较，如果误差超过5%时，采用似棱体公式计算。

3）路基挖方依据图样所示地面线、路基设计横断面图、路基土石比例，采用平均断面面积法计算，包括边沟、排水沟、截水沟的土方。

4）路床顶面以下挖松深300mm再压实作为挖土方的附属工作，不另行计量；取弃土场的绿化、防护工程、排水设施在相应章节内计量。

5）路基填筑利用土方依据图样所示地面线、路基设计横断面图，按平均断面面积法计算压实的体积，以 m³ 为单位计量；当填料中石料含量小于30%时，适用于本条；满足施工需要，预留路基宽度宽填的填方量作为路基填筑的附属工作，不另行计量；填前压实、地面下沉增加的填方量按填料来源参照本条计量。当填料中石料含量大于70%时，适用利用石方；当填料中石料含量大于30%，小于70%时，适用利用土石混填。

6）借土填方依据图样所示地面线、路基设计横断面图，按平均断面面积法计算压实的体积。工作内容包括挖、装、运输、卸车，分层摊铺，洒水、压实、刷坡，施工排水处理，整形。

7）结构物台背回填依据图样所示结构物台背回填数量，按照压实的体积以 m³ 为单位计量；挡土墙墙背回填不另行计量。

8）软土路基处理袋装砂井依据图样所示位置和断面尺寸，按不同直径袋装砂井的长度以 m 为单位计量。

9）土工格栅依据图样所示位置和规格、型号，按分层铺设土工格栅的累计净面积以 m² 为单位计量；接缝的重叠面积和边缘的包裹面积不予计量。

10）现浇混凝土抗滑桩依据图样所示位置及断面尺寸，按照不同强度等级混凝土体积以 m³ 为单位计量；护壁混凝土及护壁钢筋为桩基混凝土的附属工作，不另行计量；声测管为现浇混凝土桩的附属工作，不另行计量。

11）河道防护浆砌片石铺砌依据图样所示位置和断面尺寸，按图示不同强度等级水泥

砂浆铺砌体积以 m^3 为单位计量。

2. 路基工程工程量清单计量规则及组价

路基工程工程量清单计量规则见表6-24。

表 6-24 路基工程工程量清单计量规则

子目号	子目名称	单位	工程量计量	工程内容
202	场地清理			
202-1	清理与掘除			
-a	清理现场	m^2	依据图样所示位置及范围（路基范围以外临时工程用地清场等除外），按路基开挖线或填筑边线之间的水平投影面积以 m^2 为单位计量	1. 灌木、竹林、胸径小于10cm 树木的砍伐及挖根；2. 清除场地表面 0～30cm 范围内的垃圾、废料、表土（腐殖土）、石头、草皮；3. 与清理现场有关的一切挖方、坑穴的回填、整平、压实；4. 适用材料的装卸、移运、堆放及非适用材料的移运处理；5. 现场清理
-b	砍伐树木	棵	依据图样所示路基范围内胸径 10cm 以上（含10cm）的树木，按实际砍伐数量以棵为单位计量	1. 砍伐；2. 截锯；3. 装卸、移运至指定地点堆放；4. 现场清理
-c	挖除树根	棵	依据图样所示路基范围内胸径 10cm 以上（含10cm）树木的树根，按实际挖除数量以棵为单位计量	1. 挖除树根；2. 装卸、移运至指定地点堆放；3. 现场清理

（1）清理与掘除

1）201-1-a 清理现场。路基用地范围内的垃圾、有机物残渣及取土坑原地面表层（100～300mm）腐殖土、草皮、农作物的根系和表土应予以清除。路基用地范围内的灌木丛等均应在施工前砍伐或移植。

主要工艺：灌木、竹林砍伐—清除表土—表土移运—坑穴回填、压实。

计量规则：按路基开挖线或填筑边线之间的水平投影面积以 m^2 为单位计量。

工程内容：胸径小于10cm 树木的砍伐及挖根；清除场地表面 0～30cm 范围内的垃圾等。

组价方案。如图6-1 所示。

	清单 第200章 路基				
202	场地清理				
202-1	清理与掘除				
-a	清理现场	m2			

编号	名称	单位	工程量	工程类别	调整状态
1-1-1-5	砍挖灌木林（直径10cm以下）密	1000m2	0.000	6)构造物I	
1-1-1-12	135kW以内推土机清除表土	100m3	0.000	1)土方	
1-1-10-3	3m3以内装载机装土	m3天然密	0.000	1)土方	
1-1-11-23	15t以内自卸汽车运石1km	m3天然密	0.000	3)运输	

图 6-1 路基清单 201-1-a 清理现场组价

2）202-1-b 砍伐树木。路基用地范围内的树木等均应在施工前砍伐或移植。砍伐的树木应堆放在路基用地之外，并妥善处理。主要工艺：砍伐—截断—移运出路基外—现场清理。

计量规则：胸径 10cm 以上（含 10cm）的树木。

组价：如图 6-2 所示。

图 6-2　路基清单 202-1-b 砍伐树木组价

3）202-1-c 挖除树根。二级及二级以上公路路堤或填方高度小于 1m 的公路路堤，应将路基基底范围内的树根全部挖除并将坑穴填平夯实；填方高度大于 1m 的二级以下公路路堤，可保树根，但树根不能露出地面。此外，应将路基用地范围内的坑穴填平夯实。取土坑范围内的树根应全部挖除。

主要工艺：树根挖除—装卸、移运—现场清理。

计量规则：胸径 10cm 以上（含 10cm）的树木。

组价：如图 6-3 所示。

图 6-3　路基清单 202-1-c 挖除树根组价

（2）路基挖方

1）203-1-a 挖土方。路基范围内的挖方路基施工和边沟、截水沟、排水沟土方开挖有关作业。计量规则见表 6-25。

表 6-25　清单 203-1-a 挖土方计量规则

子目号	子目名称	单位	工程量计量	工程内容
203	挖方路基			
203-1	路基挖方			
-a	挖土方	m³	1. 依据图样所示地面线、路基设计横断面图、路基土石比例，采用平均断面面积法计算，包括边沟、排水沟、截水沟的土方。按照天然密实体积以 m³ 为单位计量； 2. 路床顶面以下挖松深 300mm 再压实作为挖土方的附属工作，不另行计量； 3. 取弃土场的绿化、防护工程、排水设施在相应章节内计量	1. 挖、装、运输、卸车； 2. 填料分理、弃土整形、压实； 3. 施工排水处理； 4. 边坡整修、路床顶面以下挖松深 300mm 再压实、路床清理

主要工艺：土方开挖—土方装车—土方运输—土方卸车。

工程量计量规则：按天然密实体积以 m³ 为单位计算。取弃土场的绿化、防护工程、排水设施在相应章节内计量。

组价方案：如图 6-4 所示。

图 6-4　清单 203 – 1 – a 挖土方组价

2）203 – 1 – b 挖石方。路基范围内的挖方路基施工和边沟、截水沟、排水沟石方开挖有关作业。计量规则见表 6-26。

表 6-26　清单 203 – 1 – b 挖石方计量规则

子目号	子目名称	单位	工程量计量	工程内容
– b	挖石方	m³	1. 依据图纸所示地面线、路基设计横断面图、路基土石比例，按平均断面积法计算，包括边沟、排水沟、截水沟的石方，按照天然体积以 m³ 为单位计量； 2. 弃土场绿化、防护工程、排水设施在相应章节内计量	1. 石方爆破； 2. 挖、装、运输、卸车； 3. 填料分理、弃土整形、压实； 4. 施工排水处理； 5. 边坡整修、路床顶面凿平或填平压实、路床清理

主要工艺：土方爆破—石方装车—石方运输—石方卸车。

工程量计量规则：按天然体积以 m³ 为单位计算。取弃土场的绿化、防护工程、排水设施在相应章节内计量。

组价方案：如图 6-5 所示。

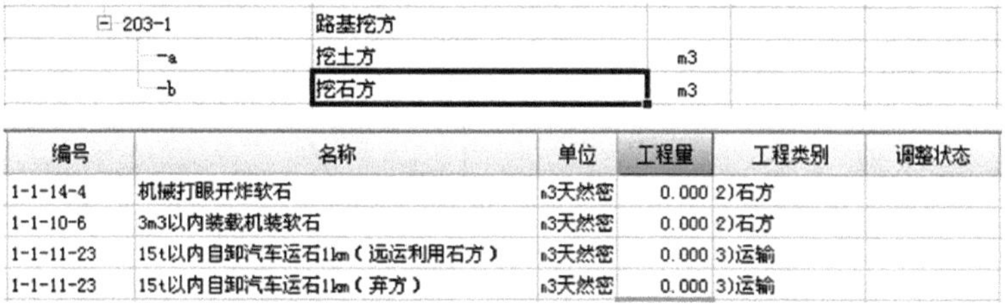

图 6-5　清单 203 – 1 – b 挖石方组价

（3）混凝土挡土墙　支承路基填土或山坡土体、防止土体变形失稳的构造物。计量规则见表 6-27。

主要工艺：测量放样—开挖基坑—基础混凝土浇筑—墙体混凝土浇筑—铺设反滤层—养生。

表 6-27　清单 209 - 5 混凝土挡土墙计量规则

子目号	子目名称	单位	工程量计量	工程内容
209 - 5	混凝土挡土墙			
- a	混凝土	m³	1. 依据图样所示位置和断面尺寸, 按图示不同强度等级混凝土体积以 m³ 为单位计量; 2. 不扣除沉降缝、泄水孔、预埋件所占体积	1. 基坑开挖、清理、平整、夯实; 2. 模板制作、安装、拆除; 3. 混凝土拌和、运输、浇筑, 养护; 4. 泄水孔及其滤水层、沉降缝设置; 5. 墙背填料分层填筑; 6. 清理、弃方处理
- b	钢筋	kg	1. 依据图样所示及钢筋表所列钢筋质量以 kg 为单位计量; 2. 固定钢筋的材料、定位架立钢筋、钢筋接头、吊装钢筋、钢板、铁丝作为钢筋作业的附属工作, 不另行计量	1. 钢筋的保护、储存及除锈; 2. 钢筋整直、接头; 3. 钢筋截断、弯曲; 4. 钢筋安设、支承及固定

组价方案: 如图 6-6 所示。

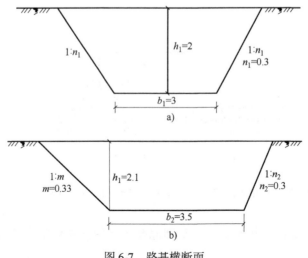

编号	名称	单位	工程量	工程类别
4-1-3-3	1.0m3以内挖掘机挖基坑≤1500m3土方	1000m3	0.000	1)土方
1-1-11-10	15t以内自卸汽车运土每增运0.5km(平均运距15	m3天然密	0.000	3)运输
1-2-9-1	土工布处理软土路基	m2处理面	0.000	4)路面
1-4-19-2	现浇混凝土挡土墙	10m3	0.000	6)构造物 I
1-4-26-3	挡土墙填内心	100m3	0.000	6)构造物 I

图 6-6　清单 209 - 5 混凝土挡土墙组价

例 6-3　在某公路工程施工中, 需用人工挖路基, 若某一段路基总长度为 120m, 横断面如图 6-7 所示, 试计算其土方工程量。

图 6-7　路基横断面

解：1）如图，在总长 120m 的一段路基上，横断面 a 的面积为

$$S_1 = h_1 (b_1 + n_1 h_1) = 2 \times (3 + 0.3 \times 2) \text{m}^2 = 7.2 \text{m}^2$$

2）横断面 b 的面积为

$$S_2 = h_2 \left[b_2 + \frac{h_2 (m + n_2)}{2} \right] = 2.1 \times \left[3.5 + \frac{2.1}{2} \times (0.33 + 0.3) \right] \text{m}^2 = 8.74 \text{m}^2$$

3）土方工程量为

$$V = \frac{S_1 + S_2}{2} \times L = \frac{7.2 + 8.74}{2} \times 120 \text{m}^3 = 956.4 \text{m}^3$$

6.3.2 路面工程工程量清单计量规则

路面工程包括垫层，石灰稳定土底基层、基层，水泥稳定土底基层、基层，石灰粉煤灰稳定土底基层、基层，级配碎（砾）石底基层、基层，沥青稳定碎石基层（ATB），透层和黏层，热拌沥青混合料面层，沥青表面处置与封层，改性沥青及改性沥青混合料，水泥混凝土面板，路肩培土、中央分隔带回填土、土路肩加固及路缘石，路面及中央分隔带排水。

1. 路面工程工程量清单计量规则说明

（1）各类底基层、基层依据图样所示压实厚度，按照铺筑的顶面面积以 m^2 单位计量。

（2）透层和黏层依据图样所示沥青品种、规格、喷油量，按照洒布面积以 m^2 为单位计量。

（3）热拌沥青混合料面层依据图样所示级配类型及铺筑压实厚度，按照铺筑的顶面面积以 m^2 为单位计量。

（4）水泥混凝土面板依据图样所示厚度和混凝土强度等级，按照铺筑体积以 m^3 为单位计量。水泥混凝土路面钢筋按图示质量以 kg 为单位计量；因搭接而增加的钢筋作为附属工作，不另行计量。

（5）现浇混凝土加固土路肩依据图样所示断面尺寸和混凝土强度等级，按照浇筑体积以 m^3 为单位计量。

2. 路面工程工程量清单计量规则

路面工程工程量清单计量规则见表 6-28。

表 6-28　路面工程工程量清单计量规则

子目号	子目名称	单位	工程量计量	工程内容
302	垫层			
302－1	碎石垫层	m^2	依据图样所示压实厚度，按照铺筑的顶面面积以 m^2 为单位计量	1. 检查、清除路基上的浮土、杂物，并洒水湿润； 2. 摊铺； 3. 整平、整形； 4. 洒水、碾压、整修
302－2	砂砾垫层	m^2	依据图样所示压实厚度，按照铺筑的顶面面积以 m^2 为单位计量	1. 检查、清除路基上的浮土、杂物，并洒水湿润； 2. 摊铺； 3. 整平、整形； 4. 洒水、碾压、整修

（续）

子目号	子目名称	单位	工程量计量	工程内容
304	水泥稳定土底基层、基层			
304-1	水泥稳定土底基层	m²	依据图样所示压实厚度，按照铺筑的顶面面积以m²为单位计量	1. 检查、清理下承层，洒水； 2. 拌和、运输、摊铺； 3. 整平、整形； 4. 洒水、碾压、初期养护
304-2	搭板、埋板下水泥稳定土底基层	m³	依据图样所示尺寸、范围，按照铺筑体积以m³为单位计量	1. 检查、清理下承层，洒水； 2. 拌和、运输、摊铺； 3. 整平、整形； 4. 洒水、碾压、初期养护
304-3	水泥稳定土基层	m²	依据图样所示压实厚度，按照铺筑的顶面面积以m²为单位计量	1. 检查、清理下承层，洒水； 2. 拌和、运输、摊铺； 3. 整平、整形； 4. 洒水、碾压、初期养护
309	热拌沥青混合料面层			
309-1	细粒式沥青混凝土	m²	依据图样所示级配类型及铺筑压实厚度，按照铺筑的顶面面积以m²为单位计量	1. 检查和清理下承层； 2. 拌和设备安装、调试、拆除； 3. 沥青加热、保温、输送，配运料，矿料加热烘干、拌和、出料； 4. 运输、摊铺、碾压、成形； 5. 接缝； 6. 初期养护
309-2	中粒式沥青混凝土	m²	依据图样所示级配类型及铺筑压实厚度，按照铺筑的顶面面积以m²为单位计量	1. 检查和清理下承层； 2. 拌和设备安装、调试、拆除； 3. 沥青加热、保温、输送，配运料，矿料加热烘干、拌和、出料； 4. 运输、摊铺、碾压、成形； 5. 接缝； 6. 初期养护
309-3	粗粒式沥青混凝土	m²	依据图样所示级配类型及铺筑压实厚度，按照铺筑的顶面面积以m²为单位计量	1. 检查和清理下承层； 2. 拌和设备安装、调试、拆除； 3. 沥青加热、保温、输送，配运料，矿料加热烘干、拌和、出料； 4. 运输、摊铺、碾压、成形； 5. 接缝； 6. 初期养护

例6-4　某城市公路全长为3800m，路面宽为6m，双向车道，两侧路肩宽度均为0.8m，路肩两侧设置边沟，在 k1+100~k2+800 之间，由于是软土地基，设置一层砂垫层加强地基，公路断面及路基断面结构如图6-8、图6-9所示。试计算该公路的清单工程量。

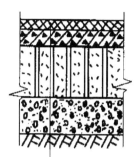

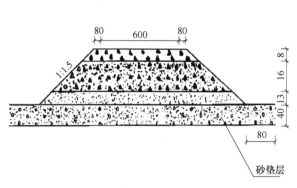

2cm细粒式沥青混凝土

6cm粗粒式沥青混凝土

16cm人工拌和水泥稳定土（10%）

13cm砂砾石底基层

砂垫层

图6-8 公路断面　　　　　图6-9 路基断面结构

解： 沥青混凝土面层面积为

$$3800 \times 6 \text{m}^2 = 22800 \text{m}^2$$

水泥稳定土基层顶面积为

$$3800 \times (6 + 0.8 \times 2 + 0.08 \times 1.5 \times 2) \text{m}^2 = 3800 \times 7.84 \text{m}^2 = 29792^2$$

砂砾石底基层顶面积为

$$3800(7.84 + 0.16 \times 1.5 \times 2) \text{m}^2 = 3800 \times 8.32 \text{m}^2 = 31616 \text{m}^2$$

砂垫层面积为

$$3800(8.32 + 0.13 \times 1.5 \times 2 + 0.8 \times 2) \text{m}^2 = 3800 \times 10.31 \text{m}^2 = 39178 \text{m}^2$$

边沟长度为

$$3800 \times 2 \text{m} = 7600 \text{m}$$

6.3.3 桥涵工程工程量清单计量规则

桥涵工程工程量清单计量规则包括通则，模板、拱架和支架，钢筋，基坑开挖及回填，钻孔灌注桩，沉桩，挖孔灌注桩，桩的垂直静荷载实验，沉井，结构混凝土工程，预应力混凝土工程，预制构件的安装，砌石工程，小型钢构件，桥面铺装，桥梁支座，桥梁接缝和伸缩装置，防水处理，圆管涵及倒虹吸管，盖板涵、箱涵，拱涵。

1. 桥梁涵洞工程工程量清单计量规则说明

1）桥梁荷载试验依据图样及桥梁荷载试验委托合同中约定的试验项目以暂估价形式按总额为单位计量。桥梁施工监控依据图样及桥梁施工监控委托合同中约定的监控量测项目以暂估价形式按总额为单位计量。地质钻探及取样试验（暂定工程量）按实际发生的地质钻探及取样试验分不同钻径以 m 为单位计量。

2）钢筋依据图样所示及钢筋表所列钢筋质量以 kg 为单位计量；固定钢筋的材料、定位架立钢筋、钢筋接头、吊装钢筋、钢板、铁丝作为钢筋作业的附属工作，不另行计量。

3）基坑开挖及回填，根据图样所示，取用底、顶面间平均高度的棱柱体体积，分别按干处、水下及土、石，以 m³ 为单位计量；在地下水位以上开挖的为干处挖方；在地下水位以下开挖的为水下挖方；基坑底面、顶面及侧面的确定应符合下列规定：

① 基坑开挖底面：按图样所示的基底高程线计算。

② 基坑开挖顶面：按设计图横断面上标示的原地面线计算。

③ 基坑开挖侧面：按顶面到底面，以超出基底周边 0.5m 的竖直面为界。

4）钻孔灌注桩依据图样所示桩长及混凝土强度等级，按照不同桩径的桩长以 m 为单位计量；施工图设计水深小于 2m（含 2m）的为陆上钻孔灌注桩；施工图设计水深大于 2 米的为水中钻孔灌注桩。

桩长为桩底高程至承台底面或系梁底面。对于与桩连为一体的柱式墩台，如无承台或系梁时，则以桩位处原始地面线为分界线，地面线以下部分为灌注桩桩长。若图样有标示的，按图样标示为准。

钻取混凝土芯样检测（暂定工程量）按实际钻取的混凝土芯样长度，分不同钻径以 m 为单位计量；如混凝土质量合格，钻取的芯样给予计量，否则不予计量。

破坏荷载试验用桩（暂定工程量）依据图样所示桩长及混凝土强度等级，按照不同桩径的桩长以 m 为单位计量。

5）桩的检验荷载试验（暂定工程量）依据图样及桩的检验荷载试验委托合同，在图样所示位置现场进行桩的检验荷载试验，按实际进行检验荷载试验的桩数，分不同的桩径、桩长、混凝土强度等级、检验荷载等级以每一试桩为单位计量；桩的检验荷载试验仅指荷载试验工作；桩的工程量在对应工程结构中计量。

6）结构混凝土依据图样所示体积分不同强度等级以 m³ 为单位计量；直径小于 200mm 的管子、钢筋、锚固件、管道、泄水孔或桩所占混凝土体积不予扣除。

7）先张法预应力钢丝、钢绞线、钢筋依据图样所示构件长度计算质量，分不同材质以 kg 为单位计量。除上述计算长度以外的锚固长度及工作长度的预应力钢材含入相应预应力钢材报价之中，不另行计量。后张法预应力钢丝、钢绞线、钢筋按图示两端锚具间的理论长度计算的预应力钢材质量。

8）预应力混凝土结构依据图样所示体积分不同强度等级以 m³ 为单位计量；钢筋、钢材所占体积及单个面积在 0.03m² 以内的孔洞不予扣除。

9）板式橡胶支座依据图样所示位置及尺寸，安装图纸所示类型及规格板式橡胶支座就位，按图示体积，分不同的材质及形状以 cm³ 为单位计量；盆式支座、隔震橡胶支座、球形支座按个计。

10）橡胶伸缩装置依据图样所示位置及尺寸，按图示的橡胶条伸缩装置长度（包括人行道、缘石、护栏底座与行车道等全部长度）以 m 为单位计量。

11）管涵依据图样所示，按不同孔径的涵身长度（进出口端墙外侧间距离）计算，以 m 为单位计量。

2. 桥梁涵洞工程工程量清单计量规则

（1）404 钻孔灌注桩　灌注桩是指采用不同的钻孔方法，在地层中按要求形成一定形状（断面）的井孔，达到设计标高后，将钢筋骨架吊入井孔中，再灌注混凝土（有地下水时灌注水下混凝土）而形成的桩。

主要工艺：平整场地—埋设钢护筒—钻孔—吊装钢筋笼和检测管—灌注混凝土。

工程量计量规则：见表 6-29。

表 6-29 灌注桩工程工程量清单计量规则

子目号	子目名称	单位	工程量计量	工程内容
405	钻孔灌注桩			
405-1	钻孔灌注桩			
-a	陆上钻孔灌注桩	m	1. 依据图样所示桩长及混凝土强度等级，按照不同桩径的桩长以 m 为单位计量； 2. 施工图设计水深小于 2m（含 2m）的为陆上钻孔灌注桩； 3. 桩长为桩底高程至承台底面或系梁底面，对于与桩连为一体的柱式墩台，如无承台或系梁时，则以桩位处原始地面线为分界线，地面线以下部分为灌注桩桩长，若图样有标示的，按图样标示为准	1. 安设护筒及设置钻孔平台； 2. 钻机安拆、就位； 3. 钻孔、成孔、成孔检查； 4. 安装声测管； 5. 混凝土制拌、运输、浇筑； 6. 破桩头； 7. 按招标文件技术规范405.11 的规定进行桩基检测
-b	水中钻孔灌注桩	m	1. 依据图样所示桩长及混凝土强度等级，按照不同桩径的桩长以 m 为单位计量； 2. 施工图设计水深大于 2m 的为水中钻孔灌注桩； 3. 桩长为桩底高程至承台底面或系梁底面，对于与桩连为一体的柱式墩台，如无承台或系梁时，则以桩位处原始地面线为分界线，地面线以下部分为灌注桩桩长，若图样有标示的，按图样标示为准	1. 搭设水中钻孔平台、筑岛或围堰、横向便道； 2. 钻机安拆、就位； 3. 钻孔、成孔、成孔检查； 4. 安装声测管； 5. 混凝土制拌、运输、浇筑； 6. 破桩头； 7. 按招标文件技术规范405.11 的规定进行桩基检测

405-1-a 组价方案：如图 6-10 所示。

图 6-10 陆上钻孔灌注桩组价方案

405-1-b 组价方案：如图 6-11 所示。

（2）桥墩混凝土 计量规则见表 6-30。

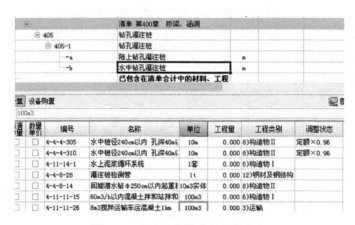

图 6-11　水中钻孔灌注桩组价方案

表 6-30　桥墩混凝土清单计量规则

子目号	子目名称	单位	工 程 量 计 量	工 程 内 容
410	结构混凝土工程			
410-1	混凝土基础（包括支撑梁、桩基承台、桩系梁，但不包括桩基）	m³	依据图样所示体积分不同强度等级以 m³ 为单位计量	1. 场地清理； 2. 搭拆作业平台； 3. 安拆套箱或模板，安设预埋件； 4. 混凝土配运料、拌和、运输、浇筑、振捣、养护； 5. 施工缝、沉降缝设置处理； 6. 混凝土的冷却管制作安装，通水、降温； 7. 防水、防冻、防腐措施
410-2	混凝土下部结构			
-a	桥台混凝土	m³	1. 依据图样所示体积分不同强度等级以 m³ 为单位计量； 2. 直径小于 200mm 的管子、钢筋、锚固件、管道、泄水孔或桩所占混凝土体积不予扣除	1. 场地清理； 2. 搭拆作业平台、支架； 3. 安拆模板；安设预埋件（包括支座预埋件、防振锚栓及套筒等）； 4. 混凝土配运料、拌和、运输、浇筑、振捣、养护； 5. 施工缝、沉降缝设置处理； 6. 防水、防冻、防腐措施
-b	桥墩混凝土	m³	1. 依据图样所示体积分不同强度等级以 m³ 为单位计量； 2. 直径小于 200mm 的管子、钢筋、锚固件、管道、泄水孔或桩所占混凝土体积不予扣除	1. 场地清理； 2. 搭拆作业平台、支架； 3. 安拆模板，安设预埋件（包括支座预埋件、防振锚栓及套筒等）； 4. 混凝土配运料、拌和、运输、浇筑、振捣、养护； 5. 防水、防冻、防腐措施

例 6-5　某桥的桥墩由墩帽、墩身和基础构成，共用 9 座桥墩，桥墩的剖面如图 6-12 所示，试计算桥墩工程量。

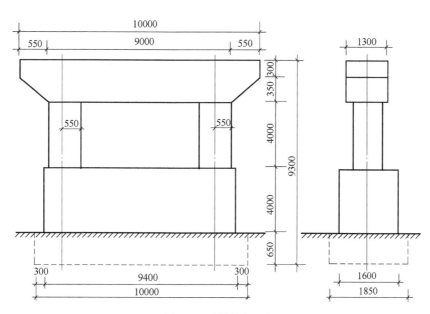

图 6-12 桥墩剖面图

解：墩帽工程量为

$$V_1 = \left[\frac{1}{2} \times 0.35 \times (9 + 9 + 0.55 \times 2) + 10 \times 0.3\right] \times 1.3 \times 9 \text{m}^3 = 74 \text{m}^3$$

墩身工程量为

$$V_2 = (2 \times \pi \times 0.55^2 \times 4 + 9.4 \times 4 \times 1.6) \times 9 \text{m}^3 = 609.86 \text{ m}^3$$

基础工程量为

$$V_3 = 10 \times 0.65 \times 1.85 \times 9 \text{m}^3 = 108.23 \text{m}^3$$

桥墩工程量为

$$V = V_1 + V_2 + V_3 = (74 + 609.86 + 108.23) \text{m}^3 = 792.09 \text{m}^3$$

6.3.4 隧道工程工程量清单计量规则

隧道工程包括洞口与明洞工程，洞身开挖，洞身衬砌，防水与排水，洞内防火涂料和装饰工程，风水电作业及通风防尘，监控量测，特殊地质地段的施工与地质预报，洞内机电设施预埋件和消防设施。

1. 隧道工程工程量清单计量规则说明

1）洞身开挖依据图样所示成洞断面（不计允许超挖值及预留变形量的设计净断面）计算开挖体积，不分围岩级别，只区分为土方和石方，以 m³ 为单位计量；含紧急停车带、车行横洞、人行横洞以及设备洞室的开挖。

2）砂浆锚杆依据设计图样所示位置及尺寸，按锚杆长度分不同直径以 m 为单位计量。

3）钢筋网依据设计图样所示位置及尺寸，按图示钢筋网质量以 kg 为单位计量；钢筋网锚固件为钢筋网的附属工作，不另行计量。

4）型钢支架依据设计图样所示位置及尺寸，按型钢质量以 kg 为单位计量；型钢支架纵向连接钢筋作为附属工作，不另行计量；连接钢板、螺栓、螺帽、拉杆、垫圈为型钢支架的附属工作，均不另行计量。

5）衬砌钢筋依据图样所示及钢筋表所列钢筋质量以 kg 为单位计量；固定钢筋的材料、定位架立钢筋、钢筋接头、吊装钢筋、钢板、铁丝作为钢筋作业的附属工作，不另行计量。

6）衬砌混凝土依据图样所示位置及尺寸，按图示混凝土体积分不同强度等级以 m³ 为单位计量。

7）防水板依据图样所示位置及规格，按照铺设的不同材质防水板面积以 m² 为单位计。

8）止水带依据图样所示位置及规格，按照铺设的不同材质止水带长度以 m 为单位计量。

9）水泥注浆依据设计图样位置，按图示掺加的水泥质量，分不同强度等级以 t 为单位计量。

10）监控量测必测项目依据图样所示及 JTG F60—2009《公路隧道施工技术规范》规定的必测项目进行监控量测，以总额为单位计量。

11）地质预报依据需要预报的距离和内容，分不同的探测手段，以总额为单位计量。

2. 隧道工程工程量清单计量规则

隧道工程工程量清单计量规则见表 6-31。

表 6-31　隧道工程工程量清单计量规则

子目号	子目名称	单位	工程量计量	工程内容
504	洞身衬砌			
504 - 1	洞身衬砌			
- a	钢筋	kg	1. 依据图样所示及钢筋表所列钢筋质量以 kg 为单位计量； 2. 固定钢筋的材料、定位架立钢筋、钢筋接头、吊装钢筋、钢板、铁丝作为钢筋作业的附属工作，不另行计量	1. 钢筋的保护、储存及除锈； 2. 钢筋整直、接头； 3. 钢筋截断、弯曲； 4. 钢筋安设、支承及固定
- b	现浇混凝土	m³	依据图样所示位置及尺寸，按图示混凝土体积分不同强度等级以 m³ 为单位计量	1. 场地清理； 2. 基底检查； 3. 模板制作、安装、拆除； 4. 混凝土拌和、运输、浇筑、养护； 5. 设置施工缝、沉降缝

例 6-6　某地区一隧道工程长 220m，对拱部进行混凝土衬砌，断面尺寸如图 6-13 所示，试计算其工程量。

解：拱部衬砌工程量 $= \frac{1}{2} \times \pi \times [(6.5+0.5)^2 - 6.5^2] \times$

$220\text{m}^3 = 2332.63 \text{ m}^3$

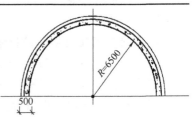

图 6-13　隧道衬砌断面

6.3.5　安全设施及预埋管线清单计量规则

1. 工程量清单计量规则说明

1）现浇混凝土护栏依据图样所示位置和断面尺寸，按图示浇筑的不同强度的混凝土体积以 m³ 为单位计量；不扣除混凝土沉降缝、泄水孔所占体积；桥上混凝土护栏（护墙、立柱）在桥涵工程工程量清单 410 - 6 中计量。

2）路侧波形梁钢护栏依据图样所示位置、防撞等级、构造形式代号，按图示长度以 m 为单位计量。

3）道路交通标志依据图样所示位置和断面尺寸，分不同规格的标志板面，按安装就位的标志数量以个为单位计量。

4）路面标线依据图样所示位置和断面尺寸，分不同类型，按图示标线面积以 m² 为单位计量。

5）防眩板依据图样所示位置和断面尺寸，分不同类型，按图示防眩板数量以块为单位计量。

2. 安全设施及预埋管线清单计量规则

安全设施及预埋管线清单计量规则见表6-32。

表6-32 安全设施及预埋管线清单计量规则

子目号	子目名称	单位	工程量计量	工程内容
605	道路交通标线			
605 – 1	热熔型涂料路面标线	m²	依据图样所示位置和断面尺寸，分不同类型，按图示标线面积以平方米为单位计量	1. 路面清扫； 2. 刮涂底油，涂料加热溶解，喷（刮）标线，撒布玻璃珠（反光标线），初期养护
605 – 2	溶剂型涂料路面标线	m²	依据图样所示位置和断面尺寸，分不同类型，按图示标线面积以平方米为单位计量	1. 路面清扫； 2. 涂料拌和溶解，喷（刮）标线，撒布玻璃珠（反光标线），初期养护

例6-7 某市道路全长1800m，路面宽13m，道路上行车道之间用标线标出（图6-14），标线宽12cm，试计算标线的清单工程量。

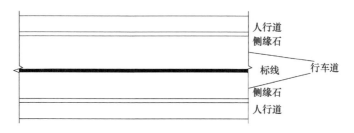

图6-14 路面标线

解：标线长度为1800m

标线面积为 $1800 \times 0.12 \text{m}^2 = 216 \text{m}^2$

6.3.6 绿化及环境保护设施清单计量规则

1. 绿化及环境保护设施工程量清单计量说明

1）开挖并铺设表土依据图样所示位置和断面尺寸，按开挖并铺设的种植土体积以 m³ 为单位计量。

2）撒播草种（含喷播）依据图样所示位置，按图示种植的面积以 m² 为单位计量；扣除结构工程防护和密栽灌木所占面积，不扣除散栽苗木所占面积。

3）种植乔木、灌木和攀缘植物依据图样所示位置，按图示种植的不同规格的各类植物数量以棵为单位。

4）吸、隔声板声屏障依据图样所示位置和断面尺寸，分不同类型，按图示吸、隔声板声屏障的长度以 m 为单位计量。

2. 绿化及环境保护设施清单计量规则

绿化及环境保护设施清单计量规则见表 6-33。

表 6-33　绿化及环境保护设施清单计量规则

子目号	子目名称	单位	工程量计量	工程内容
704	种植乔木、灌木和攀缘植物			
704 – 1	人工种植乔木	棵	依据图样所示位置，按图示种植的不同规格的各类乔木数量以棵为单位计量	1. 开挖种植穴（槽）； 2. 换填种植土； 3. 苗木栽植； 4. 支撑、浇水、施肥、除虫、除杂草、修剪、补种； 5. 场地清理，废弃物装卸运输
704 – 2	人工种植灌木	棵	依据图样所示位置，按图示种植的不同规格的各类灌木数量以棵为单位计量	1. 开挖种植穴（槽）； 2. 换填种植土； 3. 苗木栽植； 4. 支撑、浇水、施肥、除虫、除杂草、修剪、补种； 5. 场地清理，废弃物装卸运输

例 6-8　某公路全长 810m，路面宽 20m，在路两边每隔 5m 人工种迎春树 1 棵，每隔 3m 种大叶黄杨球 1 棵，路面中间种植桧柏绿篱作为分车带，试计算绿化工程工程量。

解： 人工种植迎春树的工程量 = (810 ÷ 5 + 1) × 2 棵 = 326 棵

人工种植黄杨球的工程量 = (810 ÷ 3 + 1) × 2 棵 = 542 棵

人工种植绿篱的工程量 = 810m

6.4　公路清单报价文件编制及示例

6.4.1　公路工程工程量清单计价

工程量清单计价是以工程量清单为表现形式，按约定的计价规则计算确定单价、工程合价的方式。工程量清单计价活动涵盖施工招投标、合同管理及交工结算全过程，主要包括编制招标工程量清单、工程量清单预算、投标报价、确定合同价、工程计量与价款支付、合同价款的调整及工程变更等一系列活动。工程量清单计价以清单中的计价工程细目作为基本单元。

根据交通运输部发布的 JTG 3810—2017《公路工程建设项目造价文件管理导则》，工程量清单计价属于项目实施阶段的造价文件编制，具体内容介绍如下：

1. 招（投）标工程量清单

招标工程量清单是招标人在招标阶段编制的工程量清单，是招标文件的组成部分。招标工程量清单也是投标人编制投标工程量清单、进行投标报价的依据。

投标工程量清单是投标企业以工程量清单为表现形式，依据招标文件约定的计量计价规则，根据市场价格和企业经营状况等因素，计算确定清单单价、合价及总价的文件。中标后，它是确定合同工程量清单的基础。

2. 工程量清单预算

工程量清单预算是指在公路工程施工招投标活动中，对采用工程量计价的工程，参照编制施工图预算的造价依据和方法，按规定程序，对招标工程建设所需的全部费用及其构成进行测算后确定的造价预计值。它是招标人确定招标标底或最高投标限价的依据，是评判投标报价合理性的重要依据。

工程量清单预算编制的项目划分是依据公路工程招标文件的约定，参照现行《公路工程建设项目概算预算编制办法》和配套定额，以及相应的补充造价依据进行的。

3. 合同工程量清单

合同工程量清单是在公路工程发、承包活动中，发、承包双方根据合同法、招（投）标文件及有关规定，以约定的工程量清单计价方式，签订工程承包合同时确定的工程量清单。合同工程量清单包括拟建工程量、单价、合计及总额。

合同工程量清单是发、承包双方进行工程计量与支付、工程费用变更、工程结算的依据。采用招标方式的工程，其合同工程量清单应根据中标价确定；不采用招标方式的工程，由承、发包双方协商确定。

4. 计量与支付文件

计量与支付文件是指在公路工程实施阶段，对已完工程进行计量，并根据计量结果和合同约定，对应付价款进行统计和确认，用于支付工程价款而编制的文件。计量支付文件一般以规定格式的报表形式表现。

计量与支付文件是公路工程资金支付和工程结算的依据性文件。计量与支付文件应根据合同文件、工程变更、签认的质量检验单和计量工程量等资料编制。

5. 工程变更费用文件

工程变更费用是指在公路工程实施过程中，由于工程设计、合同约定发生变化等因素导致增加或减少的费用。

发生费用变化的工程变更应编制工程变更费用文件，工程变更费用文件是评价工程变更经济合理性的依据，是编制计量与支付文件、工程结算、工程竣工决算的基础性资料。

根据工程管理的实际，工程变更费用文件可采用工程量清单形式或施工图预算形式编制。采用施工图预算形式编制的工程变更费用文件，应依据现行《公路工程建设项目概算预算编制办法》，采用公路工程预算定额及相应的补充造价依据编制；采用工程量清单形式编制的工程变更费用文件应依据合同约定编制。

工程量清单计价中投标单价的确定是根据施工企业自身的消耗量水平确定，而编制预算时采用的定额计价方式是以行业预算定额为主要依据计算确定的，清单计价下投标人还会依据报价策略对子目单价进行调整，使报价更具市场竞争力。清单报价整体反映企业完成清单工程项目的消耗量水平，企业施工技术、施工生产管理水平。

工程量清单计价以工程量清单为表现形式，以清单中的计价细目为单元进行单价的确定，且工程量清单应与招标文件中的投标人须知，通用合同条款、专用合同条款、工程量清单计量规则、技术规范及图样一起阅读和理解。

工程量清单计价中的单价是综合单价，包括为实施和完成合同工程所需的劳务、材料、机械、质检（自检）、安装、缺陷修复、管理、保险、税费、利润等费用，以及合同明示或暗示的所有责任、义务和一般风险，此单价直接与项目的计量、支付工作对应。

6.4.2　公路工程清单报价文件编制

1. 清单报价文件编制依据

公路工程投标报价的编制依据，主要有以下几个方面：

1）招标文件。投标报价就是实质性响应招标文件的过程，因此，投标人在投标报价前，必须仔细阅读招标文件，全面了解投标人在合同中的权利、责任和义务，深入分析投标过程中及项目实施过程中投标人应当承担或可能面临的各种风险，发现招标文件中的漏洞，特别是图样工程量与清单工程量可能存在的差异，为制定合适的报价策略、确定合理报价提供依据。实践证明，吃透招标文件，对投标人的成功中标将起到"事半功倍"的作用。由此可见，招标文件是编制投标报价的重要依据。

2）招标文件中涉及的各种国家标准、部颁标准和有关技术规范等。

3）现行的公路工程取费依据、概预算定额，以及施工单位的企业定额。

4）拟建工程所在地区的政治形势、社会经济状况和技术经济条件。

5）拟建工程的现场情况，主要包括地质、地貌、水文、气候、雨量、劳动力、生活用品供应等。投标人应认真、仔细收集工程所在地与投标报价相关的各种原始资料和数据，在充分考虑现场情况后提出报价。

6）拟建工程所在地施工机械出租的可能性、品种、数量、单价，发电厂供电正常率及提供本项目用电的功率和单价等。

7）拟建工程所在地劳动力的生活水平、技术水平和特长、主要来源、供应数量等。

8）业主供应材料情况、交货地点、交货方式和单价；当地材料供应盈缺情况，建材主管部门公布的材料单价，并预测在施工期间当地材料市场价格的涨落情况。

9）施工组织设计。不同施工方案所需工程费用不同，有时甚至相差很大。因此，投标人必须坚持先进、合理、科学、经济的原则编制施工组织设计。

10）竞争对手的信息和资料，包括竞争对手的资质、技术水平、装备水平、以往业绩、企业信誉等，这是决定是否参与竞争、有无取胜机会的重要因素。

11）有关投标报价方面的参考资料，如当地近几年来同类已完工程的造价分析、本企业近几年已完工程的成本分析。

2. 清单报价文件编制程序

招标工程量清单由招标人或招标人委托的代理人编制，用于确定招标控制价。现阶段招标控制价主要采用定额单价法编制，编制方法与清单预算类似，即"采用工程量清单的表现形式，按照施工图预算的方法组价"。下面主要介绍投标工程量清单报价文件编制程序。

投标工程量清单文件是依据业主提供的招标工程量清单，计算各清单子目综合单价和合价后汇总形成，一般流程如图6-15所示。

（1）建立投标组织机构 投标是激烈的市场竞争活动，要想在竞争中获胜，首先必须组织一个知识结构合理、经验丰富、有敬业精神的投标班子，并根据不同专业和工作需要进行任务分解和人员分工，明确责任，各尽其责。

（2）研究招标文件 招标文件是由招标单位或其委托的咨询机构按照《公路工程标准施工招标文件》的要求编制并发布的，一般要求投标人的投标书要全面响应招标文件的要求，如投标须知中的评标办法，合同条款中的保留金比例，中期支付比例和时间，开工预付款比例、支付条件和时间等规定。招标文件要求投标人承担的责任、义务、风险越多，投标人的报价就应越高。

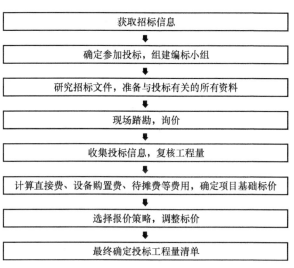

图 6-15 投标工程量清单编制一般流程

在编制投标报价时，一定要全面响应招标文件中的要求，否则容易成为废标。

（3）现场考察 现场考察是收集第一手资料的重要途径，具体内容包括：

1）地质和气候条件。项目所在地地质条件、水文情况、气候条件与设计文件是否相符。

2）工程施工条件。材料供应情况和价格水平；交通运输条件；通信与电力供应状况；劳动力供应情况及工资水平；机械设备租赁情况及价格水平等。

3）经济方面。当地的经济发展水平和通货膨胀情况、汇率水平及变化等。

4）政治和人文环境方面。项目所在地政府的管理和服务水平；政局和社会稳定情况；当地人文背景、法律环境、历史传统、风俗习惯等。

5）其他方面。如医疗、环保、安全、治安情况等。

《公路工程标准施工招标文件》明确指出，发包人提供的本合同工程的水文、地质、气象资料，料场分布，取土场、弃土场位置等均属于参考资料，并不构成合同文件的组成部分，承包人应对自己对上述资料的理解、推论和应用负责，发包人不对承包人据此做出的判断和决策承担任何责任。因此投标人应高度重视现场考察工作，为投标报价做好准备。

（4）复核工程量 工程量是计算投标报价的基础。尽管招标人提供的工程量清单中列明了项目涉及的工程细目及工程数量，但由于种种原因，清单工程量有时会和图样工程量存在不一致的地方。因此，投标人必须根据图样和掌握的现场资料，认真仔细地核实每一个工程细目的工程量。

复核工程量主要包括以下工作：

1）全面核实设计图中各分项工程的工程量，特别是对标价影响较大的项目应重点核实。如对于路基工程，应重点核实工程量计算方法是否合理、准确，土石方划分是否恰当，借方运距是否合理，挖填是否平衡，工程细目是否存在漏项等。

2）计算附属工作量。应根据技术规范计算分部分项工程的附属工程量，一般与采用的施工方案有关。

3）根据技术规范中计量与支付的规定，对工程数量进行折算，或根据需要对工程量进行分解或合并。一个清单项目通常包含若干定额子目，因此应特别注意分清楚每个工序的工作内容应分摊到哪些工程细目中，如灌注桩工作平台制作、护筒埋置应分摊到钻孔灌注桩工程细目中。

（5）编制施工组织设计　施工组织设计是对拟建工程施工全过程的合理安排，是实行科学管理的重要手段和措施。通过编制施工组织设计，可以全面考虑拟建工程的各种施工条件，制订合理的施工计划、材料和机具的场地布置方案等，以确保施工的顺利进行。因此，施工组织设计在整个施工管理过程中起着核心作用。

高效率和低消耗是编制施工组织设计的总原则。在编制施工组织设计时应遵循连续性、均衡性、协调性和经济性的原则，其中经济性原则是施工组织设计的核心。因此，在编制施工组织设计时，应注意以下事项：

1）充分满足技术上的先进性、可靠性和可行性，最大限度地提高劳动生产率，努力降低施工成本，这是科学确定工程投标报价的关键。

2）充分利用现有的施工机械设备，提高施工机械的使用率，以降低机械施工成本，这是降低工程投标报价的重要措施。

3）采用先进的管理手段，优化施工进度计划，均衡安排施工，尽量避免施工高峰的赶工现象和施工低谷的窝工现象，合理安排非关键线路上的剩余资源，从而获得效益。

4）根据当地劳动力资源情况，适当聘用工程所在地的临时工，以降低施工队伍调遣费，减少窝工现象。

（6）计算基础标价　计算直接费、设备购置费、待摊等费用，确定项目基础标价。基础标价是投标单位根据设计图和技术规范，参照企业定额和有关定额计算完成投标工程所需的全部费用，是最终投标报价的决策依据。其组成为直接费、措施费、企业管理费、规费、利润、税金、专项费用、设备购置费、暂估价、暂列金额和计日工。其中，三通一平费、供水与排污费、临时用地费、施工环保费、承包人驻地建设等根据施工组织设计及现场调查情况计算费用一般列在第100章；竣工文件、安全生产费也列在第100章。各项费用构成如图6-16所示。

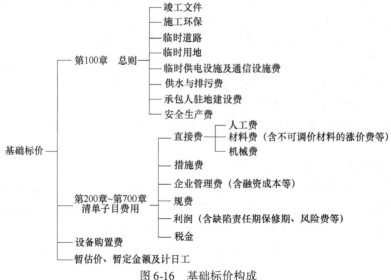

图 6-16　基础标价构成

1）直接费计算。直接费是施工过程中直接耗费的构成工程实体和有助于工程形成的工、料、机费用，是标价构成中的主要部分。在编制投标工程量清单时，直接费一般采用定额单价分析法进行计算，采用项目成本法进行校核和决策。

定额单价分析法，与编制概预算方法大致相同，即按照招标文件的工程量清单所列工程细目，根据交通部公路建设的相关法规、文件、概预算定额及当地政府补充定额和规定，结合投标施工组织设计，套用定额，分析工程所在地工、料、机单价，计算确定人工费、材料费及施工机械使用费。

项目成本分析法，劳务费用根据企业颁发的类似项目劳务分包单价与各清单细目所涉及的各工序数量之积计算；材料费计算与定额单价分析法基本相同，但施工措施与施工辅助结构（模板及支架，水上施工的筑岛、钢平台及围堰等）费用根据施工组织设计中确定的数量进行计算，钢构件的摊销量和回收量也应根据施工组织设计确定；机械费是根据投标施工组织设计、施工进度计划和工程量，计算每道工序需要配置的机械数量，机械使用费按照该机械在本工序的利用率确定。

在缺乏以往报价资料和经验的情况下，为了慎重起见，先按定额单价分析法计算各项直接费，再按项目成本分析法计算，两者进行比较后再进行调整，确定工料机单价报价。

2）措施费计算。一般根据部颁编制办法计算。

3）企业管理费计算。常以直接费的百分率计算，但不准确；逐项据实计算。

4）利润计算。根据掌握的招投标信息、自身管理水平和施工能力、投标战略、对手实力，以及项目规模、难易程度、缺陷责任期长短、合同包含的风险因素决定利润率。

5）销项税金计算。指按税法规定应计入建筑安装工程造价的增值税销项税额，结合税收管理水平及能抵扣的进项确定列入工程量清单项目单价的税额。

6）设备购置费计算。指为满足公路初期运营、管理需要购置的构成固定资产标准的设备和低于固定资产标准但属于设计明确列入设备清单的设备的费用，包括渡口设备，隧道照明、消防、通风的动力设备，公路收费、监控、通信、路网运行监测、供配电及照明设备等。设备购置费包括设备原价、运杂费、运输保险费、采购及保管费，各种税费按编制期有关部门规定计算。

7）确定计日工、暂估价和暂列金额。投标人填报各类计日工单价，计算出计日工总额后列入工程量清单汇总表中并进入评标价。暂估价、暂列金额依据招标文件规定计列。

8）子目综合单价。除非合同另有规定，工程量清单中有标价的单价或总价均已包括了为实施和完成工程所需的劳务、材料、机械、质检、安装、缺陷修复、管理、保险、税费和利润等费用，以及合同明示或暗示的所有责任、义务和一切风险。

投标清单中的综合单价应包含建安工程全部费用，即直接费、设备购置费、措施费、企业管理费、利润、税金。公式表达为

$$综合单价 = 人工费 + 材料费 + 机械使用费 + 措施费 + 设备购置费 + 措施费 + \tag{6-1}$$
$$企业管理费 + 利润 + 税金 + 风险$$

9）投标报价。第100～700章清单合计、计日工合计与暂列金额三项之和

$$投标报价 = \sum (清单工程量 \times 综合单价) + 计日工 + 暂列金额$$

10）合理选择报价策略和技巧，确定最终投标报价。报价策略和技巧是投标单位在激烈竞争环境下，为了企业生存与发展而使用的对策。正确的报价策略有利于提高投标人的中

标概率，而恰到好处的报价技巧有助于投标人中标后获取更多利益。企业应根据收集的投标信息资料研究竞争对手，选择报价策略，确定最终报价。

3. 纵横软件编制投标报价流程

1）新建项目文件，如图 6-17a 所示。

2）完善项目属性，如图 6-17b、c 所示。

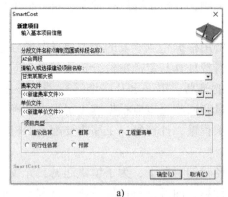

a)

b)   c)

图 6-17　新建项目

3）选择费率计算参数，自动生成费率。设置费率计算参数如图 6-18 所示。

4）生成造价书。可由 Excel 清单示例（帮助）导入已有清单表格，如图 6-19 所示。

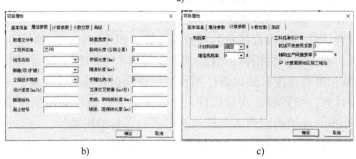

图 6-18　设置费率计算参数　　　　　　　　图 6-19　生成造价书

依次选中2~7章各清单子目,在下方输入定额,完成清单子目定额组价(图6-20),再输入第一章费用。

图6-20 清单定额组价

5)工料机处理。材料原价可导入纵横调查价软件格式文件。材料、机械单价计算的设置如图6-21所示。

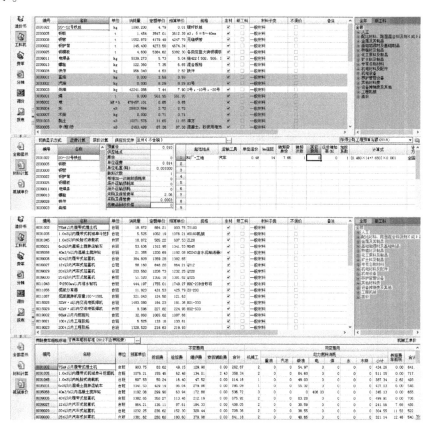

图6-21 材料计算

6) 分摊。待摊费用是指工程项目实际发生的，但在工程量清单里没有列项的费用，投标报价时需要分摊在相关的工程细目的综合单价内。例如，混凝土搅拌站在清单中未单独体现出来，但报价时需计算其费用，并应将该费用按一定方式分摊到相关的清单项目中去。通常分摊该费用的清单项包括混凝土钻孔灌注桩、混凝土承台、混凝土刚构主梁等，可按混凝土的用量将建立的混凝土搅拌站的费用分摊到这些清单项目中去。操作界面如图 6-22 所示。

图 6-22　分摊

7）调价。软件有正向、反向两种调价功能，正向调价一般单独或组合调整清单的消耗量、材料单价、利润，反向调价即确认了目标报价、清单单价后，软件自动反算出系数并得到调价结果。

正向调价：左上方单击成批调整消耗—设置工、料、机调整系数—单击正向调价按钮，如图6-23所示。

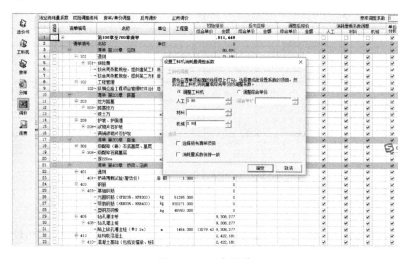

图6-23　正向调价

反向调价：左上方单击清空消耗量系数—输反向目标金额—单击反向调价按钮，如图6-24所示。

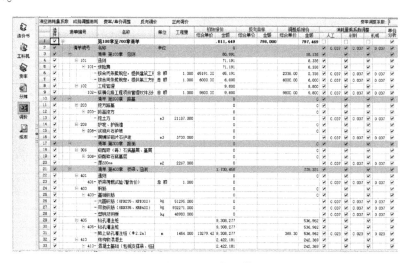

图6-24　反向调价

8）报表设置与导出。输出清单报价表格，单击调价前、后按钮，可输出不同价格的报价文件。

6.4.3　公路工程清单报价文件示例

1）项目信息见表6-34。

表 6-34　项目信息

所属建设项目	【投标例题】重庆××大桥（节选）
项目属性地区	合川
建设单位	重庆××公路发展有限公司
编制	李工
编制人编号	甲 001
复核	王工
复核人编号	乙 002
合同段	A2 合同段
编制范围	A2 合同段
编制日期	2019 - 06 - 17 16：33：54
编制单位	纵横集团××路桥公司
单价文件名称	A2 合同段
潜水人工单价	106.28
船舶工日单价	106.28
不变费用系数	1
辅助生产间接费率	0.03
高原生产费率文件	A2 合同段
养路费车船税标准	重庆车船税标准（2011）
费率文件名称	A2 合同段
工程所在地	重庆
费率标准	部颁概预算费率标准（2018）
冬期施工	不计
雨期施工	Ⅱ区 4 个月
夜间施工	计
高原施工	不计
风沙施工	不计
沿海地区	不计
行车干扰	不计
施工辅助	计
工地转移/km	60.000
养老保险（%）	20.000
失业保险（%）	2.000
医疗保险（%）	9.700
住房公积金（%）	7.000
工伤保险（%）	1.500
基本费用	计
综合里程/km	4.000
职工探亲	计
职工取暖	不计
财务费用	计

2）工程量清单单价分析表，见表 6-35。

3）暂定金额表，见表 6-36。

4）投标报价汇总表，见表 6-37。

表 6-35　工程量清单单价分析表

建设项目名称：[投标例题] 重庆××大桥（节选）

合同段：A2 合同段

第 1 页　共 3 页　5-5 表

序号	编码	子目名称	人工费 工日	人工费 单价/元	人工费 金额/元	材料费 主材耗量	单位	单价/元	主材费/元	辅材费/元	金额/元	机械使用费/元	其他/元	管理费/元	税费/元	利润/元	综合单价/元
1	101-1-a	按合同条款规定，提供建筑工程一切险															56571.00
2	101-1-b	按合同条款规定，提供第三方责任险															6000.00
3	102-4	纵横公路工程项目管理软件及培训费															98000.00
4	203-1-a	挖土方	0.0034	106.28	0.36							13.06	0.16	1.17	1.42	1.03	17.18
5	208-3-a	满铺浆砌片石护坡	1.0190	106.28	108.30	水 1.6185	m³	2.72	4.40		197.06	7.94	4.02	56.33	35.53	21.13	430.31
						中（粗）砂 0.4060	m³	152.69	61.99								
						砂砾 0.1969	m³	46.60	9.18								
						片石 1.1500	m³	78.50	90.28								
						32.5 级水泥 0.1003	t	307.69	30.86								
						其他材料费 0.3500	元	1.00	0.35								
6	208-3-d	φ50PVC 管				φ50PVC 管 1.0000	m	15.00	15.00		15.00						15.00
7	306-1-b	厚 220mm	0.0031	106.28	0.33	碎石 0.3377	m³	75.73	25.58		25.58	1.42	0.24	1.06	2.77	2.11	33.50
8	401-1	桥梁荷载试验（暂估价）															500000.00
9	403-1-a	光圆钢筋（HPB235、HPB300）	0.0042	106.28	0.45						3.45	0.25	0.03	0.35	0.44	0.32	5.28

建设项目名称：[投标例题] 重庆×大桥（节选）

合同段：A2 合同段

第2页 共3页 5-5表（续）

序号	编码	子目名称	工日	人工费单价/元	人工费金额/元	主材耗量	单位	单价/元	主材费/元	辅材费/元	材料费金额/元	机械使用费金额/元	其他/元	管理费/元	税费/元	利润/元	综合单价/元
9	403-1-a	光圆钢筋（HPB235、HPB300）				HPB300 钢筋 0.0010	t	3333.33	3.42								
			0.0046	106.28	0.48	20~22号铁丝 0.0018	kg	4.79	0.01			3.40	0.03	0.35	0.43	0.31	5.18
						电焊条 0.0041	kg	5.73	0.02								
10	403-1-b	带肋钢筋（HRB335、HRB400）				HPB300 钢筋 0.0006	t	3333.33	1.90								
						HRB400 钢筋 0.0005	t	3247.86	1.48			0.17					
						20~22号铁丝 0.0019	kg	4.79	0.01								
						电焊条 0.0028	kg	5.73	0.02								
11	405-1-a	陆上钻孔灌注桩（φ2.2m）	7.8106	106.28	830.11	20~22号铁丝 0.0181	kg	4.79	0.09		1571.64	2507.11	81.54	655.58	541.83	374.33	6562.14
						钢板 0.000014	t	3547.01	0.05								
						钢管 0.0149	t	4179.49	62.14								
						钢护筒 0.0077	t	4273.50	32.75								
						电焊条 0.1564	kg	5.73	0.90								
						铁件 0.0526	kg	4.53	0.24								
						水 30.2913	m³	2.72	82.39								
						锯材 0.0028	m³	1504.42	4.21								

（续）　5-5表

建设项目名称：[投标例题] 重庆××大桥（节选）

合同段：A2合同段　　　　　　　　　　　　　　　　　　　　　　第3页　共3页

序号	编码	子目名称	人工费			材料费						机械使用费/元	其他/元	管理费/元	税费/元	利润/元	综合单价/元
						主材											
			工日	单价/元	金额/元	主材耗量	单位	单价/元	主材费/元	辅材费/元	金额/元						
11	405-1-a	陆上钻孔灌注桩（φ2.2m）	0.8100	106.28	86.09	黏土 7.5493	m³	11.65	87.95								
						中（粗）砂 2.3290	m³	152.69	355.62								
						碎石（4cm）3.0585	m³	86.41	264.29								
						32.5级水泥 2.0992	t	307.69	645.89								
						其他材料费 1.4672	元	1.00	1.47								
						设备摊销费 33.6716	元	1.00	33.67								
12	410-1-e	C30混凝土承台				钢模板 0.0015	t	5384.62	8.08		276.66	51.37	5.51	54.19	45.35	30.08	549.25
						螺栓 0.0380	kg	7.35	0.28								
						铁件 0.2970	kg	4.53	1.35								
						水 1.2000	m³	2.72	3.26								
						中（粗）砂 0.4696	m³	152.69	71.70								
						碎石（4cm）0.8470	m³	86.41	73.19								
						32.5级水泥 0.3845	t	307.69	118.31								
						其他材料费 0.5000	元	1.00	0.50								

编制：李工　　　　　　　　　　　　　　　　　　　　　　复核：王工

表 6-36　专项暂定金额汇总表

	合同段：A2 合同段		货币单位：人民币 元	
清单编号	细目号	名称	估计金额/元	
100	102-4	纵横公路工程项目管理软件及培训费	98000	
400	401-1	桥梁荷载试验（暂估价）	500000	
小计（结转至第 1 页工程量清单汇总表）人民币			598000	元

表 6-37　投标报价汇总表

标段：A2 合同段		科目名称	金额/元
序　号	章　次		
1	100	清单 第 100 章　总则	160571
2	200	清单 第 200 章　路基	1969124
3	300	清单 第 300 章　路面	75945
4	400	清单 第 400 章　桥梁、涵洞	16909939
5		第 100 章至 700 章清单合计	19115579
6		已包含在清单合计中的材料、工程设备、专业工程暂估价合计	598000
7		清单合计减去材料、工程设备、专业工程暂估价合计（5 - 6）= 7	18517579
8		计日工合计	
9		暂列金额（不含计日工总额）	1911558
10		投标报价(5 + 8 + 9) = 10	21，027，137

习　题

一、多选题

1. 以下关于工程量清单及其计价的说法，正确的是（　　）。

A. 工程量清单是招标文件的组成部分

B. 当图样和清单数量不一致，以图样数量报价

C. 清单工程量由招标人编制

D. 招标控制价由招标人编制

2. 公路工程量清单 100 章包括（　　）

A. 保险费　　　　　　　　　　　　　　B. 临时工程与设施

C. 安全设施及预埋管线　　　　　　　　D. 承包人驻地建设

3 公路工程量清单报价的编制依据（　　）。

A.《公路工程标准施工招标文件》　　　B. 招标文件

C. 企业定额　　　　　　　　　　　　　D. 施工组织设计

4. 属于公路工程量清单报价构成的项目有（　　）。

A. 100 ~ 700 章清单合计　　　　　　　B. 计日工

C. 暂列金额（不含计日工）　　　　　　D. 暂估价

二、计算题

某城市次干道长830m，路面宽17m，行车道宽7m，人行道各宽5m，横断面如图6-25所示。计算该道路的清单工程量。

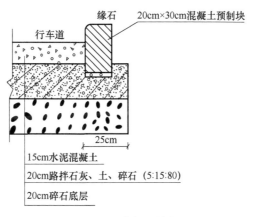

图6-25 横断面结构

铁路综合概（预）算章节表（节选） 附 录

章别节号	工程及费用名称	单位	内　容
	第一部分：静态投资	元	
一	拆迁及征地费用	正线公里	
	其中：Ⅰ.建筑工程费	正线公里	
	Ⅱ.安装工程费	正线公里	
	Ⅲ.设备购置费	正线公里	
	Ⅳ.其他费	正线公里	
	Ⅰ.建筑工程费	正线公里	
0101	一、改移道路	元	指既有道路进行改移、改建、平顺等引起的有关费用，涵下穿铁路立交桥（涵）内道路及两端的引道
	（一）等级公路	km	包括市政道路，含为确保既有道路交通及施工与运营安全所修建的过渡工程
	1.路基	km	
	（1）土方	m³	
	（2）石方	m³	
	（3）路基跗属工程	元	
	① 干砌石	m³	
	② 浆砌石	圬工方	
	③ 混凝土	圬工方	
	④ 钢筋混凝土	圬工方	
	⑤ 绿色防护、绿化	m²	
	⑥ 地基处理	元	按处理方式分列
	2.路面	m²	
	（1）垫层	m²	
	（2）基层	m²	
	（3）面层	m²	
	① 沥青混凝土路面	m²	
	② 水泥混凝土路面	m²	
	3.公路桥（××座）	延长米	
	（1）下部建筑	圬工方	

（续）

章别节号	工程及费用名称	单位	内　容
	① 基础	圬工方	
	A. 明挖	圬工方	
	B. 承台	圬工方	
	C. 挖孔桩	m	
	D. 钻孔桩	m	
	E. 管桩	m	
	② 墩台	圬工方	
	（2）上部建筑	m²	
	① 简支梁	m²	
	② 连续梁	m²	
	③ 钢-混凝土结合梁	m²	
	④ 斜拉桥	m²	指承台以上部分索塔和斜拉索的梁部
	⑤ 钢管拱	m²	包括拱部和桥面板
	⑥ 其他拱桥	m²	
	⑦ 其他梁桥	m²	
	⑧ 支座	元	
0101	⑨ 桥面系	m²	包括车行道、人行道、伸缩装置、湿接缝、变形缝、泄水管（孔）、综合管沟、护栏、隔离栅、中间带、隔离块、标志牌、标线、标桩、界牌
	A. 钢梁桥面系	m²	
	B. 混凝土梁桥面系	m²	
	（3）附属工程	元	
	① 土方	m³	
	② 石方	m³	
	③ 干砌石	m³	
	④ 浆砌石	圬工方	
	⑤ 混凝土	圬工方	
	⑥ 钢筋混凝土	圬工方	
	⑦ 台后及锥体填筑	圬工方	
	4. 涵洞（××座）	横延米	
	5. 隧道（××座）	延长米	
	（1）开挖	m³	
	（2）衬砌	圬工方	
	① 模筑混凝土	圬工方	
	② 钢筋	t	
	（3）洞门	圬工方	
	（4）附属工程	元	

（续）

章别节号	工程及费用名称	单位	内　　容
	6. 沿线设施	km	
	（二）泥结碎石路	m²	
	（三）土路	m²	
	（四）道路过渡工程	元	指为了不中断既有道路交通，确保施工、运营安全所修建的过渡工程
	（五）取弃土（石）场处理	元	
	二、立交桥综合排水	处	包括排水泵站房、排水设施
	三、砍伐、挖根	棵	指修建铁路正式工程所发生的砍伐、挖根或移栽。如土地征用补偿费中已含此费用，则不计列
	四、改河（沟渠）	元	指修建铁路正式工程而需对既有河道、沟渠进行平顺、改移、防护等所发生的有关费用
	五、改移通信线路	km	指对既有通信线路进行改移、改建等引起的有关费用。若拆迁补偿费中已含此费用，则不计列
	六、改移电力线路	km	指对既有电力线路进行改移、改建等引起的有关费用。若拆迁补偿费中已含此费用，则不计列
	七、管线路防护	元	指修建铁路时须对属路外产权的管线路进行的防护、加固
	八、隔音窗	m²	
0101	九、既有建筑物拆除后的垃圾清运	元	指修建铁路正式工程须对建筑物拆除后的垃圾进行的清运。如拆迁补偿费中已含此费用，则不计列
	Ⅱ. 安装工程费	元	
	Ⅲ. 设备购置费	元	含排水泵设备
	Ⅳ. 其他费	元	
	一、土地征用及拆迁补偿费	元	指为进行铁路建设需征用土地所应支付的永久用地的土地补偿费、必须交纳或发生的失地农民保险、安置补助费、附着物及青苗补偿费、菜地开发建设基金、耕地开垦费、耕地占用税，森林植被恢复费，临时用地费，征地拆迁手续费，用地勘界费、土地预审费、临时用地复垦方案报告编制费、压覆矿藏评估及补偿等
	（一）土地征用补偿费	元	指永久用地所发生的土地补偿费、安置补助费、青苗补偿费、必须交纳或发生的失地农民保险、菜地开发建设基金、耕地开垦费、耕地占用税，森林植被恢复费等费用，可按不同土地性质分列
	（二）拆迁补偿费	元	指被永久征用土地上的房屋及附属构筑物、城市公共设施等拆建补偿费等；既有管线路改迁。改沟（渠、河），导流设施、消能设施、挑水坝修建及河道加固防护等所发生的补偿费用；项目建设造成封井，农田、水利设施、水系损坏及房屋损坏修复费或补偿费等

（续）

章别节号	工程及费用名称	单位	内　容
0101	1. 建筑物	元	
	（1）房屋	m²	
	① 民房	m²	可按商品房、集体土地房分列
	② 厂矿企业及学校	m²	
	③ 其他房屋	m²	
	（2）其他建筑物	元	
	2. 通信线路	km	
	3. 电力线路	km	
	4. 其他补偿费	元	包括既有线路迁改，改沟（渠、河），导流设施、消能设施、挑水坝修建及河道加固防护等所发生的补偿费用；项目建设造成封井，农田、水利设施、水系损坏及房屋损坏修复费或补偿费等
	（三）临时用地费	元	指取弃土石场（含隧道弃渣场）以及大型临时设施中的临时场站等工程的临时占地费用，包括征用土地、青苗补偿、拆迁补偿、复垦、管理费及其他与土地有关的费用等。按临时用地的用途分项列出
	（四）土地征用、拆迁工作经费	元	指在征地过程中，工程所在地有关部门配合拆迁工作所发生的相关人员的工作经费、资产评估费及土地登记管理费等
	（五）用地堪界费	元	
	（六）土地预审费	元	
	（七）临时用地复垦方案报告编制费	元	
	（八）压覆矿藏评估与补偿费	元	
	二、青苗补偿费	元	指铁路用地界以外修建正式工程发生的青苗补偿
二	路基	路基公里	含地面站站区长度
0202	区间路基土石方	区间路基公里	包括开挖路堑、填筑路堤（含过渡段），挖除池沼淤泥、多年冻土等。不包括桥头锥体土石方及桥台后缺口土石方
	Ⅰ. 建筑工程费	元	
	一、土方	m³	不含 A 组、B 组、AB 组填料
	（一）挖土方（弃方）	m³	路基设计断面内的挖、装运至弃土场
	1. 开挖土方（运距≤1km）	m³	
	（1）人力施工	m³	
	（2）机械施工	m³	
	2. 增运土方（运距＞1km）	m³	
	（二）挖土方（利用方）	m³	路基设计断面内的挖、装运至临时堆放场或填料加工厂

（续）

章别节号	工程及费用名称	单位	内　　容
0202	1. 开挖土方（运距≤1km）	m³	
	（1）人力施工	m³	
	（2）机械施工	m³	
	2. 增运土方（运距＞1km）	m³	
	（三）利用方填土	m³	利用土方的摊铺、洒水、压实等，临时堆放场运至填筑点
	1. 开挖土方（运距≤1km）	m³	
	（1）人力施工	m³	
	（2）机械施工	m³	
	2. 增运土方（运距＞1km）	m³	
	（四）借土填方	m³	借土方的挖、装、运、卸，摊铺、压实、洒水等
	1. 挖填土方（运距≤1km）	m³	
	（1）人力施工	m³	
	（2）机械施工	m³	
	2. 增运土方（运距＞1km）	m³	
	二、AB组填料	m³	A组、B组、AB组填料
	（一）利用方	m³	利用土填料的加工、摊铺、洒水、压实等，填料加工厂运至填筑点
	1. 挖填（运距≤1km）	m³	
	2. 增运土方（运距＞1km）	m³	
	（二）借方	m³	借土方的挖、装、运、卸，填料加工，摊铺、压实、洒水等
	1. 挖填（运距≤1km）	m³	
	2. 增运土方（运距＞1km）	m³	
	三、石方	m³	
	（一）挖石方（弃方）	m³	路基设计断面内石方的挖、装运弃石场
	1. 爆破石方	m³	含静态爆破
	2. 挖运石方（运距≤1km）	m³	
	（1）人力施工	m³	
	（2）机械施工	m³	
	3. 增运石方（运距＞1km）	m³	
	（二）挖石方（利用方）	m³	路基设计断面内石方的挖、装运至临时堆放场或填料加工场
	1. 爆破石方	m³	含静态爆破
	2. 挖运石方（运距≤1km）	m³	
	（1）人力施工	m³	
	（2）机械施工	m³	

（续）

章别节号	工程及费用名称	单位	内　　容
	3. 增运石方（运距 >1km）	m³	
	（三）利用石填方	m³	包括按以石代土路堤设计时利用石方的摊铺、压实、洒水等和按填石路堤设计时利用石方的填筑、码砌等，临时堆放场运至填筑点
	1. 挖填石方（运距 ≤1km）	m³	
	（1）人力施工	m³	
	（2）机械施工	m³	
	2. 增运石方（运距 >1km）	m³	
	（四）借石填方	m³	包括按以石代土路堤设计时借石方的开挖、装、运、卸、摊铺、压实、洒水等和按填石路堤设计时借石方的开挖、装、运、卸，填筑、码砌等
	1. 爆破石方	m³	
	2. 挖填石方（运距 ≤1km）	m³	
	（1）人力施工	m³	
	（2）机械施工	m³	
	3. 增运石方（运距 >1km）	m³	
	四、填渗水土	m³	渗水土的开挖、装、运、卸，摊铺、压实、洒水等
0202	（一）挖填（运距 ≤1km）	m³	
	1. 人力施工	m³	
	2. 机械施工	m³	
	（二）增运（运距 >1km 的部分）	m³	
	五、填改良土	m³	
	（一）利用土改良	m³	配料、拌制，摊铺、洒水、压实，填料加工场运至填筑点
	1. 挖填土方（运距 ≤1km）	m³	
	2. 增运土方（运距 >1km）	m³	
	（二）借土改良	m³	挖、装、运、卸、配料、拌制，摊铺、洒水、压实
	1. 挖填土方（运距 ≤1km）	m³	
	2. 增运土方（运距 >1km）	m³	
	六、级配碎石（砂砾石）	m³	配料、拌制，堆放；分层摊铺、掺拌水泥、洒水或晾晒、压实，排水；路面及边坡修整
	（一）基床表层	m³	
	（二）过渡段	m³	
	1. 路堤与桥台过渡段	m³	
	2. 路堤与横向结构物过渡段	m³	

（续）

章别节号	工程及费用名称	单位	内 容
0202	3. 路堤与路堑过渡段	m³	
	七、清除表土		挖、装、运、卸，堆放
	八、挖淤泥	m³	围堰填筑及拆除、抽水；挖、装、运、卸．排水，弃方堆放、整修
	九、挖多年冻土	m³	开挖、装、运、卸，弃方堆放、整理；路面及边坡修整
0203	站场土石方	站场路基公里	包括站场范围内的正线土石方（内容同区间路基土石方）
	Ⅰ. 建筑工程费	元	
	细目同区间路基土石方	m³	
0204	路基附属工程	路基公路	包括区间和站场内的附属工程及涵洞（顶进除外）地基处理
	Ⅰ. 建筑工程费	元	指区间和站场土石方总量
	一、区间路基附属工程	区间路基公里	
	（一）支挡结构	元	包括各类挡土墙、抗滑桩等
	1. 抗滑桩	圬工方	
	2. 桩板挡土墙	圬工方	不含预应力锚索桩板挡土墙中的预应力锚索
	3. 锚杆挡土墙	圬工方	
	4. 锚定板挡土墙	圬工方	一般为钢筋混凝土
	5. 加筋土挡土墙	m²	加筋土挡土墙中填筑的土石方，应列入区间或站场土石方
	（1）墙面板及基础	圬工方	
	（2）拉筋	元	按拉筋类型分列
	6. 土钉	m	含边坡加固锚杆，不含挂网，喷混凝土及锚杆挡土墙中的锚杆
	7. 预应力锚索	m	
	8. 其他挡土墙	圬工方	
	（1）挡土墙浆砌石	圬工方	
	（2）挡土墙片石混凝土	圬工方	
	（3）挡土墙混凝土	圬工方	
	（4）挡土墙钢筋混凝土	圬工方	
	（5）挡土墙喷混凝土	圬工方	包括挂网
	（6）挡土墙栏杆	延长米	按材质划分
	（二）地基处理	元	含涵洞基础
	1. 基底填筑（垫层）	m³	

（续）

章别节号	工程及费用名称	单位	内　容
	（1）填（片石）混凝土	圬工方	
	（2）填砂石料	m³	填料按填料费计列。含抛填石（片石）及填筑的片石、碎石、砂夹碎石、砂夹（卵砾石）卵砾石、砂等
	（3）换填土	m³	包括3∶7灰土、2∶8灰土、石灰土、水泥土
	（4）填石灰（水泥）土	m³	
	（5）填土石	m³	填料来源与路基土方、石方一致
	2.水泥（混凝土）置换桩	m	
	（1）CFG桩	m	
	（2）旋喷桩	m	
	（3）粉喷桩	m	
	（4）水泥搅拌桩	m	
	（5）水泥砂浆搅拌桩	m	指多方位立体水泥砂浆搅拌桩
	（6）水泥土挤密桩	m	
	（7）水泥土柱锤冲扩桩	m	
	（8）螺旋桩	m	
	3.打入（沉入）桩	元	
0204	（1）钢筋混凝土方桩	圬工方	
	（2）钢筋混凝土管桩	m	包括预应力混凝土管桩
	（3）钢管桩	m	包括管内浇筑混凝土
	4.其他桩（井）	m	
	（1）袋装砂井	m	
	（2）砂桩	m	
	（3）碎石桩	m	
	（4）石灰桩	m	
	5.基底行（压）实	m²	
	（1）强夯	m²	
	（2）夯实及碾压	m²	含重锤夯实、重型碾压、冲击碾压
	6.其他地基处理方式	元	
	（1）真空预压	m²	
	（2）堆载预压	m²	
	（3）塑料排水板	m	
	（三）平（坡）面防护	元	
	1.喷射混凝土	m²	
	（1）素喷混凝土	m²	
	（2）网喷混凝土	m²	包括挂网，不包括边坡加固锚杆
	2.喷射水泥砂浆	m²	

（续）

章别节号	工程及费用名称	单位	内　　容
0204	（1）素喷水泥砂浆	m²	
	（2）网喷水泥砂浆	m²	包括挂网，不包括边坡加固锚杆
	3. 绿色防护（绿化）	元	
	（1）铺草皮	m²	
	（2）播草籽	m²	不含土工网垫中的播草籽
	（3）喷播植草	m²	
	（4）喷混植生	m²	不含边坡加固锚杆
	（5）栽植乔木	千株	
	（6）栽植灌木	千株	
	（7）栽植花草	m²	
	（8）穴植容器苗	千穴	
	（9）三维生态防护	m²	
	4. 风沙路基防护	元	
	（1）铺黏性土	m³	
	（2）铺卵（砾）石	m²	
	（3）铺草方格	m²	
	（4）沙障	m	按材质分列，不包括土工格栅沙障
	（5）挡沙堤	m	
	（6）截沙沟	m	
	（7）防沙栅栏	m	
	（8）刺铁丝网	m	
	5. 高强金属防护网	m²	
	（1）主动防护网	m²	
	（2）被动防护网	m²	
	6. 土工合成材料	m²	包括所有防护工程的土工合成材料
	（1）复合土工膜	m²	
	（2）土工格栅	m²	
	（3）土工格室	m²	
	（4）土工布	m²	
	（5）土工网	m²	
	（6）土工网垫	m²	含播草籽
	（7）铺氯丁橡胶板	m²	
	（8）铺聚氯乙烯软板	m²	
	（四）护坡与冲刷防护	元	除取弃土（石）场处理、沟渠外的所有混凝土及砌体
	1. 干砌石	m³	
	2. 浆砌石	圬工方	

（续）

章别节号	工程及费用名称	单位	内　　容
	3. 片石混凝土	圬工方	
	4. 混凝土	圬工方	
	5. 钢筋混凝土	圬工方	
	6. 笼装片石	m³	
	（五）取弃土（石）场处理	元	
	1. 干砌石	m³	
	2. 浆砌石	圬工方	
	3. 混凝土	圬工方	
	4. 钢筋混凝土	圬工方	
	5. 绿化	元	
	6. 其他	元	
	（六）沟渠	m	
	1. 干砌石	m³	
	2. 浆砌石	圬工方	
	3. 片石混凝土	圬工方	
	4. 混凝土	圬工方	
	5. 钢筋混凝土	圬工方	
0204	（七）地下排水设施	元	
	1. 混凝土管	m	
	2. 钢筋混凝土管	m	
	3. 聚氯乙烯（UPVC）管	m	
	4. 铸铁管	m	
	5. 渗沟	m	不包括混凝土及砌体、土工合成材料
	6. 其他地下排水设施	m	
	（八）地下洞穴处理	元	
	1. 钻孔	m	
	2. 灌注浆（砂）	m³	
	（1）帷幕注浆	m³	
	（2）灌浆	m³	
	（3）灌砂	m³	
	3. 填筑	元	
	（1）填砂石料	m³	填料按材料费计列。含填筑片石、碎石、砂等
	（2）填土石	m³	含填袋装土石
	（3）填片石混凝土	圬工方	
	（4）填浆砌石	圬工方	
	（九）路基地段相关工程	元	

（续）

章别节号	工程及费用名称	单位	内　容
0204	1. 路基地段护轮轨	单根公里	
	2. 路基地段电缆槽	km	指路基同步施工的部分
	3. 路基地段接触网基础	个	指路基同步施工的部分
	（十）土石方	m³	指单独挖土石方的项目（包括平交道的土石方）
	1. 土方	m³	
	2. 石方	m³	
	（十一）线路防护栅栏	单侧公里	
	1. 路基地段防护栅栏	单侧公里	按规格型号分列
	2. 桥梁地段防护栅栏	单侧公里	按规格型号分列
	3. 隧道地段防护栅栏	单侧公里	按规格型号分列
	（十二）其他路基附属	元	
	1. 平交道路面	m²	
	2. 基床表层隔水层	m²	
	3. 保温层	m²	
	4. 检查井	座	
	5. 拆除	m³	指单独拆除的路基附属构筑物
	6. 路肩封闭	m²	
	7. 其他		按项目内容分列
	二、站场路基附属工程	站场路基公里	
	细目参照区间路基附属工程	圬工方	
三	桥涵	桥梁公里	单线、双线、多线桥分别编制
0305	特大桥（××座）	延长米	指桥长 500m 以上
	一、复杂特大桥（××座）	延长米	指基础水深在 10m 以上的桥梁，墩高 50m 以上，或有跨度 100m 以上梁的桥梁，或有特殊结构的桥梁
	（一）××特大桥	延长米	
	Ⅰ.建筑工程费	元	
	1. 下部工程	延长米	
	（1）基础	圬工方	
	① 明挖	圬工方	
	A. 混凝土	圬工方	含冷却管，以下同
	B. 钢筋	t	
	② 承台	圬工方	
	A. 混凝土	圬工方	
	B. 钢筋	t	
	③ 沉井	元	

（续）

章别节号	工程及费用名称	单位	内　　容
	A. 陆上钢筋混凝土沉井	圬工方	
	B. 陆上钢筋沉井	t	
	C. 水上钢筋混凝土沉井	圬工方	
	D. 水上钢筋沉井	t	
	④ 挖孔桩	m	
	⑤ 钻孔桩	m	
	A. 陆上	m	
	B. 水上	m	
	⑥ 沉入桩	元	
	A. 钢筋（预应力）混凝土管桩	m	
	B. 钢管桩	m	
	⑦ 管柱	m	
	A. 钢筋（预应力）混凝土管柱	m	
	B. 钢管柱	m	
	⑧ 挖井基础	圬工方	
	A. 混凝土	圬工方	
	B. 钢筋	t	
0305	（2）墩台	圬工方	
	① 混凝土	圬工方	
	② 钢筋	t	
	③ 浆砌石	圬工方	
	2. 上部工程	延长米	
	（1）预应力混凝土简支箱梁	孔	按单线、双线、跨度、设计速度分列。先简支后连续梁
	① 制架预应力混凝土简支箱梁	孔	
	A. 预制	孔	
	B. 运架	孔	
	② 现浇预应力混凝土简支箱梁	孔	
	（2）制架（钢筋）预应力混凝土T形梁	孔	按单线、双线、跨度、设计速度分列
	① 预制	孔	
	② 运架	孔	
	③ 横向连接	孔	
	（3）构架（钢筋）预应力混凝土T形梁	孔	按单线、双线、跨度、设计速度分列
	（4）预应力混凝土连续梁	圬工方	

（续）

章别节号	工程及费用名称	单位	内　容
0305	① 混凝土	圬工方	
	② 预应力钢筋	t	
	③ 普通钢筋	t	
	（5）钢桁梁（钢桁拱）	t	
	（6）钢板梁	t	
	（7）钢-混凝土结合梁	延长米	
	① 混凝土	圬工方	
	② 普通钢筋	t	
	③ 钢梁	t	
	（8）斜拉桥	延长米	指承台以上部分索塔和斜拉索支承的梁部。不包括桥面系
	① 斜拉桥索塔	圬工方	
	② 斜拉索	t	
	③ 钢梁	t	
	④ 预应力混凝土梁	圬工方	
	（9）钢管拱	延长米	包括拱部和桥面板，不包括桥面系
	① 钢管	t	
	② 钢管内混凝土	圬工方	
	③ 系杆（水平索）	t	
	④ 吊杆	t	
	⑤ 横梁及桥面板	圬工方	
	（10）道岔梁	圬工方	
	① 混凝土	圬工方	
	② 预应力钢筋	t	
	③ 普通钢筋	t	
	（11）其他特殊梁	圬工方	
	① 混凝土	圬工方	
	② 预应力钢筋	t	
	③ 普通钢筋	t	
	④ 钢材	t	
	（12）支座	元	
	① 金属支座	元	按类型、跨度分列
	② 板式橡胶支座	孔	按跨度分列
	③ 盆式橡胶支座	个	按承载力分列
	（13）桥面系	延长米	包括围栏、吊篮、防护网、避车台、桥梁检修设备走行轨、检查梯、铁蹬、护栅、通信、信号、电力支架，挡砟墙、竖墙、防撞墙、挡砟块，遮板、栏杆、人行道板及纵向盖板，电缆槽及盖板，护轮轨，地震区防止落梁设施，涂装等

（续）

章别节号	工程及费用名称	单位	内　　容
0305	① 混凝土桥面系	延长米	
	② 钢梁桥面系	延长米	
	3. 附属工程	元	包括锥体填筑及护坡、不设路桥过渡段的桥台后缺口填筑、桥头搭板、改河、改沟、改渠，导流设施，消能设施，挑水坝，河床加固及河岸防护，地下洞穴、取弃土（石）场处理等
	（1）土方	m³	
	（2）石方	m³	
	（3）干砌石	m³	
	（4）浆砌石	圬工方	
	（5）混凝土	圬工方	
	（6）钢筋混凝土	圬工方	
	（7）台后及锥体填筑	m³	
	（8）洞穴处理	元	
	① 钻孔	m	
	② 注浆	m³	
	③ 灌砂	m³	
	④ 填土	m³	
	⑤ 填袋装土	m³	
	⑥ 填石（片石）	m³	
	⑦ 填片石混凝土	m³	
	⑧ 钻孔填筑	m³	
	⑨ 帷幕注浆	m³	
	（9）桥上永久照明及防雷	延长米	
	（10）绿化	元	指取弃土（石）场处理的
	（11）其他	元	
	4. 施工辅助设施	元	包括筑岛及堤；土、石围堰；木板桩围堰，钢板桩围堰；混凝土、钢筋混凝土围堰、钢围堰、吊箱围堰、套箱围堰等；围堰下水滑道；栈桥；缆索吊；工作平台等。梁部的各种辅助设施可根据需要在此分列
	（1）栈桥	m	包括栈桥的养护费
	（2）缆索吊	处	包括缆索吊的养护费
	（3）基础施工辅助设施	墩	指需要设置施工辅助设施的桥墩数量，按不同辅助设施种类分列
	① 筑堤	m³	
	② 筑岛	m³	
	③ 钢板桩围堰	t	

（续）

章别节号	工程及费用名称	单位	内　容
	④（钢筋）混凝土围堰	圬工方	
	⑤ 钢围堰	t	
	⑥ 工作平台	m²	
	（4）其他	元	梁部的各种辅助设施可根据需要在此分列
	Ⅱ. 安装工程	元	
	Ⅲ. 设备工器具	元	
	（二）××特大桥	延长米	
	细目同（一）××复杂特大桥		
	二、一般特大桥（××座）	延长米	
	细目参照（一）××复杂特大桥		
	三、公铁两用特大桥（××座）	延长米	
	Ⅰ. 建筑工程费	延长米	
	（一）正桥	延长米	
	1. 下部工程	圬工方	
	细目参照（一）××复杂特大桥下部工程		
	2. 上部工程	延长米	
0305	（1）铁路桥细目参照（一）××复杂特大桥上部工程		
	（2）公路桥细目参照改移道路公路桥"上部建筑"		
	3. 附属工程	元	
	细目参照（一）××复杂特大桥附属工程		
	4. 施工辅助设施	元	
	细目参照（一）××复杂特大桥施工辅助设施		
	（二）铁路引桥	延长米	
	细目参照（一）××复杂特大桥		
	（三）公路引桥	m²	
	1. 下部工程	圬工方	
	细目参照（一）××复杂特大桥下部工程		
	2. 上部建筑	m²	
	公路桥细目参照改移道路公路桥"上部建筑"		

（续）

章别节号	工程及费用名称	单位	内　　容
0305	3. 附属工程	元	
	细目参照（一）××复杂特大桥附属工程		
	4. 施工辅助设施	元	
	细目参照（一）××复杂特大桥施工辅助设施		
	Ⅰ. 安装工程费	元	
	Ⅱ. 设备购置费	元	
	四、公铁两用特大桥	延长米	
	细目同三××公铁两用特大桥		
0306	大桥（××座）	延长米	指100m以上至500m
	甲、新建（××座）	延长米	
	一、复杂大桥（××座）	延长米	包括高桥
	细目参照（一、复杂特大桥）		
	二、一般梁式大桥（××座）	延长米	
	细目参照一般特大桥		
	三、拱桥	延长米	
	（一）下部工程	圬工方	
	细目参照（一）××复杂特大桥下部工程		
	（二）上部工程	延长米	
	1. 拱圈（拱肋）	圬工方	
	2. 拱上结构	圬工方	
	3. 吊杆或系杆	圬工方	
	4. 桥面	圬工方	
	5. 桥面系	圬工方	
	（三）附属工程	圬工方	
	细目参照（一）××复杂特大桥附属工程		
	（四）施工辅助设施	元	
	细目参照（一）××复杂特大桥施工辅助设施		
	Ⅰ. 安装工程费	元	
	Ⅱ. 设备购置费	元	
	乙、改建（××座）	延长米	
	一、梁式大桥	延长米	

（续）

章别节号	工程及费用名称	单位	内　容
0306	Ⅰ. 建筑工程费	延长米	
	（一）下部工程	圬工方	
	细目参照（一）××复杂特大桥"下部工程"		
	（二）上部工程	延长米	
	1. 梁部加固	圬工方	
	（1）混凝土	圬工方	
	（2）预应力钢筋	t	
	（3）普通钢筋	t	
	（4）钢材	t	
	2. 更换梁（拱）	元	
	（1）预应力混凝土简支箱梁	孔	
	① 拆除	孔	
	② 制架预应力混凝土简支箱梁	孔	
	A. 预制	孔	
	B. 运架	孔	
	③ 现浇箱梁	元	
	（2）（钢筋）预应力混凝土T梁	孔	
	① 拆除	孔	
	② 制架T梁	孔	
	A. 预制T梁	孔	
	B. 运架T梁	孔	
	③ 横向连接	孔	
	（3）钢板梁	元	
	① 拆除	孔	
	② 架设	孔	
	（4）其他特殊梁	圬工方	
	① 拆除	孔	
	② 混凝土	圬工方	
	③ 预应力钢筋	t	
	④ 普通钢筋	t	
	⑤ 钢材	t	
	3. 更换支座	元	
	（1）金属支座	元	
	（2）板式橡胶支座	孔	
	（3）盆式橡胶支座	个	

（续）

章别节号	工程及费用名称	单位	内　容
	4. 桥面系	延长米	参照复杂特大桥
	（三）附属工程	元	
	细目参照（一）××复杂特大桥附属工程		
	（四）施工辅助设施	元	
	细目参照（一）××复杂特大桥施工辅助设施		
	（五）拆除	圬工方	
	（一）下部工程	圬工方	
	细目参照（一）××复杂特大桥"下部工程"		
	（二）上部工程	延长米	
	1. 拱部	延长米	
	（1）混凝土	圬工方	
0306	（2）预应力钢筋	t	
	（3）普通钢筋	t	
	（4）钢材	t	
	（5）浆砌石	圬工方	
	2. 桥面系	延长米	内容同特大桥
	（三）附属工程	元	
	细目参照（一）××复杂特大桥附属工程		
	（四）施工辅助设施	元	
	细目参照（一）××复杂特大桥施工辅助设施		
	（五）拆除砌体、圬工	元	
	1. 干砌石	m³	
	2. 浆砌石	圬工方	
	3. 混凝土	圬工方	
	4. 钢筋混凝土	圬工方	
	中桥	延长米	不含框架桥
	Ⅰ. 建筑工程费	元	
0307	甲、新建（××座）	延长米	
	一、梁式桥（××座）	延长米	复杂桥单列
	细目参照一、复杂特大桥		
	二、拱桥（××座）	延长米	

（续）

章别节号	工程及费用名称	单位	内　容
0307	细目参照〈大桥〉"拱桥"		
	乙、改建（××座）	延长米	
	一、梁式桥（××座）	延长米	
	细目参照〈大桥〉"改建梁式大桥"		
	二、拱桥（××座）	延长米	
	细目参照〈大桥〉"改建拱桥"		
0308	小桥	延长米	
	Ⅰ. 建筑工程费	元	不含出入口两端的等级公路引道
	甲、新建（××座）	延长米	
	一、框架式桥（××座）	延长米	
	（一）明挖（××座）	顶面 m²	
	1. 框架桥身及附属	顶面 m²	
	2. 明挖基础（含承台）	圬工方	
	3. 地基处理	元	
	细目参照〈一、区间路基附属工程〉"（二）地基处理"	m³	
	（二）顶进（××座）	顶面 m²	
	1. 既有线加固及防护	顶面 m²	
	2. 框架桥身及附属	顶面 m²	不含出入口两端的等级公路引道
	3. 地基处理	元	
	乙、改建（××座）	延长米	
	一、框架式（桥）（××座）	延长米	
	Ⅰ. 建筑工程费	延长米	
	（一）框架桥身接长及附属	顶面 m²	
	（二）明挖基础（含承台）	圬工方	
	（三）地基处理	元	按不同处理方式编列
	细目参照〈一、区间路基附属工程〉"（二）地基处理"		
	（四）拆除	元	
	1. 干砌石	m³	
	2. 浆砌石	圬工方	
	3. 混凝土	圬工方	
	4. 钢筋混凝土	圬工方	
0309	涵洞（××座）	横延米	不含顶进涵洞以外的地基处理
	Ⅰ. 建筑工程费	元	
	甲、新建（××座）	横延米	按不同孔径、孔数分列

（续）

章别节号	工程及费用名称	单位	内　　容
	一、圆涵（××座）	横延米	
	（一）明挖基础（××座）	横延米	
	1. 单孔（××座）	横延米	
	（1）涵身及附属	横延米	
	（2）明挖基础（含承台）	圬工方	
	2. 双孔（××座）	横延米	
	（1）涵身及附属	横延米	
	（2）明挖基础（含承台）	圬工方	
	3. 三孔（座）	横延米	
	（1）涵身及附属	横延米	
	（2）明挖基础（含承台）	圬工方	
	二、拱涵（××座）	横延米	
	细目同〈一、圆涵〉		
	三、盖板箱涵（××座）	横延米	
	细目同〈一、圆涵〉		
	四、矩形涵（××座）	横延米	
	细目同〈一、圆涵〉		
0309	五、框架涵（××座）	横延米	等级公路不含涵内道路及两端引道
	细目同〈一、圆涵〉		
	六、肋板涵	横延米	
	细目同〈一、圆涵〉		
	七、倒虹吸管（××座）	横延米	
	（一）铸铁管	横延米	
	（二）钢筋混凝土管	横延米	
	八、渡槽（××座）	横延米	
	乙、改建	横延米	按不同孔径、孔数分列
	一、接长	横延米	
	（一）圆涵（座）	横延米	
	细目同（甲、新建）"一、圆涵"		
	（二）拱涵（××座）	横延米	
	细目同（甲、新建）"一、圆涵"		
	（三）盖板箱涵（××座）	横延米	
	细目同（甲、新建）"一、圆涵"		
	（四）矩形涵	横延米	
	细目同（甲、新建）"一、圆涵"		
	（五）框架涵	横延米	

（续）

章别节号	工程及费用名称	单位	内　　容
	细目同（甲、新建）"一、圆涵"		
	（六）肋板涵	横延米	按不同孔径、孔数分列
	细目同（甲、新建）"一、圆涵"		
	（七）倒虹吸管（××座）	横延米	
	1. 铸铁管	横延米	
	2. 钢筋混凝土管	横延米	
	（八）渡槽（××座）	横延米	
	二、局部加固	元	
0309	（一）干砌石	m³	
	（二）浆砌石	圬工方	
	（三）混凝土	圬工方	
	（四）钢筋	t	
	三、拆除砌体、圬工	元	
	（一）干砌石	m³	
	（二）浆砌石	圬工方	
	（三）混凝土	圬工方	
	（四）钢筋混凝土	圬工方	
四	隧道及明洞	隧道公里	单线、双线、多线隧道分别编列
	隧道（××座）	延长米	
	甲、新建（××座）	延长米	
	一、$L>4$km隧道（××座）	延长米	有辅助导坑的隧道按工区进行编制
	（一）××隧道	延长米	
	Ⅰ. 建筑工程	延长米	
	1. 正洞（钻爆法施工）	延长米	包括开挖、衬砌、回填等
	（1）Ⅰ级围岩	延长米	
0410	① 开挖	m³	含开挖期间的通风、洞内排水、临时支护及管线路的安装、使用、维护及拆除，洞外弃渣远运
	A. 开挖	m³	含临时支护及拆除
	B. 洞外弃渣增运	m³	
	② 衬砌	圬工方	
	A. 模筑混凝土	圬工方	
	B. 钢筋	t	不含挂网喷射混凝土的钢筋网
	③ 支护	延长米	
	A. 喷射混凝土	圬工方	
	B. 喷射钢纤维混凝土	圬工方	
	C. 钢筋网	t	

（续）

章别节号	工程及费用名称	单位	内　　　容
	D. 钢支撑	m	
	E. 超前小导管	m	
	F. 锚杆	m	
	G. 管棚	t	
	④ 拱顶压浆	延长米	
	（2）Ⅱ级围岩	延长米	
	细目同〈1. 正洞（钻爆法施工）〉"（1）Ⅰ级围岩"		
	（3）Ⅲ级围岩	延长米	
	细目同〈1. 正洞（钻爆法施工）〉"（1）Ⅰ级围岩"		
	（4）Ⅳ级围岩	延长米	
	细目同〈1. 正洞（钻爆法施工）〉"（1）Ⅰ级围岩"		
	（5）Ⅴ级围岩	延长米	
	细目同〈1. 正洞（钻爆法施工）〉"（1）Ⅰ级围岩"		
0410	（6）Ⅵ级围岩	延长米	
	细目同〈1. 正洞（钻爆法施工）〉"（1）Ⅰ级围岩"		
	2. 正洞（掘进机）	延长米	
	3. 正洞（盾构法施工）	延长米	
	4. 明洞及棚洞	延长米	指与隧道相连的明洞及棚洞
	（1）开挖	m³	
	① 开挖	m³	含临时支护及拆除
	② 洞外弃渣增运	m³	
	（2）衬砌	圬工方	含防水层
	（3）拱顶回填	m³	按不同材质分列
	5. 辅助导坑	延长米	
	（1）平行导坑	延长米	
	① 无轨平导	延长米	
	A. Ⅰ级围岩	延长米	
	B. Ⅱ级围岩	延长米	
	C. Ⅲ级围岩	延长米	
	D. Ⅳ级围岩	延长米	
	E. Ⅴ级围岩	延长米	

（续）

章别节号	工程及费用名称	单位	内　容
	F. Ⅵ级围岩	延长米	
	② 有轨平导	延长米	
	细目同〈① 无轨平导〉		
	（2）斜井	延长米	
	① 无轨斜井	延长米	
	细目同〈① 无轨平导〉		
	② 有轨斜井	延长米	
	细目同〈① 无轨平导〉		
	（3）横洞	延长米	
	细目同〈（1）平行导坑〉		
	（4）竖井	m	
	细目同〈（1）平行导坑〉		
	（5）横通道	m	
	细目同〈（1）平行导坑〉		
	（6）泄水洞	m	
	细目同〈（1）平行导坑〉		
0410	6. 洞门	圬工方	包括端翼墙、缓冲结构和与洞门连接的挡墙以及洞门牌、号标、检查梯等
	7. 附属工程	延长米	
	（1）洞口防护	圬工方	包括洞口边仰坡及基础，挡土墙、拦石墙，锚索桩，土钉墙，坡面防护，排水沟，抗滑桩等
	① 浆砌砌体	圬工方	
	② 混凝土	圬工方	
	③ 土钉	m	含边坡加固锚杆
	④ 锚索	m	
	⑤ 抗滑桩	圬工方	
	⑥ 素喷混凝土	m²	
	⑦ 网喷混凝土	m²	不含边坡加固锚杆
	⑧ 钢筋	t	不含挂网喷射混凝土的钢筋网
	（2）地表加固	元	与洞口防护相同的加固措施列入洞口防护
	① 钻孔	钻孔 m	
	② 灌注浆	m	
	③ CFG 桩	m	
	④ 旋喷桩	m	
	⑤ 钻孔桩	m	
	⑥ 挖孔桩	m	

（续）

章别节号	工程及费用名称	单位	内　容
	⑦ 钢管桩	m	包括管内灌注混凝土
	⑧ 碎石桩	m	
	（3）隧道内地基及洞穴处理	元	
	① 钻孔	m³	
	② 灌注砂浆	m³	
	A. 帷幕注浆	m³	
	B. 灌注浆	m³	
	C. 灌砂	m³	
	③填筑砂石（土）	m³	
	A. 填砂石料	m³	指填料按材料费计列。含填筑片石、碎石、砂等
	B. 填石灰（水泥）土	m³	包括3∶7、2∶8、灰土、石灰土、水泥土
	C. 填土石	m³	指填料来源与路基土方、石方一致。含袋装土石
	④ 混凝土及砌体	元	
	A. 填浆砌石	圬工方	
	B. 填（片石）混凝土	圬工方	
	C. 喷射混凝土	圬工方	含钢筋网
	D. 钢筋混凝土盖板	圬工方	
0410	⑤ 水泥置换桩	m	
	A. CFG 桩	m	
	B. 旋喷桩	m	
	C. 水泥搅拌桩	m	
	D. 水泥土挤密桩	m	
	⑥ 灌注桩及方（管）桩	元	
	A. 钻孔桩	m	
	B. 挖孔桩	m	
	C. 钢筋混凝土方桩	圬工方	
	D. 钢筋混凝土管桩	m	包括预应力混凝土管桩
	E. 钢管桩	m	
	⑦ 桥涵	m	
	A. 涵洞	横延米	含钢筋网
	B. 小桥	延长米	
	C. 中桥	延长米	
	⑧ 其他处理方式	元	
	A. 锚杆	m	
	B. 预应力锚索	m	
	C. 防排水	m	

（续）

章别节号	工程及费用名称	单位	内　　容
	（4）洞口绿化	m²	
	（5）弃渣场处理	元	
	① 干砌石	m³	
	② 浆砌石	圬工方	
	③（钢筋）混凝土	圬工方	
	④ 其他	元	
	（6）相关工程	元	
	① 隧道照明	元	含隧道通风配电、配电监控
	② 永久通风与空调系统	元	
	③ 消防级管路工程	元	
	④ 其他	元	
	（7）隧道涌水处理	元	
	（8）其他附属工程	元	
	Ⅱ. 安装工程费	元	
	Ⅲ. 设备工器具费	元	
	（二）×××隧道	延长米	
	细目同〈（一）×××隧道〉		
	……		
0410	二、3km<L≤4km 的隧道（××座）	延长米	
	细目同（一、L>4km 的隧道）		
	三、2km<L≤4km 的隧道（××座）	延长米	
	细目同（一、L>4km 的隧道）		
	四、1km<L≤2km 的隧道（××座）	延长米	
	细目同（一、L>4km 的隧道）		
	五、L≤1km 的隧道（××座）	延长米	
	细目同（一、L>4km 的隧道）		
	乙、改建（××座）	延长米	
	Ⅰ. 建筑工程费	元	
	一、开挖	m³	
	二、衬砌	圬工方	
	（一）混凝土	圬工方	
	（二）钢筋	t	
	三、支护	延长米	
	（一）喷射混凝土	圬工方	
	（二）喷射钢纤维混凝土	圬工方	
	（三）钢筋网	t	

（续）

章别节号	工程及费用名称	单位	内　　容
0410	（四）锚杆	m	
	（五）钢支撑	t	
	四、圬工凿除	m³	
	（一）浆砌石	m³	
	（二）混凝土	m³	
	（三）钢筋混凝土	m³	
	五、衬砌背后压浆	m³	
	六、漏水处理	m	
	七、洞门	圬工方	
	八、隧道附属工程	元	
	细目参照〈（一）的隧道〉"附属工程"		
	Ⅱ. 安装工程费	元	
	Ⅲ. 设备购置费	元	
0411	明洞	延长米	
	甲、新建（××座）	延长米	
	Ⅰ. 建筑工程费	延长米	
	一、明洞（××座）	延长米	
	（一）开挖	m³	
	（二）衬砌	圬工方	
	（三）拱顶回填	m³	
	（四）洞门	圬工方	
	（五）明洞附属工程	延长米	
	细目参照〈（一）的隧道〉"附属工程"		
	二、棚洞（××座）	延长米	
	细目同一、明洞	延长米	
	乙、改建（××座）	延长米	
	Ⅰ. 建筑工程费	元	
	一、开挖	m³	
	二、衬砌	圬工方	
	三、圬工凿除	m³	
	（一）浆砌石	m³	
	（二）混凝土	m³	
	（三）钢筋混凝土	m³	
	四、衬砌背后压浆	m³	

（续）

章别节号	工程及费用名称	单位	内　　容
0411	五、漏水处理	m	
	六、洞门	圬工方	
	七、棚洞附属工程	元	
	细目参照〈（一）的隧道〉"附属工程"		
	Ⅱ. 安装工程费	元	
	Ⅲ. 设备购置费	元	
五	轨道	正线公里	
0512	正线	铺轨 km	
	甲、新建	铺轨 km	
	Ⅰ. 建筑工程	铺轨 km	
	一、铺新轨	铺轨公里	包括铺轨、铺枕、安装防爬支撑、防爬器、调节器、轨距杆、轨撑等。按铺标准轨和钢轨分列
	Ⅱ. 安装工程费	元	
	Ⅲ. 设备购置费	元	
十	大型临时设施和过渡工程		
1030	大型临时设施和过渡工程	正线公里	
	Ⅰ. 建筑工程费	元	
	一、大型临时设施	正线公里	
	（一）铁路便线	km	含便桥、便涵、便隧。含养护费
	1. 场外线	km	指设计接轨点道岔基本轨接缝至场（厂）内第一组道岔基本轨接缝之间的线路（不含道岔长度）
	2. 场内线	km	场（厂）内第一组道岔基本轨接缝以后的线路
	（二）汽车运输便道	km	含便桥、便涵。含养路费
	1. 新建干线	km	含便桥、便涵、便隧。含养护费
	2. 新建引入线	km	含便桥、便涵、便隧。含养护费
	3. 改（扩）建便道	km	含便桥、便涵、便隧。含养护费
	4. 利用地方既有道路补偿费	元	含便桥、便涵、便隧。含养护费
	（三）运梁便道	km	
	（四）临时给水设施	元	包括场地土石方、圬工及地基处理
	1. 给水干管路	km	
	2. 隧道工程水源点至山上蓄水池的给水管路	km	
	3. 深水井	口	指井深 50m 以上，包括打井及泵站屋、排水设施及设备
	4. 贮水站	处	限缺水地区设置的临时贮水站。包括场地土石方、圬工地基处理

（续）

章别节号	工程及费用名称	单位	内　容
	（五）临时供电	元	
	1. 临时电力干线	km	
	2. 临永结合电力线路	km	临时供电引起的相关费用
	3. 集中发电站、变电站	处	包括场地土石方、地基处理、生产区硬化面、圬工等费用
	（六）临时通信基站	处	
	（七）临时场站	处	包括场地土石方、地基处理、生产区硬化面、圬工、吨位≥10t 且长度≥100m 的门式起重机走行线等工程费用，其中临时用电费纳入第一章
	1. 材料场	处	
	2. 填料集中加工站	处	
	3. 混凝土集中拌和站	处	
	4. 混凝土构配件预制场	处	指独立设置的混凝土构配件（如防护栅栏，预制块、桥梁栏杆、遮板、沟槽盖板）预制场
	5. 制存梁场	处	
1030	（1）箱梁制（存）梁场	处	
	（2）T 形梁制（存）梁场	处	
	（3）节段梁制（存）梁场	处	
	6. 钢梁拼装场	处	
	7. 掘进机拼装场	处	
	8. 盾构泥水处理场	处	
	9. 管片预制场	处	含主体厂房工程费用
	10. 仰拱预制场	处	
	11. 轨节预制场	处	
	12. 长钢轨焊接基地	处	
	13. 换装站	处	
	14. 道砟存放场	处	
	15. 轨枕（轨道板）预制场	处	含主体厂房工程费用
	（八）隧道污水处理站	km	指因特殊环保对隧道在施工期间排放的污水进行处理而设置的临时污水处理站，包括场地土石方、地基处理、生产区硬化、圬工等工程费用

（续）

章别节号	工程及费用名称	单位	内　　容
	（九）其他大型临时设施	km	
	1. 渡口、码头	处	指通行汽车为施工服务的渡口、码头
	2. 天桥及地道	处	指通行汽车为施工服务的天桥及地道
	3. 浮桥及吊桥	m	指通行汽车为施工服务的浮桥及吊桥
	Ⅱ. 安装工程费	元	
	Ⅲ. 设备购置费	元	
	二、过渡工程	正线公里	
	Ⅰ. 建筑工程费	正线公里	
1030	（一）铁路便线、便桥	元	含养路费
	（二）线路	元	
	（三）站场	元	
	（四）通信	元	
	（五）信号	元	
	（六）信息	元	
	（七）电力	元	
	（八）电气化	元	
	（九）其他	元	
	Ⅱ. 安装工程费	元	
1031	Ⅲ. 设备购置费	元	
	Ⅳ. 其他费	元	
十一	其他费用	元	
1131	一、建设项目管理费	元	
	二、建设单位印花税及其他税费	元	
	三、建设项目前期工作费	元	
	四、施工监理费	元	
	五、勘察设计费	元	
	六、设计文件审查费	元	
	七、其他咨询服务费	元	
	八、营业线施工配合费	元	

（续）

章别节号	工程及费用名称	单位	内　容
	九、安全生产费	元	
	十、配合辅助工程费	元	
	1. 按费率计算部分	元	
	2. 加强超前地质预报费用	元	指Ⅰ级风险隧道中极高风险段落的超前钻孔、加深炮孔、地震波反射物理探测的加强超前地质预报费用。按单座隧道分列
	十一、研究试验费	元	
	十二、联调联试等有关费用	元	
	十三、利用外资有关费用	元	按本项费用的内容组成分项计列
1131	十四、生产准备费	元	
	（一）生产职工培训费	元	
	（二）办公和生活家具购置费	元	
	（三）工器具及生产家具购置费	元	
	十五、其他	元	
	以上各章合计	元	
	其中：Ⅰ. 建筑工程费	元	
	Ⅱ. 安装工程费	元	
	Ⅲ. 设备购置费	元	
	Ⅳ. 其他费	元	
十二 1232	基本预备费	元	
	以上总计	元	
	第二部分：动态投资	元	
十三 1333	价差预备费	元	
十四	建设期投资贷款利息	元	
1434	一、建设期国内投资贷款利息	元	
	二、建设期国外投资贷款利息	元	
	第三部分：机车车辆购置费	元	
十五 1535	机车车辆购置费	元	

（续）

章别节号	工程及费用名称	单位	内　容
	第四部分：铺底流动资金	元	
十六 1636	铺底流动资金	元	
	概预算总额	元	一、二、三、四部分之和

注：1. 概（预）算时，在不变动表中章节的前提下，可根据实际需要、编制阶段和具体工程内容，对各节细目做适当增减。

2. 枢纽建设项目应将"正线公里"改为"铺轨公里"编制综合概（预）算；专用线项目，如站线所占比重较大，也可改为"铺轨公里"编制；表列"单位"，章与节不变外，其项目的"单位"也可采用比表列"单位"更为具体的计量单位。

3. 因征地拆迁而需要还建的铁路房屋及铁路产权的管线路迁改费用应按正式工程分别计入其章节中。

4. 土方和石方。除区间路基土石方和站场土石方外，仅指单独挖填土石方的项目和无须砌筑的各种沟渠等土石方。如改沟、改河、改渠、平交道土石方，刷坡、滑坡减裁土石方，挡沙堤、截沙沟土方，为防风固沙工程需预先进行处理的场地平整土方。与砌筑等工程有关的土石方开挖，其费用计入主体工程。如挡墙的基坑开挖及回填费用计入挡墙，桥涵明挖基础的基坑开挖及回填费用计入基础圬工。

5. 路基地基处理所列的项目不包括路基本体或基床以外构筑物的地基处理。挡土墙、护坡、护墙等的地基处理及墙背所设垫层等的费用应分别列入挡土墙、护坡、护墙等项目。

6. 锚杆挡土墙、桩板挡土墙、加筋土挡土墙、抗滑桩、预应力锚索桩等特殊形式的支挡结构，其费用列入独立的项目；其余重力式挡土墙、扶壁式挡土墙、悬臂式挡土墙等一般形式的支挡结构及间挡墙按圬工类别化分，其费用应分别列入挡土墙浆砌石、挡土墙片石混凝土、挡土墙混凝土、挡土墙钢筋混凝土等四个项目；土钉墙的费用按土钉、基础圬工和喷混凝土等项目分列。

7. 预应力锚索桩桩身的费用列入抗滑桩项目，桩间挡墙圬工的费用列入支挡结构的项目；预应力锚索桩挡土墙圬工的费用列入桩板挡土墙项目，预应力锚索单独列列；格梁等圬工的费用列入一般形式支挡结构的项目。

8. 路桥分界：不设置路桥过渡段时，桥台后缺口填筑属桥梁范围，设置路桥过渡段时，台后过渡段属路基范围。

9. 铺轨和铺道床应包含满足设计开通速度的全部内容。

10. 无论由哪个专业设计，各专业凡与信息系统有关的费用一律列入第六章17节响应的项目中。

11. 房屋附属工程土石方是指为达到设计要求的标高，在原地面修建房屋及附属工程而必须进行的修建场地范围的土石方填挖工程，不含已由线路、站场进行调配的土石方。修建房屋进行的平整场地（厚度±0.3m以内）和基础道路、围墙、绿化、圬工防护等土石方，不单独计算，其费用计入房屋及附属工程的有关细目。

12. 与第九章有关的围墙、栅栏、道路、硬化面、绿化和取弃土（石）场处理等附属工程列入第25节的站场附属工程，其余均列入房屋附属工程相应项目。

13. 室内外界线划分：
(1) 给水管道：以入户水表井或交汇井为界，无入户水表井或交汇井而直接入户的，以建筑物外墙皮为界。水表井或交汇井的费用计入第九章第23节的给水管道。
(2) 排水管道：以出户第一个排水检查井或化粪池为界。检查井的费用计入第九章第21节的排水管道，化粪池列入第九章第23节的排水建筑下。
(3) 热网管道：以出户第一个阀门或建筑物外墙皮为界。
(4) 工艺管道：以出户第一个阀门或建筑物外墙皮为界。
(5) 电力、照明线路：以入户配电箱为界。配电箱地费用计入房屋。

14. 房屋基础与墙身的分界
(1) 砖基础与砖墙（身）划分应以设计室内地坪为界（有地下室的按地下室室内设计地坪为界），以下为基础，以上为墙（柱）身。基础与墙身使用不同材料，位于设计地坪±0.3m以内时以不同材料为界，超过±0.3m，应以设计室内地坪为界。
(2) 石基础、石勒脚、石墙的划分。基础与勒脚应与设计室外地坪为界，勒脚与墙身应与设计室内地坪为界。

15. 由于环境保护工程是结合主体工程设计统筹考虑的，其费用应与主体工程配套计列。

参 考 文 献

［1］ 国家铁路局．铁路基本建设工程设计概（预）算编制办法：TZJ 1001—2017［S］．北京：中国铁道出版社，2017．

［2］ 国家铁路局．铁路基本建设工程设计概（预）算费用定额：TZJ 3001—2017［S］．北京：中国铁道出版社，2017．

［3］ 国家铁路局．铁路工程材料基期价格：TZJ 3003—2017［S］．北京：中国铁道出版社，2017．

［4］ 国家铁路局．铁路工程施工机具台班费用定额：TZJ 3004—2017［S］．北京：中国铁道出版社，2017．

［5］ 国家铁路局．铁路工程预算定额：第一册　路基工程：TZJ 2001—2017［S］．北京：中国铁道出版社，2017．

［6］ 国家铁路局．铁路工程预算定额：第二册　桥涵工程：TZJ 2002—2017［S］．北京：中国铁道出版社，2017．

［7］ 国家铁路局．铁路工程预算定额：第三册　隧道工程：TZJ 2003—2017［S］．北京：中国铁道出版社，2017．

［8］ 国家铁路局．铁路工程预算定额：第四册　轨道工程：TZJ 2004—2017［S］．北京：中国铁道出版社，2017．

［9］ 国家铁路局．铁路工程补充预算定额：第一册［S］．北京：中国铁道出版社，2017．

［10］ 中国铁路总公司．铁路工程施工组织设计规范：Q/CR 9004—2018［S］．北京：中国铁道出版社有限公司，2018．

［11］ 中华人民共和国交通运输部．公路工程建设项目概算预算编制办法：JTG/T 3830—2018［S］．北京：人民交通出版社，2019．

［12］ 中华人民共和国交通运输部．公路工程预算定额：JTG/T 3832—2018［S］．北京：人民交通出版社，2019．

［13］ 中华人民共和国交通运输部．公路工程机械台班费用定额：JTG/T 3833—2018［S］．北京：人民交通出版社，2019．

［14］ 中华人民共和国交通运输部．公路工程标准施工招标文件：2018 年版［S］．北京：人民交通出版社，2018．

［15］ 国家铁路局．铁路工程工程量清单规范．TZJ 1006—2010［S］．北京：中国铁道出版社，2020．